Claudia & Eberhard Mühlan

Das große Familien-Handbuch

Erziehungstips für alle Entwicklungsphasen Ihres Kindes

IMPRESSUM

© 1996 Verlag Klaus Gerth, Asslar
Best.-Nr. 815 434
ISBN 3-89437-434-9
1. Auflage 1996
2. Auflage 1997
3. Auflage 1998
Gestaltung und Satz: Olaf Johannson
Fotos: SPOON, Christian Roth
außer S. 35/81: Michael Wenserit
Druck und Verarbeitung:
Westermann Druck Zwickau GmbH
Printed in Germany

Claudia & Eberhard Mühlan

Das große Familien-Handbuch

*Erziehungstips
für alle Entwicklungsphasen
Ihres Kindes*

Schulte & Gerth

Inhaltsverzeichnis

Prima Klima

Ein Fundament durch gute Beziehungen bauen

Die Kleinkindjahre – das erste halbe Jahr
Urgeborgenheit 10
Der junge Vater 12
Immer dabei 14

Die Kleinkindjahre – von 7 bis 12 Monaten
Verwöhnen 16
Kindgerecht 17
Schlafgewohnheiten 18

Die Kleinkindjahre – von 12 bis 24 Monaten
Lernprozesse 20

Die Kleinkindjahre – von 2 bis 3 Jahren
Miteinander reden 22
Kuscheln und Schmusen 23
Babyneid 24
Von Gott erzählen? 26

Die Vorschuljahre
Höflichkeit lernen? 28
Kinderfragen zur Sexualität 30
Wo kommen die Babys her? 32
Sexueller Mißbrauch 34

Eltern werden – Paar bleiben!
Erschöpfungsdepressionen 36
Autonomie-Insel 38
Beziehungs-Insel 40

Und was macht man als Alleinerziehender?
Alleinerziehende 42

Von der Vorschule bis zur Vorpubertät
Familienatmosphäre 44
Sich Zeit nehmen 46
Zuwendung geben 50

Zündende Ideen 54
Geschwisterkonstellationen 58
Geschwisterstreit 68
Selbstwertgefühl 70
Gefühle 74
Familienerbe 80
Suchtvorbeugung 82
Gewaltlosigkeit 84
Fernsehen 86
Kommunikationstypen 88
Kommunikation lernen 90
Kommunikation erhalten 92
Weltbild 94
Speziell für Väter 96
Gastvater 98
Vater und Sohn 102
Vater und Tochter 104
Speziell für Mütter 106
Mutter und Sohn 108
Mutter und Tochter 110

Das Eheleben
Die Ehe fit halten 112

Die Teenagerjahre
Pubertät 116
Hormonelle Umstellung 118
Geschlechtsreife 120
Checkliste zur Pubertät 122
Teenagerliebe 124
Identitätsfindung 126
Gruppendruck 128
Unabhängigkeit 132
Teenager unter Druck 134
Im Gespräch bleiben 136
Werte und Normen 138

Die Ehe in der Mitte des Lebens
Ehe-TÜV 140

Literaturhinweise 144

INHALTSVERZEICHNIS

Ein starkes Team
Selbständigkeit und Verantwortung in der Familie lernen

DIE KLEINKIND- UND VORSCHULJAHRE
- Erziehungsziele 148
- Ein ständiger Begleiter 150
- Spielend lernen 152
- Schlafengehen 154
- Tischmanieren 156
- Sauberkeitserziehung 158
- Wochenlisten 160
- Kindergarten 162
- Schulreife 164
- Verkehrserziehung 166

VON DER GRUNDSCHULE BIS ZUR VORPUBERTÄT
- Erziehungsziele 168
- Stärken und Schwächen 170
- Vorbild 172
- Ermutigung 174
- Belohnungen 176
- Familienregeln 178
- Familienrat 180
- Ordnung halten 182
- Mithelfen 184
- Benimmregeln 186
- Ernährung 188
- Schlafenszeiten 190
- Schule und Hausaufgaben 192
- Freizeit und Spiel 194
- Taschengeld 196
- Wirtschaftsgeld 198
- Wochenpläne 200

DIE TEENAGERJAHRE
- Erziehungsziele 202
- Persönliche Pflege 204
- Schlafverhalten 206
- Freizeitgestaltung 208
- Schule 210
- Ordnunghalten 212
- Geldverwaltung 214
- Streß 216

LITERATURHINWEISE 218

Hart, aber herzlich!

Begleitung mit liebevoller Disziplin

DIE KLEINKINDJAHRE
- Humor und starke Nerven 220
- Mit Kommentaren begleiten 222
- Temperamentstypen 224
- Freiheitsdrang oder Machtspiel? ... 230
- Eine bewährte Erziehungsstrategie . 232
- Trotz und Wut 234
- Lügen und Stehlen 236

VON DER VORSCHULE BIS ZUR VORPUBERTÄT
- Menschenbild 238
- Wann disziplinieren? 240
- Natürliche Konsequenzen 242
- Logische Konsequenzen 244
- Auferlegte Konsequenzen 246
- Lügen 248
- Stehlen 250
- Den Willen lenken 252
- Stile der Elternschaft 254

DIE TEENAGERJAHRE
- Autorität 256
- Grauzonen 258
- Streitgespräche 260
- Auftaugespräche 262
- Krisengespräche 264
- Familienregeln 266
- Regelübertretungen 268
- Schwierige Teenager 270
- Unberechtigte Schuld 272

LITERATURHINWEISE 274

STICHWORTVERZEICHNIS 276

Einführung

Claudia und Eberhard Mühlan

Was kann ich tun, wenn mein Kind ständig trotzig nein sagt? Was mache ich, wenn mein Sohn ein anderes Kind verhaut? Wie reagieren, wenn meine Tochter mich durch ihre Bummelei auf die Palme bringt? Und wenn die Kinder sich laufend zanken, mir nicht im Haushalt helfen wollen und überhaupt nur machen, was sie wollen?

Jetzt ein Buch in die Hand nehmen zu können, in dem man zu diesen und anderen Fragen aus dem Erziehungsalltag kurze, praxisnahe Tips lesen kann und womöglich noch Literaturhinweise bekommt, wo man mehr zu den einzelnen Themen erfahren kann, wäre doch eine großartige Hilfe.

Ein solches Buch halten Sie in der Hand! Kurze, knackige Kapitel geben jeweils auf einer Doppelseite Rat in (fast) allen Fragen der Erziehung - von der Geburt bis zum heiklen Teenageralter. Und damit bei alledem die eheliche Beziehung nicht zu kurz kommt, gibt es auch zum Thema Partnerschaft viel „Nährstoff".

Wir haben die Ratschläge aus unseren bisherigen 15 Familienbüchern durchgesehen, sie mit neuen Einsichten aktualisiert und ergänzt und unter über 100 Stichworten prägnant zusammengefaßt. Fragebögen sowie Raum für Notizen helfen Ihnen, die Tips gleich im eigenen Familienalltag um- zusetzen. Mehr als 300 Fotos (von unserer Großfamilie und Freunden) sollen das Studieren zum Vergnügen machen. Jetzt haben Sie alle Mühlan-Tips in einem Band!

Die 25 turbulenten Erziehungsjahre mit bis zu 13 Kindern haben unseren Blick für das Wesentliche in der Erziehung geschärft, für das, was im Familienleben auf keinen Fall fehlen darf, wenn man sich wünscht, daß Kinder zuversichtlich heranwachsen.

Nach unserer Erfahrung gehören zu einer erfolgreichen Erziehung vor allem diese drei Bausteine:

- seelische Sicherheit
- Anleitung zur Eigenständigkeit
- vernünftige Grenzen

Weil diese Punkte so wichtig sind und wir uns wünschen, daß Sie sie sich stets vor Augen halten, ist dieses Buch in drei Kapitel gegliedert, deren Schwerpunkt jeweils einer dieser Aspekte ist:

- **Prima Klima**;
- **Ein starkes Team**;
- **Hart, aber herzlich**.

Ein Kind muß sich der Liebe von Mutter und Vater gewiß sein, braucht gute Freunde und eine harmonische Umgebung, um seelisch sicher heranzuwachsen. Es muß Verantwortung tragen lernen und zu einer immer größeren Selbständigkeit angeleitet werden, um sich in unserer komplexen, hochtechnisierten Gesellschaft zurechtfinden zu können. Und es braucht wertsichere, konsequente Eltern, die beharrlich die Grenzen abstecken, damit diese wertvollen Erziehungsziele erreicht werden.

Diese drei Grundgedanken zum zuversichtlichen Aufwachsen eines Kindes lassen sich einprägsam im Bild des „Familienhauses" darstellen.

Das Bild vom Familienhaus macht die Prioritäten und die Zuordnung dieser drei Prinzipien deutlich:

Einführung

Stellen Sie sich vor, jemand baut ein Haus und fängt mit dem Dach an. Das muß ja schiefgehen! Immer nur Druck, harte Worte und Disziplin, dagegen wenig Gespräche, Geborgenheit und Liebe - bei einem solchen Zusammenleben drückt das „Dach" schwer und verletzt die Seele eines Kindes.

Genauso falsch ist es, wenn Sie sich nicht genug Zeit nehmen, um den richtigen Grundstein zu legen. Wer lieblos und hektisch ein wackeliges „Fundament" hinsetzt, autoritär die Familienregeln in die Runde brüllt und darauf auch noch ein „Dach der Überwachung" knallt, braucht sich nicht zu wundern, wenn die Wände Risse bekommen und später alles in sich zusammenstürzt.

Vor einer solchen Katastrophe möchten wir Sie bewahren. Es muß sehr bitter sein, am Ende seines Lebens auf einen Scherbenhaufen von Familienbeziehungen schauen zu müssen!

So ist es richtig: Schaffen Sie ein „**Prima Klima**"! Verwenden Sie viel Zeit, Liebe und Einfallsreichtum auf den Bau Ihres Familienfundamentes. Nur so können gute Beziehungen geschaffen werden und erhalten bleiben.

Je tiefer das Fundament gegründet ist, je stärker sich die Kinder angenommen und geborgen fühlen, desto williger werden sie auf Sie hören und die Familienregeln akzeptieren. Im „**starken Team**" einer gesunden Familie läßt sich Selbständigkeit und Verantwortung am wirkungsvollsten lernen!

Befolgen Sie diese beiden Regeln, dann stimmt die Statik, und das Dach der Begleitung mit liebevoller Disziplin wird nicht schwer auf den Kindern lasten, sondern zu einer gesunden Persönlichkeitsentwicklung beitragen. „**Hart, aber herzlich**", d. h. konsequent und doch humorvoll sollte Ihre Devise sein! Da die Kinder sich geliebt fühlen und wissen, wie sie sich verhalten sollen, wird Disziplinierung nicht häufig vorkommen müssen.

Können Sie nachvollziehen, wie sehr uns dieses schlichte Modell eines Familienhauses begeistert hat? Mit diesem Konzept haben wir in den letzten 25 Erziehungsjahren gelebt. Es hat uns geholfen, zielgerichtet, aber auch entspannt mit unseren Kindern zusammenzuleben.

Zum Schmunzeln ein Dialog mit einer unserer Töchter:
„Sag mal, Papa, ist es schwer, Kinder zu erziehen?"
„Also, ich finde es nicht schwer. Aber manchen Eltern fällt es nicht so leicht."
„Ach, Papa, ich bin stolz auf dich. Hättest du mich nicht so gut erzogen, dann wäre ich bestimmt so ein richtiges Biest. Wie die eine in unserer Klasse. Wie die mit ihren Eltern umspringt und was die für Wörter in den Mund nimmt ... Die sollten wir uns mal für ein halbes Jahr ausleihen. Sie würde ein Engel werden ..."

Prima Klima

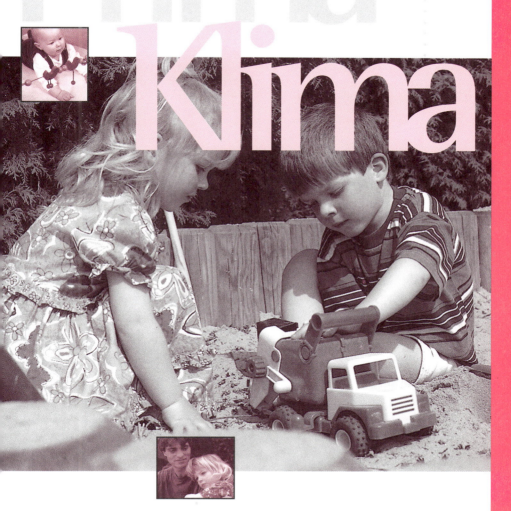

Ein Fundament durch gute Beziehungen bauen

In den ersten Monaten geschieht schon viel

Geben Sie dem Neugeborenen viel Nestwärme, Zuwendung und Liebe, denn gerade in den ersten Lebensmonaten sollte es die so existentiell notwendige Urgeborgenheit erfahren.

Dazu gehören:
- eine friedevolle Umgebung
- viel Körperkontakt und
- Eingehen auf seine Bedürfnisse

Eine friedevolle Umgebung

Manche meinen zwar, ein Neugeborenes interessiere sich ja doch nur fürs Trinken, Schlafen und Verdauen - doch bereits innerhalb weniger Wochen wird es zu einem aufmerksamen Beobachter. Es dreht den Kopf nach bekannten Stimmen und erschrickt bei lauten Geräuschen. Es spürt, ob „etwas in der Luft liegt", wird unruhig und fängt an zu schreien oder entspannt sich in friedevoller Atmosphäre. Im Halbschlaf hört es die schon aus dem Uterus vertraute Stimme der Mutter, die mit jedem Ton ständig signalisiert: „Du bist nicht alleine. Ich bin bei dir und für dich da."

Körperkontakt

Halten Sie Ihr kleines Baby oft auf dem Arm. Unbewußt legen die meisten Mütter den Kopf des Kindes an ihre linke Brust, und das ist richtig. So kann es, wie schon im Mutterleib, den gewohnten und beruhigenden Schlag Ihres Herzens hören.

Neun Monate wurde Ihr Kind mit jedem Ihrer Schritte hin- und hergewiegt und lebte mit dem Rhythmus Ihres Herzschlages. Deswegen wird es sich nach der Geburt durch das Wiegen im Arm und Ihren vertrauten Herzschlag schnell wieder beruhigen, wenn es durch irgend etwas erschreckt wurde.

Sie werden entdecken, daß Sie mit einer Hand mehr tun können, als Sie je gedacht haben. Wir haben unsere Kinder häufig in einem Tragetuch herumgetragen, das auf der Schulter verknotet wird. So verteilt sich das Gewicht des Kindes auf Ihre Schulter und Ihre Hüfte. Die ganz Kleinen kann man sich auch vor den Bauch hängen. Einen Säugling bis zu drei Monaten sollte man allerdings nicht zu oft mit sich herumtragen, weil es seiner Wirbelsäule schadet.

> „Mindestens ein Elternteil sollte in den ersten drei Lebensjahren nicht arbeiten, um den immens großen Liebes-, Zeit-, Ansprache-, Zuhör-, Bewegungs- und Körperkontaktbedürfnissen des Kindes entsprechen zu können. Der Versuch doppelt berufstätiger Elternpaare, alles am Abend, am Wochenende und in den Ferien ausgleichen zu wollen, erweist sich auch bei größter Mühe immer als teilweise unzureichend." (1)

DIE KLEINKINDJAHRE – DAS ERSTE HALBE JAHR

Urgeborgenheit

versuchen Sie, daraus seine Bedürfnisse zu erkennen.

In den ersten fünf bis sieben Monaten kann ein Säugling durch zuviel Fürsorge nicht verwöhnt werden! Danach muß man allerdings wachsamer sein. Manch einem Krabbelkind schaut der Schalk so richtig aus den Augen, und es provoziert die ersten Machtkämpfe.

In den ersten Monaten würden wir ein Baby aber grundsätzlich nicht länger als etwa zehn Minuten schreien lassen, denn es schreit, wie gesagt, weil es ein grundlegendes Bedürfnis hat und sich ja noch nicht anders äußern kann. Vielleicht hat es Hunger, Luft im Bauch, oder es muß aufstoßen. Die Windel mag voll sein. Es kann auch frieren oder schwitzen. Vielleicht drückt ein Knopf oder eine Falte im Rücken, oder die Windelhose ist zu eng und kneift.

Wenn Sie in den ersten Wochen und Monaten auf diese existentiellen Bedürfnisse eingehen, legen Sie eine solide Grundlage für das so wichtige Lebensgefühl von Geborgenheit und Sicherheit.

Auf die Bedürfnisse eingehen

Damit Ihr Baby die notwendige Urge-borgenheit erfahren kann, sollten Sie unbedingt auf seine Bedürfnisse eingehen. Doch gerade hier sind viele junge Eltern sehr unsicher, weil sie recht widersprüchliche Ratschläge zu hören bekommen: „Schreien stärkt die Lungen!" oder „Das Kind muß von Anfang an Gehorsam lernen!" Dahinter steht oft die Sorge, das Kind zu verwöhnen oder zu verziehen.

Aber: Kleine Babys schreien nie grundlos oder um zu sehen, was sie erreichen können. Dies erleben wir gelegentlich bei älteren Kindern, die mit ihrem Schreien ein bestimmtes Ziel verfolgen. Das Neugeborene schreit als Reaktion auf bestimmte Reize. Beobachten Sie Ihr Baby sorgfältig - es wimmert, weint und schreit unterschiedlich -, und

> ### *Zum Nachdenken und Notieren*
> Beraten Sie mit Ihrem Ehepartner, wie Sie Beruf und Fürsorge für den kleinen Erdenbürger so aufteilen können, daß weder das Baby noch Sie zu sehr darunter leiden.

✎
_____
_____
_____
_____
_____
_____

Speziell für den jungen Vater

Schwangerschaft, Geburt und eventuelle Berufsaufgabe sind eine enorme Umstellung für Ihre Frau. Das Baby wird ihren bisherigen Arbeits-, Freizeit- und Schlafrhythmus gehörig durcheinanderbringen. Um so mehr müssen Sie Ihrer Frau während der Umgewöhnungszeit zur Seite stehen.

Helfen Sie ihr, so gut Sie können; lernen Sie mit ihr gemeinsam, wie man mit dem Baby umgeht und seine Bedürfnisse befriedigt. Versuchen Sie, das Wichtigste im Haushalt selbst zu erledigen. Vielleicht nehmen Sie dafür in den ersten Tagen nach der Geburt des Babys Urlaub. Vor allem aber sollten Sie versuchen, sich mit Ihrer Frau die nächtlichen „Termine" im Kinderzimmer in den ersten anstrengenden Wochen zu teilen, so daß jeder seinen Teil an Nachtruhe bekommt. Damit erleichtern Sie nicht nur Ihrer Frau das Leben, sondern können auch selbst eine enge Beziehung zu Ihrem Neuankömmling aufbauen.

Mutter und Vater sind gleich wichtig

Ein Vorurteil, das sich selbst in der Fachliteratur hartnäckig hält, ist die Annahme, daß die Mutter in den ersten Monaten am wichtigsten für das Baby sei und dem Vater erst später Bedeutung zukomme. Sogar Bruno Bettelheim, der berühmte Kinderpsychologe, vertritt diese Ansicht: *„Die Bindung des Kleinkindes an die Mutter ist enger und wichtiger als an jede andere Person ... Der Vater wird erst so ab zwei Jahren wichtig."* Doch das trifft nicht zu! Auch Sie sind vom ersten Tag an wichtig! Sie müssen Ihr Kind genauso wärmen, streicheln und liebkosen, denn der Hautkontakt zum Vater ist genauso wichtig wie der zur Mutter. Sie können Ihr Kind zwar nicht stillen, aber wickeln und im Tragetuch bei sich haben. Das Neugeborene soll das in den ersten Monaten so wichtige „Urvertrauen" von Anfang an zu beiden Elternteilen aufbauen. Dies wird es davor bewahren, bei Ihnen zu fremdeln und eine zu starke Abhängigkeitsbeziehung (Symbiose) zur Mutter zu entwickeln, und auch Ihnen wird es so wesentlich leichter fallen, von vornherein eine innige, emotionale Beziehung zu Ihrem Kind aufzubauen.

Vater und Mutter ergänzen einander in ihren Unterschieden. Nicht nur ihre Stimmlage unterscheidet sich, sie riechen, lachen und versorgen das Baby anders, sie spielen unterschiedlich mit ihm - eine spannende und wichtige Erfahrung für den kleinen Menschen.

Durch Ihre gemeinsame Anwesenheit und Fürsorge erfährt Ihr Kind: „Da gibt es nicht nur ein Gegenüber, sondern zwei, und ich kann mich mit meinen Wünschen an beide wenden." Das Kind kann sich so besser der

Umwelt öffnen. Muß es dagegen annehmen, die Welt bestünde nur aus ihm selbst und der Mutter, kann es eine grundsätzliche Angst vor allem Fremden entwickeln. Dann erscheint ihm alles Neue als Bedrohung und ist nicht wie eine Entdeckung, auf die es neugierig zugeht.

> „Mehr als zwei Bezugspersonen, die für seine leibliche Versorgung zuständig sind, erträgt ein Kind zwischen null und drei Jahren nur schwer, und die Addition vieler Betreuer zu einer Rund-um-die-Uhr-Versorgung überfordert sogar noch ältere Kinder." (2)

Papas Anteil

Viele junge Väter wollen es besser machen, als sie es in ihrer eigenen Herkunftsfamilie erlebt haben. Sie wollen für ihr Baby sorgen und eine enge Beziehung zu ihm aufbauen. Sie wissen nur nicht, wie.

Die folgenden Schritte werden Ihnen helfen, in Ihre Vaterschaft hineinzuwachsen:

- **Erleben Sie die Schwangerschaft Ihrer Frau bewußt mit!**
  Vertrautheit und emotionale Bindung beginnen schon, bevor Ihr Baby geboren wird. Lernen Sie alles über Schwangerschaft und Geburt. Begleiten Sie Ihre Frau wenigstens zu einigen Geburtsvorbereitungsstunden, damit Sie ihr während der folgenden anstrengenden Monate und der Entbindung eine verständnisvolle Hilfe sein können.

- **Halten Sie Kontakt zu dem Ungeborenen!**
  Legen Sie die Hand auf den Bauch Ihrer Frau, und spüren Sie die Bewegungen Ihres Kindes. Lauschen Sie seinem Herzschlag. Sprechen Sie mit dem Baby, damit Ihre Stimme ihm genauso vertraut wird wie der Mutter. Erzählen Sie anderen von Ihrer Freude und Ihrer Begeisterung, aber auch von Ihrer Aufregung und Ihren Ängsten.

- **Bereiten Sie sich auf Ihre Vaterschaft vor!**
  Informieren Sie sich über die Entwicklungsschritte eines Neugeborenen. Erkennen Sie an, daß Ihre Frau einen Wissensvorsprung hat, und fragen Sie sie gegebenenfalls. Nehmen Sie andere Babys auf den Arm, wickeln Sie sie, damit Sie schon vor der Geburt Erfahrungen sammeln. So können Sie Unsicherheit und Unbeholfenheit überwinden.

- **Nehmen Sie sich Urlaub, wenn das Baby geboren wird!**
  Das ist nicht nur eine Erleichterung für Ihre Frau, Sie selbst können so von Anfang an voll dabeisein und Ihr Kind umsorgen.

- **Sorgen Sie für Ihr Baby!**
  Außer Stillen vermögen Väter alles das für ein Neugeborenes tun, was auch die Mütter können: füttern, das „Bäuerchen" abwarten, wickeln und in den Schlaf wiegen, im Tragetuch tragen oder im Kinderwagen schieben, erzählen, lachen, streicheln, kitzeln und mit dem Baby spielen.

- **Halten Sie durch!**
  Vielleicht werden manche über Ihre Bemühungen lächeln oder sich darüber lustig machen. Selbst einige Mütter betrachten das Baby als ihr „Eigentum" oder lassen den Vater nicht aktiv werden, weil sie meinen, er mache es nicht gut genug. Geben Sie nicht auf, wenn es Ihnen so ergeht, sondern sprechen Sie über Ihre Wünsche.

> *Zum Nachdenken und Notieren*
> Als Vater sind Sie genauso wichtig wie die Mutter. Welche Vorsätze für Ihre junge Vaterschaft wollen Sie verwirklichen?
>
>
> _____
> _____
> _____

Was macht man nur mit einem so kleinen Geschöpf?

Viele junge Eltern fragen sich, wie sie sich nur mit einem wenige Wochen alten Kind beschäftigen können, ob es denn überhaupt schon richtig wahrnehmen und reagieren würde.

Noch vor wenigen Jahrzehnten meinte man, ein Neugeborenes sei lediglich ein „Instinktbündel", das gut versorgt werden müsse, aber erst Monate später wirklich auf die Umwelt reagieren würde. Neuere Forschungen haben allerdings belegt, daß ein Kind bereits im Mutterleib Stimmungen und Geräusche wahrnimmt und erst recht, wenn es geboren wird, voll kommunikationsfähig ist.

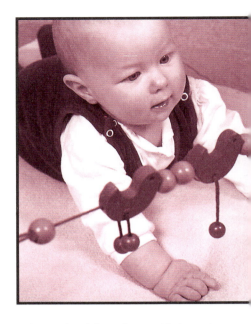

„Bei der Geburt hat das Kind seinen Charme noch nicht voll entfaltet. Erst mit sechs bis acht Wochen beginnt es, richtig und unwiderstehlich zu lächeln. Herzhaft lachen kann es erst mit etwa vier Monaten. Mit etwa drei Monaten zeigt das Baby auch ein besonders großes Interesse an Ihrem Gesicht und dem Ihres Partners, und es macht mit Freude und Ausdauer an ‚Lallspielen' mit." (3)

Kommunikation ist von Anfang an wichtig!

Sprechen Sie viel mit dem Neugeborenen, es kennt Ihre Stimme bereits aus dem Uterus. Es versteht die Worte zwar noch nicht, aber sein Gehirn wird so für die Muttersprache trainiert. Wenn Säuglinge Erwachsenen beim Sprechen zuhören, spüren sie nicht nur die Zuwendung, sondern ihr Gehirn registriert und speichert die verschiedenen Laute, Rhythmen und Tonfolgen, die für diese Sprache charakteristisch sind, auf einer Art „geistigen Karte".

Halten Sie den kleinen Erdenbürger häufig im Arm, schauen Sie ihm in die Augen, sprechen Sie viel mit ihm. Er registriert alles und ist mit Begeisterung dabei!

Wir sind mit unseren Kleinen oft singend auf und ab gegangen, besonders nachts, wenn sie nicht schlafen wollten. Tagsüber legten wir sie während der Wachzeiten in Sicht- und Hörweite, oder Claudia trug sie bei der Hausarbeit in einer Babywippe mit sich herum. Darüber hinaus sollten Sie mit dem Kind scherzen und leichte Bewegungsspiele mit ihm machen. Es ist herrlich, wie so ein kleiner Knopf darauf reagiert! Oft bekommen Sie bereits im Krankenhaus Anregungen für Turnübungen mit Säuglingen, sonst fragen Sie einfach den Kinderarzt.

Ein Baby strampelt auch gern ohne Windel, geben Sie ihm Gelegenheit dazu. Gerade einem wunden Po tut „Frischluft" besonders gut. Allerdings sollte es im Zimmer dann nicht zu kalt sein.

Hauptsache, immer dabei

Man weiß heute, daß ein Baby viel aufnahmefähiger und intelligenter ist, als früher angenommen: Farben, Formen, Bewegungen, Schwingungen, Geräusche, Musik, Oberflächen, Berührungen - all das wird schon genau wahrgenommen und unterschieden.

Ab ungefähr zwei bis drei Monaten, wenn das Kleine seinen Kopf längere Zeit allein hochhalten kann, können Sie es auf eine Matratze auf den Boden legen. Wir haben eine Schnur darüber gespannt und verschiedene Dinge daran gehängt: Rasseln, kleine Glöckchen und auch ein Mobile. So hatte das Kind immer etwas zum Betrachten, Spielen und Grapschen.

Übrigens muß es nicht immer Babyspielzeug sein. Die Sachen der älteren Geschwister sind oft viel interessanter. Kleinkinder spielen mit allem, was sie zwischen die Finger und in den Mund bekommen. Sie müssen nur darauf achten, daß davon keine Gefahr ausgehen kann. Achten Sie besonders auf Perlen, Murmeln, Geldstücke, scharfkantige Gegenstände und Plastiktüten. Ansonsten finden Babys es herrlich, in den Lego-Duplos zu wühlen oder auf einem Auto herumzukauen!

Das Wichtigste für ein Baby ist nicht viel Ruhe und regelmäßiges Essen - das natürlich auch -, das Wichtigste ist, daß es immer dabei sein darf, das macht es einfach am glücklichsten.

Viele Kinder langweilen sich schon mit sechs Wochen, wenn man sie lange alleine in ihrem Bettchen liegen läßt. Es hilft jedoch nur vorübergehend, sie aufzuheben und ihnen zu trinken zu geben. Das Kind hat ja eigentlich keinen Hunger, sondern will ein bißchen beschäftigt werden.

• *„Schon Babys wollen spielen! Außer genügend Nahrung und Schlaf brauchen sie auch genügend Anregungen.*
• *Beziehen Sie also schon Ihr Baby voll in die Familie ein! Legen Sie es dahin, wo Sie selbst sind, ins Gitterbettchen, wo es durch die Stäbe schauen kann, später in die Babywippe.*
• *Geben Sie ihm viele Dinge, die es in den Mund nehmen und untersuchen kann (achten Sie aber darauf, daß die Dinge nicht zu klein sind) - farbige, glänzende, sich bewegende Gegenstände fürs Auge, weiche Kuscheldinge für die Hände.*
• *Wenn es außerhalb der Essenszeiten schreit, versuchen Sie es mal mit einem Spielchen - und nicht mit der Flasche. Packen Sie es nicht übermäßig ein! Babys Körper und Füßchen sind ein besonders beliebtes Spielzeug!"* (4)

Zum Nachdenken und Notieren

Einige dieser Tips waren Ihnen sicherlich schon geläufig. Welche sind neu für Sie und wollen Sie jetzt beherzigen?

_____
_____
_____
_____

Die Kleinkindjahre – von 7 bis 12 Monaten

Jetzt ist es soweit! Das Kind beginnt zu robben und zu krabbeln. In seinen Augen wird die Welt plötzlich viel größer und interessanter. Es ist nicht mehr so auf andere angewiesen, sondern kann selbst die Initiative ergreifen.

Gefahr des Verwöhnens

Wie schon gesagt, kann ein Baby in den ersten fünf bis sieben Monaten kaum verzogen werden. Danach sollten Eltern allerdings wachsamer werden. Wenn eine überängstliche Mutter bei jedem Geräusch ihres Kindes an die Wiege eilt und das Kleine hochnimmt, wird es rasch merken: „Ich brauche nur zu weinen, und schon kommt Mama angerannt. Wie schön!"

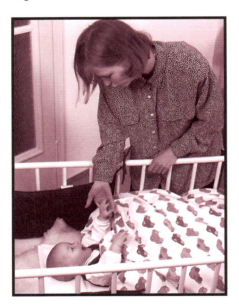

Jetzt sollten Sie nicht mehr sofort auf jedes Bedürfnis eingehen, und das Kind sollte allmählich lernen, auch zu warten. Manchmal reicht es aus, wenn Sie rufen: „Einen Moment, ich komme gleich", und das Kind geduldet sich. Oder Sie nehmen es aus dem Bettchen, setzen es auf den Boden und sprechen mit ihm, während Sie das Essen vorbereiten. Es ist schon eine ganz schöne Lektion, wenn das Kind aufgrund der Stimme der Mutter oder des Vaters lernt, eine kleine Weile zu warten.

„Das Weinen von Kleinkindern ist eine wichtige Form der Kommunikation. Durch ihre Tränen erfahren wir von ihrem Hunger, ihrer Müdigkeit, ihrem Unwohlsein oder einem Windelproblem. Daher ist es wichtig, auf diese Hilferufe zu hören und sie richtig zu deuten. Es ist allerdings möglich, daß man sich ein unruhiges, forderndes Baby schafft, indem man jedesmal, wenn es wimmert und stöhnt, gleich zu ihm läuft und es auf den Arm nimmt. Kleinkinder sind imstande, ihre Eltern zu manipulieren, wobei jedes Verhalten, das eine für das Kind angenehme Wirkung hat, wiederholt auftreten wird.

Um das zu verhindern, ist es wichtig, eine Grenze zu ziehen zwischen der Aufmerksamkeit, die das Baby braucht, und seinem Selbstverständnis als kleiner Diktator. Wenn meine Tochter schrie, blieb ich normalerweise vier oder fünf Minuten außerhalb ihrer Sichtweite vor der Tür des Kinder-zimmers stehen und wartete den Moment ab, wo ihr Weinen ein wenig nachließ, bevor ich zu ihrem Bettchen ging. Dadurch verstärkte ich die Pausen anstatt die Tränen." (5)

Kindgerechte Umgebung

Für diese Altersspanne sollten Sie in der Wohnung eine entdeckerfreundliche Atmosphäre schaffen, denn Krabbelkinder lernen sehr viel, wenn sie ihre Umgebung ungehindert erforschen können.

Aber dafür geht's rund in der Wohnung! Sie können sich viel Aufregung ersparen, wenn Sie sie kindgerecht einrichten. Manche Kinder scheinen geradezu eine Begabung zu haben, Mamas kreatives Stilleben in ein Chaos zu verwandeln.

Wenn Sie ein sehr lebendiges Kind haben, machen Sie das Wohnzimmer kindersicher, das heißt, die unteren Bücherregale werden ausgeräumt und mit Bilderbüchern gefüllt. An manchen Schubladen werden die Knöpfe abmontiert oder Sperren eingebaut. In der Küche haben wir ein unteres Regal mit ungefährlichen Plastikschüsseln und Kochlöffeln bestückt. Auf diese Weise wurde das Interesse der Kinder abgelenkt, so daß die anderen Fächer in Ruhe gelassen wurden.

Ein Krabbelkind kann man nicht einfach ins Kinderzimmer sperren. Es braucht einen gefahrfreien Raum zum Spielen und Entdecken und will vor allem in der Nähe seiner Eltern und Geschwister sein. Gönnen wir ihm das, verläuft das Zusammenleben sicherlich viel spannungsfreier.

Noch ein Tip für das Alter, in dem sich die Kinder bereits alleine hinsetzen können: Wir hängten eine Babyschaukel in der Küchentür auf. Eine Weile blieben die Kleinen darin sitzen, während Claudia schnell die Gelegenheit nutzte, mit beiden Händen zu arbeiten. Praktisch ist auch ein Wäschekorb. Claudia setzte das Baby hinein und nahm es bei der Arbeit von Zimmer zu Zimmer mit. Das ist besonders vorteilhaft, wenn die Kleinen Zwieback kauen - man hat nicht überall Krümelspuren, sondern alles schön in einem Korb.

Versuchen Sie es einzurichten, daß es für den Jüngsten der Familie überall gefahrlose Bereiche gibt. Von einem Laufstall halten wir nicht viel. Nehmen Sie ihn wirklich nur als vorübergehende Hilfe und nicht als Dauereinrichtung. Das Kind soll sich bewegen und die Umwelt erkunden können! Natürlich muß man dann wachsamer sein und die Wohnung kindgerecht einrichten, aber es zahlt sich aus.

Alle Babys sind wachsame Beobachter und begierig zu lernen. Das Kind am Familienleben zu beteiligen und ihm die Möglichkeit zu geben, die Umwelt weitestgehend ungehindert zu erobern, ist das beste Lernprogramm für sein Leben.

Zum Nachdenken und Notieren

Sind Sie in der Lage, das Weinen Ihres Babys richtig zu deuten und eventuellen Manipulationsversuchen entgegenzusteuern?

Schlafgewohnheiten

DIE KLEINKINDJAHRE – VON 7 BIS 12 MONATEN

Schlaf, Kindlein, schlaf ...

Jemand sagte einmal: „Das Leben mit Babys dreht sich um drei S: Stillen, Schreien, Schlafen."

In den ersten Monaten können Sie sehr viel dazu beitragen, daß Ihr Kind einen gesunden Schlafrhythmus entwickelt und nachts bald durchschläft.

Ein neugeborenes Kind hat ungefähr sieben relativ gleichmäßig über Tag und Nacht verteilte Schlaf- und Wachzeiten. Es kann nie länger als ein paar Stunden an einem Stück schlafen. Nach etwa sechs Monaten haben die meisten Babys ihren Rhythmus gefunden. Der Kinderarzt und Schlafforscher Richard Ferber meint, daß zu diesem Zeitpunkt alle gesunden Säuglinge nachts durchschlafen können und sollten, wenn ihre Eltern die Babys darin entsprechend unterstützten.

Mehr Regelmäßigkeit

Spätestens im Krabbelalter sollte ein Kind nicht mehr nur schlafen und essen, wann es will. Unruhe und Schlaflosigkeit kommen u. a. durch einen unregelmäßigen Tagesrhythmus - also muß man für mehr Regelmäßigkeit sorgen.

Auch wenn sie dies beachten, haben viele Eltern noch große Probleme, ihr Kind abends zum Einschlafen zu bewegen und es wieder zur Ruhe zu bringen, wenn es nachts aufgewacht ist. Sie geben ihm zu trinken, tragen es herum, wiegen es und bleiben bei ihrem Kind, bis es fest eingeschlafen ist.

Dabei ist das nächtliche Erwachen eines Kindes nichts Ungewöhnliches. Jeder Mensch hat unterschiedlich tiefe Schlafphasen. Was im Grunde die Störung jedoch erst verursacht, ist nach Meinung von Schlafforschern die Reaktion der Eltern, die sich bemühen, ihrem Kind das Einschlafen zu erleichtern.

Da stimmt doch etwas nicht

Um das deutlich zu machen: Stellen Sie sich vor, Sie wachen nachts kurz auf und stellen fest, daß Ihr Kopfkissen verschwunden ist. Hätten Sie nicht den Eindruck, daß „etwas nicht stimmt"? Anstatt einfach wieder einzuschlafen, würden Sie vollends erwachen, um Ihr Kissen zu suchen. Wäre es nur auf den Boden gefallen, würden Sie es aufheben und höchstwahrscheinlich bald wieder

DIE KLEINKINDJAHRE - VON 7 BIS 12 MONATEN

Schlafgewohnheiten

einschlafen. Wäre es wirklich verschwunden, würden Sie das Licht anmachen, aus dem Bett steigen und Ihr Kissen suchen.

Oder wie würden Sie wohl reagieren, wenn Sie nachts aufwachen und sich nicht mehr in dem Raum befinden, in dem Sie eingeschlafen sind? Wären Sie nicht geschockt und hellwach? Ich denke, Sie erkennen hier die Parallelen.

Wenn ein Kind nur dann einschläft, wenn die Eltern am Bett sitzen oder es auf dem Arm gehalten und dann im Tiefschlaf ins Bettchen gelegt wird, wird es nach dem Erwachen nicht einfach wieder einschlafen, sondern den Eindruck bekommen, daß etwas nicht stimmt. Es fühlt sich frustriert und beginnt zu weinen.

Alleine einschlafen

Die Unfähigkeit, alleine im Bettchen ruhig zu werden und wieder einzuschlafen, hat etwas mit der Schlafassoziation zu tun (Gedankenverbindungen beim Einschlafen). Wird ein Kind nachts wach und beginnt zu weinen, kann es sich rascher beruhigen und schneller wieder einschlafen, wenn es dieselben Bedingungen vorfindet wie beim Einschlafen.

Deshalb der eindringliche Ratschlag des Schlafforschers: Damit Ihr Kind in der Nacht wieder einschläft, muß es lernen, abends alleine in seinem Bettchen einzuschlafen. Dies muß unter Bedingungen geschehen, die es selbst wiederherstellen kann, nachdem es in der Nacht wach geworden ist.

Braucht ein Kind dagegen die Hilfe der Eltern, um seine Schlafbedingungen wiederherzustellen, müssen die Eltern oft sogar mehrmals in der Nacht aufstehen, zum Beispiel, weil es den Schnuller verloren hat oder die Flasche leer ist.

Nach den ersten Monaten ist es für die meisten Babys demnach am besten, zu lernen, alleine in einem relativ dunklen und stillen Zimmer in ihrem Kinderbett einzuschlafen. Sie sollten nicht im Arm gehalten, gewiegt oder gestillt werden, bis sie eingeschlafen sind. Es ist für Kinder besser, wenn sie weder mit Flasche noch mit Schnuller oder Musik beruhigt werden müssen.

Richard Ferber rät den Eltern darüber hinaus, die Mahlzeit abzubrechen, wenn das Kind beim Nuckeln an Brust oder Flasche einzuschlafen beginnt, und es wach in sein Bettchen zu legen, damit es in dieser vertrauten Umgebung einschläft.

Einen besseren Schlafrhythmus bekommt ein Kind nur, wenn es lernt, alleine einzuschlafen und nach nächtlichen Wachperioden wieder alleine in den Schlaf zu sinken. Dazu braucht es Übung und einen regelmäßigen Tagesrhythmus.

> ### Zum Nachdenken und Notieren
> „Vorbeugen ist besser als heilen." - Welche Ratschläge des Schlafforschers sollten Sie konsequent umsetzen, damit Ihr Baby einen gesunden Schlafrhythmus entwickelt?
>
>
> _____
> _____
> _____
> _____

Laufen und sprechen lernen

Das zweite Lebensjahr ist voller rasanter Veränderungen und Lernprozesse. Von allen Entwicklungen, die ein Kind in den ersten beiden Jahren durchlebt, ist die zunehmende Körperbeherrschung wohl die auffälligste: vom Liegen über das Sitzen zum Krabbeln und aufrechten Gehen. Und parallel dazu die Sprachentwicklung! Vor Ihren Augen vollzieht sich ein Wunder: Aus dem Baby-Lallen entwickelt sich innerhalb von etwa zwei Jahren eine verständliche Sprache, und das allein durch Zuhören und Nachahmen!

Es ist erstaunlich: Nie wieder lernt ein Mensch in einem vergleichbaren Zeitraum so viel wie in den ersten vierundzwanzig Monaten seines Lebens. Meinen Sie also nicht, Ihr Kind sei ein kleines, süßes, einfältiges Ding, das erst einmal groß werden müsse, um einige der Eindrücke, die auf es einströmen, zu verarbeiten.

Übrigens ist die zunehmende Körperbeherrschung nicht in erster Linie das Ergebnis von Übung, sondern von Reifung. Die Nervenbahnen, über die das Gehirn die Muskelbewegungen steuert, und die Teile des Gehirns, die daran beteiligt sind, sind bei der Geburt noch nicht vollständig ausgereift. Es hat also keinen Sinn, ein dreimonatiges Kind regelmäßig auf die Beine zu stellen, damit es eher stehen kann. Erst wenn die entsprechende Reifung vorhanden ist und das Kind von alleine damit beginnt, wird Übung sinnvoll und förderlich.

Fast alle Kinder haben nun auch große Freude am Sprechenlernen. Sie bringen Bilderbücher herbei, die Sie mit ihnen anschauen sollen: „Da? Da?" Eifrig zeigen sie auf die einzelnen Abbildungen, wollen wissen, wie Dinge heißen, und sprechen Ihnen die Namen nach. Unermüdlich üben und üben sie, bis das Wort endlich einigermaßen richtig aus dem Mund kommt. Was Eltern jetzt brauchen, ist genügend Zeit, um auf den Wissensdurst ihrer Kinder einzugehen. Ganz ernsthaft wollen und können sich die Kleinen bereits mit Ihnen unterhalten.

Durch Nachahmen und Üben lernen Ihre Zöglinge sprechen. Selbst wenn Sie abends nach der Zubettgehzeremonie erschöpft alle Viere im Sessel ausstrecken, ist der Tag für Ihren kleinen Sprachkünstler oftmals noch nicht abgeschlossen. Bis zum Einschlafen übt er noch einmal alle neuen Wörter: „Esther schlafen, Mirke schlafen, Papa auch schlafen, Tirza schlafen ... Nein, Tirza nicht schlafen!!!"

Spiel mit Gleichaltrigen

Kinder dieses Alters beginnen damit, aufeinander zuzugehen, sich anzufassen, sich zu füttern, einander nachzuahmen, aber auch Spielkameraden Gegenstände wegzunehmen und anderen weh zu tun.

Friedlich miteinander spielende Kinder sind der Wunschtraum aller Eltern. Aber das will gelernt sein. Ein Kleinkind sieht zunächst vor allem sich selbst und seine Welt. Eine Schaufel will es gleich haben, egal, ob sie vor ihm liegt oder ob gerade ein anderes Kind damit spielt. Warten und verzichten können, Gutes tun und abgeben, das muß es erst lernen. Das Fundament dazu wird zu Hause im täglichen Umgang gelegt.

Die Kleinkindjahre – von 12 bis 24 Monaten

In diesem Alter dürfen Sie nicht sofort auf jede Forderung eingehen. Ein Kind muß lernen, sich auf die freundliche Zusage der Mutter oder des Vaters hin zu gedulden: „Warte bitte, bis ich den Kuchenteig fertig habe. Dann gieße ich dir ein Glas Milch ein!" Allerdings muß sich ein Kind dann auf das Versprechen der Eltern verlassen können.

Auch Abgeben kann spielerisch erlernt werden. „Darf ich auch einmal damit spielen?" fragen Sie und lassen sich das Spielzeugauto geben. „Vielen Dank. Jetzt kannst du es zurückhaben." So erfährt Ihr Kind, daß es Ausgeliehenes zurückbekommt. Je größer die emotionale Geborgenheit des Kindes, je tiefer die Erfahrung „auf meine Eltern kann ich mich verlassen!", um so bereitwilliger wird es lernen, zu warten, zu verzichten und abzugeben. Natürlich ist dieser Lernvorgang nicht problemlos. Aus diesem Grund benötigen die Kleinen oft die Gelegenheit, es zu üben. Sehen Sie zu, daß Ihr Kind häufig Kontakt mit gleichaltrigen Spielkameraden hat. Gerade für das erste Kind und bei Einzelkindern ist der Umgang mit anderen Kindern sehr wichtig. Verabreden Sie sich mit anderen Müttern, besuchen Sie sich gegenseitig, beginnen Sie mit einer Kleinkindergruppe, stellen Sie etwas auf die Beine!

Was tun, wenn sich die Kinder gegenseitig Spielzeug aus der Hand reißen und sich, wenn das nicht gelingt, an den Haaren ziehen?

Einfach gewähren lassen wäre nicht richtig, aber alles sofort zu regeln genausowenig. Bemühen Sie sich zunächst einmal, Ihr Kind auf die Gefühle und Empfindungen des anderen aufmerksam zu machen: „Sieh mal, das Mädchen ist traurig, es möchte gern auch einmal mit deiner Puppe spielen", oder: „Guck, der Junge weint, weil du ihm die Schaufel weggenommen hast. Willst du ihm nicht deinen Eimer dafür geben?"

Solche Sätze helfen natürlich nicht immer und auch nicht sofort, tragen aber dazu bei, daß das Kind lernt sich in den anderen hineinzuversetzen und Rücksicht zu nehmen. Wenn das Kind jedoch keine Einsicht zeigt oder dem anderen mehrmals weh tut, helfen keine verständnisvollen Reden mehr, dann müssen Sie härter eingreifen und die beiden Streithähne auseinanderbringen.

DIE KLEINKINDJAHRE - VON 2 BIS 3 JAHREN

In unseren Augen ist das Alter zwischen zwei und drei Jahren eine ganz großartige und herrliche Zeit. Das nächtliche Aufstehen hat ein Ende, das Windelnwechseln darf auch bald vergessen werden. Endlich ist das Kind so groß und so verständnisvoll, daß man einiges miteinander anstellen kann.

Endlich vernünftig miteinander reden ...

Es ist wunderbar, daß Sie nun mit Ihrem Kind ein richtiges Gespräch führen können. Tun Sie es ausgiebig. Mit großen Kulleraugen wird es dastehen und versuchen, Ihnen etwas klarzumachen. Schauen Sie ihm dabei in die Augen, und ermutigen Sie es zum Reden. Sie werden sich besser und besser verstehen.

Sprechen wird durch Nachahmen gelernt. Sprechen Sie also langsam und deutlich. Was Sie auch zusammen tun, kommentieren Sie es: „Jetzt gehen wir einkaufen. Willst du nicht den Korb holen ...?"

Das Kind wird versuchen, bekannte und unbekannte Wörter nachzusprechen. Wiederholen Sie sie in der richtigen Aussprache und ergänzen Sie, wenn Sätze gemeint sind: „Papa!" - „Ja, da kommt Papa." Oder: „Da, Wauwau." - „Richtig, da läuft ein großer schwarzer Hund."

Wichtig: Korrigieren Sie nie die Aussprache Ihres Kindes, indem Sie es die „richtige" Aussprache üben lassen oder es gar kritisieren! Lassen Sie vielmehr Ihr eigenes ruhiges Sprachvorbild wirken.

Sprechen Sie mit dem Kind nicht in Babysprache - „ata ata gehen" o. ä. Das klingt vielleicht süß, hilft Ihrem Kind aber nicht. Erst bringen Sie ihm Begriffe in Babysprache bei, und dann soll es Hochdeutsch lernen; dann lieber gleich richtig!

> *„Kinder, deren Eltern stets zu wenig Zeit oder Bereitschaft zum ruhigen Zuhören und zur engagierten Ansprache haben, lernen, daß nicht genug Zeit bleibt, um eine Botschaft in den Kopf der Mutter oder des Vaters zu bekommen. Sie überschlagen sich dann mit ihren dürftigen Wortschatz- und Grammatikfähigkeiten in ihrer Sprache (Poltern) oder beginnen zu stottern." (6)*

Kuscheln und Schmusen

Haben wir schon etwas zum Kuscheln und Schmusen gesagt?

Liebe darf nicht nur verbal weitergegeben werden, sondern muß auch körperlich ankommen. Nur wenigen Eltern fällt es schwer, ihr kleines Kind zu knuddeln. Bei älteren Kindern tun sie sich schon schwerer

Die Kleinkindjahre – von 2 bis 3 Jahren

Kuscheln und Schmusen

nicht. Doch gerade diese brauchen die körperliche Nähe besonders.

Oft kann sogar Bockigkeit und Unwilligkeit auf diese Weise liebevoll aufgefangen werden. Wenn Ihr Kind schmollt, versuchen Sie einmal, nicht hart und zurechtweisend zu reagieren, sondern ziehen Sie es an sich und sagen: "Na, Schätzchen, du brauchst wohl eine große Extraportion Liebe. Komm, wir schmusen miteinander, dann wird es gleich viel besser gehen."

damit. Manche Eltern haben zu Hause selbst keine Zärtlichkeit erfahren und sind so auch nicht in der Lage, ihre Liebe an die eigenen Kinder weiterzugeben.

Aber Ihr Kind ist ja noch klein, da können Alltagshektik, der kleine Ärger, die eigenen Probleme oder auch reine Gedankenlosigkeit die Ursachen für zu wenig körperliche Zuwendung sein.

Gehen Sie sicher, daß Ihre Liebe ankommt und sich Ihr Kind seelisch und körperlich rundum geborgen fühlt. Nehmen Sie sich Zeit zum Schmusen und Scherzen. Manche Kinder holen sich das ohnehin, andere

„Neugeborene, die regelmäßig gestreichelt werden, wachsen klüger und gesünder auf als Gleichaltrige, denen solche Zärtlichkeit nicht zuteil wird. Streicheln fördert die Produktion von Endorphinen. Diese körpereigenen Substanzen wirken ähnlich wie Opiate als eine Art ‚chemischer Stoßdämpfer' bei Schmerzen. Die elterlichen Streicheleinheiten vermitteln somit ein Gefühl wohliger Zufriedenheit und stärken zudem das kindliche Immunsystem."
(7)

23

DIE KLEINKINDJAHRE – VON 2 BIS 3 JAHREN

Babyneid

Durch die Geburt eines neuen Familienmitgliedes kann es unter den anderen Kindern zu Problemen kommen. Wenn Eltern sich nicht in die Situation des älteren Kindes hineinversetzen und sich bemühen, typische Fehler zu vermeiden, können sie den Babyneid regelrecht heraufbeschwören. Das sollten Sie zu verhindern wissen.

Ein Erwachsener sollte leicht nachvollziehen können, daß sich das Kind, dem vorher alle Beachtung und Liebe zukam, nun zurückgesetzt fühlt und den neuen Erdenbürger nicht gerade herzlich willkommen heißt, um den sich nun alles dreht. Bereits in der Schwangerschaft häufen sich oft Bemerkungen wie: „Psst, Mutti muß sich ausruhen. Wir kriegen ein neues Baby!" oder: „Spring nicht so auf meinem Schoß herum. Das tut dem Baby weh!"

Kaum ist dieses unbekannte Wesen geboren, stürzt sich die ganze Verwandtschaft darauf, überhäuft es mit Geschenken und bricht in Entzückensrufe aus. Das ältere Kind steht abseits in der Ecke, die kleinen Fäuste in den Hosentaschen geballt, und grübelt, wer ihm wohl hier seinen Platz streitig macht.

Wenn sich bei Ihnen ein weiteres Baby anmeldet, berücksichtigen Sie deshalb möglichst die folgenden Tips:

- Beziehen Sie das erste Kind ganz gezielt in die Vorbereitungen ein: beim Einkaufen, Wäsche sortieren, Einrichten der Babyecke.

- Lassen Sie das Kind einige seiner Spielsachen an einen sicheren Platz räumen, „damit das Baby nicht an sie herankommt".

- Lassen Sie es für das neue Kind ein paar Spielsachen aussuchen. Das können neue sein, die es im Laden aussucht, oder alte von sich, die es abzugeben bereit ist.

DIE KLEINKINDJAHRE – VON 2 BIS 3 JAHREN

- Während die Mutter zur Entbindung im Krankenhaus ist, sollte sich der Vater intensiv um das erste Kind kümmern, damit keine Angstgefühle oder Einsamkeit aufkommen. Auch wenn die Mutter - selbst noch schwach - wieder zu Hause ist und sich ihre Aufmerksamkeit häufig auf das Neugeborene konzentriert, sollte der Vater präsent sein – am besten ist, er nimmt sich Urlaub.

- Schmusen Sie viel mit dem älteren Kind. Lassen Sie es beim Wickeln und Baden des Babys mithelfen, und geben Sie ihm allen Grund, sich nicht vernachlässigt zu fühlen.

- Sprechen Sie mit dem Kind über all das, was das Neugeborene noch nicht kann, zum Beispiel: „Katharina kann noch keinen Ball fangen, sie kann auch noch nicht laufen, nicht sprechen. Sie muß vieles erst noch lernen."

- Wir hoffen, auch die Verwandtschaft wird sich sensibel genug verhalten. Wenn wir auf einen Babybesuch gehen, stecken wir immer ein kleines Geschenk für die älteren Geschwister ein und wenden uns diesen besonders zu. Dem Baby in der Wiege ist es egal, wieviel Zuwendung es von uns erhält, dem älteren Kind nicht.

Trotzdem werden einige Kinder in Säuglingsverhalten zurückfallen und weinerlich oder aggressiv reagieren. Dann sprechen Sie seine Gefühle an, und helfen Sie ihm, diese zu äußern: „Du fühlst dich wohl vernachlässigt? Komm, wir schmusen miteinander." Durch das Aussprechen der Gefühle kann das Kind besser lernen, sich selbst zu verstehen und wieder in die Familie einzufügen.

Also, zeigen Sie dem Kind die gebührende Aufmerksamkeit und Liebe. Lassen Sie es spüren, daß es wirklich das ältere ist, aber erlauben Sie kein ungebührliches Verhalten. Seien Sie konsequent, ohne Ärger und Unmut zu zeigen.

Kleinkindern von Gott erzählen?

Für viele klingt es fremd, Babys bzw. Kleinkindern aus der Bibel vorzulesen oder zu erzählen. Vielleicht haben auch Sie bisher gedacht „Kleine Kinder können doch noch nicht viel verstehen. Warum soll ich ihnen biblische Wahrheiten vermitteln? Ja, später vielleicht ..., aber jetzt noch nicht!"

Das ist ein Irrtum! Eltern unterschätzen ihre Kleinen in der Regel, weil sie sich verbal nur eingeschränkt äußern können. Aber Babys nehmen viel auf, sie lernen von Anfang an! Wir haben ja bereits darauf hingewiesen, daß sie in den ersten zwei Lebensjahren so viel lernen wie später in einem vergleichbaren Zeitraum nicht wieder. Das Kleinkind ist wesensmäßig ein „Lernkind".

Die körperliche Entwicklung ist sichtbar, die geistige bzw. geistliche Entwicklung dagegen nicht so augenfällig, aber genauso intensiv. Höchstwahrscheinlich sind Sie darauf bedacht, Ihr Baby mit eiweiß- und vitaminreicher Kost zu versorgen, damit es prächtig gedeiht. Das ist gut. Aber genauso wichtig ist es, Ihrem Kind „gute Nahrung" für sein geistliches Wachstum zu geben.

Der Mensch besteht aus Geist, Seele und Leib. Alle drei Bereiche müssen berücksichtigt werden. Keiner darf unversorgt oder unterversorgt bleiben. Die Verantwortung, das Baby in seiner geistlichen Entwicklung zu fördern, ist nicht geringer als die, seine körperliche Entwicklung zu unterstützen.

Den Alltag mit Gott in Zusammenhang bringen

Sie mögen sich fragen: „Wie kann ich meine Vorsätze hinsichtlich einer christlichen Erziehung bei einem Baby oder einem Krabbelkind verwirklichen?"

Eigentlich ist es ganz einfach und unkompliziert. Es geht darum, den kindlichen Alltag bewußt mit Gott in Zusammenhang zu bringen. Sie verbringen doch ohnehin fast den ganzen Tag mit Ihrem Sprößling. Auf diese Weise eröffnen sich Ihnen viele Möglichkeiten, ihm Gott nahezubringen. Zum Beispiel, indem Sie mit dem Kind beten: „Danke, Jesus, für meinen kleinen Simon. Ich freue mich, daß er da ist." Oder Sie singen beim Spielen oder Stillen: „Gott liebt Miriam, er liebt sie, Gott liebt Miriam, er liebt sie, Gott hat Miriam so gemacht und sie sich so ausgedacht."

Wenn Sie spazierengehen, dann erklären Sie nicht nur: „Schau, das ist ein Baum", sondern sagen Sie auch einmal: „Das ist ein Baum, und den hat Gott gemacht."

Was wir eben beschrieben haben, ist letztlich nichts Neues. Christliche Eltern haben schon immer für ihre und mit ihren Kindern gebetet, ihnen von Gott erzählt und vorgesungen. Die Frage ist nur, ab welchem Alter und mit welcher Intensität.

Zum Anknüpfen bieten sich Audio-Kassetten mit christlichen Liedern und Geschichten an, ein Bibel-Bilderbuch und im Vorschulalter eine Kinderbibel.

Eine weitere Anregung: Aus Amerika kommt eine Anleitung, die sich „See and Know" nennt, zu deutsch „Sehen und Verstehen". Dieser Leitfaden enthält eine biblische Schulung für Babys und Kleinkinder von 0 bis ca. 3 Jahren für das Leben mit Gott im Alltag.

Sechs Themenbereiche werden im wesentlichen angeschnitten: Gott als Schöpfer, als Versorger, als Beschützer und als Vater, sowie die Gedanken „Jesus als Freund erkennen" und „Gott braucht auch dich".

Diese Themen können jedoch von Ihnen erweitert werden, zum Beispiel durch „Familie", „Gebet", „Jahreszeiten".

Vielleicht denken Sie jetzt: „Ist das Ganze nicht übertrieben? Werden die Kinder dadurch nicht manipuliert?"

Dann halten Sie sich vor Augen: Wenn Sie Ihren Kindern keine Eindrücke weitergeben und sie damit prägen, werden es andere tun; lernbegierig sind sie ohnehin. Die ersten Lebensjahre sollten Sie aus diesem Grund nicht nutzlos verstreichen lassen.

Und zu guten Christen können wir sie ohnedies nicht „programmieren", auch wenn durch diese Art der Unterweisung bereits frühzeitig viele geistliche Schätze in die „kindliche Kornkammer" getragen werden. Aber wir haben die Chance, den Boden gut zu bereiten und sie von Anfang an mit den richtigen Werkzeugen des Denkens und Handelns auszustatten, mit denen sie als Jugendliche ihr Leben eigenverantwortlich gestalten können.

> *„In unserer pluralistischen Gesellschaft mit ihren vielen rivalisierenden Normen und Werten ist eine Erziehung zu bewußten Werteentscheidungen nötig. Kinder brauchen die Bindung an Normen und Werte zu ihrer Orientierung und zum angemessenen Handeln in unserer Gesellschaft. Erfolg, Glücklichsein und Sozialverträglichkeit des Handelns setzen die Bindung der Seele an ein Weltbild, an eine Religion, voraus. Wenn junge Menschen aber weder ein stimmiges Weltbild aufbauen können noch religiös oder ideologisch gebunden sind (...) driften sie in Ersatzwertegefüge im Subkulturellen ab, tauchen sie also beispielsweise in eine Jugendsekte, eine okkultistische Nische mit Schwarzen Messen, in eine Wehrsportgruppe, in rechts- oder linksradikale Szenen u. a. ab."* (8)

Zum Nachdenken und Notieren
Welche Normen und Werte gelten für Sie, welches Welt- und Gottesbild wollen Sie für sich als verbindlich erklären und Ihren Kindern weitergeben?

In den nun folgenden Jahren bis zum Schulbeginn wird Ihr Kind zunehmend selbständiger. Es wird mehr Zeit außer Haus mit Spielkameraden verbringen. Die einen sind nett, die anderen ruppig und frech. Ganz bestimmt kommt der Tag, an dem Ihr Kind testen wird, wie die Gossensprache bei Ihnen ankommt.

Muß Höflichkeit gelernt werden?

Eindeutig ja! Über Schimpfworte und vulgäre Ausdrücke müssen Sie sich keine großen Gedanken machen; Kinder übernehmen sie schneller, als Ihnen lieb ist. Doch zu einem aufrichtigen „Bitte" oder „Danke" kann jahrelanges Training gehören.

Zuallererst müssen Sie sich aber bewußtmachen, daß Achtung und Respekt eine beiderseitige Angelegenheit ist! Hier machen es sich manche Eltern zu leicht. Wenn Sie mit Ihrem Kind nicht freundlich, beherrscht und zuvorkommend reden, wie können Sie es dann umgekehrt von ihm erwarten?

Ein eiserner Vorsatz

Wir haben uns den eisernen Vorsatz gefaßt, nur Ausdrücke zu gebrauchen, die unsere Kinder auch verwenden dürfen! Das führt dazu, daß auch wir auf eine ganze Reihe von Redewendungen von vornherein verzichten, oder würden Sie sich gern mit „Blödmann", „Dreckskerl" oder Schlimmerem anreden lassen?

Dieser Vorsatz ist großartig und hilft enorm, einen gepflegteren Wortschatz zu entwickeln. Geben Sie Ihrem Kind durch Ihre Haltung und Ihre Worte allen Anlaß, Sie lieben und schätzen zu können, und achten Sie dann darauf, daß in Ihrer Familie eine respektvolle Haltung und Ausdrucksweise vorherrscht.

Die Bibel legt großen Wert auf Selbstbeherrschung und gegenseitige Achtung. Uns Eltern schärft sie ein, „Kinder nicht zum Zorn zu reizen" (Epheser 6, 4), und den Kindern gibt sie das Gebot mit, „Vater und Mutter zu ehren" (Epheser 6, 1). Diese Maximen sind von grundlegender Bedeutung, denn die Beziehung zu den Eltern wird für den kleinen Erdenbürger richtungsweisend für die Beziehungen zu anderen Menschen, Obrigkeiten und selbst zu Gott. Wenn er keine Achtung und keinen Respekt vor den Eltern hat (oder haben kann), wird es ihm schwerfallen, andere Personen zu respektieren. Daher ist dieses Thema keine Formsache, sondern es geht um die Entwicklung ganz wichtiger Persönlichkeitsmerkmale. Sie möchten sicherlich, daß Ihr Kind selbstbewußt auftreten kann, dabei aber zuvorkommend ist und Achtung zeigt.

Wertschätzung und Grenzsetzung

Wie Sie als Vater oder Mutter dem Kind gegenüber Wertschätzung ausdrücken und welches Verhalten Sie ihm zugestehen, spielt bereits im Kleinkindalter eine ganz wichtige Schlüsselrolle. Beides, sowohl Wertschätzung als auch das Setzen von Grenzen, gehört dazu.

Wir kennen Eltern, die ihre Kinder aufrichtig schätzen, die liebenswertesten Worte finden - und von ihnen trotzdem mit den ruppigsten Ausdrücken attackiert werden. Sie schreien ihre Eltern an: „Laß mich in Ruhe! Ich will nicht!", schlagen sie mit ihren kleinen Fäusten oder kommandieren sie herum: „Mama, ich will meine Bauklötze! - Wo bleibt die Milch?". Und weil Mama mal gehört hat, daß man Aggressionen zulassen muß, um gesund zu bleiben, oder weil sie bereits eingeschüchtert ist und keinen weiteren Wutanfall ihres kleinen Tyrannen riskieren will, läßt sie alles über sich ergehen - in der Hoffnung, daß er sich später vielleicht ändert. Das ist allerdings nicht sehr wahrscheinlich. Die richtige Herzenshaltung und vorbildliches Verhalten reichen bei manchen Kin-

DIE VORSCHULJAHRE

hatte und sich der herabwürdigenden Bedeutung gar nicht richtig bewußt war. Also reagierte er gelassen, aber bestimmt: „Du, dieses Wort ist ganz häßlich, und manche sagen es, um andere zu ärgern. Wir wollen es nicht in den Mund nehmen!"

Das reicht häufig schon aus. Hilft das nicht, dann gehen Sie in die Knie, schauen Sie Ihrem kleinen Wortakrobaten direkt in die Augen und sagen: „Hör mal, hast du solche Ausdrücke schon einmal von mir oder Mama gehört? Nein? Dann gebrauche du sie bitte auch nicht. Sonst muß ich dir einen Klaps auf dein freches Mündchen geben!"

dern nicht aus! Sie brauchen darüber hinaus klare Belehrung, welche Worte angemessen sind, und wenn das nicht ausreicht, müssen sie Konsequenzen kennenlernen, die die Grenzen deutlich machen. Dieses Thema ist sehr wichtig für die Zukunft Ihres Kindes, denn wenn Sie Ihrem Vierjährigen nicht unmißverständlich klarmachen können, welcher Umgangston in Ihrer Familie angebracht ist, können Sie sich seelisch schon mal auf recht stürmische Teenagerjahre vorbereiten!

Es ist gar nicht so schwer, Achtung und einen höflichen Umgangston zu bewahren. Geben Sie Ihren Kindern immer Anlaß, Sie zu ehren, seien Sie stets ein gutes Vorbild, aber erwarten Sie auch, daß Ihre Kinder sich ebenso verhalten.

Eine kritische Zeit

Aufgrund unserer eigenen Beobachtung haben wir festgestellt, daß es hinsichtlich des Umgangstons im Alter von vier bis sechs Jahren meistens eine kritische Zeit gibt. Mit wachsendem Wortschatz bringt das Kind unschöne Ausdrücke nach Hause. Oftmals wird es die häßliche Bedeutung der Schmutz- und Schimpfwörter jedoch gar nicht richtig kennen. Unsere kleine Marie stellte sich einmal ganz resolut vor Eberhard hin und brüllte: „Papa, du bist ein Schwein!"

Eberhard war sich ziemlich sicher, daß sie diesen Begriff irgendwo aufgeschnappt

Kinderfragen zur Sexualität
– ein Gesprächsstoff, der nie ausgeht!

Von den ersten neugierigen Fragen eines Kleinkindes nach der Herkunft eines Babys bis zu denen von Teenagern über Geburtenkontrolle - Eltern können die besten Gesprächspartner zur geschlechtlichen Erziehung sein.

Die wenigsten Eltern sind jedoch darauf vorbereitet, mit ihren Kindern über Sexualität zu sprechen. Als sie Kinder waren, sprach man nicht darüber; Sexualität war tabu. Und jetzt sind sie hilflos, können auf keine Vorbilder zurückgreifen – und schweigen wieder. Wir möchten Sie ermutigen, sich unbefangen an diese Aufgabe heranzuwagen. Von früher Kindheit an können Sie ganz natürlich die Informationen und vor allem die Werte mitgeben, die ein Mensch braucht, um ein gesundes sexuelles Empfinden zu entwickeln. Mit Kindern über Sexualität zu sprechen, sollte so selbstverständlich und beiläufig geschehen wie bei allen anderen Themen, die in der Familienrunde angeschnitten werden. Wer nie ausweicht und offen mit seinen Kindern spricht, wird erstaunt sein, wie unbefangen die Kleinen darüber reden. Wenn Sie die ersten Hemmungen überwunden haben und wissen, wie Sie auf Ihr Kind eingehen können, wird es Ihnen sogar Freude machen.

Wir haben drei Prinzipien entdeckt, die helfen, Kindern ein unbefangener Gesprächspartner zu sein:

Leben Sie, was Sie Ihrem Kind beibringen wollen!

Auch ohne große Worte signalisieren Sie Ihrem Kind ständig, welche Haltung Sie gegenüber der Sexualität einnehmen. Reagieren Sie beispielsweise verlegen, wenn es nach geschlechtlichen Zusammenhängen fragt, oder geben Ihrem Kleinen sogar eins auf die Finger, wenn es in der Badewanne nach seinem Glied faßt, wird schnell die Botschaft vermittelt: über Sexualität redet man nicht, sie ist sogar schlecht.

Vielen Männern und Frauen in unserer Gesellschaft gelingt es nicht, sich mit ihrem Geschlecht zu identifizieren, geschweige denn, damit glücklich zu sein.

- Wie leben Sie Ihr Frau- bzw. Mannsein? Erlebt Ihr Kind, daß Sie gern Frau bzw. Mann sind und sich gegenseitig gut ergänzen?

- Fühlt es sich in seiner geschlechtlichen Eigenart angenommen? Der Sohn sollte sich freuen, daß er ein Junge ist und später ein Mann wird wie der Papa. Die Tochter sollte stolz sein, daß es ein Mädchen ist und einmal so eine tolle Frau wird wie die Mama.

- Sprechen Sie oft davon, wie schön es ist, sich lieb zu haben, verheiratet zu sein und Kinder zu haben?

- Zeigen Sie Ihre Zuneigung und Wertschätzung auch vor den Kindern? Kinder,

30

die niemals miterleben, wie Eltern sich liebe Worte sagen und zärtlich zueinander sind, bekommen leicht ein verzerrtes Bild von Liebe und Ehe.

Machen Sie sich bewußt, daß Ihre Kinder an Ihnen runde zwanzig Jahre studieren werden, ob es für sie erstrebenswert ist, selbst zu heiraten.

Informieren Sie sich, und schaffen Sie eine offene, entspannte Atmosphäre!

Gerade wenn Sie in Ihrem Elternhaus keine offene Atmosphäre erlebt haben und dort kaum über Sexualität gesprochen wurde, werden Sie sich angesichts dieser Aufgabe wahrscheinlich recht unwohl und verlegen fühlen. Das ist durchaus verständlich. Dennoch schulden Sie es Ihren Kindern, ihnen in diesen Dingen eine größere Hilfe zu sein, als Ihre eigenen Eltern es für Sie waren.

Die richtige Information rückt falsche Haltungen zurecht und befreit! Das betrifft Ihre persönliche Haltung zur Sexualität, aber auch die Art, wie Sie mit Ihrem Kind darüber sprechen. Wissen Sie erst einmal, wie Sie Begriffe wie Zeugung, Pubertät oder Selbstbefriedigung altersgemäß erklären können, fühlen Sie sich nicht mehr so unbeholfen. Falls Sie eine Frage nicht zufriedenstellend beantworten können, ist es ganz in Ordnung zu sagen: „Du, darauf weiß ich gerade keine Antwort, aber ich mach' mich schlau. Laß uns in ein paar Tagen noch einmal darüber sprechen."

Diese Natürlichkeit und Offenheit hilft dem Kind, sich mit seinen Fragen immer wieder vertrauensvoll an Sie zu wenden. Indem Sie ein Kind schon im Vorschulalter auf diese Weise ernst nehmen, schaffen Sie eine gute Grundlage, mit ihm auch im Gespräch zu bleiben, wenn die Themen im Teenageralter heikler werden.

Nutzen Sie gute Gelegenheiten!

Da Kinder sehr unterschiedlich sind, trifft die Regel „Antworte nur, wenn dein Kind dich fragt" nicht auf alle zu; manche machen beispielsweise einen desinteressierten Eindruck, was diese Fragen betrifft. Andererseits könnte es sein, daß ein Kind sich nicht zu fragen traut, weil es gehemmt ist oder bereits schmutzige Witze gehört hat und nun denkt, daß man über Sexualität nicht spricht. Achten Sie dann auf gute Gelegenheiten, um dieses Thema von sich aus anzuschneiden. Die Schwangerschaft der Mutter oder einer Bekannten ist eine ideale

Gelegenheit, über Zeugung und Geburt zu sprechen. Aber auch die Geburt eines Zwergkaninchens, eines Meerschweinchens oder eines anderen Haustiers bietet sich an, um über dieses Thema ins Gespräch zu kommen. Es gibt diverse Bilderbücher, die hervorragend geeignet sind, ungezwungen über die Unterschiedlichkeit von Jungen und Mädchen, Liebe, Zeugung und Geburt zu sprechen. (Siehe Literaturangaben)

Eltern sollten die vielen natürlichen Gelegenheiten im Alltag nicht ungenutzt lassen, um durch alle Familienjahre hindurch miteinander im Gespräch zu bleiben und das Kind in seine sexuelle Reife zu begleiten.

Mama, wo kommen die Babys her?

Alles hat einen Namen

Mit drei bis fünf Jahren beginnt ein Kind, sich bewußt mit seinem Geschlecht auseinanderzusetzen und nach den verschiedenen Körperfunktionen und Bezeichnungen zu fragen. Bitte geben Sie allen Körperteilen unbefangen den richtigen Namen. Das läßt sich beim Waschen eines Kleinkindes wunderbar bewerkstelligen: "Jetzt waschen wir den Hals, deinen Bauch, den Po und dein Glied (bzw. deine Scheide)..." Alles, was einen Namen hat, ist nicht mehr geheimnisumwittert.

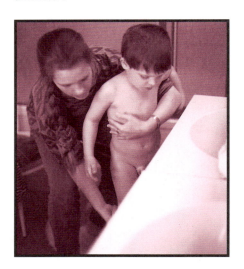

Geben Sie Ihrem Kleinen auch in natürlichen Situationen, wie beispielsweise zu Hause in der Badewanne oder im Schwimmbad unter der Dusche, die Möglichkeit zu sehen, wie ein kleines Mädchen bzw. ein kleiner Junge beschaffen ist und wie sie sich zu einer Frau bzw. einem Mann verändern. Ist die kindliche Neugierde befriedigt, gibt es für die Kleinen weniger Anlaß, bei "Doktorspielen" verschämt nach den Eigenarten des anderen Geschlechtes zu forschen.

Neugierige Fragen

Erfahrungsgemäß stellen Drei- bis Fünfjährige immer wieder drei Hauptfragen in ähnlicher Form:

1. Die Frage nach der Herkunft der Kinder:
   "Mama, wo kommen die Babys her?"
2. Die Frage nach der Geburt:
   "Mama, wie kommen die Babys aus dem Bauch heraus?"
3. Die Frage nach der Zeugung:
   "Mama, wie kommen die Babys in den Bauch hinein?"

Auf die Beantwortung dieser drei Kategorien sollten Sie vorbereitet sein. Gehen Sie auf jeden Fall auf die Fragen ein, auch wenn sie vielleicht recht unverblümt in den unmöglichsten Situationen gestellt werden. Das Kind fragt, wie auf anderen Gebieten auch, weil es neugierig ist und etwas wissen will. Dementsprechend sollten Sie auch antworten: natürlich, unbefangen, wahrheits- und kindgemäß, ohne einen Vortrag zu halten.

Da diese Fragen Eltern meistens überraschen oder ihnen unangenehm sind, nehmen Sie sich vor, positiv darauf einzugehen. Was halten Sie von dieser Reaktion: "Schön, daß du mich danach fragst. Ich wollte schon immer einmal mit dir darüber sprechen"? Dadurch erfährt Ihr Kind, daß Ihnen das Thema nicht ungelegen oder peinlich ist und daß es sich jederzeit mit ähnlichen Fragen an Sie wenden kann.

Die Herkunft der Kinder

Natürliche Situationen geben oft einen zwanglosen Ansatz für ein Gespräch: eine Schwangerschaft in der Nachbarschaft, Verwandtschaft oder in der eigenen Familie. Dabei sind klare, zutreffende Formulierungen wichtig. Ausdrücke wie "unter dem Herzen der Mutter" oder "im Schoß der Mutter" sind unklar und irreführend für das kindliche Verständnis.

Dietmar Rost nennt in seinem Buch „Unserm Kind zuliebe" gute Gesprächsbeispiele. So kann die Antwort auf die Frage „Mutti, als ich ganz klein war, wo habt ihr mich da hergeholt?" lauten: „Wir haben dich nirgends hergeholt. Du bist hier in meinem Bauch gewachsen."

Die Geburt

Erkundigt sich ein vierjähriges Kind nach der Geburt, können wir davon ausgehen, daß es nicht die Zeugung meint. Es rätselt lediglich, wie ein so großes Baby aus dem Bauch der Mutter kommen kann.

Fragt es, wie oder wo das Baby aus dem Bauch herauskommt – etwa so: „Wenn das Baby aus dem Bauch kommt, platzt dann der Bauch?" –, können Sie antworten: „Nein das geht viel besser und schöner. Die Babys kommen zwischen den Beinen der Mutter heraus. Da, wo die Scheide ist."

Zeugung und Empfängnis

Über Geburt und Schwangerschaft zu sprechen, fällt nicht so schwer. Bei der Zeugung wird es manchen Eltern mulmig, und sie versuchen diese Frage abzuwimmeln. Warum eigentlich? Einen Vierjährigen interessieren die Details des Geschlechtsverkehrs noch nicht. Er will lediglich wissen, wer ein Kind in den Bauch hineingebracht hat.

Die Antwort auf die obige Frage kann deshalb lauten: "Das Kind ist überhaupt nicht in die Mama hineingekommen. Es ist von Anfang an darin gewachsen. Wenn Mama und Papa sich sehr lieb haben, dann streicheln und küssen sie sich. Papas Glied wird dabei steif, und er kann es schließlich in Mamas Scheide stecken. Das ist für beide sehr schön. Aus Papas Glied kommen dabei viele winzige Samenzellen in die Scheide von Mama. Wenn gerade die richtige Zeit ist, kann sich eine Samenzelle mit einem Ei von Mama verbinden. Genau in diesem Moment fängt ein neues Leben an: Ein Baby entsteht. Beide, Papa und Mama, haben also etwas dazu gegeben, daß du entstanden bist."

Jetzt nehmen Sie am besten das Bilderbuch eines der genannten Bilderbücher zur Hand und erklären anhand der Abbildungen noch einmal die Entwicklung aus einem winzigen Ei.

Was muß ein Schulanfänger wissen?

Auch wenn das Kind wenig fragt, ist es ratsam, die drei Fragenkomplexe bis zum Schulbeginn durchgesprochen zu haben.

Es wäre zu schade, wenn Ihnen „die Straße" zuvorkommen würde. Ist das Informationsbedürfnis des Vorschülers auf gute, natürliche Weise von seinen Eltern gestillt worden, ist er weniger anfällig für Zoten. Auf dieser Grundlage kann auch die Sexualerziehung in der Grundschule besser aufgefangen werden.

Vor sexuellem Mißbrauch bewahren

Kinder werden oft vor dem „bösen" Fremden gewarnt, dabei sind weniger als 10 % der Täter Fremde. In etwa 50 % - 70 % der Fälle sind Väter und Stiefväter die Täter, bei 20 % kommen die Täter aus dem Verwandten- und Freundeskreis.

Vorbeugung gegen sexuellen Mißbrauch ist ein Teil der alltäglichen Erziehung. Sie beginnt damit, das Selbstwertgefühl des Kindes zu stärken und es zu ermutigen, seinen Gefühlen zu trauen. Dann vermag es nämlich eher, entschieden nein zu sagen, wenn ihm jemand zu nahe tritt - und das kann schon ein(e) Verwandte(r) sein, der/die dem Kind zur Begrüßung einen Kuß geben oder selbst einen bekommen möchte oder das Kind unbedingt auf den Schoß ziehen möchte.

Eltern sollten ihre Kinder darin bestärken, selbst Grenzen zu setzen und eine eigene Intimsphäre aufzubauen: "Deine Gefühle sind wichtig. Wenn dir etwas komisch vorkommt, hast du das Recht, so zu fühlen und es zu sagen." Ein Kind, das weiß, daß seine Gefühle (siehe GEFÜHLE, S.70) richtig sind, läßt sich nicht so leicht zu sexuellen Handlungen überreden. Vor allem läßt es sich dann nicht einreden, es hätte es doch auch gewollt oder schön gefunden. So können Schuldgefühle und Geheimhaltung von vornherein vermieden werden.

Sprechen Sie mit Ihrem Kind über verschiedene Berührungen: „Es ist schön, umarmt und gestreichelt zu werden. Zärtliche, angenehme Berührungen fühlen sich gut an. Aber es gibt auch schlechte Berührungen, die unangenehm sind, die weh tun oder einfach nur komisch sind. Aus schönen Berührungen können unangenehme werden, wenn du zu lange oder zu fest umarmt wirst und es nicht mehr willst."

Ein Kind muß wissen, daß es sich gegen unangenehme Berührungen wehren darf - auch wenn es ein Freund der Eltern, ein Verwandter, der Vater, die Mutter, der größere Bruder, der Cousin, der Trainer oder eine andere Bezugsperson ist. „Niemand hat das Recht, dich an Brust, Po und Scheide/Penis zu berühren oder dich zu zwingen, daß du jemand anderen an diesen Stellen anfaßt. Sag nein! Geh weg, und erzähle es jemandem, der dir helfen kann."

Opfer sexuellen Mißbrauchs werden stets zur Geheimhaltung gezwungen. Sprechen Sie deswegen mit Ihrem Kind auch über gute und schlechte Geheimnisse: „Geheimnisse sind etwas Schönes, wie Überraschungen, zum Beispiel Geburtstagsgeschenke oder Streiche, die kommen raus, die erzählt man irgendwann. Es gibt aber auch Geheimnisse, die werden unheimlich, wenn dir jemand droht, falls du davon erzählst. Das ist dann ein schlechtes Geheimnis. Erzähl es mir, ich erlaube es dir, das ist kein Petzen!"

Bausteine zur Vorbeugung gegen sexuellen Mißbrauch:

- Stärken Sie das Selbstwertgefühl Ihres Kindes!
- Ermutigen Sie es, seinen Gefühlen zu trauen!
- Zwingen Sie ihm nie Zärtlichkeiten auf!
- Erlauben Sie ihm, zu unangenehmen Berührungen nein zu sagen!

Auch wenn die Täter überwiegend aus dem Freundes-, Verwandten- und Vertrautenkreis der Familie oder des Kindes kommen, müssen Kinder wissen, daß sie ...

- sich Fremden nicht anvertrauen dürfen.
- sich keine Geschenke versprechen oder sich damit ködern lassen sollen.
- Fremden keinesfalls folgen dürfen.
- niemals zu Fremden ins Auto steigen dürfen.

DIE VORSCHULJAHRE

- niemals in fremde Wohnungen mitgehen dürfen.

Was ist sexueller Mißbrauch?

Sexueller Mißbrauch liegt immer dann vor, wenn ein Erwachsener sich einem Kind mit der Absicht nähert, sich sexuell zu erregen oder zu befriedigen. In der Regel ist es Machtmißbrauch durch sexuelle Gewalt. Erwachsene haben mehr Macht als Kinder. Sexuelle Gewalt macht sich dieses Machtgefälle zunutze. Manche Männer (auch schon männliche Jugendliche) beanspruchen in der Familie ein Alleinbestimmungsrecht, Frauen und Kinder müssen sich ihrer Meinung nach unterordnen, werden als Eigentum gesehen. Daraus leiten die Täter das Recht ab, sie auch sexuell ausbeuten zu dürfen.

Was kann man sonst noch tun?

Schon Jugendliche mißbrauchen andere Kinder (meist Mädchen). Leider wird das oft noch weniger ernst genommen als Mißbrauch durch Erwachsene - die Opfer werden dann noch jahrelang von diesem Trauma verfolgt und fühlen sich meist selbst schuldig. Jungen, die nur 4 bis 6 Jahre älter sind, werden von kleinen Mädchen oft schon als „Mann" und „Erwachsener", also auch als mächtiger bezeichnet und erlebt. Achten Sie aus diesem Grund auf die Großen, und gehen Sie bereits dem geringsten Verdacht nach.

Kinder sollten zu Hause lernen, die Gefühle des anderen, seine Grenzen und sein Recht auf Selbstbestimmung auch dann wahr- und ernstzunehmen, wenn sie/er sich nicht aggressiv zur Wehr setzt.

Falls Sie selbst in irgendeiner Weise von Mißbrauch betroffen waren und noch nie darüber gesprochen haben, reden Sie mit einer Person Ihres Vertrauens. Es passiert zu oft, daß solche Eltern später fast wie gelähmt mitansehen, wie ihre Kinder zunächst auf scheinbar harmlose Weise auf den Schoß gezerrt, abgeküßt, begrapscht und mißbraucht werden. Diese Eltern sind oft nicht fähig, ihrem Kind beizustehen oder ihm das nötige Selbstvertrauen zu vermitteln, nein sagen zu dürfen.

Von der Supermutter zum „heulenden Elend"

„So hatte ich mir das wirklich nicht vorgestellt" - wie viele junge Mütter mögen das schon geseufzt haben?

Die anfänglich gute Kondition junger Eltern kann schnell zusammenbrechen - manchmal schon nach den ersten Monaten halb-durchwachter Nächte mit einem unruhigen, schwer zu bändigenden Baby. Mütter von Kleinkindern - Väter sind nicht so stark betroffen - leiden oft unter hartnäckigen Erschöpfungszuständen, obwohl sie selbst sich das meist nicht eingestehen und die Umwelt es häufig nicht bemerkt.

Allgemein können drei Phasen zunehmender Erschöpfung beobachtet werden. Mütter und Väter sollten sie sorgfältig durchdenken, um festzustellen, wo sie stehen, und gemeinsam beraten, wie sie sich vor dem Ausbrennen schützen können.

1. Stadium:
Verlust der Autonomie-Insel

Die Mutter erstickt in Windeln, Babybrei und Durcheinander. Sie hat den Eindruck, nur zu geben, zu geben, zu geben ... und keine Minute zu sich selbst zu finden. Nicht selten

fühlt sie sich benachteiligt, betrogen und im Stich gelassen. Ihr fehlt die Kraft, den Kindern Grenzen zu setzen oder gar Familienregeln durchzuboxen; sie läßt den Karren einfach laufen, als ob sie dadurch Ruhe und Harmonie wieder zurückbringen könnte. Als armseliges Repertoire ihrer Erziehungsmittel sind schließlich nur noch Geschrei und Drohungen übrig.

Der Ehemann erfaßt das Problem seiner Frau in dieser Situation meist nur ungenügend. Sie fühlt sich zunehmend unverstanden, während er mehr und mehr an ihren Erziehungsqualitäten zu zweifeln beginnt. Dieser Zustand leitet zum zweiten Stadium über.

2. Stadium:
Verlust der Beziehungs-Insel

Die Beziehung der Eheleute leidet in diesem Stadium zunehmend. Es fällt ihnen immer schwerer, sich einen schönen Abend zu machen. Mal miteinander ausgehen oder ungestört schmusen? Ständig kommen die Kinder dazwischen! So verkümmert die eheliche Atmosphäre, und schließlich schwindet alle Energie und aller Einfallsreichtum, überhaupt noch etwas miteinander zu unternehmen. „Laßt mich bloß alle in Ruhe!" ist ihr häufigster Gedanke.

Eine zweite „Beziehungs-Insel" - die Berufstätigkeit - wird genauso in Mitleidenschaft gezogen. Etwa zwei Drittel aller jungen Mütter wollen sich einige Jahre ganz ihren kleinen Kindern widmen, was sehr begrüßenswert ist. Aber mit dem Ausstieg aus dem Berufsleben verliert die Frau ein Netz sozialer Kontakte, in dem sie Anerkennung und Selbstbestätigung finden konnte. Wenn dieser Verlust nicht ausgeglichen wird, besteht die Gefahr von Vereinsamung und Unzufriedenheit.

Kinder reagieren auf die eheliche Disharmonie meist recht negativ: Sie können sich immer weniger selbst beschäftigen, antworten mit unangemessenen Wutanfällen, streiten sich mit ihren Geschwistern, hän-

ELTERN WERDEN – PAAR BLEIBEN!

gen sich um so intensiver an die Mutter. Häufig treten bei den Kindern Schlafstörungen und andere psychosomatische Symptome wie Einnässen und Eßstörungen auf.

Die massiven Probleme mit den Kindern rauben den Eltern die letzte wichtige Energiequelle: die Freude an der kindlichen Unbekümmertheit und an den Fortschritten ihrer Sprößlinge. Zu diesem Zeitpunkt bestehen die Spannungen nicht mehr nur zwischen den Ehepartnern, auch das Verhältnis zu den Kindern ist gestört. Dies leitet in die dritte Phase über, in der auch die psychische Gesundheit des Mannes mitbetroffen ist.

3. Stadium: Die eigentliche Erschöpfungsdepression

In den ersten beiden Stadien sind die Ehepartner zwar miteinander unzufrieden und ergehen sich in gegenseitigen Vorwürfen, können das Ganze jedoch noch als Folge der bestehenden Überlastung erkennen, sich vergeben und gemeinsam weitermachen. Dagegen brechen im dritten Stadium der Erschöpfungsdepression alte, verdrängte Probleme auf. Unverarbeitete Wut- und Haßregungen aus der eigenen Kindheit werden auf sich selbst oder den Ehepartner projiziert. Die Vorwürfe werden zunehmend irrationaler und die beiden immer unfähiger, angemessen miteinander umzugehen.

Damit aus einem Mutterfrust nicht unbemerkt und schleichend eine schwieriger zu behandelnde Erschöpfungsdepression werden kann, muß viel häufiger darüber gesprochen werden, wie er verhindert werden kann. Manche Mütter sind buchstäblich „reif für die Insel". Sie brauchen Tips und praktische Hilfen, wie sie sich auf eine „Autonomie-" und eine „Beziehungs-Insel" flüchten können, um ihre Energien wieder aufzufrischen.

Folgende Fragen helfen, ein aufkommendes Mißverhältnis zwischen Verbrauch und Auftanken emotionaler Energie frühzeitig zu erkennen:

● Finden Sie manchmal Zeit, alleine etwas für sich selbst zu unternehmen?

_____

● Wer zählt zu Ihren Freundinnen? Wie oft treffen Sie sich?

_____

● In welcher Weise werden Sie von Ihrem Mann unterstützt?

_____

● Wann sind Sie das letzte Mal mit ihm ausgegangen?

_____

● Beschreiben Sie, was Sie dann gewöhnlich tun.

_____

● Wie hat sich die sexuelle Beziehung zwischen Ihnen seit der Geburt des ersten Kindes entwickelt?

_____

„Kindererziehung ist kein Kurzstreckenlauf, sondern mit einem Marathonlauf zu vergleichen. Man muß seine Kräfte für alle Erziehungsjahre klug aufteilen und darf sie nicht gleich in den ersten Jahren aufbrauchen." (James Dobson)

Zuflucht auf der „Autonomie-Insel"

Es ist weder ein Zeichen von Egoismus noch Ausdruck rücksichtsloser Selbstverwirklichung, wenn Sie sich in Ihrer Familie Autonomie und einen gewissen Freiraum bewahren. Im Gegenteil: Auf lange Sicht gesehen ist das sogar überlebensnotwendig!

Zunächst ein paar Tips für die Frau:

- Planen Sie rechtzeitig - am besten bereits vor der Geburt des ersten Kindes -, wie Sie sich „Erholungsnischen" schaffen können - auch wenn es dann oft anders kommt, als man es sich vorgestellt hat. Was wollten Sie schon immer mal lesen, welchen Sport treiben? Einigen Hobbys kann man als junge Mutter zu Hause viel besser nachgehen als bei voller Berufstätigkeit.

- Bevor Ihre Sprößlinge das Kindergarten-Alter erreichen, wirkt sich ein „Kindertausch" häufig sehr positiv aus. Seit unsere Marie zwei Jahre alt ist, geht sie einen Vormittag in der Woche zu ihrem gleichaltrigen Cousin; er kommt dafür einmal in der Woche zu uns. Für Claudia bedeutet dies einen freien Vormittag in der Woche, den sie aber nicht zum Putzen verwendet, sondern zum Kultivieren ihrer „Autonomie-Insel".

Tips für den Vater:

- Wenn Sie erwerbstätig sind und Ihre Frau einige Jahre lang ihren Beruf aufgibt, um verstärkt für Haushalt und Kinder zu sorgen, dann vergessen Sie nicht, daß nicht nur Sie am „Feierabend" (wer hat nur diesen lächerlichen Ausdruck erfunden?) erschöpft und ruhebedürftig sind, sondern auch Ihre Frau. Sie ist zu Hause ebenso berufstätig und hat das gleiche Recht auf Freizeit. Erledigen Sie die Hausarbeit nach Ihrem Feierabend bis zum Schlafengehen der Kinder einfach gemeinsam!

- Nach der Arbeit tut Bewegung gut, besonders wenn man eine sitzende Tätigkeit hat. Warum schnappen Sie sich nicht Ihre Kinder und toben erst einmal eine Runde auf dem Hof oder durch den Park? Diese Ruhepause wird Ihrer Frau sehr guttun! Um so bereitwilliger wird sie es Ihnen hinterher gönnen, wenn Sie

ELTERN WERDEN – PAAR BLEIBEN!

sich selbst ausruhen und die Zeitung lesen möchten.

- Wenn Sie Ihren Kegelabend haben, im Sportverein oder im Fitneß-Center sind, während Ihre Frau zu Hause „die Stellung hält", gönnen Sie auch ihr solche Freiräume und kümmern Sie sich dann um die Kinder.

Tips an beide:

- Es ist schön, wenn man als Familie viel gemeinsam unternimmt. Aber das muß nicht immer so sein. Besonders wenn einem der Partner der Alltag über den Kopf wächst, ist es besser, sich einmal abzulösen, anstatt darauf zu bestehen, alles gemeinsam zu machen. Dazu gehören allerdings ehrliche Absprachen.

- Schon seit Jahren werben wir für einen freien Nachmittag pro Woche für Mütter. Dieser ließe sich ganz einfach organisieren. Sie als Vater bemühen sich, ein Stündchen früher zu Hause zu sein, und geben Ihrer Frau bis in den Abend hinein frei („Kinder ins Bett bringen" inklu-

sive), aber nicht nur, um Familieneinkäufe zu erledigen, sondern um persönlichen Interessen nachzugehen. So etwas kann man natürlich auf einen freien Samstag pro Monat erweitern, und selbst ein Wochenende mit der besten Freundin oder dem engsten Kumpel, an dem jeder nur seinen individuellen Interessen nachgehen kann, ohne auf die anderen Rücksicht nehmen zu müssen, sollte man ermöglichen.

Solche regelmäßigen Einrichtungen können Erschöpfung und Kinderüberdruß vorbeugen.

- Urlaub mit Kindern ist wichtig, aber auch anstrengend. Wenn der Vater allerdings einen Vormittag mit den Kindern an den Strand geht, während die Frau für sich allein machen kann, was sie will, und später umgekehrt, kann dieser Freiraum ungeahnte Kräfte freisetzen.

Zum Nachdenken und Notieren
Dies kann und will ich künftig umsetzen:

_____

_____

_____

_____

_____

Auftanken auf der „Beziehungs-Insel"

Zu den grundlegenden „Beziehungs-Inseln" zählen wir den Umgang mit dem Ehepartner, mit Verwandten und Freunden, der Gemeinde und im Beruf.

Da ist zunächst die Beziehung zum eigenen **Ehepartner**. Gute Tips zur Vertiefung der Ehebeziehung können Sie in vielen Büchern und Artikeln nachlesen - sie müssen nur in die Praxis umgesetzt werden! Doch dazu fehlt im Alltag häufig die Kraft.

Hier einige Punkte unserer „Goldenen Regeln für ein gesundes Eheleben":

- Planen Sie mindestens einen Eheabend pro Woche ein, um Zeit für gemeinsame Unternehmungen und Entspannung zu haben.

- Verbringen Sie keinen Tag ohne Gedankenaustausch. Reservieren Sie sich jeden Tag mindestens zwanzig Minuten, um sich alles von der Seele reden zu können.

- Lassen Sie das Feuer der romantischen Liebe nicht verlöschen. Achten Sie auf Ihr Denken und Handeln gegenüber Ihrem Partner, denn dies wird das Maß der Romantik bestimmen.

- Investieren Sie genügend Zeit, Energie, Einfühlungsvermögen und Einfallsreichtum in die sexuelle Beziehung Ihrer Ehe, denn Zeit füreinander zu haben und die Bewunderung und Wertschätzung des Partners sind unerläßliche Voraussetzungen für eine erfüllende Sexualität.
(Weitere „Goldene Regeln für ein gesundes Eheleben" siehe „Die Ehe fit halten")

Zum **Berufsleben**: Lassen Sie als junge Mutter nach der Geburt nicht alles andere im Stich, um sich ausschließlich um Ihr Kind zu kümmern. Natürlich ist es am besten, wenn Sie in den ersten Erziehungsjahren beruflich pausieren können. Aber warum halten Sie nicht weiterhin Kontakt zu Ihren Arbeitskollegen und bieten an, von Zeit zu Zeit einmal einzuspringen - etwa als Urlaubs- oder Krankenvertretung?

Und die **Verwandtschaft**? Ein Problem unserer Zeit ist die räumliche Trennung und Zersplitterung in Kleinstfamilien. Wenn man sich allerdings nur dann meldet, wenn man etwas haben will, braucht man sich nicht über den geringen Zusammenhalt zu beklagen. Überlegen Sie, wie Sie über die obligatorischen Familienfeiern hinaus Zeichen setzen und Kontakte halten können, dann fällt das gegenseitige Aushelfen leichter.

Ein guter **Freundeskreis**, möglichst Familien mit etwa gleichaltrigen Kindern, ist Gold wert, aber schwer zu finden und aufrechtzuerhalten. Gehen Sie in Gedanken einmal Ihren Bekanntenkreis durch: Mit wem möchten Sie Kontakt halten und befreundet bleiben? Und dann ergreifen Sie die Initiative. Langfristige Freundschaften halten nur, wenn man Zeit investiert und selbst Opfer bringt. Viele Familien klagen, daß sie ganz alleine dastehen. Da es sehr selten vorkommt, daß jemand auf Sie zukommt und Sie aus Ihrer Einsamkeit erlöst, müssen Sie schon auf andere zugehen!

Ein **Mütterkreis**, in dem man sich alles von der Seele reden kann und Verständnis findet, ist eine regelrechte Therapie! Gehören

Sie zu den kontaktfreudigeren Frauen? Dann gehen Sie unbedingt auf andere Mütter zu, und treffen Sie sich regelmäßig. Vor allem lernen sich die Kinder kennen, eine wichtige Voraussetzung, sie auch einmal abgeben zu können. Gehören Sie zu den zurückhaltenderen Frauen? Dann springen Sie über Ihren eigenen Schatten, um Ausschau nach Gleichgesinnten zu halten.

Eine regelmäßige „**Männerrunde**" ins Leben zu rufen scheint noch schwerer zu sein, ist aber genauso wichtig. Informell gelingt es leichter. Wenn sich zwei Freundinnen ein freies Wochenende erkämpft haben, sollten sich die Väter einfach als „Notgemeinschaft" zusammenfinden und mit den Kindern die „sturmfreie Bude" feiern. Daraus hat sich schon manche Männerfreundschaft entwickelt.

Der Platz in einer **Kirchengemeinde**: Viele Freunde sucht und findet man ohnehin in einer Gemeinde, weil deren Mitglieder die gleichen Lebensideale teilen. Den Wert einer Gemeinde spürt man besonders, wenn man Hilfe braucht, sei es im Gebet, in Form guter Ratschläge oder durch praktischen Einsatz. Aber christliche Gemeinschaft lebt vom Geben und Nehmen. Suchen Sie die Hilfe anderer Christen nicht nur in persönlichen Notzeiten, sondern integrieren Sie sich selbst aktiv in einer Gemeinde. Sich gemeinsam mit anderen Christen zu engagieren, macht glücklich und setzt neue Kräfte frei.

Vergessen Sie bitte auch nicht, Ihre **Beziehung zu Gott** zu pflegen! Menschen sind nicht immer zu erreichen und verstehen einen auch oft nicht, aber Gott, Ihr Vater, ist immer zu sprechen, und die Gemeinschaft mit ihm kann zu Ihrer größten Kraftquelle werden.

Zum Nachdenken und Notieren
Dies kann und will ich künftig umsetzen:

Alleinerziehende

UND WAS MACHT MAN ALS ALLEINERZIEHENDER?

Renate: „Das liest sich so schön: Die wichtigsten Beziehungen sind die zum Ehepartner, zu den Verwandten, zu Freunden, zu Kollegen und innerhalb der Kirchengemeinde. Was aber tun, wenn man geschieden und umgezogen ist - eine Tagesreise von allen Verwandten entfernt, Freunde erst ab 240 km Entfernung, keine Arbeitskollegen und in einem Nest gelandet, wo jeder eigentlich schon sein Grüppchen hat?"

Wo geht's zur Autonomie-Insel?

Aber irgendwo muß es doch auch für berufstätige 'Teilzeitmütter' ohne zweites Elternteil und ohne Geschwister (also natürliche Spielkameraden fürs Kind) eine Autonomie-Insel geben!

Nachdem sich nach langen Kontaktbemühungen meinerseits nicht viel ereignet hat, habe ich folgende Ideen teilweise umgesetzt:

Ein Abend pro Woche gehört mir, das heißt, ich verlasse meine oft eintönigen vier Wände und tue etwas, das mir Spaß macht, mich mit anderen Menschen zusammenbringt, nicht mit Arbeit und Pflicht verbunden ist und wozu ich niemand anderen brauche. Zuerst bin ich ins Kino gegangen, zur Zeit mache ich einen Single-Tanzkurs (nein, einen Tanzpartner braucht man nicht mitzubringen). Danach gehen wir als kleine Gruppe noch zusammen eine Cola oder ein Bier trinken und unterhalten uns. Ich kenne nur die Vornamen, keiner ist zu irgend etwas verpflichtet.

Es muß ja nicht tanzen sein, es gibt auch anderes - ein Abend im Fitneß-Studio, ein interessanter Kurs in der Volkshochschule ... Hauptsache, es macht IHNEN Spaß und ist in absehbarer Zeit realisierbar.

Mein Kind? Bleibt zum Glück alleine zu Hause und bekommt dafür von mir eine kleine Überraschung vor die Tür gelegt. Noch besser ist es natürlich, wenn Sie einen Babysitter haben, der auch dann kommt, wenn Sie ‚nur Ihrem Vergnügen' nachgehen.

Ist einmal die Woche für Sie nicht realisierbar? Dann vielleicht einmal alle zwei Wochen oder einmal im Monat. Wann waren Sie das letzte Mal in einem Konzert?

Selbst im normalen Alltag gibt es auch hin und wieder kleine Nischen, die sich als Autonomie-Inseln entpuppen können. Ein kurzer Gang an frischer Luft - ohne daß alle 90 Sekunden ein Satz an Ihr Ohr dringt, der mit „Mama, ...???" beginnt - praktisch, wenn der Wald gleich um die Ecke ist.

Und die Beziehungs-Insel?

Wenn man keine langsam gewachsenen Beziehungen hat, ist dies ein heikles Thema. Soviel habe ich inzwischen gelernt: Es wird viel getratscht, deshalb sollte man nicht vorschnell jemandem sein Herz ausschütten oder aus seiner Vergangenheit berichten; dann ist einem die Schublade gleich sicher - eine 240-Kilometer-Zone hat also auch ihre Vorteile.

Wer nicht aufpaßt, wird schnell zum „Betreuungsobjekt" und damit zur Last für andere Leute, die an einer Beziehung eigentlich gar nicht interessiert sind. Einige zuvor wohldurchdachte Antworten auf „Fangfragen" („Wie hast du denn deinen Mann kennengelernt? War er auch Christ?" ...) haben sich als ganz praktisch erwiesen. Immerhin heißt es ja, das „Alte sei vergangen, siehe, etwas Neues ist geworden". Warum soll ich also überhaupt darüber reden, was war? Mich interessiert, was heute ist.

Jetzt können Sie sich überlegen, wie solche Kontakte aussehen können. Ich überlege und probiere auch immer noch. Das wichtigste ist wohl, Frieden mit der oft einsamen Insel zu schließen, aber nicht zu resignieren. Danach kommt gleich, nicht zu viel von anderen zu erwarten. Es bringt mehr, sich selbst Gedanken darüber zu machen, wie man sich selbst einen neuen Bekanntenkreis aufbauen kann.

Falls sich Kontaktmöglichkeiten ergeben - neulich wurde ich völlig überraschend zu einem Geburtstag eingeladen -, nie nein sagen (Spielt es wirklich eine Rolle, ob man das Geburtstagskind kennt?). Genießen Sie die anderen Gäste, gemeinsam lachen ist sehr gesund - auch wenn Sie sie vielleicht nie wiedersehen. Mitnehmen, was einem begegnet, dankbar dafür sein und nicht klammern.

Zugegeben, allzu toll ist das nicht. Aber besser als nichts, oder? Denn schließlich wird und bleibt man nicht mit sich alleine oder auf dem Seelsorgestuhl beziehungsfähig, sondern nur, wenn man unter Leute kommt, also durch Beziehungen."

Zum Nachdenken und Notieren
Wie können Sie als Alleinerziehende/r in Ihrer speziellen Situation Autonomie- und Beziehungs-Inseln pflegen?

Von der Vorschule bis zur Vorpubertät

Ein Fundament bauen durch eine gute Familienatmosphäre

Eine angenehme Familienatmosphäre - was stellen Sie sich darunter vor?

Manch einer wird sich nur wenig oder gar nichts darunter vorstellen können, da er sie in seiner Herkunftsfamilie selten erlebte oder überhaupt nicht kennengelernt hat.

Dann lassen Sie uns zusammen davon träumen: Familienatmosphäre heißt doch, daß man miteinander Spaß haben kann, daß viel gelacht wird, daß Mama und Papa genauso gut herumtollen und auch mal toben können wie die Kinder. Dazu gehören Achtung und Wertschätzung, die die Eltern den Kindern zeigen, aber auch die Kinder den Eltern. Kinder, die so aufwachsen, bewundern und ehren in der Regel ihre Eltern. In einem gesunden Familienklima wird viel erzählt, viel Ermutigung und Anerkennung ausgesprochen. Es wird oft geschmust - in einer solchen Atmosphäre wird sich ein Kind rundum geborgen und glücklich fühlen, und die Eltern erst recht! Diese genießen nämlich die Früchte ihrer Hingabe an die Familie. Das Zusammenleben ist keine Last, sondern Freude und Lebenserfüllung.

Na, sind Ihnen beim Träumen die Augen feucht geworden? Das sind vielleicht alles Dinge, nach denen Sie sich in Ihrer eigenen Kindheit immer gesehnt, sie aber schmerzlich vermißt haben. Wollen Sie sie jetzt auch Ihren Kindern vorenthalten? Wir werden Ihnen helfen, dieses Fundament für Ihr Familienhaus zu bauen.

Die wichtigen „drei Z's"

Worauf muß beim Bau dieses Fundamentes insbesondere geachtet werden? Wir werden auf den nächsten Seiten drei wesentliche Bereiche vorstellen.

Eventuell werden Sie sich sofort in Frage gestellt fühlen, denn alle drei Gebiete sind heutzutage Mangelware. Und gerade das

Von der Vorschule bis zur Vorpubertät

Fehlen dieser drei wirkt wie ein schleichendes Gift, das Ehen und Familien zerstört.

Hier sind sie, die „wichtigen drei Z's":

- Zeit
- Zuwendung
- Zündende Ideen

Na, haben wir recht gehabt? Wer hat in unserer gestreßten Gesellschaft überhaupt noch Zeit? Es ist unglaublich, wie Menschen von Terminen und Ansprüchen in Beschlag genommen werden. Diejenigen, die am meisten darunter leiden, sind die Kinder, ganz abgesehen von dem gesundheitlichen und psychischen Streß, dem sich die Eltern aussetzen.

Zuwendung? Wer ist heute überhaupt noch in der Lage und bereit dazu, aufrichtig und selbstlos Zuwendung zu geben? Wir sind eine gehetzte Gesellschaft. Die einen denken nur an sich, und die anderen brauchen ständig Ermutigung und Liebe, damit ihr Ego nicht zusammenbricht. Da wirken Kinder doch nur störend!

Tja, und dann auch noch Einfallsreichtum! Manch einer ist so abgestumpft durch den Alltagstrott oder den Streß in der Firma oder im Haushalt, daß er nach dem Feierabend nur noch völlig ausgebrannt vor dem Fernseher sitzt.

Zum Nachdenken und Notieren

Wenn Sie an Ihre Kindheit zurückdenken, an welche positive Erfahrungen können Sie sich erinnern?

Was hat Ihnen gefehlt, und was wollen Sie jetzt Ihre eigenen Kinder nicht vermissen lassen?

Sich Zeit nehmen

VON DER VORSCHULE BIS ZUR VORPUBERTÄT

Einflußreiche „Miterzieher"

Sie erziehen Ihre Kinder nicht allein. Es gibt viele „Miterzieher" - positive wie negative! **Wie intensiv werten Sie den Einfluß folgender Miterzieher?**

-5	-4	-3	-2	-1	0	+1	+2	+3	+4	+5	
											Kindergarten
											Spielkreis
											Schule
											Sportverein
											Klassenkameraden
											Freunde
											Zeitschriften
											Schallplatten
											Fernsehen

VON DER VORSCHULE BIS ZUR VORPUBERTÄT

„In dem Maße, in dem die Bedürfnisse des Kindes nach familiärer Geborgenheit, nach mehreren Bezugspersonen in der Familie nicht befriedigt werden, strebt es nach Familienersatz dort, wo er sich ihm anbietet, nämlich im Kindergarten, in der Schule, im Sportverein, in der kirchlichen Jugendgruppe, auf der Straße oder in einer der vielen Jugendkultnischen." (1)

Eine ganz normale Arbeitswoche

Manche Eltern fragen sich verstört: „Wer erzieht und beeinflußt mein Kind eigentlich mehr, wir zu Hause oder alle anderen?" Haken Sie einmal eine ganz normale Arbeitswoche lang die Stunden ab, die Sie tatsächlich mit Ihren Kindern verbringen; Stunden, in denen Sie mit ihnen plaudern und scherzen, miteinander basteln, reparieren oder einfach entspannt miteinander schmusen. Wie sieht diese Bilanz aus?

„In Wahrheit haben Eltern ihr Kind nur für eine kurze Zeitspanne ihres Lebens, sagen wir, von der Geburt bis etwa zum 18. Lebensjahr. Danach ändert sich die Verantwortung einschneidend. Wenn man zwei Stunden Zeit pro Tag für ein Kind berechnen würde (für viele eine sehr großzügige Zeitspanne), dann kommt man gerade auf 547 volle Tage, die verbleiben, um Eltern zu sein."

Sich Zeit nehmen

Wieviel Zeit mit meinen Kindern verbracht?	Was haben wir gemacht?
Mo	
Di	
Mi	
Do	
Fr	
Sa	
So	

47

Von der Vorschule bis zur Vorpubertät

Sich Zeit nehmen

Kinder sind einem Entfremdungsprozeß von ihren Eltern ausgesetzt. Als Eltern müssen Sie einen Lebensrhythmus für Ihre Familie finden, bei dem die Kinder nicht zu kurz kommen. Dabei ist der Vater genauso gefordert wie die Mutter!

Eine Symptom-Liste

Woran merkt man, daß ein Kind nicht genügend Zeit und Aufmerksamkeit erhält?

Wie viele der nachfolgend aufgeführten Symptome zeigen sich in Ihrer Familie? Häufen sie sich, haben Sie sich zu wenig Zeit für Ihr Kind genommen:

- Ein ansonsten aufgeschlossenes Kind wirkt plötzlich bedrückt und schweigsam.

- Es nörgelt viel und beschwert sich, oft allein zu sein.

- Es ärgert seine Geschwister oder das Haustier, um die Aufmerksamkeit auf sich zu ziehen - und sei es nur den Ärger der Eltern.

- Das Kind drückt sich zu viel mit anderen auf der Straße herum, dagegen verkümmert die Kommunikation mit Ihnen.

- Es kann nicht abwarten, weil es zu oft enttäuscht worden ist.

- Es drängt sich bei Besuchen ständig in den Vordergrund und fällt anderen laufend ins Wort.

Und wenn die Kinder nicht wollen?

Auch Kinder planen ihre Freizeit. Sie haben nicht immer gerade dann Zeit oder Lust, wenn ein gestreßter und schuldbewußter Vater oder eine hektische Mutter sich ihrer erbarmen will.

Wenn es schon soweit ist, daß die Kinder

grundsätzlich lieber mit ihren Freunden zusammensein wollen als mit den Eltern und nur murren, wenn eine Familienrunde einberufen wird, ist es höchste Zeit, Ihren Umgangsstil mit den Kindern neu zu durchdenken.

Beantworten Sie sich einmal folgende Fragen:

- Gehe ich altersgemäß auf meine Kinder ein?

- Langweilen sie sich bei gemeinsamen Unternehmungen, weil wir unsere eigenen Interessen stärker berücksichtigen als ihre?

- Wie sprechen wir miteinander? Brauchen sie mehr Humor, mehr Ausgelassenheit oder Wertschätzung?

- Muß ich mich stärker in die Welt der Kinder hineinversetzen?

Wenn Sie sich jetzt nicht mehr sicher sind, dann setzen Sie sich mit Ihren Kindern zusammen, lassen Sie jeden seine Wünsche äußern und beratschlagen Sie, was Sie gemeinsam unternehmen können, woran jeder Freude hat.

Eine neue Zeiteinteilung

Planen Sie trotz der unterschiedlichen Bedürfnisse Ihrer Kinder regelmäßig Zeit für Familienaktivitäten ein!

Bei Eltern, die meinen, dies spontan regeln zu können, kommt doch immer wieder etwas dazwischen - und es sind dann meist die Kinder, die zu kurz kommen.

Das nehme ich mir vor:　　　　　　　　Meine Zeitkiller:

VON DER VORSCHULE BIS ZUR VORPUBERTÄT

Zuwendung geben

Nehmen Sie sie in die Arme!

Halten Sie sich immer wieder vor Augen, daß Kinder ganz elementare Grundbedürfnisse haben:

- Sie hungern nach Liebe und Geborgenheit.
- Sie sehnen sich nach aufrichtiger Wertschätzung und
- nach Anerkennung ihrer Fähigkeiten.

Vielen Eltern fällt es schwer, ihren Kindern dies alles zu geben. Die einen wenden ein, daß sie das als Kinder selbst nicht erfahren hätten und nicht wüßten, wie sie es realisieren sollen, andere leben so sehr in ihrer eigenen Erwachsenenwelt, daß sie sich gar nicht bewußt sind, was Kinder eigentlich brauchen.

Um eines vorauszuschicken: Wenn Sie wollen, daß Ihre Kinder lebensbejahend und mit einem gesunden Selbstwertgefühl aufwachsen, müssen diese Grundbedürfnisse befriedigt werden!

Augen- und Körperkontakt

Um dies zu erreichen, sind zwei Dinge ganz wichtig: Augen- und Körperkontakt! Fällt es Ihnen leicht, Ihr Kind in die Arme zu nehmen und mit Ihrem Blick liebevoll zu umfangen? Manchen Eltern fällt dies leicht, andere kostet es Überwindung, und noch andere denken aus Oberflächlichkeit oder Hektik nicht daran.

Ihre Liebe zu Ihrem Kind muß ankommen und tief in seinem Herzen verankert bleiben. Eltern schlucken bitter, wenn ein Heranwachsender ihnen entgegenschleudert: „Ihr habt mich nie geliebt!" Und ob sie das Kind geliebt haben! „Was haben wir nicht alles für dich getan ...!" protestieren sie hilflos. Aber das Tragische ist, daß ihre wohlgemeinte Liebe nicht angekommen ist.

Vergewissern Sie sich immer wieder, ob Ihre Zuwendung und Liebe auch ihr Ziel erreichen. Sie können Ihrem Kind nicht oft genug aufrichtig und warmherzig sagen: „Du, ich hab' dich lieb. Schön, daß es dich gibt!" Finden Sie Ihre eigenen Formulierungen, die dem Empfinden Ihres Herzens entsprechen, aber sagen Sie es Ihrem Kind!

Suchen Sie auch ausreichend körperlichen Kontakt mit Ihrem Kind. Ein Baby oder ein Kleinkind zu knuddeln, fällt selten schwer. Die Hemmungen setzen erst ein, wenn ein Kind etwas älter wird; dabei hat es Körperkontakt genauso nötig. Legen Sie Ihren Arm um die Schulter Ihres heranwachsenden Sohnes, wenn Sie ihm etwas zu sagen haben. Umarmen Sie Ihre Tochter, wenn sie aus dem Haus geht. Suchen Sie immer wieder Möglichkeiten zu einer leichten, liebevollen Berührung, wenn Sie mit einem Kind zusammen sind.

„Allzu viele Kinder wachsen heute mit zu wenig Körperkontakt auf, weil sie nicht mehr in der Großfamilie leben, weil sie zu wenige Freunde haben, weil es ihnen am Vater oder an Geschwistern fehlt, weil Väter aus Angst vor Miß-

Von der Vorschule bis zur Vorpubertät

*verständnissen im Sinne von sexuellen Übergriffen Hautkontakt meiden und weil ihre berufstätigen Mütter zu selten bei ihnen sind.
Kinder müssen angefaßt werden, sie brauchen zu ihrem Wohlbefinden Streicheln, Schmusen, Handauflegen, Durch-das-Haar-Fahren, Auf-dem-Schoß-Sitzen, Toben, Balgen, Küssen, Drücken und Kuscheln ebenso wie Ansprache und Zuhören." (2)*

Neue Vorsätze

Durch Gedankenlosigkeit versäumt man oft die vielen guten Gelegenheiten zu körperlicher Nähe. Deshalb ist es jedesmal eine neue Entscheidung, dem Kind bewußt diese Aufmerksamkeit und Geborgenheit zu schenken! Aber mit der Zeit wird daraus eine gute Gewohnheit.

Wie sah es gestern mit dem Augen- und Körperkontakt zu Ihrem Kind aus?

_____

Wie können Sie sich motivieren und anspornen, Ihrem Kind diese Zuwendung ausreichend zu schenken?

_____

_____

Dies nehme ich mir neu vor:

- Ich will meinem Kind in die Augen schauen, wenn ich mit ihm rede!
- Ich will es täglich in die Arme nehmen!
- Ich will ihm täglich sagen, daß ich es liebhabe - nicht, weil es etwas Besonderes getan hat, sondern weil es mein Kind ist!
- Ich will ihm sagen: „Ich bin stolz auf Dich!"
- Ich will nie sagen: „Ich mag dich nicht mehr", „Du bist böse/dumm" oder „Aus dir wird doch nie etwas" (auch nicht zum Spaß)!
- Ich will mein Kind nicht anschreien!

Nicht jedes Kind mag intensiven Körperkontakt. Wenn dies bei Ihrem Kind der Fall ist, dann nehmen Sie einfühlsam darauf Rücksicht. Ein freundschaftlicher Klaps auf die Schulter oder ein fröhliches Zuzwinkern kann die gleiche Wertschätzung ausdrükken. Nur nicht aufdringlich werden, sondern das Kind so nehmen, wie es ist! Aber Zuwendung brauchen sie alle, die Offenen wie die Verschlossenen.

Ist dieses Bedürfnis gesättigt, müssen die Kinder nicht wie andere ständig aus der Rolle fallen oder durch Aufdringlichkeit um Beachtung kämpfen.

Spaß und Humor

Spaß und Humor gehören zu den machtvollsten Einflüssen des Familienlebens. Denken Sie einmal an Ihre Kindheit zurück. Haben nicht gerade die Momente einen festen Platz in Ihrem Erinnerungsschatz, in denen Sie mit Ihren Eltern Spaß gehabt, gescherzt und miteinander getobt haben? Daran denken Sie doch gern zurück, oder? Da wird Ihnen sogar wehmütig ums Herz.

An welche humorvollen, amüsanten Szenen aus Ihrer Kindheit können Sie sich erinnern?

_____

_____

Unbeschwerter Frohsinn und Humor sind nicht gerade jedermanns Sache, aber Kinder brauchen das. Es macht das Zusammenleben angenehm und leicht.

Über was haben wir in unserer Familie nicht schon alles gelacht! Die komischen Ereignisse werden immer wieder erzählt, bis sie schließlich zur Familienchronik gehören. Kinder haben so lustige Einfälle und machen manchmal so witzige Bemerkungen, daß sie unbedingt aufgeschrieben werden müssen. Wollten wir das alles aufzählen, würden wir allein davon tagelang lachen.

Der Platz hier wird wahrscheinlich nicht reichen, doch welche Bemerkungen und Einfälle Ihrer Kinder sollten unvergeßlich festgehalten werden?

_____

_____

_____

Humor ist nicht gleich Humor

Herzlich über sich selbst lachen können, die komische Seite des Lebens entdecken, den andern erheitern wollen – das sind Wahrzeichen von Humor. So macht er Spaß und lockert die Atmosphäre.

Doch Humor ist nicht gleich Humor. Die Grenze zum Spott und zur Ironie ist dünn. Über einen anderen lachen tut weh und ist einem Kind gegenüber genauso fehl am Platze wie Ironie oder Sarkasmus, die das Gegenteil von dem meinen, was sie sagen. Diese Art von Humor, die für einen Erwachsenen durchaus ihre Reize hat, kann ein Kind nicht verstehen. Ganz sicher dient sie daher nicht dazu, das Selbstwertgefühl des Kindes zu stärken, sondern verunsichert eher und vergiftet die Familienatmosphäre.

Hinterfragen Sie kritisch die Art und Auswirkung Ihrer Späße, und steuern Sie energisch gegen, wenn Sie merken, daß die Sache in eine falsche Richtung abgleitet.

VON DER VORSCHULE BIS ZUR VORPUBERTÄT

Unbeschwerte Mahlzeiten

Wir haben uns vorgenommen, unsere Mahlzeiten möglichst häufig zu einer Zeit der Freude und des Genusses, ja zu einem familiären Höhepunkt zu machen. Wir essen in Ruhe, nehmen uns Zeit, miteinander zu sprechen und zu scherzen, und vermeiden es bewußt, eine Mahlzeit als Gelegenheit für korrigierende Erziehungsgespräche zu nutzen. Dazu knöpfen wir uns den Betreffenden lieber zu einem anderen Zeitpunkt allein vor. Wir wünschen uns, daß unsere Kinder später einmal gern an unsere Tischrunde zurückdenken und sie als eine Zeit humorvoller Begegnung und Entspannung in Erinnerung behalten.

Wenn die Kinder älter werden und jedes andere Termine hat, ist es gar nicht mehr so einfach, sie alle gleichzeitig an den Familientisch zu bekommen. Einigen Sie sich dann doch auf eine Mahlzeit am Tag, bei der Sie in Ruhe zusammensitzen. Ohne Pläne und Absprachen kann es schnell dazu kommen, daß sich die einzelnen Familienmitglieder hauptsächlich aus dem Kühlschrank bedienen. Mit unseren sehr aktiven Teenagern haben wir ausgemacht, auf jeden Fall einmal in der Woche einen Familienabend mit Spaß, Gesprächen und einer gemütlichen Mahlzeit zu verbringen.

Überlegen Sie einmal, welche Absprachen Sie in Ihrer Familie treffen sollten.

_____

_____

An welchen Tagen und zu welcher Zeit können Sie als Familie entspannt zusammen essen?

_____

_____

Wie können Sie Ihre Mahlzeiten unbeschwerter gestalten?

_____

_____

Liebe macht erfinderisch!

Für alle, denen wenig einfällt, was sie mit ihren Kindern unternehmen könnten, gibt es eine einfache, aber durchschlagende Lebensregel: „Liebe macht erfinderisch."

Sie brauchen sich nicht mühsam irgendwelche Gags einfallen zu lassen und sie gequält vorzuführen. Lassen Sie Ihr Herz ganz neu für den Wert Ihrer Familie und die Kostbarkeit Ihrer Kinder brennen. Diese Liebe wird Sie kreativ und erfinderisch machen. Sie werden sehen, es funktioniert!

Alternative Lebensformen

Die machtvollen Miterzieher, die einen Keil in Ihre Familienbeziehungen treiben können, haben Sie bereits aufgelistet. (siehe EINFLUSSREICHE MITERZIEHER) Halten Sie Ausschau nach alternativen Angeboten als Gegengewicht zu dem Herumlungern auf der Straße oder an Kiosken, zu Streichen aus Langeweile, die in Kriminalität ausarten können, zu ungesundem Fernsehkonsum und all den anderen unguten Einflüssen. Wenn zu Hause nichts los ist, treiben sich Kinder häufiger auf der Straße herum oder hocken länger vor dem Fernseher, als gut für sie ist.

Je nach Interessen und Begabungen wird jede Familie sicherlich unterschiedliche Schwerpunkte setzen. Wir möchten einmal einige Möglichkeiten umreißen; vielleicht ist etwas dabei, das Ihnen Freude machen würde:

Lesen Sie vor, malen und basteln Sie zusammen, oder machen Sie Gesellschaftsspiele. Es ist nicht so einfach, bei „Mensch ärgere dich nicht" immer noch fröhlich zu bleiben, wenn man gerade zum dritten Mal verloren hat (auch nicht für Eltern!). Aber hier lernt das Kind spielerisch, gelassen zu verlieren und einem anderen ohne Neid den Sieg zu gönnen. Bis es soweit ist, werden zwar manche Tränen über dem Spielbrett vergossen, doch Ihr eigenes humorvolles (nicht ironisches!) Verhalten und Ihre Ermutigung werden das Kind bei dieser Erfahrung stärken können. Wenn die Kinder älter werden, können Sie gemeinsamen Interessen nachgehen, zu denen Sie sich sonst vielleicht gar keine Zeit nehmen würden, zum Beispiel radfahren, schwimmen, joggen, Fußball spielen, ein gemeinsamer Töpferkurs oder Musikgymnastik.

Während der Schulzeit feiern wir regelmäßig Feste. Ein Anlaß läßt sich immer finden. Glücklicherweise ist die Küche groß genug, daß alle Kinder bei der selbst-gebackenen Pizza helfen können. Einer schneidet Wurst, ein anderer Käse, die großen Mädchen rollen den Pizzateig aus, unsere Achtjährige versucht sich beim Dosenöffnen, und die Kleinste kostet schon mal alles vor.

Dann strahlen die Kerzen auf dem Tisch, wir genießen die selbstgefertigten Köstlichkeiten, erzählen, scherzen, lachen ... Nach solch einem Fest gehen die Kinder glücklich, erschöpft und geborgen ins Bett.

Jede Familie ist anders. Was zeichnet Ihren Clan aus? Was entspricht Ihren Interessen und Begabungen? Fangen Sie einmal an, zusammen mit Ihren Kindern zu planen. Sie werden sehen, es wird allen guttun, und sowohl Eltern als auch Kinder kommen auf ihre Kosten.

Musik und Kunst

Kinder haben viele Begabungen. Oft werden sie gar nicht entdeckt, weil die Kinder keine Gelegenheit bekommen, sie zu entfalten.

Wie entdeckt und fördert man musikalische Begabungen?

Hören Sie gemeinsam Musik unterschiedlicher Stilrichtungen, und singen Sie viel zusammen! Bald werden Sie heraushören, ob ein Kind gern singt und wie gut es seine Stimme halten kann. Bei uns haben alle Kinder im Grundschulalter zunächst einmal Flöte gelernt. Es gibt kaum ein Kind, das es nicht schafft, eine Flöte zu beherrschen. Flötenspiel und die dadurch erworbenen Notenkenntnisse sind auch eine ideale Grundlage, wenn das Kind später ein weiteres Instrument erlernen möchte.

Einige unserer Kinder sind musikalisch durchschnittlich begabt, andere überdurchschnittlich, und die singen jetzt in einer christlichen Musikgruppe, spielen Gitarre oder Klavier. Aber bitte keinen falschen Ehrgeiz! Beobachten Sie Ihr Kind, lassen Sie sich beraten, und dann fördern Sie es seinen Fähigkeiten gemäß.

Bei _____ sehe ich folgende musikalische Fähigkeiten:

_____

Ich will sie so fördern:

_____

_____

Künstlerische und kreative Begabungen können gut gefördert werden, wenn ein Kind in einer kreativen Umgebung aufwachsen kann und sich selbst ausdrücken darf.

Aber auch die Art, wie Sie Ihren Wohnraum gestalten, ausschmücken und Ihre Kinder daran beteiligen, beeinflußt ihr kreatives und künstlerisches Empfinden wesentlich.

Claudia gehen die Ideen nicht aus. Das zeigt sich an neuen Bildern, Blumenarrangements, Tapeten und aufgemöbelten Einrichtungsgegenständen. Die Kinder erleben dies mit, und schon sind auch sie begierig darauf, etwas zu gestalten und zu verschönern: „Mama, darf ich mein Zimmer mal wieder umräumen?" Bei uns sieht jedes Kinderzimmer anders aus. Jedes hat seine persönliche Note, die von dem Kind selbst mitbestimmt ist.

Haben die Kinder dann noch einen guten Kunstlehrer oder künstlerisch begabte Verwandte oder Freunde, können noch ganz andere Talente sichtbar werden. Es ist herrlich, mitanzusehen, wie ein junger Mensch sich künstlerisch ausdrücken kann und dabei erfährt, daß er einzigartig ist. Außerdem trägt es stark zu einem gesunden Selbstwertgefühl bei.

Wie können Sie die Kreativität Ihrer Kinder durch Ihr Vorbild fördern?

_____

Ich sehe bei _____
folgende Begabungen und werde sie in dieser Weise stärken:

_____

_____

Von der Vorschule bis zur Vorpubertät

Tiere und Garten

Das bewußte Leben mit Gottes Natur ist für uns ein echter Ausdruck christlichen Lebensstils. Seit wir Familie haben, sind immer Tiere um uns herum gewesen: Hund, Katze, Zwergkaninchen, Hühner, eine Zeitlang sogar Schafe und Ponys. Der Umgang mit Tieren ist sehr wertvoll für die Entwicklung der Kinder. Hier lernen sie Verantwortung, Rücksichtnahme und Ausdauer, ja selbst Verzicht auf eigene Interessen. Andererseits bekommen sie Einblick in das Wunder der göttlichen Schöpfung und profitieren von der Anhänglichkeit und Liebe eines Tieres.

Fachleute betonen, daß Eltern häufig gar nicht bewußt sei, was ein eigenes Tier für Kinder und ihre Entwicklung bedeutet. Die Beziehung ist viel mehr als streicheln, füttern und spielen, viel mehr als die Vertrautheit zum Plüschteddy. Tiere eröffnen Kindern neue Welten. Mit einem Vierbeiner sind sie auf Achse. Durch seinen enormen Bewegungsdrang kann ein Hund aus einem Stubenhocker ein aktives Kind machen. Ein Tier hilft Kindern, mit Traurigkeit und Mißerfolgen fertigzuwerden.

Doch welches Tier ist für welches Kind in welchem Alter geeignet? Tiere sollten nie als unverhofftes Geschenk präsentiert, nie als Spielzeugersatz mißbraucht werden. Wünscht sich ein Kind ein Streicheltier, ist ein Meerschweinchen zu empfehlen (ab etwa drei bis vier Jahre). Interessant sind auch mongolische Wüstenrennmäuse (Gerbil) oder eine Schildkröte. Für Fünf- bis

Sechsjährige geeignet: Maus, Zwergkaninchen, Katze oder Hund. Von einem Goldhamster ist abzuraten. Die nachtaktiven, possierlichen Nager wollen tagsüber ihre Ruhe haben. Es ist Tierquälerei, sie dann wach zu halten.

Wir wissen, Eltern tun sich schwer, auf den Wunsch nach einem Tier einzugehen, weil sie wissen, welche Mühe damit verbunden ist. Wohnraum und Auslauf für das Tier spielen eine wesentliche Rolle. Die Begeisterung kann schnell vorüber sein, und dann bleibt meist die ganze Arbeit an der Mutter hängen. Am schwerwiegendsten ist die Bindung, die man eingeht: Entweder ist der Hund oder was es auch ist, bei allen Unternehmungen dabei, oder man braucht ständig einen „Tiersitter". Das „Pro und Contra" muß gut abgewägt werden.

Zu welcher Entscheidung werden Sie kommen?

Das spricht für eine Tierhaltung:	Dies spricht dagegen:

Ähnlich wertvoll ist es, einen Garten mit einer Gemüseecke zu versorgen. Hier können die Kinder miterleben, wie aus einem unscheinbaren Samenkorn eine Pflanze entsteht, die man auch noch essen kann. Wieder ein Grund, über Gottes Schöpfung zu staunen.

Jawohl, auch das macht Arbeit. Die kann Ihrer Gesundheit allerdings in zweifacher Hinsicht guttun: Erstens bewegen Sie sich und kommen tüchtig ins Schwitzen, und zweitens können Sie frisches, gesund herangewachsenes Gemüse essen. Das ist beinahe unbezahlbar!

Warum tun Sie sich nicht mit ein oder zwei Familien zusammen und mieten sich einen Schrebergarten? Gemeinsam können Sie die anfallende Arbeit besser bewältigen, die Kinder toben in der frischen Luft, genießen das Leben in der Natur und können je nach Alter tüchtig mithelfen.

Aber auch ohne Garten kann man die Freude des Säens, Wachsens und Erntens ganz im kleinen erleben, denn selbst auf einem Balkon oder einer Terrasse können Küchenkräuter, Salate, Tomaten und Erdbeeren in Töpfen oder Trögen gezogen werden.

Wir mit unserer großen Familie haben immer einen Gemüsegarten bearbeitet und uns zum großen Teil selbstversorgt. Besonders für Eberhard bedeutete das eine Anstrengung. Aber gibt es einen gesünderen Ausgleich zur Kopfarbeit, als sich in frischer Luft körperlich zu betätigen? Jedes Schulkind hat bei uns einmal wöchentlich seinen Arbeitstag mit etwa zwei Stunden Gartenarbeit, möglichst zusammen mit Papa. Dann hokken wir an den Beeträndern und rücken dem Unkraut mit Humor und viel Spaß zu Leibe oder bringen die Ernte ein. Gerade das gemeinsame Arbeiten schafft ein Zusammengehörigkeitsgefühl und ist eine der wunderbarsten und zwanglosesten Möglichkeiten, sich über Gott und die Welt zu unterhalten.

Geschwisterkonstellationen und ihre Folgen

Haben Sie sich schon einmal Gedanken darüber gemacht, inwieweit die Geschwisterkonstellation in Ihrer Familie die individuelle Persönlichkeitsentwicklung jedes Kindes und den Familienfrieden beeinflußt?

Damit sollten Sie sich jetzt unbedingt befassen, denn es wird Ihnen helfen, jedes Kind besser zu verstehen, es zu fördern und Rivalitäten zu mindern!

Die Geschwisterfolge und die Position, die ein Kind dadurch in der Familie einnimmt, ist von bestimmten Merkmalen gekennzeichnet, deren Grundzüge wir kurz umreißen möchten. Dabei werden wir gleich einige Tips geben, wie Sie besser auf das einzelne Kind eingehen können.

Das Erstgeborene – Wer zuerst kommt, mahlt zuerst!

Das älteste Kind gibt sich vielfach zielstrebig und erfolgsorientiert, denn Eltern neigen dazu, dem ersten Kind besondere Aufmerksamkeit zu schenken, es zum Erfolg zu drängen und zu erwarten, daß es früh Verantwortung übernimmt.

Es ist kein Geheimnis: Das Erstgeborene ist ein Versuchskaninchen, an dem Vater und Mutter ihre Erziehungskünste ausprobieren. Und sie meinen es ernst damit, übertreiben aber manchmal auch. Daher ist es nicht verwunderlich, wenn wissenschaftliche Forschungen feststellen, daß Erstgeborene eher laufen und sprechen können als ihre Geschwister. Der Psychologe Kevin Leman beschreibt Erstgeborene etwas übertrieben als „organisierte, über-erzogene, über-beschützte, zu Leistung gedrängte Menschen, die etwas erreichen und den Ton angeben wollen".

Andere Experten meinen, daß Erstgeborene und ihre engen „Verwandten", die Einzelkinder, eine Hauptlast durchs Leben schleppen: Perfektionismus, hervorgerufen durch zu große Erwartungen übereifriger Jungeltern.

Erziehungstips für ein ältestes Kind

- Die „schwerste Krise", die ein Erstgeborener durchstehen muß, ist laut Leman das einschneidende Erlebnis, durch die Geburt eines kleinen Bruders oder einer kleinen Schwester „entthront" zu werden. Bisher hat er im Mittelpunkt der Aufmerksamkeit gestanden, und plötzlich muß er diese mit einem schreienden Säugling teilen. Das kann niemand so einfach wegstecken (siehe BABYNEID)! Ihr ältestes Kind braucht stets die Gewißheit, daß seine Stellung sicher ist. Zu wissen, daß jüngere Geschwister nicht vorgezogen oder mehr geliebt werden, wird es ermutigen, entspannt und kooperativ zu bleiben, anstatt seine Position eifersüchtig zu verteidigen.

- Achten Sie darauf, daß Sie Ihrem Ältesten nicht zuviel aufbürden. Aufgrund seines Alters wird ein Erstgeborener in der Regel mehr Pflichten haben als die Jüngeren und häufig Rücksicht nehmen müssen: Er wird als erstes Kind zum Kü-

chendienst herangezogen, muß auf die jüngeren Geschwister aufpassen, und es ist schon zum "Aus-der-Haut-fahren", wenn die liebevoll aufgebaute Lego-Eisenbahn laufend von einem Krabbelkind zerstört wird.

- Für das Älteste darf es auf keinen Fall nur bei Pflichten und Rücksichtnahme bleiben. Es muß auch altersgemäße Vorrechte haben. Welche zum Beispiel? Abends zwanzig Minuten länger aufbleiben zu dürfen als alle anderen und sich

> *Zum Nachdenken und Notieren*
> Wie beurteilen Sie Ihre Erwartungen an Ihr ältestes Kind, was seine Pflichten betrifft?

> Stellen Sie einige Vorrechte zusammen, die Sie Ihrem ältesten Kind gewähren werden, damit es die Belastungen eines Erstgeborenen sicher und entspannt tragen kann:

bei Papa mit einem Bilderbuch einzukuscheln oder als einziger mit Mama etwas zu unternehmen, weil es eben „nur für Große" ist, kann das Selbstwertgefühl schon enorm steigern und dem ältesten Kind helfen, seine Pflichten williger zu tragen. Das wird sofort den Protest aller jüngeren Geschwister heraufbeschwören. Aber jetzt müssen Sie Ihr großes Kind standhaft verteidigen und aufzählen, was es alles leistet. „Wenn ihr Jüngeren so alt seid", sollten Sie beteuern, „dürft ihr die gleichen Vorzüge genießen."

Es gibt viele Varianten

Mit zunehmendem Altersabstand der Kinder geraten die typischen Merkmale der Geschwisterfolge ins Wanken. Liegen erst einmal fünf oder mehr Jahre zwischen zwei Kindern, bedeutet das meist, daß eine „zweite" Familie mit einem neuen „Erstgeborenen" entsteht.

Auch die Geschlechtszugehörigkeit beeinflußt die Merkmale der Geschwisterkonstellation. Ist das nächstjüngere Kind vom anderen Geschlecht, kann das Zusammenleben leichter sein, als wenn es gleichgeschlechtlich wäre, weil Mädchen und Jungen unterschiedliche Interessen haben. Auch Alltag und Persönlichkeitsformung gestalten sich bei einem Mädchen mit zwei jüngeren Brüdern eindeutig anders als bei einem Jungen mit drei älteren Schwestern.

VON DER VORSCHULE BIS ZUR VORPUBERTÄT

Das mittlere Kind – das fünfte Rad am Wagen?

Die Position eines mittleren Kindes - es können auch mehrere sein - ist am schwierigsten zu definieren. *„Die allgemeine Formel, die aus allen wissenschaftlichen Veröffentlichungen zum Thema Geburtenfolge gezogen werden kann, lautet: Zweitgeborene Kinder werden sich mit großer Wahrscheinlichkeit zum Gegenteil des Erstgeborenen entwickeln."* (3)

Das ist eine gewichtige Aussage, deren Tragweite manchen Eltern gar nicht bewußt ist. Ist das ältere Kind zum Beispiel ordentlich und gut in der Schule, ist das nächste vielfach ein Chaot und ein nachlässiger Schüler.

Erwarten Sie von Ihrem Zweiten nicht das gleiche wie vom Ersten, sondern akzeptieren Sie seine Suche nach einer eigenen Identität.

Der Psychologe Leman berichtet, daß mittlere Kinder in Beratungsgesprächen immer wieder darüber klagen, sie hätten in der Phase des Heranreifens nie zu spüren bekommen, etwas Besonderes zu sein. „Das Erstgeborene hat seinen Platz, und auch das Jüngste nimmt eine besondere Stellung ein", stellen sie verbittert fest, „aber als Mittelkind fühlt man sich häufig wie das fünfte Rad am Wagen: nicht dazugehörend, unverstanden, überflüssig, immer irgendwie von jüngeren oder älteren Geschwistern überholt oder hochmütig übergangen."

Halten Sie sich bitte vor Augen, daß ein mittleres Kind oft das Gefühl hat, jeder rede „in sein Leben hinein". Schließlich hat es nicht nur ein Autorität ausstrahlendes Elternpaar über sich, sondern auch noch eine ältere Schwester oder einen älteren Bruder, und dann gibt es auch noch das Jüngste, das sich ständig einmischt. Durch diesen Druck von oben und von unten fühlen sich mittlere Kinder oft überflüssig oder unerwünscht. Empfindet Ihr Mittleres vielleicht genauso?

VON DER VORSCHULE BIS ZUR VORPUBERTÄT

Erziehungstips für ein mittleres Kind

Achten Sie angesichts dieser Expertenaussagen bei Ihrem mittleren Kind vor allem auf folgende Punkte:

- Bemühen Sie sich verstärkt darum, ihm das Gefühl zu vermitteln, einzigartig zu sein, und fördern Sie es vor allem in Bereichen, die das ältere oder jüngere noch nicht erobert haben. Spielt es beispielsweise Gitarre oder geht in einen Tischtennisverein, dann lassen Sie es seine Fähigkeiten in diesen Bereichen voll entfalten, und erlauben Sie nicht, daß die anderen auch nach Gitarre und Tischtennisschläger greifen und ihm darin Konkurrenz machen.

- Viele „Mittelkinder" versuchen, ihre wahren Gefühle zu verbergen. Wenn das bei Ihrem Kind der Fall ist, nehmen Sie sich häufig Zeit, allein mit ihm zu reden. Solche Gespräche sind zwar für alle Kinder wichtig, aber setzen Sie alles daran, daß Ihr mittleres nicht zu kurz kommt. Hören Sie genau hin, was es erzählt oder nur andeutet. Fragen Sie bewußt nach seiner Meinung und lassen Sie sie auch stehen. Manchmal müssen Sie es vielleicht etwas aus der Reserve locken: „Also komm, erzähl mir die ganze Sache. Ich möchte gern wissen, was wirklich in dir vorgeht."

- Nehmen Sie sich nicht nur Zeit zum Gespräch, sondern unternehmen Sie auch hin und wieder etwas zu zweit. Diese Privilegien werden es mit seiner Mittelstellung versöhnen.

Zum Nachdenken und Notieren
Welche Fähigkeiten und Persönlichkeitsmerkmale zeichnen Ihr mittleres Kind im Vergleich zu seinen Geschwistern aus?

Was werden Sie tun, daß es sich nicht wie „ein fünftes Rad am Wagen" fühlt?

Das jüngste Kind – hin- und hergerissen?

Die Letztgeborenen sind gewöhnlich unterhaltsame Charmeure. Laut Leman ist es typisch für einen Jüngsten, ein sorgloser, lebhafter und geselliger Mensch zu sein, der trotz (oder wegen?) seiner spaßigen Einfälle von allen gemocht wird. Auf den „Nesthäkchen" ruht aber auch die Last, nicht ernstgenommen zu werden - in der Familie nicht und später von der Umwelt auch nicht. Jüngste Kinder werden sehr zwiespältig behandelt: in einem Augenblick verhätschelt, liebkost und verwöhnt, im nächsten abgewiesen, herabgesetzt und verspottet. Deshalb sind die Jüngsten in ihren Gefühlen und Erfahrungen vielfach hin- und hergerissen. Ein Letztgeborener lebt unvermeidlich im Schatten seiner Geschwister, instinktiv weiß er, daß seine Fähigkeiten weit weniger zählen als ihre. Er kann nichts Originelles mehr zeigen, alles ist schon einmal dagewesen. Vor ihm haben schon seine älteren Geschwister sprechen, lesen, Schuhe schnüren und radfahren gelernt. Womit kann er seine Eltern noch erstaunen? Etwa nur noch mit zweifelhaften Abenteuern?

Erziehungstips für ein jüngstes Kind

Gerade bei einem Jüngsten gibt es einige kritische Punkte zu beachten:

- Erhalten Sie sich Ihren Erziehungseifer, und bleiben Sie konsequent. Die Familienjahre nagen an Kraft und Nerven der Eltern. Manche werden müde, andere glauben zu wissen, „wie der Hase läuft" und lassen die Zügel schleifen - ob es um die Mitarbeit in der Familie geht oder das Ärgern der älteren Geschwister. Selbst wenn Sie darin konsequent bleiben, schweben Sie doch immer in Gefahr, durch den berühmten Satz „Mami, das kann ich nicht!" manipuliert zu werden.

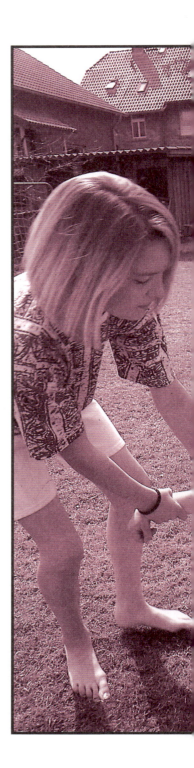

VON DER VORSCHULE BIS ZUR VORPUBERTÄT

- Sorgen Sie dafür, daß das Jüngste einen angemessenen Teil der Hausarbeiten übernimmt. Nesthäkchen sind Weltmeister im „Sich-drücken".

- Achten Sie darauf, daß Ihr Kleiner sich nicht über jahrelang erprobte und bewährte Familienregeln hinwegsetzt. Notieren Sie Absprachen mit den älteren Geschwistern über Zubettgehzeiten, die Mitarbeit im Haushalt, Taschengeldhöhe etc., um dieselben Regeln auch beim jüngsten Kind anwenden zu können.

- Geben Sie das Jüngste nicht zu häufig in die Obhut der älteren Geschwister. Je nach Stimmung wird es verhätschelt und geneckt oder ist dem Unmut der Großen ausgesetzt. Daraus können sich handfeste Rivalitäten entwickeln.

- Während Sie sich bemühen, Ihr jüngstes Kind nicht zu verhätscheln, sollten Sie gleichzeitig dafür sorgen, daß es nicht in der Menge untergeht. Bewahren Sie sich das echte Erstaunen über seine kleinen Leistungen, und helfen Sie ihm, trotz seiner Geschwister etwas Besonderes zu sein.

Zum Nachdenken und Notieren
Wie beschreiben Sie die Stellung und Stimmung Ihres Letztgeborenen?

_____

_____

Auf welchen Aufgaben und bewährten Familienregeln sollten Sie unerbittlich beharren?

_____

_____

VON DER VORSCHULE BIS ZUR VORPUBERTÄT

Geschwisterkonstellationen

Die Erziehung in einer Zwei-Kind-Familie

Familien mit zwei Kindern sind in unserer Gesellschaft weit verbreitet. „Meistens haben wir es mit einem Erstgeborenen und einem ‚Nesthäkchen' zu tun - mit dem gewissenhaften, gründlichen Schaffertyp und dem liebenswerten, gefälligen Charmeur. Diese Kombination trifft ganz besonders zu, wenn die beiden Kinder gleichgeschlechtlich sind. Bei einem Jungen und einem Mädchen ist es wahrscheinlicher, daß sich beide wie Erstgeborene entwickeln. Der Grund dafür liegt in den klaren Rollenerwartungen, die die Eltern vorgeben." (4)

In Zwei-Kind-Familien sind Rivalitäten vorgezeichnet, vor allem, wenn die Kinder vom selben Geschlecht sind. Um den Familienfrieden zu erhalten, müssen die Eltern also um so wachsamer auf jedes der beiden eingehen.

Wir sprachen bereits über die „Entthronung" - jenes traumatische Erlebnis, das jedes Erstgeborene durchleben muß, wenn Nummer Zwei eintrifft. Plötzlich ist er/sie nicht länger Mittelpunkt der Aufmerksamkeit der Eltern. Es ist verständlich, daß automatisch Rivalitätsgefühle entstehen, wenn Eltern und Verwandtschaft sich in dieser Situation unklug verhalten.

Zweitgeborene entscheiden sich erfahrungsgemäß schon in jungen Jahren für eine von zwei Reaktionen:

1. Sie treten mit dem Erstgeborenen in Konkurrenz und verschärfen damit die Rivalität.

2. Sie entwickeln sich in eine völlig andere Richtung und überlassen dem Erstgeborenen bestimmte Bereiche als dessen ureigenstes Terrain.

Zweifellos trägt die zweite Reaktion mehr zum Familienfrieden bei. Die Eltern sind mit daran beteiligt, wie sich das zweite Kind entscheidet.

Zwei Brüder

Eine Mutter von zwei Jungen hat es oft nicht leicht. Leman betont, sie solle sich „*nie auf Machtproben einlassen oder sich in eine Position hineinmanövrieren lassen, in der die Söhne auf ihr herumtrampeln oder sie respektlos behandeln können. Warum nicht? Weil sie für ihre beiden Söhne nicht nur die Mutter, sondern auch das weibliche Geschlecht als Ganzes verkörpert. Wenn die beiden Söhne die Erfahrung machen, daß sie auf ihr herumtrampeln können, werden sie sich später ihren Frauen gegenüber ähnlich verhalten.*" (5) Sie hat die einmalige Gelegenheit, ihren Söhnen Respekt und Achtung vor Frauen beizubringen, ihnen vorzuleben und zu erklären, was Frausein wirklich bedeutet.

Der Mann an ihrer Seite trägt seinen Teil dazu bei, indem er seine Vaterrolle wirklich ernst nimmt; schließlich ist er die erste männliche Identifikationsfigur für seine Sprößlinge. Wenn er seine Frau achtet und ehrt und sich schützend vor sie stellt, wenn seine Söhne ausfällig werden, werden sie leichter begreifen, wie man sich Frauen gegenüber verhält. Versagt der Vater darin, hat die Mutter schlechte Karten.

Zwei Schwestern

In einer Familie mit zwei Töchtern ist die Mutter die Schlüsselfigur für die wachsende Identität als Frau. Doch auch hier kommt dem Vater eine wichtige Aufgabe zu: Er ist die erste männliche Bezugsperson in ihrem Leben, bestätigt sie in ihrer Weiblichkeit und vermittelt ihnen auf andere Art als die Mutter Sicherheit im Umgang mit Männern und in der Gesellschaft.

Als Vater sollten Sie sich bewußtmachen, daß die Mädchen um Ihre besondere Aufmerksamkeit wetteifern. Bemühen Sie sich, mit jeder Tochter so viel Zeit wie nur irgend möglich allein zu verbringen.

Bruder und Schwester

Zwischen einem Jungen und einem Mädchen sind Rivalitäten erfahrungsgemäß weit weniger ausgeprägt. Im allgemeinen läuft der Konkurrenzkampf zwischen einem Jungen und seiner jüngeren Schwester relativ undramatisch ab. In einer solchen Konstellation entwickelt sich das Mädchen meist zu einem sehr femininen Wesen. Sie hat Vater, Mutter und den großen Bruder, die für sie da sind. Ist die Schwester die ältere der beiden Geschwister, hat der Junge manchmal plötzlich „zwei Mütter". Das kann so lange gutgehen, bis der kleine Kerl sich bedrängt vorkommt ...

Erziehungstips für die Zwei-Kind-Familie

„In welcher Konstellation auch immer, die Zwei-Kinder-Familie bietet Eltern ein außerordentlich ergiebiges Feld zur Erprobung des grundlegenden Erziehungsprinzips: Akzeptiere ihre Verschiedenartigkeit! Natürlich sollten Unterschiede immer akzeptiert und respektiert werden, ganz gleich, wieviele Kinder der Familie angehören. Aber 'nur zwei' zu haben, rückt die Herausforderung und den Reiz noch schärfer in den Blickpunkt." (6)

- Beschäftigen Sie sich mit jedem Kind allein!

- Vermeiden Sie es, die Kinder miteinander zu vergleichen!

- Unterstützen Sie individuelle Fähigkeiten und Hobbys, und achten Sie darauf, daß sich keiner in das Terrain des anderen drängt.

- Teilen Sie Verantwortungsbereiche zwischen den beiden gerecht auf!

- Behandeln Sie sie nicht gleich, sondern altersgemäß unterschiedlich, zum Beispiel was Zubettgehzeiten und Taschengeld betrifft!

Zum Nachdenken und Notieren
Notieren Sie doch bitte gleich, wie Sie die eben genannten Tips umsetzen können:

Das Einzelkind

Die Begriffe, mit denen schon die Erstgeborenen gekennzeichnet wurden, treffen auch auf Einzelkinder zu: Sie sind vielfach zielstrebig, erfolgsorientiert und schleppen Perfektionismus als Hauptlast durchs Leben, hervorgerufen durch zu große Erwartungen übereifriger Eltern an ihren einzigen „Nachkömmling".

„Viele Einzelkinder können sich zu einer interessanten Mischung entwickeln, die dann mit den Charaktereigenschaften eines Erstgeborenen und eines Letztgeborenen aufwartet. Sie engagieren sich, sind verantwortungsbewußt und geschickt im Umgang mit Erwachsenen-Situationen. Im tiefsten Innern jedoch sind sie voller Furcht, voller Auflehnung und Wut, weil sie längst nicht alles so im Griff haben, wie sie es nach außen darzustellen versuchen." (7)

Einzelkinder begegnen vielen Vorurteilen: Sie gelten als verzogen, egozentrisch, einsam und ungeeignet für das Gruppenleben. Dieses negative Bild ist inzwischen jedoch von vielen psychologischen Studien widerlegt worden.

Einzelkinder haben vielfach eine engere und liebevollere Beziehung zu ihren Eltern als erst- oder später geborene Kinder. Dies liegt daran, daß sie nie durch die Geburt eines zweiten Kindes „entthront" wurden. Untersuchungen haben gezeigt, daß Einzelkinder oft gebildeter, intelligenter und leistungsorientierter sind als Kinder mit Geschwistern, was zum Teil damit zusammenhängt, daß Eltern, die nur ein Kind haben, es finanziell und ideell intensiver unterstützen können. Außerdem können sich Einzelkinder innerhalb der Familie auch nicht an Geschwistern messen, sondern nur an Erwachsenen. Namen wie Charles Lindbergh, Albert Einstein und Indira Gandhi stehen für erfolgreiche Einzelkinder - selbst der bekannte Familienexperte James Dobson ist ein Einzelkind. Obwohl Einzelkinder mehr Zeit allein verbringen, sind sie jedoch nicht weniger beliebt als Menschen mit Geschwistern. Sie unterhalten kleinere Freundeskreise, sind dafür andererseits an intensiven und besonders dauerhaften Beziehungen interessiert.

Erziehungstips für das Einzelkind

Gleichwohl steckt in all dem eine unangenehme Wahrheit: Eltern können an ihrem „ersten und letzten" Kind viel falsch machen, ohne die Gelegenheit zu haben, daraus gewonnene Erkenntnisse bei weiteren Kindern umsetzen zu können - sie haben eben nur eine Chance, die besten Eltern zu sein.

Darum sollten Ein-Kind-Eltern die folgenden Tips sehr aufmerksam studieren:

● Fassen Sie für Ihr Kind realistische Ziele! Setzen Sie es nicht durch erhöhte Erwartungen und persönlichen Ehrgeiz unter Druck. Wenn ein Kind versucht, mehr zu erreichen, als es seinem Reifegrad und seiner Begabung entspricht, kann es dadurch unglaublich frustriert werden.

VON DER VORSCHULE BIS ZUR VORPUBERTÄT

Geschwisterkonstellationen

- Betrachten Sie es nicht als Erwachsenen in Kleinformat, sondern als Kind! Es wird zwangsläufig häufig mit Ihnen und Ihren erwachsenen Freunden zusammensein, wobei es automatisch Themen, Redewendungen und Verhaltensweisen aufschnappt, die eher typisch für Erwachsene sind, es aber auch um einen Teil seiner Kindheit bringen können. Dem können Sie vorbeugen, indem Sie manche Erwachsenenthemen und -probleme auf lauscherfreie Zeiten verschieben.

- Bringen Sie es mit anderen Kindern zusammen. Knüpfen Sie enge Kontakte zu anderen Familien, lassen Sie andere Kinder bei sich übernachten, nehmen Sie seine Freunde mit in den Urlaub.

- Projizieren Sie nicht alle Ihre Wünsche und Ideale auf Ihr Kind. Achten Sie auch darauf, ein eigenständiges Leben als Paar, d. h. ohne ihr Kind zu führen, denn Sie werden Ihr Kind irgendwann hergeben

müssen. Ein Einzelkind freizugeben und loszulassen kann eine persönliche Herausforderung für Ein-Kind-Eltern werden.

> ***Zum Nachdenken und Notieren***
> Notieren Sie doch bitte gleich, wie Sie die eben genannten Tips umsetzen können:

_____
_____
_____
_____
_____

67

VON DER VORSCHULE BIS ZUR VORPUBERTÄT

Geschwisterstreit

Warum geraten sie sich nur in die Haare?

Streit unter Geschwistern kennt wohl jede Familie. Er scheint genau wie Schularbeiten und das lästige Aufräumen zum Tagesablauf zu gehören und kann dabei die Familienatmosphäre mächtig trüben.

Um kleinliches Gezanke sollten Sie kein allzu großes Aufhebens machen. Also, schnell an der Kinderzimmertür vorübergehen, damit Sie nicht als Richter herangezogen werden können, denn Ihr Schlichtungsversuch könnte eventuell länger dauern, als wenn die Kontrahenten den Streit allein ausgestanden hätten. Ein Kind darf nicht immer nach Mama oder Papa schreien, es muß auch lernen, sich allein durchzusetzen, oder - wenn es sich schon auf einen Streit einläßt - verkraften, den kürzeren zu ziehen. Dies gehört zur Bewährung im Alltag.

Wenn Sie allerdings beobachten, daß eines Ihrer Kinder dabei ständig verliert und sein Leben langsam zur Qual wird, dürfen Sie nicht locker darüber hinwegsehen, sondern müssen eingreifen und eventuell „Friedensregeln" einführen, am besten in einem offenen Gespräch in der Familienrunde.

„Friedensregeln"

- **Keiner darf sich auf häßliche Weise über den anderen lustig machen!**
  Das kennen wir alle: Zuerst ist es noch spaßig, dann werden die Sprüche gemein, und schließlich fließen Tränen. Bevor es so weit kommt, sollten Mutter oder Vater ein Machtwort sprechen: „Schluß damit. Ich glaube, jetzt wird es gemein. Denkt an unser Abkommen!"

- **Niemand geht ungefragt an den persönlichen Besitz des anderen!**
  Das eigene Kinderzimmer oder die eigene Zimmerhälfte mit Schreibtisch und Regal ist privates Territorium, das nicht verletzt werden darf. Wie schnell schnappen sich Geschwister, ohne zu fragen, die Buntstifte des anderen, die vielleicht zu dessen kostbarsten Schätzen gehören, und dann liegen sie verstreut in der Wohnung herum!

- In unserer Familie wird keinem weh getan!

Raufen und Balgen ist in Ordnung. Aber wenn die Schläge immer gemeiner und schmerzhafter werden, dürfen Eltern nicht tatenlos zuschauen, sondern müssen die Kampfhähne trennen und vielleicht eine Weile allein spielen lassen, damit sie den Wert des Zusammenspielens besser erkennen können.

Machtkämpfe und Gemeinheiten können schnell überhandnehmen, wenn es unter den Kindern kein geltendes Gerechtigkeitssystem gibt. Führen Sie also nicht nur „Frie-densregeln" ein, achten Sie auch konsequent darauf, daß sie eingehalten werden. Wissen Kinder das, wird es in diesen Bereichen weniger Streit geben.

Eifersucht und Wettbewerb

Vielfach stecken auch Eifersucht und Wettbewerb hinter Geschwisterrivalität. Ohne sich viel Gedanken zu machen, legen manche Eltern selbst die Grundlage für diese ewigen „Kabbeleien". Ständig vergleichen sie ein Kind mit dem anderen - und das auf negative Weise: „Warum machst du deine Schularbeiten nicht so ordentlich wie dein Bruder?", „Kann dein Zimmer nicht auch einmal so aussehen wie das deiner Schwester?" oder „Mach schneller, die anderen sind schon lange fertig!"

Hüten Sie sich vor solchen Vergleichen. Es liegt auf der Hand, daß sich ein Kind dadurch minderwertig fühlt und eifersüchtig auf das andere wird oder in einen negativen Wettbewerb mit ihm tritt, um es doch zu übertrumpfen; und schon haben Sie den heftigsten „Kinderkrieg".

Seien Sie in den folgenden drei Bereichen besonders zurückhaltend mit Gegenüberstellungen, denn dort reagiert jeder sehr empfindlich - Sie als Erwachsener wie auch Ihr Kind:

- Besondere Fähigkeiten
- Intelligenz
- Aussehen

Ebenso zerstörend wirkt es sich aus, wenn ein Kind dem anderen vorgezogen wird.

Erlauben Sie sich kein Lieblingskind! Schon zu biblischen Zeiten hat es das gegeben - mit dramatischen Folgen. Denken Sie nur an das Ehepaar Isaak und Rebekka. Der Vater hatte den Wildfang Esau als Lieblingssohn, die Mutter den sanften Jakob. Später machte es Jakob wie sein Vater; er zog seinen Sohn Joseph vor, der dafür teuer bezahlen mußte.

Auch Ihnen kann es passieren, daß Sie ein Kind sympathischer finden als ein anderes. Vielleicht, weil es sich leichter lenken läßt oder es Ihnen hinsichtlich seiner Eigenschaften oder seines Aussehens ähnelt. Auf diese Weise kann sich Schritt für Schritt ein kleines Familiendrama entwickeln.

Unterschiedliche Empfindungen für die eigenen Kinder sind gar nicht so selten, aber sprechen Sie sie nie vor ihnen aus! Gestehen Sie sie sich selbst ein, aber bewahren Sie sie in Ihrem Herzen, denn wenn Sie solche Gefühle verdrängen, ist die Gefahr groß, sie in Streßsituationen doch preiszugeben. Beten Sie, daß Gott Ihnen Liebe für alle gibt, und verhalten Sie sich gerecht und klug.

Zum Nachdenken und Notieren

Lassen sich die oben genannten „Familienregeln" in Ihrem Clan verwirklichen?

◯ Ja   ◯ Nein   ◯ Bin mir nicht sicher

Weitere Absprachen:

Mit einem gesunden Selbstwertgefühl lebt es sich besser ...

Ein gesundes Selbstwertgefühl gehört zu den wichtigsten Dingen, die Eltern ihren Kindern vermitteln können. Denn es erleichtert ihnen später das Leben, wenn sie nicht durch Minderwertigkeitsgefühle eingeengt werden.

Eine gesunde Selbstachtung ermöglicht ihnen eine positive, aber auch realistische Sicht über sich selbst, eine Zuversicht, durch die sie vorankommen und auch mit Fehlschlägen fertigwerden können. Sie wissen, daß sie geliebt und etwas wert sind. Sie können sich so annehmen, wie Gott sie geschaffen hat, und sich darüber freuen, was er in ihrem Leben tut.

Eine Strategie zur Stärkung des Selbstwertgefühls

Mit folgenden vier Schritten können Sie die Selbstachtung Ihres Kindes aufbauen und erhalten:

- Glauben Sie an sich selbst!
- Glauben Sie an Ihr Kind!
- Verhalten Sie sich so, daß Ihr Kind an Sie glauben kann!
- Helfen Sie Ihrem Kind, an sich selbst zu glauben!

Glauben Sie an sich selbst!

Zuerst müssen wir von Ihnen sprechen, denn Ihre eigene Selbsteinschätzung hat großen Einfluß auf den Aufbau des Selbstwertgefühls Ihres Kindes. Ihr Selbstbild beruht im wesentlichen auf Erfahrungen in Ihrer Vergangenheit: dem Zusammenleben mit Eltern und Geschwistern, anderen Kindheitserlebnissen, aber auch den Begegnungen mit Autoritätspersonen, Freunden, dem Ehepartner ...

Wie geben Sie sich vor Ihren Kindern? „Fürchterlich, ich kriege aber auch nichts zustande ...", „Huch, schon wieder habe ich zugenommen. Ich muß unbedingt eine Diät machen!" oder „Bald fahren wir einen viel schnelleren Wagen als die Meiers nebenan." Solche Bemerkungen entlarven Sie. Eltern, die ständig unzufrieden sind und sich bemitleiden, andere beneiden und sich nichts zutrauen, geben ein erbärmliches Vorbild ab. Sie müssen lernen, an sich selbst zu glauben - nicht, weil Sie so toll sind, sondern, weil Gott Sie liebt und an Sie glaubt.

Wie hoch bewerten Sie Ihr eigenes Selbstwertgefühl?

0 1 2 3 4 5 6 7 8 9 10
gering   hoch

Was können Sie tun, um es zu stärken?

_____

_____

_____

VON DER VORSCHULE BIS ZUR VORPUBERTÄT

Glauben Sie an Ihr Kind!

Ein Kind braucht ständige Ermutigung und Bestätigung. „Das traue ich dir zu!" oder „Warum solltest du das nicht schaffen?" sind Sätze, die es häufig hören sollte.

Über die negativen Charakterzüge eines Kindes braucht man meistens nicht lange nachzudenken, sie springen einem sofort ins Auge. Die positiven Seiten dagegen muß man sich bewußt in Erinnerung rufen und aussprechen. Tun Sie es! Würdigen Sie die guten Seiten und Fähigkeiten Ihres Kindes, akzeptieren Sie es so, wie es ist, nehmen Sie es ernst, und sprechen Sie ihm immer wieder Ihr Vertrauen aus. Kinder hungern nach dieser Anerkennung.

Scheuen Sie sich auch nicht, Ihr Kind vor anderen zu loben. „Wißt ihr, mit Chris im Garten zu arbeiten, macht richtig Spaß. Der kann vielleicht mit anpacken." Oder: „Ines hat eine gute Hand mit Tieren. Ich staune, welches Vertrauen sie zu ihr haben."

Legen Sie Ihren Arm um die Schulter des Kindes, loben Sie es ohne Übertreibung. Das wird enorme Wirkung haben.

Schreiben Sie die „guten Seiten" Ihres Kindes hier auf:

_____

_____

und nennen Sie sie Ihrem Kind bei der nächsten Gelegenheit!

> *„Wenn Kinder früh Erfolge erleben, wenn sie weder über- noch unterfordert werden, wenn sie Fehler machen dürfen und wenn sie so, wie sie sind, geliebt werden, bauen sie in ausreichendem Maße ein Selbstwertgefühl auf. Kinder müssen von ihren Eltern ermuntert werden, ihre kleinen alltäglichen Probleme selbst zu lösen. Nur wenn Kinder immer wieder die Erfahrung machen, daß ihnen dies gelingt, wird sich ihr Selbstbewußtsein stärken." (1)*

Selbstwertgefühl

sie offensichtliche Fehler aus Stolz einfach leugnen. Eltern müssen nicht perfekt sein, aber ehrlich und bereit, sich zu ändern.

Machen Sie sich Notizen, wie Sie diese vier Stichworte besser umsetzen können:

_____

_____

_____

_____

Helfen Sie Ihrem Kind, an sich selbst zu glauben!

Auch dazu gehören wichtige Bausteine:

- Akzeptieren Sie die Ansichten, Vorstellungen und Gefühle Ihres Kindes!
- Sprechen Sie mit ihm über seine Einzigartigkeit!
- Achten Sie darauf, daß es Erfolge erlebt!
- Helfen Sie ihm, mit Mißerfolgen umzugehen!

Ein Kind, das mit dem Gefühl aufwächst, niemals an die hohen Erwartungen seiner Eltern heranzureichen, hat es schwer, Selbstwertgefühl zu entwickeln. Es kann sich nicht

Verhalten Sie sich so, daß Ihr Kind an Sie glauben kann!

Wie mag Ihr Kind Sie sehen? Haben Sie schon einmal darüber nachgedacht?

So, wie Eltern gern stolz auf ihre Sprößlinge schauen und von deren Verhalten manchmal peinlich berührt sind, geht es auch den Junioren; sie wünschen sich Eltern, die sie stolz vorzeigen können und für die sie sich nicht schämen müssen!

Hier sind vier Stichworte, die Ihnen dabei helfen können:

- leben Sie vertrauenswürdig
- seien Sie aufrichtig
- gerecht und
- natürlich

Kinder haben einen ausgeprägten Gerechtigkeitssinn. Sie merken schnell, wenn es jemand mit der Wahrheit nicht so genau nimmt. Ein solcher Mensch verliert an Achtung.

Seien Sie aufrichtig, besonders, wenn auch Sie einmal einen Fehler machen. Eltern geben eine lächerliche Figur ab, wenn

frei entfalten, wenn die unzufriedenen Augen der Eltern ständig auf es fixiert sind. Vielmehr müssen seine Eltern seine Einzigartigkeit im Vergleich zu anderen Kindern erkennen und in der Lage sein, mit seinen individuellen Stärken und Schwächen umzugehen.

Achten Sie darauf, daß Ihr Kind Erfolge erlebt. Das heißt, entdecken Sie zusammen seine Stärken, und fördern Sie dann Ihr Kind in diesen Bereichen. Es stärkt das Selbstbewußtsein ungemein, wenn man etwas kann, was nicht jeder fertigbringt.

Aber helfen Sie Ihrem Kind auch, mit Mißerfolgen umzugehen, die unvermeidlich kommen werden. Sie wissen ja selbst: Mit der richtigen Haltung kann man eine Menge aus Fehlern lernen. Dabei spielt Ihr Vorbild eine wichtige Rolle. Wie reagieren Sie, wenn es nicht so läuft, wie Sie es sich vorgestellt haben? Schmeißen Sie die Klamotten hin? Schimpfen Sie auf alle anderen?

Wie geht man am besten mit Mißerfolgen um? Nicht aufgeben! Humor behalten und über sich selbst lachen! Eine Pause einlegen und es noch einmal versuchen! Und sich, wenn es gar nicht gelingt, nicht als Versager abstempeln, sondern sagen: Dafür bin ich in anderen Bereichen gut!

Mit einer solchen Haltung wird ein Kind besser mit den Höhen und Tiefen des Lebens fertig und kann sein gesundes Selbstbild behalten.

Sind Ihre Erwartungen an Ihr Kind in den folgenden Bereichen realistisch?

Schule:

_____

Vereine:

_____

Freunde:

_____

Gehorsam:

_____

Mitarbeit:

_____

Klassenkasper, Kämpfer oder Anpasser?

Wie steht es mit dem Selbstwertgefühl Ihres Kindes? Kreuzen Sie einmal die Sätze an, die mit dem Verhalten Ihres Kindes übereinstimmen:

- Mein Kind ist der „Klassenkasper" - immer stellt es etwas an, um die Aufmerksamkeit auf sich zu ziehen.
- Mein Kind meidet die Gesellschaft Gleichaltriger.
- Mein Kind läuft immer mit der Gruppe mit, auch wenn es weiß, daß es falsch ist.
- Mein Kind scheint wütend auf seine Umwelt zu sein und bekämpft sie bei jeder Gelegenheit.
- Mein Kind hat Probleme, Entscheidungen zu treffen.
- Mein Kind reagiert verletzt, auch wenn es keinen Grund dafür gibt.
- Mein Kind scheint immer mit sich selbst beschäftigt zu sein und hat keinen Blick für andere.
- Mein Kind hat keinen Ehrgeiz, etwas aus seinen Fähigkeiten zu machen.
- Mein Kind ist hin- und hergerissen, wenn es um moralische Entscheidungen geht.

Wenn Sie in einem oder mehreren dieser Bereiche über längere Zeit Probleme beobachten, kann das auf ein schwaches Selbstbewußtsein hinweisen. Dann sollten Sie die Ratschläge zum Aufbau eines gesunden Selbstwertgefühls um so sorgfältiger lesen und umsetzen.

Gefühle – nicht gegen sie, sondern mit ihnen leben!

Welchen Stellenwert haben Gefühle für Sie persönlich und in Ihrer Familie? Etliche Eltern sind selbst in Familien aufgewachsen, in denen Gefühlsäußerungen als schwächlich galten oder sogar unterdrückt wurden. Viele Väter sind mit dem Spruch aufgewachsen: „Ein richtiger Junge weint nicht", und etliche Mütter wurden gedrillt, sich stets zu „beherrschen".

Wie können Sie und Ihre Kinder lernen, Gefühle zu verstehen und richtig auszudrücken? Wie können Sie es schaffen, nicht gegen Gefühle zu leben, sondern mit ihnen?

Wir möchten Ihnen eine Strategie vorstellen, „Erste Hilfe für verwirrte Gefühle" nennen wir sie. Dazu gehören vier leicht einprägsame Schritte:

- Gefühle akzeptieren
- Gefühle nachempfinden
- Gefühle benennen
- Gefühle ausdrücken

Gefühle akzeptieren

Möchten Sie Ihrem Kind helfen, mit seinen Gefühlen zu leben statt gegen sie, müssen Sie seine Empfindungen zunächst einmal akzeptieren. Das ist leichter gesagt als getan. Häufig beobachten wir, daß einem Kind seine momentanen Gefühle einfach nicht zugestanden werden; das betrifft besonders Traurigkeit, Schwäche, Schmerz und Ärger. Warum nur?

Gefühlsäußerungen ihrer Kinder sind Eltern oft peinlich oder unbequem. Sie wissen nicht, wie sie damit umgehen sollen. „Ist doch nicht so schlimm!" oder „Das tut doch gar nicht weh!" sind typische Reaktionen. Aber Kinder werden verwirrt und häufig wütend, wenn ihre Empfindungen nicht ernstgenommen, sondern einfach geleugnet werden.

Hier sind einige Gesprächsbeispiele mit Kinderäußerungen, die Eltern nicht gerne hören und deshalb schnell automatisch unterdrücken. Notieren Sie zunächst unter a) kurz, was Eltern erwidern, die die Gefühle eines Kindes bagatellisieren.

Kind: „Ich mag das neue Baby nicht!"
a) Eltern: (verleugnen die Gefühle)

_____

_____

Kind: „Die Geburtstagsfeier war dämlich."
(nachdem Sie Ihr Bestes getan haben, um eine wunderschöne Party zu organisieren)
a) Eltern: (verleugnen die Gefühle)

_____

_____

Kind: „Ich bin so wütend. Nur weil ich zwei Minuten zu spät in die Turnhalle gekommen

bin, hat mich der Lehrer nicht mitspielen lassen."
a) Eltern: (verleugnen die Gefühle)

Wahrscheinlich haben Sie unter a) Antworten wie diese geschrieben: „So etwas kannst du doch nicht sagen. Das ist deine Schwester!" oder „Was redest du? Die Feier war doch toll! Du bist wirklich undankbar!" und „Reg dich nicht auf. Der Lehrer hatte vollkommen recht. Du hättest pünktlich sein sollen."

Jetzt versuchen Sie einmal, unter b) einzutragen, was Eltern erwidern, die die Gefühle ihres Kindes akzeptieren.

Kind: „Ich mag das neue Baby nicht!"
b) Eltern: (akzeptieren die Gefühle)

Kind: „Die Geburtstagsfeier war dämlich."
b) Eltern: (akzeptieren die Gefühle)

Kind: „Ich bin so wütend. Nur weil ich zwei Minuten zu spät in die Turnhalle gekommen bin, hat mich der Lehrer nicht mitspielen lassen."
b) Eltern: (akzeptieren die Gefühle)

Unter b) könnten Antworten kommen wie: „Du kannst dich wohl nicht so richtig freuen!" oder „Dich muß irgend etwas geärgert haben." oder „Ich verstehe, daß du sauer bist."

Gefühle nachempfinden!

Auf der Grundvoraussetzung „Gefühle akzeptieren" baut der nächste Schritt auf, „Gefühle von Kindern nachempfinden". Damit dies gelingt, muß sich manch einer dazu zwingen, zunächst einmal richtig zuzuhören und bewußt „in die Schuhe" eines Kindes zu schlüpfen, um die Umwelt mit seinen Augen wahrzunehmen.

Wenn ein Kind sich etwas wünscht, es aber nicht bekommen kann, reagieren Erwachsene meist mit logischen Erklärungen, warum es nicht geht. Das Kind protestiert dann oft um so heftiger, je mehr es erklärt bekommt. Gerade neulich bei einem Sonntagsbummel wollte die fünfjährige Marie ein Kaugummi. Bereitwillig kramte Eberhard in seiner Tasche, mußte aber feststellen, daß keines mehr da war. Das Theater hätten Sie miterleben sollen. „Ich will aber eins! Ich will aber eins!" schrie sie und trottete heulend zwanzig Meter hinter uns her. Eberhard besann sich auf diese Strategie, wartete auf sie, hockte sich hin und beteuerte: „Ich würde dir so gern ein Kaugummi geben. Aber schau in meine Taschen, sie sind alle aufgebraucht. Ich wünschte, ich könnte dir einen Riesenberg davon in deine Kapuze schütten …"

Gefühle benennen!

Kinder tragen oft recht unterschiedliche Gefühle in sich, können sie aber nur schwer in Worte fassen. Manchmal wissen sie gar nicht, warum sie so empfinden. Versuchen Sie doch einfach in dieser Situation, dem Gefühl einen Namen zu geben. Dann kann es besser erfaßt und ausgedrückt werden und schwebt nicht mehr so unfaßbar im Raum. Wenn ein Kind lernt, seine Empfindungen zu identifizieren und zu benennen, kann es besser damit umgehen und leichter selbst eine Lösung finden.

Es ist seltsam: Je mehr wir versuchen, ein Kind noch so freundlich dazu bewegen, seine Gefühle zu verdrängen, desto mehr regt es sich auf. Dagegen beruhigen Äußerungen wie „Das muß dich ja enttäuscht haben!" oder „Hmm, das ist ja wirklich frustrierend!" ein Kind und helfen ihm, eine Lösung zu finden.

An folgenden Äußerungen können Sie üben, das Empfinden eines Kindes zu benennen und einfühlsam auszudrücken, daß Sie verstehen, was es fühlt. Aber Vorsicht: Machen Sie diese Strategie nicht zur bloßen Methode! Wenn Sie nicht bereit sind, sich wirklich in die Empfindungen des Kindes hineinzuversetzen, wird es sich bald manipuliert oder nur therapiert fühlen.

Ein Beispiel:
„Der Busfahrer hat mich angeschrien, und alle haben gelacht."
a) Ein Ausdruck, der das Gefühl beschreibt: „Peinlichkeit"
b) Eine Aussage, die zeigt, daß Sie dieses Empfinden verstehen: „Das muß dir aber unangenehm gewesen sein!"

Übungen:
„Ich würde Michael am liebsten die Nase platt schlagen!"
a) Ein Ausdruck, der das Gefühl beschreibt:

_____

b) Eine Aussage, die zeigt, daß Sie dieses Empfinden verstehen:

_____

_____

„Nur weil es ein bißchen regnete, meinte meine Lehrerin, wir könnten den Ausflug nicht machen. Die ist vielleicht doof!"
a) Ein Ausdruck, der das Gefühl beschreibt:

_____

b) Eine Aussage, die zeigt, daß Sie dieses Empfinden verstehen:

_____

_____

„Annette hat mich zu ihrer Party eingeladen, aber ich weiß nicht ..."
a) Ein Ausdruck, der das Gefühl beschreibt:

_____

b) Eine Aussage, die zeigt, daß Sie dieses Empfinden verstehen:

_____

_____

„Ich weiß nicht, warum einen die Lehrer übers Wochenende so mit Hausaufgaben eindecken müssen."
a) Ein Ausdruck, der das Gefühl beschreibt:

_____

b) Eine Aussage, die zeigt, daß Sie dieses Empfinden verstehen:

_____

_____

„Wir hatten heute Basketballtraining, und ich habe den Ball nicht ein einziges Mal in den Korb bekommen."
a) Ein Ausdruck, der das Gefühl beschreibt:

_____

VON DER VORSCHULE BIS ZUR VORPUBERTÄT

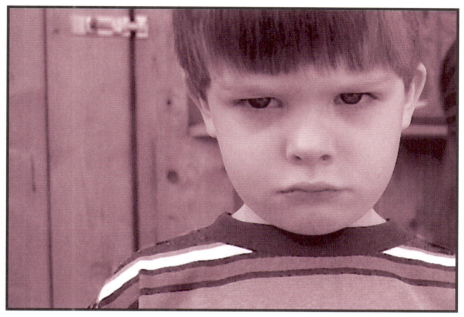

b) Eine Aussage, die zeigt, daß Sie dieses Empfinden verstehen:

_____

_____

„Andrea zieht weg, und sie ist meine beste Freundin."
a) Ein Ausdruck, der das Gefühl beschreibt:

_____

b) Eine Aussage, die zeigt, daß Sie dieses Empfinden verstehen:

_____

_____

Sie merken selbst, man muß sich schon anstrengen und etwas nachdenken, um einem Kind mitzuteilen, daß man es versteht. Uns geht es genauso. Den meisten fällt es nicht spontan ein, zu sagen:

- „Mann, der muß dich ja geärgert haben!" oder
- „Das muß dich ja enttäuscht haben!" oder
- „Hmm, du scheinst unsicher zu sein, ob du hingehen solltest." oder
- „Es klingt, als wenn du die Nase voll hättest von all den Hausaufgaben." oder
- „Oh, das ist wirklich frustrierend!" oder
- „Seine beste Freundin zu verlieren, tut weh!"

Und doch beruhigen gerade Äußerungen dieser Art das Kind und helfen ihm, eine Lösung zu finden. Widerstehen Sie der Versuchung, gleich einen Rat zu geben. Wenn Sie dem Kind helfen, seine Gefühle zu benennen, wird es oft selbst eine Lösung formulieren können. Wenn nicht, ist immer noch Gelegenheit, mit ihm zu beraten, wie es sich weiterhin verhalten kann.

Gefühle zum Ausdruck bringen!

Gefühle zu akzeptieren, sie nachzuempfinden und zu benennen, ist wichtig und erscheint manchen Erwachsenen wie eine Kunst, die erst gelernt werden muß. Doch das ist nicht alles; Empfindungen sollen ja auch angemessen ausgedrückt werden.

Dabei liegt es auf der Hand, daß Kinder ihre Gefühle temperamentbedingt unterschiedlich zum Ausdruck bringen - die einen verhaltener, sich zurückziehend, andere ungeschminkt, impulsiv, vulkanartig, und die ganz temperamentvollen scheinen sich oft gar nicht unter Kontrolle zu haben. Es gehört zur Erziehung, ein Kind darin zu schulen, so mit seinen Gefühlen zu leben, daß es weder sich selbst noch seiner Umwelt schadet. Zeigen Eltern ihren Kindern keine angemessenen Möglichkeiten, Gefühle abzureagieren, suchen sich Kinder oft zerstörerische.

Hier sind einige Tips, wie Sie Ihr Kind ermutigen und schulen können, seine Gefühle angemessen auszudrücken.

Über Gefühle sprechen!

In vielen Fällen reicht es tatsächlich aus, einen verständnisvollen Menschen zu finden, bei dem man seine Seele einfach „entrümpeln" darf; ein Gegenüber, das die Gefühle akzeptiert, nachempfindet und einem hilft, sie zu benennen. Mehr braucht man manchmal nicht, um Dampf ablassen und sein inneres Gleichgewicht wiederfinden zu können.

Fröhlich und albern sein dürfen!

Innere Spannungen werden oftmals durch Albernheit und lachen abgebaut. Statt dazwischenzurufen: „Schluß jetzt! Seid nicht so albern!", machen Sie lieber mit. Humorvolle Erwachsene, die viel lachen, stets einen Scherz auf Lager haben und selbst noch mitspielen können, sind in der Regel die „Stars" der Kinder.

Weinen dürfen!

Sprüche wie „Reiß dich zusammen!", "Hör auf zu heulen, du bist doch kein Baby mehr!" sollten in Ihrer Familie der Vergangenheit angehören. Wenn sich ein Kind weh getan hat oder enttäuscht und traurig ist, sollte es sich in Ihre Arme flüchten können und getröstet werden. Eltern, die befürchten, das Geheule würde sich dadurch nur steigern, übersehen vielleicht, daß das Kind womöglich schon so verletzt ist, daß es das Weinen unbewußt einsetzt, um Zuwendung zu bekommen.

Kinder, die mit ihren Gefühlen angenommen werden und ihren Schmerz herauslassen dürfen, brauchen ihn nicht als Waffe gegen ihre Eltern einzusetzen, weil sie sich nicht mißverstanden oder abgelehnt fühlen.

Schimpfen und ärgerlich sein dürfen!

Wie kann man Ärger herauslassen, ohne anderen zu schaden? Wer nicht alles hinunterschlucken muß, sondern auch zugeben darf, daß er sich „wahnsinnig ärgert", und seine Gefühle benennen kann, für den ist es leichter, seinen Ärger unter Kontrolle zu halten.

Dazu kann man Familienregeln einführen, zum Beispiel:

- Sprich über dich und deine Gefühle, aber greife den anderen nicht an!
- Benutze keine verletzenden Ausdrücke oder schmutzigen Schimpfwörter!
- Werde nicht handgreiflich. Sage dem anderen, was dich stört - nicht mit Fäusten, sondern mit Worten!
- Laß deinen Ärger nicht an Unschuldigen aus!

Gefühle körperlich abreagieren!

Manche Kinder müssen die mit den Gefühlen angestaute Energie regelrecht loswerden. Oft wissen sie nicht, wohin mit ihrer Wut. Unsere gesamte Lebensweise ist ohnehin sehr bewegungsarm geworden, und Kinder haben gerade in beengten Wohnverhältnissen wenig Möglichkeiten, innere Spannungen in Bewegung umzusetzen. Wenn Eltern ihnen keine konstruktiven oder zumindest harmlosen Möglichkeiten erlauben oder zeigen, „Dampf abzulassen", wählen Kinder oft zerstörerische Methoden.

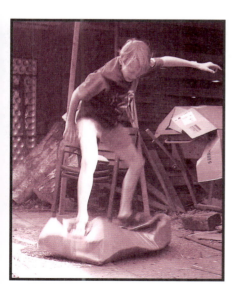

Was halten Sie von diesen Möglichkeiten?

- Eine Kletterstange in einen Türrahmen montieren oder ein Trampolin aufstellen.
- Eine Tobe-Ecke mit Matratze und Schaumstoffwürfeln zum Springen, Werfen und Klettern einrichten.
- Auf ein Kopfkissen einschlagen lassen.
- Boxhandschuhe und einen Punchingball in den Keller hängen.
- Verpackungskartons (entsorgungsgerecht für den Container) zertreten oder Zeitungspapier zerreißen lassen.

Gefühlsäußerungen Grenzen setzen

„Muß ich denn alle Gefühle meines Kindes akzeptieren und hinnehmen, daß es seine Emotionen an mir ausläßt? Ist das nicht zu nachlässig? Muß es nicht auch lernen, sich zu beherrschen?" Haben Sie sich das beim Lesen auch schon gefragt?

Natürlich brauchen auch Gefühlsäußerungen ihre Grenzen. Ein kleines Kind kann sich in seinen Empfindungen vollkommen verlieren, weil es sie nicht selbst begrenzen kann. Denken Sie nur an ein übermüdetes Kleinkind, das nicht einschlafen will. Hier können die Eltern dem Kind helfen, indem sie seinem Verhalten klare Grenzen setzen und zum Beispiel mit Bestimmtheit sagen: „Du, ich verstehe, wie dir zumute ist, aber jetzt ist Schluß!" Das Empfinden des Kindes sollte zwar immer ernst genommen, aber das daraus entstehende Verhalten in die richtige Richtung gelenkt werden.

Und worin muß sich ein Kind „beherrschen" lernen? Etwa im Empfinden und Äußern von Gefühlen? Nein, dazu wollen wir es ja gerade ermutigen. Es sollte nur lernen, seine Gefühle angemessen auszudrücken und nicht außer Kontrolle geraten zu lassen. Je mehr angemessene Möglichkeiten es kennengelernt hat, sie abzureagieren, desto weniger ist es auf destruktive Methoden angewiesen.

Ich kann nicht aus meiner Haut

Es mag sein, daß Sie die auf den letzten Seiten aufgeführte Strategie, mit Gefühlen umzugehen, jetzt ganz gut im Kopf haben, und trotzdem fällt es Ihnen schwer, sie anzuwenden. In den spannungsvollen Situationen des Alltags vergessen Sie regelmäßig Ihre guten Vorsätze. Und wenn Sie daran denken, scheint Ihnen das verständnisvolle Verhalten so gekünstelt; es kommt einfach nicht von Herzen.

Stellen Sie sich der Tatsache: Wenn Sie früher in Ihrer Herkunftsfamilie nicht oder nur selten erlebt haben, wie Gefühle zum Ausdruck gebracht und gepflegt werden, haben Sie es heute schwerer als jemand, der darin ein gutes Vorbild hatte. Sie müssen dann nämlich nicht nur etwas Neues lernen, sondern auch alte Verhaltensmuster *ver*lernen - und die stecken uns oft ziemlich tief in den Knochen.

Hier ist eine Checkliste, die Ihnen helfen soll, Ihr „Familienerbe" besser zu erkennen und zu verarbeiten:

- Welchen Stellenwert hatten Gefühle in Ihrer Herkunftsfamilie?

  1 2 3 4 5 6 7 8 9 10
  gering   hoch

- Welche Gefühle zeigte Ihr Vater / Ihre Mutter am häufigsten?
  Vater:
  _____
  _____
  Mutter:
  _____
  _____

- Welche Gefühle wurden kaum oder selten gezeigt?
  Vater:
  _____
  _____
  Mutter:
  _____
  _____

- Welche Gefühle wurden häufig unkontrolliert geäußert?
  Vater:
  _____
  _____
  Mutter:
  _____
  _____

- Wurden Gefühle bagatellisiert? Was klingt Ihnen heute noch in den Ohren? Zum Beispiel: „Das ist doch nicht so schlimm!", „Stell dich nicht so an!"
  _____
  _____

- Wurden Gefühle als „unangemessen" oder „falsch" hingestellt? Zum Beispiel: „Das tut doch gar nicht weh!", „Du kannst doch gar nicht traurig sein!"
  _____
  _____

VON DER VORSCHULE BIS ZUR VORPUBERTÄT

- In welchen Bereichen verhalten Sie sich ähnlich wie Ihr Vater oder Ihre Mutter?

Wie mein Vater:

_____

_____

Wie meine Mutter:

_____

_____

- Hatten Sie das Empfinden, daß Ihre Eltern Ihre Gefühle verstanden haben?

  ○ meistens   ○ manchmal
  ○ selten   ○ überhaupt nicht

Vielleicht ist Ihnen beim Beantworten der Fragen erschreckend deutlich geworden, wie sehr Sie durch Ihre Eltern in Ihren Gefühlen verletzt worden sind oder wie sehr Sie sich in manchen Bereichen ähnlich wie Ihr Vater oder Ihre Mutter verhalten - obwohl Sie das gar nicht wollen. Vielleicht sind Sie aber auch dankbar geworden, weil Ihnen deutlich wurde, wie einfühlsam Ihre Eltern mit Ihnen umgegangen sind.

Es ist wichtig, daß Sie Ihre Kindheitserfahrungen, die Sie in Ihrer Herkunftsfamilie gemacht haben, analysieren. Lassen Sie sich auch von Ihrem Ehepartner erzählen, wie er aufgewachsen ist. Dann vergleichen Sie die jeweils guten und schlechten Seiten Ihrer Kindheit miteinander. Dabei geht es darum, aus der Vergangenheit zu lernen, nicht darum, die Fehler Ihrer Eltern aufzuzählen - schließlich machen alle Eltern Fehler, das haben Sie bei sich selbst sicher auch schon gemerkt. Bei dieser „Bestandsaufnahme" werden Sie manche unguten, unbewußten Verhaltensweisen und Gefühlsmuster entlarven und endlich abstellen können, um einen eigenen, gemeinsamen Familienstil zu erarbeiten.

Scheuen Sie sich nicht, ein Seminar zur „Heilung der Persönlichkeit", eine seelsorgerliche oder psychotherapeutische Begleitung in Anspruch zu nehmen, wenn Sie nicht zu zweit mit diesem Problem fertigwerden.

Suchtvorbeugung

"Früh übt sich", wer später nein sagen können soll - zu Drogen, Alkohol und Nikotin.

Wie können Eltern vorbeugen und Kinder stark machen?

Weichenstellung in früher Kindheit

Bei seelisch schwer angeschlagenen Jugendlichen, die sich feindselig zurückziehen und mit Drogen betäuben, wurden die Weichen für dieses Verhalten oft schon in früher Kindheit gestellt. Eine Langzeituntersuchung fand heraus: „*Mit sieben Jahren formte sich bereits das Persönlichkeitsbild kleiner Menschen, die unfähig waren, mit anderen Kindern gute Beziehungen herzustellen, aber leicht Sündenbock wurden. Sie hatten kein Selbstvertrauen und konnten nicht stolz auf eigene Leistungen sein, sie kamen sich wertlos und schlecht vor, verhielten sich aber auch wenig vertrauenswürdig und zuverlässig. Sie waren unentschlossen und dachten kaum voraus, hatten jedoch Angst, zu kurz zu kommen.*

Den Siebenjährigen, die später Drogen mißbrauchen sollten, bedeuteten moralische Werte wie gegenseitiges Geben und Nehmen oder Fairneß nicht viel. Ferner waren sie nicht tatkräftig, nicht lebhaft und auch nicht offen für neue Erfahrungen. Unter Streß entwickelten sie körperliche Symptome und konnten sich schwer wieder fangen. Mit elf Jahren fielen sie als stur und unkooperativ auf. Sie reagierten mißtrauisch und argwöhnisch, sie konnten sich nicht konzentrieren und waren an dem, was sie taten, gefühlsmäßig unbeteiligt. Die Halbwüchsigen neigten bei geringen Frustrationen zu Überreaktionen, sie drängelten und trieben die Dinge auf die Spitze. Sie wollten einfach nicht gefallen."(2)

Sucht als Ergebnis einer langen Entwicklung

Das Problem Sucht darf nicht als „plötzliches Ereignis" angesehen werden, vielmehr ist es das Ergebnis einer langen Entwicklung. Wenn Sie die Beschreibung der Negativsymptome in der oben genannten Untersuchung durchgehen und sie einfach umkehren, haben Sie schnell einige Eigenschaften, die offensichtlich unabdingbar sind, wenn man seine Kinder zuversichtlich heranwachsen sehen will.

Ganz wichtig ist dabei die Stärkung des Selbstwertgefühls und der Umgang mit Emotionen (siehe SELBSTWERTGEFÜHL /

GEFÜHLE). Eltern sollten sich überlegen, wie sie ihren Kindern stärkeres Selbstwert- und Zugehörigkeitsgefühl geben können. Dabei spielen Ermutigung und Lob eine große Rolle - eine Erziehung, die persönliches Empfinden und Gelingen in den Vordergrund stellt, nicht Fehler und Versagen. Kinder brauchen genügend Bewegung und eine positive Einstellung zum eigenen Körper, sie müssen kommunikationsfähig werden, eine höhere Frustrationstoleranz entwickeln und den Umgang mit Genußfähigkeit, Langeweile, Wut, Trauer usw. lernen.

Eine „Checkliste" zur Vorbeugung

Anhand der folgenden Checkliste können Sie Ihren Familienalltag durchgehen und realisierbare Vorsätze fassen, die Punkte umzusetzen, die unbedingt zu einer gesunden Persönlichkeitsentwicklung gehören. Vielleicht wollen Sie auch noch einmal die Tips zu den einzelnen Stichworten nachlesen.

- Wie können Sie das SELBSTWERTGEFÜHL Ihres Kindes weiterhin stärken und aufbauen?

- Welchen Stellenwert haben GEFÜHLE in Ihrer Familie? Wie steht's mit dem Akzeptieren, Nachempfinden, Benennen und Ausdrücken von Empfindungen - vor allem von Genuß, Langeweile oder Wut?

- Wodurch können Sie das ZUSAMMENGEHÖRIGKEITSGEFÜHL in Ihrer Familie intensivieren?

- Wie steht's mit LOB und ERMUTIGUNG?

- Hat Ihr Kind genügend BEWEGUNG, und entwickelt es eine POSITIVE EINSTELLUNG ZU SEINEM KÖRPER?

- Wie verbessern Sie die KOMMUNIKATIONSFÄHIGKEIT Ihres Kindes?

- Was unternehmen Sie, damit Ihr Kind gute BEZIEHUNGEN ZU ANDEREN KINDERN aufbauen kann?

- Wie schulen Sie moralische Werte wie gegenseitiges GEBEN und NEHMEN, FAIRNESS oder EHRLICHKEIT?

- Was für ein Vorbild sind Sie im Umgang mit FRUSTRATIONEN? Wie helfen Sie Ihrem Kind dabei?

Erziehung gegen Gewalt

Chaostage in Hannover, Anschläge auf Ausländer, Hooligans - die zunehmende Gewaltbereitschaft junger Leute macht vielen Eltern Sorgen. Wie kann man Kinder davor schützen, in den Strudel der Gewalt zu geraten?

Wenn man sich diese jungen Leute genauer ansieht, findet man häufig gestörte Familienbeziehungen, Vernachlässigung, Lieblosigkeit und mangelnde Liebesfähigkeit. Eltern, die eine harmonische Beziehung zu ihren Kindern pflegen, geben ihnen eine solide Grundlage mit, die sie weniger anfällig für diese Szene macht.

Aber, was können Sie darüber hinaus konkret tun, um Ihre Kinder zu Gewaltlosigkeit zu erziehen?

Jedes Kind muß seine Stärke kennen

Es wäre falsch, ein Kind an jeder Art von Gewalt zu hindern. Die Gefahr ist sonst groß, daß es sich zum Feigling und Anpasser entwickelt oder die unterdrückten Gefühle später mit Macht herausbrechen. Wenn die Kleinen miteinander rangeln und kämpfen, lernen sie spielerisch, Stärke, Geschicklichkeit und Grenzen bei sich selbst und dem ‚Gegner' richtig einzuschätzen. Das fördert ihr Selbstbewußtsein, und es fällt ihnen leichter, sich auch später durchsetzen zu können.

Erziehen Sie das Kind seinem Temperament gemäß

Beim Stichwort ‚Gewalt' denkt man zunächst an laute, risikofreudige, unbeherrschte, konfliktfreudige und aggressive Kinder. Diese ‚Anführertypen' brauchen Korrektur und Begleitung, damit sie begreifen, daß es wirksamere Wege gibt, Konflikte zu lösen, und man seine Kraft zur Verteidigung und zum Schutz des Guten einsetzt, aber nicht zum Angriff. Was ist mit den stillen, vorsichtigen, leicht nachgebenden Kindern? Sie sollten ermutigt werden, sich zu verteidigen, denn auch sie müssen ihre Stärken kennenlernen, um sich Respekt verschaffen zu können.

Kommunikationsfähigkeiten fördern

Gewalt ereignet sich häufig, weil ein Kind sich nicht richtig ausdrücken kann. Kleine Kinder, die wenig Zuwendung bekommen, mit denen vernachlässigend gesprochen und denen zu wenig zugehört wird, bleiben in ihrer Sprachentwicklung zurück. Deshalb unterstützen sie ihre mangelnde Ausdrucksfähigkeit mit Körpersprache: Sie treten, boxen, kneifen, spucken, zerren und schreien. Verhelfen Sie Ihrem Kind zu einem umfassenden Wortschatz, und ermutigen Sie es, sich offen auszudrücken. Sagen Sie nie: „Du darfst nicht wütend sein." Es muß vielmehr lernen, auch seine negativen Empfindungen zu akzeptieren, sie angemessen zu äußern und konstruktiv mit Konflikten umzugehen.

Die Ursachen kennen

Erkennen Sie, was Ihr Kind aggressiv macht, und schalten Sie unnötige Auslöser aus. Hier einige Punkte:

Überforderung durch Müdigkeit, Hunger, Krankheit, bei zu schwierigen Aufgaben, manchmal auch Überreizung und Streß.

Unterforderung durch eingeschränkten Bewegungsspielraum, zu langes Sitzen und Lernen, zu viel Fernsehen, körperliche Unter- und seelische Überforderung.

Eifersucht bei Geschwisterrivalität oder wenn andere Kinder mehr Aufmerksamkeit bekommen.

Ablehnung, ungerechte Behandlung, Ärger in der Schule, im Kindergarten, durch Freunde.

VON DER VORSCHULE BIS ZUR VORPUBERTÄT

Was tun, wenn ein Kind leicht die Kontrolle verliert?

Ein Kind darf weder andere noch sich selbst verletzen. Kleinkinder lassen sich oft leicht ablenken. Wenn nicht, nehmen Sie es beiseite, und stellen Sie sich zwischen das Kind und sein „Ziel". Halten Sie das Kind notfalls fest. Bleiben Sie ruhig und reden Sie beruhigend mit ihm: „Ich weiß, daß du Stefan(ie) jetzt weh tun möchtest, aber ich kann das nicht zulassen. Ich halte dich solange fest, bis du dich wieder beruhigt hast. Wir werden etwas anderes finden, das du schlagen kannst."

Erlauben Sie ihm, angemessen „Dampf abzulassen" und seinem Zorn Luft zu machen, zum Beispiel: ein Kissen oder einen Sandsack schlagen, Ball spielen, im Haus laufen, seine Gefühle aufschreiben, auf Kassette sprechen.

Das Wichtigste

Sprechen Sie die Situation noch einmal durch, wenn das Kind sich beruhigt hat. Was war der Grund für den Zorn? Was war berechtigt, was nicht? Überlegen Sie gemeinsam, wie das Kind nächstes Mal anders reagieren kann, und lehren Sie es, zu vergeben, damit Bitterkeit keinen Nährboden bekommt. Sprechen Sie gemeinsam darüber, welchen Wert Liebe, Verzicht, Geduld, Respekt, Vergebung und Wiedergutmachung für unser Zusammenleben haben. Berichten Sie auch von Ihren eigenen Erfahrungen und Kämpfen in diesen Bereichen. Bei all dem, vermitteln Sie Ihrem Junior immer wieder Ihre Wertschätzung." (3)

Gewalt-Vorbeugung

„Eltern und Erzieher müssen an effektiven Konfliktlösungsstrategien arbeiten, und zwar schon beim kleinen Kind. Mit einer gut geförderten Sprachentwicklung fängt es an; mit einer stimmigen Ernährung und mit der Befriedigung der Grundbedürfnisse nach viel Zeit des Zusammenseins, Liebe, Bewegung, Ansprache, Zuhören, Spiel, Ruhe und Körperkontakt geht es weiter; und mit dem Training von humanen Problembewältigungsformen erreicht die Erziehung gegen Gewalt ihren Höhepunkt: Rollenspiele, um alternative Interventionsformen einzuüben, das Diskutieren, das Demonstrieren, das Brief- und Leserbriefschreiben, das Helfen sowie Anzeigen und Verklagen, aber auch das Sich-Zurückhalten, das Abwarten, das Eine-Nacht-Drüber-Schlafen. Gewaltfreie Problemlösung muß genauso mühselig gelernt werden wie Lesen, Schreiben und Rechnen." (4)

Blättert man Pressemeldungen zum Thema „Fernsehen und Kinder" durch, stößt man auf viele Bedenken und Warnungen. Ein Politiker klagt: „Was häufig stundenlang auf Kinder einprasselt, ist aus meiner Sicht ein Alptraum." So empfinden wir es auch!

Nicht nur TV-Verantwortliche sollten ihr „Kinderprogramm" neu überdenken, auch Eltern dürfen ihre Kinder nicht einfach unkontrolliert und endlos fernsehen lassen, mahnen Medienpädagogen. Doch was hilft es, bei Kindern, die täglich durchschnittlich zwei Stunden fernsehen, mehr Strenge zu fordern, wenn Erwachsene zwischen 30 und 40 Jahren mehr als drei Stunden täglich vor der Glotze hocken und die über Fünfzigjährigen mit mehr als vier Stunden täglich an der Spitze liegen?

Wer die Fernsehgewohnheiten seiner Kinder lenken möchte, sollte zunächst einmal seine eigenen beobachten und sie, wenn nötig, ändern. Kinder, deren Eltern sparsam fernsehen und die erfahren, daß zum Beispiel Besuche, gemeinsame Unternehmungen, Sport, Spiel, Gespräche, Herumalbern genausoviel Spaß machen wie vor dem Fernseher zu sitzen, entwickeln sich in der Regel nicht zu notorischen Röhrenguckern.

Fernsehregeln

Von Medienpädagogen haben wir einige Vorschläge zum Umgang mit dem Fernsehen in der Familie gesammelt und möchten sie kurz vorstellen. Unser Vorschlag: Lesen Sie diese Tips in der nächsten Familienrunde vor, und diskutieren Sie mit Ihren Kindern, was Sie davon umsetzen wollen oder können:

- Kinder unter sechs Jahren sollten nur gelegentlich und unter Aufsicht Sendungen sehen, die ihrem Alter und ihrer Reife entsprechen.
- Keine Nachrichtensendungen für Vorschulkinder! Die Bilder von real existierender Gewalt und Tod können zum Trauma werden, da sie bei Kindern starke Ängste hervorrufen, daß ihnen so etwas auch passieren könnte.
- Kinder ab zehn können hin und wieder mit ihren Eltern Nachrichten sehen, sofern die Eltern sie erklären.
- Kinder unter fünfzehn Jahren sollten noch keinen unbegrenzten Zugang zum Fernsehen haben, etwa durch einen eigenen Apparat in ihrem Zimmer.
- Fernsehen dürfen sollte niemals als Belohnung, Fernsehverbot niemals als Strafe eingesetzt werden. Das Fernsehen wird dadurch in den Augen der Kinder nur aufgewertet.

Ein bewährter Tip:

- Zu Beginn der Woche gehen die Eltern mit ihren Kindern die (aussagekräftige) Programmzeitschrift durch und wählen gemeinsam etwa drei bis fünf sehenswerte Sendungen aus. Inzwischen haben einige Fernsehzeitungen schon einen Kinderteil mit Bewertung, und sie drucken die FSK-Angaben ab, allerdings kann das nur eine grobe Richtlinie sein.

Der beste Ratschlag:

- Unternehmen Sie möglichst oft gemeinsam etwas, unterstützen Sie Ihr Kind dabei, selbst Abenteuer zu erleben und seine Freizeit aktiv zu gestalten, und füllen Sie das Familienleben so aus, daß für das Sitzen vor der Mattscheibe weder viel Interesse noch Zeit übrigbleibt.

Und was macht eine große Familie?

Viele dieser Anregungen lassen sich in einer kleinen Familie zwar recht gut umsetzen - aber je mehr Kinder da sind und je größer der Altersabstand ist, desto schwerer lassen sie sich befolgen. Wie hält man eine Vierjährige von der Flimmerkiste fern, wenn die zehnjährigen Geschwister etwas ihrem Alter Entsprechendes sehen wollen? Wie soll man in einer Familie mit fünf Kindern jedes drei Sendungen pro Woche ankreuzen und womöglich allein anschauen lassen? Wahrscheinlich werden ja nicht alle die gleichen Filme wählen.

Da wir diese Schwierigkeiten von vornherein ahnten und die Konflikte in anderen Familien beobachteten, verlebten wir die ersten Familienjahre fernsehfrei und beschafften uns später, als die Kinder heranwuchsen, einen ausrangierten Fernseher und ein Videogerät an, um ein eigenes Heimkino aufzubauen. Auf diese Weise können wir Filme sorgfältig auswählen (eventuell vorher probesehen), und wenn es etwas Gutes im Fernsehen gibt, nimmt es ein Freund von uns auf, so daß wir diese Sendungen einen Tag später sehen können.

Natürlich ist die Gebühreneinzugszentrale ständig hinter uns her. Deshalb ist es ganz wichtig, daß Eltern, die ein solches Heimkino ohne Antennenanschluß betreiben wollen, unbedingt das Empfangsteil des Fernseh- und des Videogerätes von einem Fachmann ausbauen lassen.

So ein Heimkino halten wir für eine ideale Lösung: Die Kinder wachsen nicht ganz fernsehabstinent auf und können bei Altersgenossen mitreden, aber wir wählen gemeinsam aus, wann welche Filme angeschaut werden. Diese Selbstbeschränkung bewahrt Eltern wie Kinder davor, Sklaven der Fernsehprogrammzeiten zu werden, und verhilft ihnen zu viel mehr Zeit für andere (Familien-) Aktivitäten.

Die Masche mit den Fernseh-Bons

„In einigen Familien hat sich das System mit den sogenannten ‚Fernseh-Bons' erfolgreich bewährt. Als Norm hat sich ein sechsstündiger Fernsehkonsum für Kinder in der Woche herausgebildet. Die Tochter, der Sohn erhalten zum Beginn der Programmwoche, am Samstag, zwölf Gutscheine für je 30 Minuten Fernsehen. Diese Gutscheine sind ‚Geldes wert'. Sie können eingelöst werden, zum Beispiel 2 DM für jeden Gutschein, der nicht fürs Fernsehen aufgebraucht wurde. In der Praxis sieht das so aus, daß das Kind für jede halbe Stunde, die es vor dem Fernseher sitzt, einen Gutschein zurückliefert oder in ein Kästchen (neben den Fernseher) steckt. Sind die Gutscheine aufgebraucht, bleibt die Mattscheibe dunkel. Schränkt das Kind freiwillig den Konsum ein, erhält es am Ende der Programmwoche für jeden nicht aufgebrauchten Gutschein den vereinbarten Geldbetrag.

Die Erfahrung lehrt: die Sache macht den Kindern Spaß. Sie studieren das Programm sorgfältig. Ihre Gutscheine sind ihnen zu wertvoll, als sie wahllos zu vergeuden. Gutscheinfrei sind Sendungen, die gemeinsam mit den Eltern gesehen werden oder von ihnen ausdrücklich empfohlen werden.

Sie werden staunen, wie sich der Fernsehkonsum durch Fernseh-Bons reduziert. Hat der kleine Zuschauer erst einmal die Sache voll erfaßt, dann überlegt er sich gründlich, was er sehen will und was nicht. Mehr noch, das Kritikempfinden wird geschult, etwa mit der enttäuschenden Feststellung: ‚Das war das Geld nun wirklich nicht wert!' Hat das Kind erst einmal entdeckt, wie gut sich das Taschengeld mit eingesparten Bons aufstocken läßt, wird es manche Sendung freiwillig unter den Tisch fallen lassen." (5)

> ***Zum Nachdenken und Notieren***
> Welche Fernsehregeln passen zu Ihrer Familiensituation?
>
>
> _____
> _____
> _____

Was ist Kommunikation?

Kommunikation bedeutet mehr als sprechen! Es geht nicht nur um geschicktes, überzeugendes und kindgemäßes Reden. Durch Ihre Gestik, Stimmlage und Lautstärke vermitteln Sie auch jedesmal nichtverbale Botschaften.

Doch das ist nicht alles: Auch zuhören gehört zu einer guten Kommunikation! Wer gute Beziehungen aufbauen und aufrechterhalten will, wird auf ein ausgewogenes Verhältnis zwischen beiden Teilen achten!

Sprachwissenschaftler betonen, daß jede Botschaft aus drei Komponenten besteht:

- aus der nichtverbalen Botschaft,
- aus dem Tonfall
- und den tatsächlichen Worten.

Was für ein Kommunikationstyp sind Sie?

Wir möchten Ihnen nun sieben schlechte Kommunikationstypen vorstellen. Sie sind Karikaturen, keinen davon gibt es in Reinkultur, aber Sie werden bestimmt Anteile bei sich finden. Und das ist unsere Absicht! Dies wird Ihnen helfen, gezielt an sich zu arbeiten und einen besseren Stil zu entwickeln.

Gehen Sie den folgenden kleinen Test aufrichtig durch. Wie mögen Sie auf Ihr Kind wirken? Haben Sie erst einmal Ihre negativen Züge entlarvt, fällt es Ihnen leichter, sie abzulegen und gute Verständigungsformen zu entwickeln.

(0 = trifft nicht zu / 3 = kommt ab und zu vor / 6 = das ist mein Typ)

Da gibt es zunächst einmal den **ÜBERWACHER**: von ihm kommen viele Befehle und Kontrollfragen. Ihm fällt es schwer, seinem

Kind eine eigene Meinung und selbständige Entscheidungen zuzugestehen. Am liebsten nimmt er ihm eine Aufgabe gleich aus der Hand oder gibt genaue Anweisungen, was zu tun ist.

Zu seinem Vokabular gehören Sätze wie: „Keine Widerrede. Du tust, was ich dir sage ...!", „Sind die Schuhe endlich geputzt?" oder „Immer muß ich dich an alles erinnern!"

Ihre Beurteilung:

(0   1   2   3   4   5   6)

Der **MORALIST** dagegen bemerkt häufig: „Das hättest du nicht tun sollen!" oder „Hättest du auf mich gehört ..."

Er kann seinen Kindern kaum zuhören, ohne ständig seine Moralvorstellungen weiterzugeben. Sie münden manchmal in langatmige Erziehungsvorträge. Ist er Christ, überdeckt er seine Schwächen oft mit frommen Sprüchen.

Ihre Beurteilung:

(0   1   2   3   4   5   6)

Der **ALLESWISSER** glaubt, daß Weisheit automatisch mit dem Alter kommt. Sein klassischer Gesprächsbeginn sieht so aus: „Als ich in deinem Alter war ...", „Ich habe dir doch gleich gesagt ..."

Er hat einen gefährlichen Hang zu Spott und Sarkasmus, den er irrtümlicherweise für Humor hält. Der Alleswisser kann auch ein Typ sein, der einem Kind ständig ins Wort fällt, es nicht ausreden läßt und nicht zuhören kann.

Ihre Beurteilung:

(0   1   2   3   4   5   6)

Der **RICHTER** hat sein Urteil schon parat, während er zuhört: „Das war aber dumm von dir." oder „Wenn du klug gewesen wärst, dann ..."

Er schaut erhaben auf seine Kinder herab, macht natürlich niemals Fehler und hat es nicht nötig, sich jemals zu entschuldigen.

Ihre Beurteilung:

(0   1   2   3   4   5   6)

Der **KRITIKER** äußert sich negativ und pessimistisch. Er ist bestens geschult, die Schwächen und Fehler des anderen zu benennen, und sieht bei jedem Vorschlag bereits alle möglichen Probleme. „Das ist aber keine gute Idee ...", „Das kann ja nicht gutgehen ..." und „Du wirst das sowieso nicht schaffen ..." gehören zu seinem Repertoire.

Ihre Beurteilung:

(0   1   2   3   4   5   6)

Der **PSYCHOLOGE** beobachtet und analysiert sein Kind ständig: „Laß mich erklären, warum du das getan hast", sagt er, oder: „Ich weiß, was du denkst ..."

Er hat natürlich viele Erziehungsbücher gelesen; das hat ihn allerdings eher ängstlich als sicher gemacht. Sorgsam ist er darauf bedacht, traumatische Erfahrungen zu vermeiden und Entwicklungsschritte zu beschleunigen.

Ihre Beurteilung:

(0   1   2   3   4   5   6)

Zum Schluß dieser Negativliste der **BESÄNFTIGER**: Er zeigt übertrieben schnell Sympathie, gibt nach, will jedes Problem für den anderen lösen und es jedem recht machen. Hauptsache, Harmonie und Frieden bleiben erhalten. „Ist schon gut so!", „Das ist doch alles gar nicht so schlimm!", „Komm, wie vertragen uns wieder!" gehören zu seinen Lieblingssprüchen. Er hat häufig ein geringes Selbstwertgefühl.

Ihre Beurteilung:

(0   1   2   3   4   5   6)

Von der Vorschule bis zur Vorpubertät

Ein kindgemäßer Gesprächspartner

Was kennzeichnet einen aufrichtigen, kindgemäßen Gesprächspartner? Er kann:

- gut zuhören
- gute Fragen stellen
- gut erzählen

Gut zuhören

Zuhören ist eine der wichtigsten Aufgaben für Eltern! Sie sollten sich das neu als Ziel setzen. Wenn Sie Ihren Kindern nicht zuhören, werden diese sich jemand anderen suchen! Jeder braucht jemanden, der ein offenes Ohr für ihn hat.

Ermöglichen Sie Ihrem Kind, zu den Privilegierten zu gehören, die zu Hause Aufmerksamkeit und Wertschätzung erfahren! Das wird Ihre Familienbande enger knüpfen und das Kind weniger anfällig für andere ungute „Bande" machen.

Ein guter Zuhörer benutzt Augen und Ohren. Achten Sie auf die nonverbalen Botschaften Ihres Kindes: den Gesichtsausdruck, die Augen, die Gestik, die Körperhaltung. Wenn Sie dies nicht mit einbeziehen, entgeht Ihnen eine ganze Menge. Aber so können Sie schnell herausfinden, ob ein Kind niedergeschlagen oder ausgeglichen ist, ob es sich ärgert oder gute Laune hat.

Worte sind Ausdruck dessen, was im Herzen vor sich geht. Gute Zuhörer achten über die Worte hinaus auf Gefühle, die dahinter stehen, und auf ihre Ursache. Sie gehen beim Zuhören zwei Fragen nach: „Was empfindet mein Kind?" und „Warum empfindet es so?"

Schließlich sind gute Zuhörer aktive Zuhörer. Wiederholen Sie mit eigenen Worten, was Sie verstanden haben. Damit zeigen Sie, daß Sie wirklich zugehört haben und Ihr Kind richtig verstehen wollen. Sie könnten zum Beispiel zwischendurch zusammenfassen: „Du meinst ..." oder „Habe ich das so richtig verstanden?" Eine solche Rückmeldung hilft dem Kind, sich selbst zu verstehen und seine Gedanken zu ordnen. Vor allem zeigt sie, daß Sie Ihr Kind als Gesprächspartner ernstnehmen.

Gute Fragen stellen

Aber was ist, wenn Kinder nicht viel erzählen? Dann müssen Sie lernen, bessere Fragen zu stellen!

Schlechte Fragen können einfach mit Ja oder Nein beantwortet werden. Gute Fragen sind offen, geben also keine Antwort vor. Es ist klüger, zu fragen: „Was hast du heute erlebt?" als: „Hattest du einen guten Tag?"

Die erste Frage fordert das Kind auf, zu erzählen, was es beschäftigt hat und was ihm wichtig war, während die zweite mit einem kurzen „Hmm" oder „Nö" beantwortet werden kann. Fragen, die die Antwort offenlassen, fördern Kommunikation. In sich abgeschlossene Fragen lassen ein Gespräch gar nicht erst aufkommen, weil sie mit einem Wort beantwortet werden können.

Es kostet zunächst etwas Mühe, sich Gedanken darüber zu machen, wie man bessere Fragen stellen kann. Aber es zahlt sich aus, denn die Kommunikation ist dann nicht mehr so zäh.

Als Gedankenanstoß hier einige Gegenüberstellungen:

- Statt „Geht es dir gut?" lieber "Du siehst traurig aus. Erzähl mal, was los ist."

- Statt "Na, endlich alles erledigt?" lieber:
  _____

- Statt "War es schön bei deiner Freundin?" lieber:
  _____

90

VON DER VORSCHULE BIS ZUR VORPUBERTÄT

Und wenn Sie Fragen stellen, dann bitte nicht so, daß Ihr Kind meint, es würde verhört. Sie gewinnen das Vertrauen Ihres Kindes eher, wenn Sie es nach seiner Meinung zu bestimmten Dingen fragen. Jeder fühlt etwas, hat eine Meinung und kennt die von anderen. „Wie denkst du über das und das?" oder „Was ist deine Meinung zu ..."

Wenn das Gespräch schwerfällt, fragen Sie geschickterweise zunächst, was andere denken, bevor Sie persönlich werden: „Sag mal, wie denken deine Freunde darüber?" Über andere zu sprechen fällt leichter, als gleich über sich zu reden.

Diese Art Gespräch hilft jedem Familienmitglied, den anderen besser kennenzulernen und sich zu öffnen.

Gut erzählen

Wem zugehört wird, der kann selbst ein guter Zuhörer sein. Kinder, deren Erzählbedürfnis befriedigt ist, sitzen auch gern und lauschen, wenn vorgelesen oder erzählt wird. Vorlesen ist eine Vorstufe zum Erzählen und etwas, das im Fernsehzeitalter in vielen Familien einfach fehlt. Lesen Sie gute Kinderbücher vor. Hinterher können Sie darüber reden. Der nächste Schritt ist, wechselweise einen Teil vorzulesen und einen selbst zu erzählen. So können Sie sich im Erzählen üben.

Denn: Vorlesen ist schön, erzählen noch viel schöner!

Erzählen Sie aus Ihrem Leben! Jüngere und ältere Kinder sind brennend daran interessiert, was ihre Eltern angestellt und gedacht haben, als sie in ihrem Alter waren. Fällt es Ihnen schwer, frei aus Ihrem Leben zu erzählen? Dann nehmen Sie sich doch die Fotoalben oder Dias von früher vor und beschreiben Sie, welche Erlebnisse sich hinter den Bildern verbergen.

Aus dem eigenen Leben zu erzählen ist wichtig! Denn es ist einfach eine ideale Möglichkeit, ganz zwanglos Ihren Lebensstil weiterzugeben: von Ihren Niederlagen, Ihren Lernschritten und Ihren Idealen zu reden. Aber ehrlich bleiben und nicht übertreiben oder etwas vertuschen!

Kinder, die ihre Eltern lieben und achten, bewahren diese Erzählungen als Vorbild oder Warnung im Herzen. Sie werden deren Prinzipien auf ihren eigenen Lebensstil übertragen.

Wofür Eltern sorgen müssen

Verpatzte Momente

Vielbeschäftigte Eltern klagen oft: „Wo nehme ich nur die Zeit her, um meinen Kindern gerecht zu werden?" Sie leben ständig mit einem schlechten Gewissen.

Denken Sie nur einmal an all die Momente, die jeden Tag übersehen und vergeudet werden, weil Sie sie nicht erkennen, oder an die guten Gelegenheiten, die Sie ohne großen Zeitaufwand nutzen könnten. So viele wertvolle Momente gehen verloren, weil man gedankenlos oder zu sehr mit sich selbst beschäftigt ist. Und schwups, sind die Jahre vergangen und nicht mehr zurückzuholen.

Was hält Sie von einer aufrichtigen Kommunikation mit Ihren Kindern ab?

- Gleichgültigkeit oder Einfallslosigkeit? Leben Sie, jeder in seiner eigenen Welt, dumpf nebeneinander her?

- Vielleicht Überbeschäftigung, die Sie aufzehrt und gereizt macht?

- Oder Sorgen und Probleme, die Sie gedanklich immer wieder durchkauen und die Ihnen den Blick für Ihre Kinder versperren?

- Ist es vielleicht Verlegenheit? Obwohl Sie Ihre Kinder lieben, haben Sie es bisher nicht fertiggebracht, Ihre Zuneigung in Worte zu fassen, und jetzt ist es Ihnen einfach peinlich, damit zu beginnen.

Für Gelegenheiten sorgen

Arrangieren Sie Umstände, in denen Kommunikation natürlich und zwanglos ist. Sie können nicht einfach ins Kinderzimmer stürmen und anordnen: „Du, ich habe zehn Minuten Zeit. Komm, laß uns mal aufrichtig miteinander reden!" So können Sie mit Ihren Mitarbeitern bei einer Arbeitsbesprechung umspringen, aber nicht mit Ihren Kindern.

Aber wie sorgt man für gute Gelegenheiten?

- Achten Sie bei Ihrer Zeitplanung darauf, daß ein Elternteil greifbar ist, wenn ein Kind nach Hause kommt oder Sie gerade braucht. Beispielsweise haben viele Kinder nach der Schule ein sehr großes Erzählbedürfnis. Wir sprechen uns ab, damit dann möglichst einer von uns beiden verfügbar ist.

- Beginnen Sie den Tag zusammen! Wenn es abends einmal spät geworden ist, würden wir natürlich auch gerne länger schlafen. Dann sprechen wir einfach ab, wer von uns beiden mit den Kindern frühstückt, die zur Schule müssen. Sie sollen zum Tagesbeginn jemanden von uns um sich haben.
- Wie verlaufen die Mahlzeiten bei Ihnen? Sind sie nur dazu da, die Futterluken zu stopfen, oder sind sie ein Familientreffen? Mit ein paar guten Ideen können Mahlzeiten zu Kommunikationsoasen werden, zu einem Ort, wo Ihren Kindern zugehört wird, wo ihre Meinung willkommen ist und wo man ihnen mit Wertschätzung begegnet.
- Je älter die Kinder werden, um so schwerer wird es, alle gleichzeitig an den Tisch zu bekommen. Warum sprechen Sie sich nicht ab, eine Mahlzeit am Tag gelassen miteinander zu verbringen? Das ist bestimmt machbar, und es hält die Familienbande zusammen.

- Autofahrten zum Kindergarten, in den Sportverein, zum Gottesdienst und zum Einkaufen können lang und anstrengend werden, besonders, wenn man zu den Stoßzeiten im Stau steckt. Sie können die Zeit aber auch nutzen und im Auto Geschichten erzählen, singen und diskutieren. Wenn Sie sich auch noch vornehmen, grundsätzlich das Autoradio ausgeschaltet zu lassen, wenn Sie Kinder dabei haben, schaffen Sie ganz nebenbei eine großartige Gelegenheit, miteinander zu kommunizieren.
- Miteinander zu arbeiten oder etwas gemeinsam zu reparieren, sind weitere Möglichkeiten zu ungezwungenen Gesprächen.
- Und dann die Zu-Bett-Geh-Zeiten! Wie schön können sie gestaltet werden, wenn Mama oder Papa sich noch genügend Energie aufsparen. Ein wenig kuscheln, ein bißchen erzählen, aus der Kinderbibel vorlesen und beten ...

Mit diesen Beschreibungen möchten wir Ihnen deutlich machen, daß Sie gar nicht so viel Extrazeit für die Kommunikation mit Ihren Kindern einplanen müssen, wenn Sie Momente bewußt und kreativ nutzen, die Sie sowieso mit Ihren Kindern verbringen.

Eine angenehme Atmosphäre schaffen!

Eltern müssen ein Klima schaffen, in dem sich Kinder wohl fühlen und in dem sie auftauen. Kinder spüren, ob ihre Anwesenheit und ihre Aussagen willkommen sind oder nicht.

Sie können diese Atmosphäre sehr schnell vergiften, zum Beispiel indem Sie Ihr Kind durch Worte oder nonverbale Botschaften ständig wissen lassen, daß es Ihnen eine Last ist und Sie keine Zeit haben. „Oh, muß das schon wieder sein? Ich habe jetzt gar keine Zeit ..." oder „Laß mich in Ruhe, du nervst mich." Das sind die klassischen Botschaften, bei denen sich ein sensibles Kind zurückzieht und sich einen anderen Gesprächspartner sucht, und wenn es nur die Puppe oder der Hund ist.

Kinder verschließen sich aber auch, wenn Eltern die ihnen anvertrauten Probleme und Geheimnisse nicht für sich behalten können, sie weitererzählen oder sich sogar vor anderen darüber lustig machen.

Die schon genannten sieben schlechten Kommunikationstypen (siehe KOMMUNIKATIONSTYPEN) sind genauso effektive „Vergifter": bevormunden, kritisieren, alles besser wissen, aber vor allem nörgeln und ironische Bemerkungen!

Vergessen Sie bitte nicht: Ihr Kind wird ständig älter und reifer. Sie müssen Ihren Kommunikationsstil dem zunehmenden Alter anpassen! Manche sprechen zu einem Zwölfjährigen, als ob er sechs Jahre alt wäre. Kinder hassen das und fühlen sich gedemütigt, besonders, wenn andere dabei sind.

Eine angenehme Gesprächsatmosphäre zu schaffen ist eine Kunst. Besinnen Sie sich immer wieder auf das Wesentliche: Echtes Interesse am Leben des anderen, aufrichtige Wertschätzung und Zeit!

> ***Zum Nachdenken und Notieren***
> Wie können Sie künftig gute Gelegenheiten zur Kommunikation arrangieren und eine angenehme Atmosphäre schaffen?
> ✎
> _____
> _____
> _____

Eine zweifache Bedrohung

Um zuversichtlich heranzuwachsen, brauchen Kinder ein stimmiges Weltbild mit Normen und Werten, die ihnen die Eltern nicht nur mitzuteilen versuchen, sondern auch überzeugend vorleben. Heranwachsende stehen in einer zweifachen Bedrohung: Einerseits wird ihnen der christliche Glaube zunehmend unglaubwürdig und lächerlich gemacht, und andererseits werden sie bedrohlich mit einem magischen Weltbild konfrontiert.

> „Mit der Zunahme von Pluralismus und dem Schwinden kirchlichen Einflusses sind Sekten und okkulte Praktiken unter Jugendlichen zunehmend populärer geworden.
> Etwa zwei Drittel aller Schüler experimentieren irgendwann einmal mit okkulten Praktiken. Fast jeder hat gelegentlich Angst vor einer alles sehenden und bewertenden göttlichen Instanz. Angst vor dem Tod, aber auch die Furcht, den eigentlichen Sinn des irdischen Daseins nicht zu erkennen und das Gute zu versäumen, wecken Sehnsucht nach einem religiösen Überbau oder nach einem tröstenden Ersatz dafür." (6)

Wenn Kirchen versagen und Eltern schweigen, werden die Sehnsüchte nach dem Übernatürlichen bei den Scientologen, bei der Mun-Sekte, bei den Exorzisten, bei den Anhängern der Schwarzen Messen, bei den Bhagwan-Jüngern oder in der New-Age-Szene gestillt.

Eine Checkliste zur christlichen Unterweisung

James Dobson, ein bekannter amerikanischer Familienberater, nennt Eltern eine Checkliste, die hilft, die wichtigsten christlichen Werte im Familienleben zu berücksichtigen:

KONZEPT 1:
„Du sollst den Herrn, deinen Gott, lieben von ganzem Herzen" (Markus 12,30).

- ○ Lernt Ihr Kind die Liebe Gottes durch die Liebe und Fürsorge seiner Eltern kennen?
- ○ Lernt es, über Gott zu reden und ihn in seine Pläne und Gedanken einzubeziehen?
- ○ Lernt es, sich an Jesus um Hilfe zu wenden, wann immer es erschreckt, ängstlich oder einsam ist?
- ○ Lernt es, die Bibel zu lesen?
- ○ Lernt es zu beten?
- ○ Lernt es die Bedeutung von Glauben und Vertrauen?
- ○ Lernt es den Sinn und Nutzen einer christlichen Lebenseinstellung kennen?
- ○ Lernt es das Wunder von Jesu Geburt und Tod kennen?

KONZEPT 2:
„Du sollst deinen Nächsten lieben wie dich selbst" (Markus 12,31).

- ○ Lernt Ihr Kind, die Gefühle anderer zu verstehen und mitzufühlen?
- ○ Lernt es, nicht egoistisch und fordernd zu sein?
- ○ Lernt es zu teilen?

- ○ Lernt es, keine Gerüchte zu verbreiten und nicht über andere zu lästern?
- ○ Lernt es, sich selbst anzunehmen?

KONZEPT 3:
„Lehre mich tun nach deinem Wohlgefallen, denn du bist mein Gott" (Psalm 143,10).

- ○ Lernt Ihr Kind, den Eltern zu gehorchen als Vorbereitung auf seinen späteren Gehorsam gegenüber Gott?
- ○ Lernt es, sich in der Kirche - Gottes Haus - ordentlich zu benehmen?
- ○ Lernt es beide Aspekte von Gottes Wesen kennen: Liebe und Gerechtigkeit?
- ○ Lernt es, daß es viele Formen von gütiger Autorität gibt, denen es sich beugen muß?
- ○ Lernt es die Bedeutung der Sünde und ihrer unvermeindlichen Konsequenzen?

KONZEPT 4:
„Fürchte Gott und halte seine Gebote; denn das gilt für alle Menschen" (Prediger 12,13).

- ○ Lernt es, wahrheitsliebend und ehrlich zu sein?
- ○ Lernt es, den Sonntag zu heiligen?
- ○ Lernt es die relative Unwichtigkeit des Materialismus?
- ○ Lernt es die Bedeutung der christlichen Familie kennen und das Vertrauen zu ihr, das Gott wünscht?
- ○ Lernt es, auf sein eigenes Gewissen zu hören und ihm zu folgen?

KONZEPT 5:
„Die Frucht aber des Geistes ist ... Selbstdisziplin" (Galater 5,22-23).

- ○ Lernt Ihr Kind, einen Teil seines Taschengeldes (und anderes Geld) für Gott zu geben?
- ○ Lernt es, seine Impulse zu kontrollieren?
- ○ Lernt es, zu arbeiten und Verantwortung zu tragen?
- ○ Lernt es den großen Unterschied zwischen Selbstwert und eigensüchtigem Stolz?
- ○ Lernt es, sich in Ehrerbietung vor dem Gott des Universums zu verneigen? (7)

> ***Zum Nachdenken und Notieren***
> Wieviele dieser Punkte können Sie ankreuzen, weil Sie bereits darauf achten, Ihrem Kind diese Werte nahezulegen? Welchen Gedanken müssen Sie noch stärkere Beachtung schenken?

Väter, ran an die Kinder!

Bei Umfragen bekommen Väter schlechte Noten: Nur etwa jeder vierte spielt in der Freizeit mit seinen Kindern. Über 56 % geben Zeitmangel als Hauptursache dafür an. Männer haben es nicht leicht, und wir möchten Sie als Vater nicht noch zusätzlich unter Druck setzen. Aber lassen Sie sich sagen: Ihre Familie braucht Sie!

Vielleicht haben Sie sich noch gar nicht bewußtgemacht, wie wichtig Sie für die Persönlichkeitsentwicklung Ihrer Kinder sind. Erziehung ist nicht allein Frauensache, wie manche Männer meinen. Wenn der Vater fehlt, aus welchen Gründen auch immer, leiden die Kinder.

Machen Sie sich bewußt: Für Ihren Sohn sind Sie die wichtigste männliche Identifikationsfigur - er möchte von Ihnen ins Mannsein begleitet werden. Für Ihre Tochter sind Sie der „erste Mann im Leben", der ihre Haltung Männern gegenüber entscheidend prägen wird. Ein Vater hinterläßt einen Eindruck bei seiner Tochter, der sie ihr ganzes Leben lang begleiten wird.

Wir glauben, wenn ein Vater begreift, wie wichtig er für die gesunde Entwicklung seiner Kinder ist, und gute Tips bekommt, wie er diese Erkenntnis umsetzen kann, wird er sich ändern wollen und neue Prioritäten für seine Familie setzen. Denn schließlich liebt er seine Kinder genauso wie die Mutter, kann diese Liebe vielleicht nur nicht so gut zeigen.

Wie Kinder sich ihren Vater wünschen

Fragt man Kinder, wie sie sich einen Vater wünschen, kommen immer wieder die gleichen Antworten. Sie können mit den folgenden drei Merksätzen zusammengefaßt werden:

- **Einer, der Zeit für sie hat!**
Was Kindern von ihren Vätern am stärksten im Gedächtnis bleibt, ist einfach deren Anwesenheit. Zeit ist kostbar, aber Ihre Kinder sind wertvoll genug, daß Sie sich ihnen in den wichtigen Jahren ihrer Entwicklung widmen. Kinder werden nie vergessen, wie Sie miteinander erzählt, geschmust, gespielt oder gearbeitet haben.

- **Einer, der Anerkennung ausspricht!**
Es ist wichtig, daß die Mutter Anerkennung ausspricht, aber es reicht nicht aus. Kinder wollen unbedingt wissen, wie der Vater über sie denkt, sie müssen von ihm ermutigt und angespornt werden. Erfahren sie das nicht, kommen sie sich oftmals ihr Leben lang als Versager vor oder müssen immer beweisen, daß sie etwas leisten können.

- **Einer, der seine Liebe zeigt, aber auch Grenzen setzt!**
Viele Männer haben Probleme damit, Zuneigung und Zärtlichkeit auszudrücken - oftmals, weil sie es selbst bei ihrem Vater nicht erlebt haben oder weil sie mit dem Verständnis aufgewachsen sind, daß solche Gefühlsäußerungen unmännlich seien. Machen Sie sich frei davon! Ein Kind braucht Vaterliebe: zärtliche Worte, einen liebevollen Blick, starke Arme, die es halten und schützen.

Es braucht aber auch einen Vater, der besonnen Grenzen setzt. Kinder haben ein gesundes Gespür für Ungehörigkeiten und erwarten unbewußt, daß ihnen Grenzen gesetzt werden. Eine gerechte und angemessene Disziplinierung, die aus Zuneigung geschieht, gibt ihnen Sicherheit.

VON DER VORSCHULE BIS ZUR VORPUBERTÄT

Ein Wunschzettel an den Vater

- Er soll nicht den ganzen Tag zur Arbeit gehen, sondern auch ein bißchen Zeit für mich haben.
- Mal schwimmen gehen, mal ins Kino gehen, ab und zu soll er mit mir spielen.
- Er soll Spaß verstehen können.
- Er soll mich trösten, wenn ich Kummer habe.
- Er soll für mich da sein.
- Er soll auf mich aufpassen (ein bißchen).
- Ich möchte mit ihm vernünftig reden können, und er soll mich nicht abweisen, wenn ich ein Problem oder eine Frage habe.
- Ich möchte zu meinem Vater Vertrauen haben und er auch zu mir.
- Er soll mit mir Ausflüge machen oder ab und zu ein Picknick planen und dann auch machen.
- Er soll Verständnis für mich haben.
- Er soll nicht so pingelig sein und nicht bei jeder Kleinigkeit schimpfen (wenn es nötig ist, allerdings doch).
- Aber er soll auch nicht zu schlaff sein, denn das ist auch nicht immer gut (ich würde dann immer machen, was ich will).
- Er soll mir auch mal was beibringen.
- Er sollte mir auch ein bißchen bei den Schularbeiten helfen oder - besser gesagt - mit mir ein bißchen für die Schule üben.

Stefan, 12 Jahre

Praktische Tips für Väter

- Übernehmen Sie die Aufgabe, die Kinder ins Bett zu bringen. Das Bettgeh-Ritual ist eine ideale Gelegenheit, um mit den Kindern über den abgelaufenen Tag, über schöne und unangenehme Erlebnisse zu sprechen.
- Erledigen Sie bestimmte Hausarbeiten regelmäßig zusammen mit den Kindern. Zum Beispiel Schuhe putzen oder abwaschen - nicht nur damit die Kinder lernen, gewisse Aufgaben zu übernehmen, sondern auch um dabei mit Erzählen oder Singen Gemeinschaft zu erleben.
- Sorgen Sie ab und zu allein für die Kinder. Dabei muß Ihre Frau allerdings mitspielen, indem sie sich jede Woche einen Abend außer Haus und auch einmal einen freien Samstag oder sogar ein Wochenende gönnt.
- Nutzen Sie Ihre Rechte auf Freistellung von der Arbeit, wenn Ihre Frau krank ist und deshalb die Kinder nicht versorgen kann.
- Nehmen Sie Ihr Kind, wenn das möglich ist, hin und wieder mit zu Ihrem Arbeitsplatz, und erklären Sie ihm, was Sie dort tun. Berufsbedingte Abwesenheit entfremdet Kindern ihre Väter um so mehr, je weniger sie von deren Arbeit wissen.
- Beziehen Sie Ihre Kinder in Ihre Hobbys ein, oder entdecken Sie gemeinsam mit ihnen neue Beschäftigungen, die Ihnen selbst und den Kindern Spaß machen.
- Kümmern Sie sich darum, was Ihre Kinder außerhalb der Familie erleben. Gehen Sie mit zu Anmeldegesprächen, zu Elternabenden und Festen in Kindergarten, Schule, Musikschule und Turnverein.

Zum Nachdenken und Notieren
Dies nehme ich mir neu vor:

_____

_____

_____

Ratschläge für „Gastväter"

Von den alleinerziehenden Eltern haben rund 90 % der Mütter, aber nur 10 % der Väter das Sorgerecht für ihre Kinder. Vielfach besteht für die "Gastväter" eine Besuchsregelung, und sie versuchen alle vierzehn Tage ihren Kindern das zu sein, was andere Väter ihnen täglich geben können. Dabei kann einiges versäumt oder falsch gemacht werden. Hier sind einige Ratschläge eines erfahrenen "Gastvaters":

- **Vermeiden Sie das Ausfragen und Schlechtmachen!**

Es mag sein, daß der Trennungsschmerz noch in Ihnen wütet, aber rücken Sie sich vor Ihren Kindern nicht in ein besseres Licht, indem Sie Ihre ehemalige Partnerin schlechtmachen und die Kinder über ihr Zuhause aushorchen. Ihre Trennung darf nicht auf dem Rücken der Kinder ausgetragen werden. Sie haben schon genug gelitten.

- **Bleiben Sie bei der Wahrheit!**

Auf die Frage „Papi, warum kommst du nicht mit nach Hause?" konnte ich nach einiger Zeit wahrheitsgemäß antworten: „Du, wenn ich jetzt mit nach Hause käme, würden Mama und ich uns wieder so fürchterlich streiten wie früher. Das wollen wir nicht, und du sicherlich auch nicht."

Das klingt hart. Aber die Wahrheit ist besser zu verkraften als Ausflüchte.

- **Wenn das Kind für ein Wochenende zu Ihnen kommt und am Samstagmorgen darum bettelt, wieder zur Mama zurückzudürfen, dann bringen Sie es nach Hause!**

Kinder, die zwischen ihren Eltern hin- und hergeschickt werden, wollen nämlich wissen: „Bin ich nur eine Ware, die verschickt wird, oder achtet man auch meine Empfindungen und Wünsche?" So können Sie ein Kind auf Dauer eher für sich gewinnen. Denken Sie daran: Es geht um das Kind und nicht darum, daß Sie Ihre emotionalen Defizite füllen.

- **Und wenn das Kind bei Ihnen ist, inszenieren Sie keine großen Aktionen!**

Gestalten Sie das Zusammenleben so alltäglich wie möglich, damit die Kinder nicht den Eindruck gewinnen: Bei Papi geht immer die Post ab, und bei Mama erlebe ich den grauen Alltag. So etwas ist unfair und wird die Beziehung zu Ihrer geschiedenen Frau nicht verbessern. Beteiligen Sie die Kinder an den Hausarbeiten, decken Sie zusammen den Tisch, waschen Sie miteinander ab. Machen Sie zusammen Besorgungen, reparieren Sie gemeinsam kaputte Stühle oder Modellflugzeuge. Schauen Sie sich die Hausaufgaben

VON DER VORSCHULE BIS ZUR VORPUBERTÄT

- **Bemühen Sie sich vor allem um Einigkeit in Erziehungsfragen!**

Das ist natürlich schwer, wenn Sie nicht vernünftig miteinander reden können, aber Ihre geschiedene Frau muß immerhin den ganzen Erziehungsalltag alleine bewältigen. Und wenn Sie ständig dazwischenfunken, ist das weder für die Kinder noch für die Beziehung zu Ihrer früheren Frau gut. Manch eine alleinerziehende Mutter bremst den Kontakt zum Vater, weil er ihr den ganzen Alltag durcheinanderbringt.

Für Ihre angeschlagene Beziehung ist es viel heilsamer, wenn Sie nach den Erziehungsgepflogenheiten Ihrer geschiedenen Frau fragen und sich von ihr etwas sagen lassen. Wenn Sie sie überzeugen können, daß die Kinder bei Ihnen nicht leiden, sondern in ihrer Entwicklung gefördert werden, wird sie sie Ihnen wesentlich williger überlassen.

Ihrer Kinder an, nehmen Sie sie möglichst oft in den Arm. Natürlich sind Höhepunkte schön, aber verwöhnen Sie die Kinder nicht grenzenlos.

- **Achten Sie auf regelmäßige Kontakte!**

Lassen Sie keine zu großen Pausen entstehen, und nehmen Sie nach Möglichkeit am Alltag Ihrer Kinder teil. Damit meine ich die Einschulung, Sportfeste, Geburtstage. Kinder möchten ihren Vater vorzeigen können und stolz auf ihn sein. Lassen Sie sich ihre Spielkameraden vorstellen. Ich habe zum Beispiel mit meinem Sohn und seinem Freund Angeltouren gemacht. Wenn Ihre geschiedene Frau einverstanden ist, rufen sie regelmäßig an, erkundigen Sie sich, wie es in der Schule war, und unterstützen Sie die Kinder beim Alltagskram.

Nun gut, jetzt sagen Sie vielleicht: „Das klingt zu schön, um wahr zu sein. Meine geschiedene Frau läßt mich ja noch nicht mal an die Kinder ran."

Jeder hat natürlich eine andere Ausgangssituation und muß mit seinen Gegebenheiten fertigwerden. Bei uns sah es am Anfang auch ganz hoffnungslos aus, aber es hat sich doch gebessert - mehr, als ich damals für möglich gehalten hätte. Deswegen nenne ich Ihnen diese Tips in der Hoffnung, daß auch Sie etwas davon umsetzen können.

VON DER VORSCHULE BIS ZUR VORPUBERTÄT

Wünsche einer alleinerziehenden Mutter an „Gastväter"

● **Eine eigene Ecke für Spielsachen!**
Wenn ein Kind bei seiner Mutter lebt und den Vater mehr oder weniger regelmäßig „besucht", ist seine Tasche bestimmt schon etliche Male ein- und ausgepackt worden. Unterwäsche, Schlafzeug, Hausschuhe, Hose, Pullover, Zahnbürste, Zahnpasta, Zahnputzbecher, Kuscheltier, einige Bücher, ein paar Stifte und Spielzeug gegen Langeweile ... Einpacken, auspacken, alle zwei Wochen, vielleicht häufiger. Was geht wohl in einem Kind vor, wenn es jedesmal alles wieder hin- und hertragen muß und bei seiner Abreise keine Spuren hinterlassen darf?

Darf es bei seinem Vater nicht auch ein Stück „Zuhause" haben? Irgend etwas von sich da haben als Zeichen „Du bist immer willkommen, hier ist auch dein Zuhause"? Es muß ja nicht gleich ein Kinderzimmer sein. Vielleicht gibt es irgendwo eine Ecke oder eine Schublade für ein paar Autos, Bücher, Stifte, ein Kuscheltier, einen Schlafanzug, Zahnputzzeug und Haarbürste.

● **Halten Sie unbedingt die abgesprochenen Zeiten ein!**
Nichts ist für Ihr Kind belastender, als wenn es lange mit gepackter Tasche und Kindersitz vor der Tür steht oder in der Wohnung wartet und der heißersehnte Papa nicht kommt. Da kommen einem zehn Minuten wie eine Ewigkeit vor. Also, wenn es später wird, rufen Sie vorher an, und wenn Sie einen Besuch absagen müssen, erst recht, aber auch rechtzeitig - mindestens drei Tage vorher, damit sich Ihr Kind noch etwas anderes vornehmen kann!

● **Vorsicht mit Versprche(r)n!**
Versprechen Sie nicht mehr, als Sie
1. wirklich halten können und
2. vorher mit Ihrer Ex-Frau besprochen haben.

Zur Veranschaulichung hier ein paar Beispiele:

Zu 1.) „Natürlich komme ich zu deiner Einschulung!" Das ist leicht gesagt, um ein Kind nicht zu enttäuschen. Aber wie oft wissen Väter schon bei solchen Versprechen, daß sie gar nicht kommen können, weil sie an dem Tag zum Beispiel arbeiten müssen. Bevor Sie etwas versprechen, fragen Sie sich: Will und kann ich das wirklich? Besteht die Gefahr, daß ich mein Versprechen nicht halten kann? Wenn ja, dann sagen Sie lieber nichts. Eine freudige Überraschung (falls es doch klappt) verkraftet Ihr Kind allemal besser als eine herbe Enttäuschung.

Zu 2.) Manches müssen Sie unbedingt zuerst mit Ihrer Frau absprechen, auch wenn Sie vielleicht sonst nicht viel miteinander reden. Zum Beispiel den Urlaub: Fast jedes Kind ist begeistert, mit Papa Urlaub machen zu können. Aber bevor Sie mit ihm darüber sprechen, sprechen Sie mit der Mutter. Vielleicht hat sie schon Urlaubspläne gemacht, oder es gibt Gründe, weshalb Sie lieber zu einem späteren Zeitpunkt in den Genuß eines gemeinsamen Urlaubs kommen sollten. Wie auch immer, sie wird sich unter Druck gesetzt fühlen, wenn sie erst durch ihr Kind davon erfährt und so vor scheinbar vollendete Tatsachen gestellt wird. Sollten sich Ihre Vorstellungen dann doch nicht so verwirklichen lassen, wie das Kind und Sie es sich wünschen, ist sie auf alle Fälle der „Buhmann", denn sie muß als vordergründiger Verursacher der Enttäuschung den Zorn und die Trauer des Kindes aushalten. Eines ist klar: Ihre Kooperationsbereitschaft wird durch solche Erfahrungen sicher nicht erhöht.

VON DER VORSCHULE BIS ZUR VORPUBERTÄT

Der Vater und sein Sohn

Der Rückzug des Vaters auf die bloße Ernährerrolle und seine Abwesenheit in der Erziehung erschwert es Jungen, sich mit ihrem Geschlecht zu identifizieren und einen aufrichtigen, männlichen Charakter zu entwickeln.

Soziologen meinen, daß Jungen, die hauptsächlich unter weiblichem Einfluß stehen, Gefahr laufen, sich zu einem von zwei extremen Typen zu entwickeln: Der eine akzeptiert die weiblich-dominante Umwelt und übernimmt, weil er es nicht anders kennengelernt hat, mehr oder weniger stark weibliche Verhaltens- und Denkweisen. Später wird aus ihm vielleicht der „verweiblichte" Mann, der „Softie".

Der andere Typ rebelliert gegen die weibliche Dominanz und wird sozial auffällig. Er verkörpert später den „Macho"-oder „Playboy-Typ", der dazu neigt, das Leben auf die leichte Schulter zu nehmen.

Papa ist nicht zu ersetzen

Sie sind für Ihren Sohn das wichtigste männliche Gegenüber! Es ist ganz natürlich, daß sich ein Junge nach seinem Vater sehnt, ihn anhimmelt, mit ihm zusammensein und ihm nacheifern will. Verbringen Sie Zeit mit Ihrem Sohn. Er muß Sie erleben und genießen können.

Was kann man miteinander anstellen? Zum Beispiel Radtouren und Wanderungen, Angeln, Lagerfeuer, Kanufahrten, Übernachten im Freien ... und das, bis die letzten Kraftreserven aufgebraucht sind. Das erfordert einen Vater, der fit bleibt.

Vor allem wilde und lebendige Jungen - die Last der Mütter - brauchen einen starken Vater, den sie verehren. Für sie gilt das Sprichwort: „Stell einen Jungen an die Seite eines richtigen Mannes, und er wird selten einen falschen Weg gehen!"

Überhaupt ist es für die Identitätsfindung Ihres Jungen enorm wichtig, ihn in eine Männergruppe einzuführen. Er soll erleben, wie Männer miteinander Spaß haben, aber auch, wie sie aufeinander hören und eingehen, sich anteilnehmend umarmen, miteinander beten und sich ihrer Tränen nicht schämen.

Männliche Charakterschulung

Wenn Väter mit ihren Jungen zusammen sind, sollten sie bei der Schulung eines männlichen Charakters auf zwei kritische Bereiche achten:

- Verantwortung tragen
- konstruktiver Umgang mit Aggressivität

Selbstlose Verantwortung lernen!

Sowohl der sozial ungefestigte als auch der verweiblichte Mann verstehen es nicht, selbstlos Verantwortung für andere zu übernehmen. Schulen Sie Ihren Jungen, Aufgaben gewissenhaft durchzuführen, selbständig zu arbeiten und Verantwortung zu tragen. Die Verantwortung für ein Tier, zum Beispiel für einen Hund oder ein Zwergkaninchen, ist ein ausgezeichnetes Übungsfeld; wenn er etwas älter ist, kommt auch die Beaufsichtigung jüngerer Geschwister oder Hausaufgabenbetreuung in Frage. Dabei kann er im zwischenmenschlichen Umgang lernen: Autorität bedeutet, sich mit Umsicht und Verzicht zum Wohl anderer einzusetzen.

Das gilt natürlich genauso für Mädchen - aber Jungen entgleiten den Eltern oft

VON DER VORSCHULE BIS ZUR VORPUBERTÄT

leichter. Schauen Sie sich doch nur einmal eine Kindergruppe mit etwa zehnjährigen Mädchen und Jungen an, die vor der Kirchengemeinde stehen, etwas vorsingen und von ihrer Kinderfreizeit berichten. Meistens sind es die Mädchen, die hingebungsvoll die Lieder trällern und begeistert berichten, während sich die Jungs in der letzten Reihe gegenseitig auf die Füße treten und Faxen machen. Schon in diesem Alter signalisieren sie: Laß die Frauen mal machen, wir halten uns raus.

Angriffsfreude lenken!

Als nächstes müssen Jungen lernen, mit ihrer Abenteuerlust und Angriffsfreude umzugehen. Denken Sie nur an die typischen Jungenspiele: Bis zur Ermüdung geht es darum, wer der Schnellste, Stärkste oder Mutigste ist. Das ist gut so! Nach christlichem Ideal müssen Jungen dabei aber einüben, ihre Aggressivität zu kontrollieren, mutig zu sein, und ihre Kraft konstruktiv zu gebrauchen. Leider drücken manche Eltern bei der Zügellosigkeit ihres Sohnes oft mit der Ausflucht ein Auge zu, „Na ja, das ist halt ein richtiger Junge", während sie ein ähnliches Verhalten bei einem Mädchen nie dulden würden.

Papa als Freund

Ein Junge braucht aber nicht nur das Vorbild und die Identifikation mit dem Vater, er braucht auch die Zusammenarbeit mit ihm. Vater und Sohn sollten miteinander reparieren, einkaufen gehen und die Wohnung sauber machen. Manche Hausarbeiten könnte ein Junge besser von seinem Vater als von der Mutter lernen, gleichzeitig bekäme er schon Übung für sein späteres Familienleben.

Er braucht seinen Vater als Freund, Begleiter und Beschützer. Manche Männer denken bei der Erziehung eines Sohnes nur an Abhärten und Leistung. So sind sie ja selbst aufgewachsen. Als Baby will Ihr Sohn von Ihnen gehalten werden, er will Sie spüren und von Ihnen geliebt werden. Wenn er größer wird, will er mehr: zusammen spielen und die Welt erobern, mit seinem Vater sprechen und schweigen. Es interessiert ihn, wo Sie den Tag verbringen und wie es Ihnen geht. Erzählen Sie nicht nur großtuerisch von Ihren Erfolgen, sagen Sie ihm, wenn es Ihnen nicht gutgeht oder Sie traurig sind, sprechen Sie von Ihren eigenen Schwächen, Fehlern und Gefühlen - natürlich so, daß das Kind nicht überfordert wird. Viele Kinder klagen darüber, daß sie ihren Vater, wenn überhaupt, immer nur stark, verschlossen und tapfer erlebt haben - und manchmal wie einen explodierenden Vulkan. Wie soll Ihr Sohn lernen, mit den Höhen und Tiefen des Lebens umzugehen, wenn Sie ihn nicht daran lernen lassen, wie Sie damit umgehen?

Zum Nachdenken und Notieren
Wie werden Sie die Charakterschulung Ihres Sohnes praktisch umsetzen?

_____

_____

_____

_____

103

Der Vater und seine Tochter

„Was ist anders mit einer Tochter?" mögen Sie sich beim Lesen des Abschnitts über Vater und Sohn gefragt haben. Vieles aus dem Umgang mit einem Sohn gilt genauso für sie - und doch gibt es einiges, das Sie bei Ihrer Tochter stärker beachten müssen.

Wo liegt der große Unterschied zum Umgang mit einem Jungen? Er liegt darin, daß Sie eben nicht eines Geschlechts sind und Sie der erste Mann im Leben Ihrer Tochter sind. Wie der Vater für den Sohn ist die Mutter zwar die wichtigste weibliche Identifikationsfigur für die Tochter - aber Sie bestätigen sie in ihrer Weiblichkeit, vermitteln ihr anders als die Mutter Sicherheit im Umgang mit Männern und in der Gesellschaft.

Der fehlende Vater - ob ständig abwesend oder nur unnahbar - hat für eine Tochter ähnlich dramatische Auswirkungen wie für den Sohn.

Suzanne Fields faßt den väterlichen Einfluß auf die Tochter in zwei wichtigen Bereichen so zusammen: *"Die Erinnerungen von erwachsenen Frauen berühren Schlüsselthemen wie die sexuelle und psychologische Reife. Frauen sehen Vater-Tochter-Parallelen in ihren Ehen und Liebesbeziehungen, wo der Vater einen langen Schatten über Sexualität, Arbeit, Fortpflanzung und Freizeit legt. KOMPETENZ und WEIBLICHKEIT sind die beiden Werte, die die meisten interviewten Frauen nannten, auf die Frage hin, worauf ihr Vater den größten Einfluß ausgeübt hat. Es sind die positiven Eigenschaften, die das Selbstbewußtsein, die Arbeit und die Liebe bestimmen."* (8)

Wenn wir im folgenden kurz über Ihre Tochter sprechen, möchten wir diese beiden fundamentalen Werte im Blick behalten: Weiblichkeit und Kompetenz.

Ihre Weiblichkeit bestätigen!

Kennen Sie das? Ihre kleine Vierjährige kommt mit einem neuen Kleidchen zu Ihnen ins Arbeitszimmer geflitzt, dreht sich mit blitzenden Augen vor Ihnen im Kreis und fragt herausfordernd: „Papa, bin ich hübsch?" Solch ein Verhalten erlebt man bei Jungen seltener; ist das nun anerzogen oder nicht?

Ich denke, ein Mädchen möchte sich selbst und anderen gefallen, und es ist wichtig, daß der Vater ihr das freudig bestätigt. Hinzu kommt, daß sie als Mädchen die Bestätigung ihrer wachsenden Weiblichkeit durch den Vater braucht - anders als ein Junge, der ohnehin weiß: Ich werde ein Mann, genau wie mein Papa.

Aber Weiblichkeit erschöpft sich nicht in hübscher Kleidung und Schönheit. Ihre Tochter muß wissen und spüren, daß Sie sie mögen, wie sie ist. Das ist ein wichtiger Baustein ihres Selbstwertgefühls, gerade dann, wenn ihr Aussehen nicht den gängigen Vorstellungen von Attraktivität entspricht. Machen Sie ihr begreiflich, daß Schönheit tiefer sitzt als die Haut und daß ihr wahrer Wert nicht in äußerlichen Dingen

wie Kleidung oder Aussehen besteht, sondern darin, daß sie in Gottes Augen eine wertvolle Frau mit ganz individuellen Fähigkeiten ist.

Als Vater möchte ich meinen Mädchen immer so etwas wie eine „Schutzburg" sein, besonders den kleinen. Wenn sie Angst bekommen, sollen sie wissen: „Bei Papa bin ich geborgen, er beschützt mich, auf ihn kann ich mich verlassen." Ich möchte ihre Fragen und Ängste immer ernst nehmen, und sie sollen wissen, daß sie sich auf das verlassen können, was ich zusage.

Ich möchte mich auch durch „Ritterlichkeit" auszeichnen, besonders bei den Großen! Meine Töchter sollen in mir einen Mann sehen, der gerecht und zuvorkommend ist, einen Mann, den sie zu Recht bewundern können.

Und sie sollen mich rein in Erinnerung behalten! Mädchen und Frauen müssen sich in unserer Gesellschaft viele Anzüglichkeiten und schlechte Witze anhören, oft sind sie Handgreiflichkeiten ungeschützt ausgesetzt.

Mädchen haben ein feines Gespür dafür, ob ein Mann reine oder unreine Gedanken hat. Deshalb sind klare Vorsätze und das Gebet um eine reine Haltung immens wichtig, denn dann können Sie die wachsende Weiblichkeit und erblühende Sexualität Ihrer Tochter natürlich und aufrichtig bestätigen.

Ihre Kompetenz stärken!

Wenn ein junges Mädchen spürt, daß die Mutter glücklich damit ist, Frau zu sein und in ihrer Ehebeziehung zufrieden ist, wächst die Tochter mit einer positiven Erwartung an ihr Frausein heran. Der Vater verstärkt diese Haltung, aber Vorsicht: Untersuchungen bringen zutage, daß er häufig seinen Sohn vorzieht und seine Tochter unmündig hält - wir vermuten, meistens unbewußt. Väter meinen vielfach, ein Mädchen sei hilfloser, schwächer und nicht so aufmerksam wie ein Junge. Außerdem gefallen sich manche Väter in ihrer Beschützerrolle: Es ist doch angenehm, jemanden zu haben, der dankbar zu einem aufblickt. Soziologen nennen das "erlernte Hilflosigkeit".

Stört es Sie, wenn Ihre Tochter keine Puppen mag und lieber mit Bauklötzen und Autos spielt? Wie oft hat sie schon zu hören bekommen: „Das tut ein Mädchen aber nicht!", wenn sie wild über Zäune springt und waghalsig auf Bäume klettert?

Zwingen Sie sie bitte nicht in ein überkommenes Rollenschema hinein! Beobachten Sie lieber kommentarlos ihre spontanen Neigungen und Interessen. Viele Mädchen stürzen sich, wenn sie die Wahl haben, auf die Puppenecke und würdigen Werkbank und Spielzeugautos keines Blickes. Es gibt aber auch andere: Für sie gibt es nichts Schöneres, als mit Papa im Garten zu wühlen, sich beim Autofahren wirklich jeden Handgriff erklären zu lassen, und ein Blick unter die Motorhaube ist in ihren Augen interessanter als jedes Kochbuch. Warum werden solche Neigungen bei einem Mädchen unterdrückt?

Also: Akzeptieren Sie Ihre Tochter, wie sie ist, gewähren Sie ihr die gleiche Zeit und Zuwendung wie dem Sohn, und fördern Sie unvoreingenommen ihr Potential.

Zum Nachdenken und Notieren
Wie berücksichtigen Sie die Begriffe WEIBLICHKEIT und KOMPETENZ im Umgang mit Ihrer Tochter?

Speziell für Mütter

VON DER VORSCHULE BIS ZUR VORPUBERTÄT

Eine Mutter, an die man gern zurückdenkt

Ich wünsche mir, daß meine Kinder gern an mich als Mutter zurückdenken, eigenständige Persönlichkeiten werden und ihre Kindheitserfahrungen getrost auf ihre eigene Familie übertragen können.

Dazu sind mir folgende Vorsätze wichtig geworden:

- Ich will die Würde meiner Kinder achten und sie alle gleich lieb haben.
- Ich will nicht nachtragend sein.
- Ich will kein Kind aus übertriebener Mutterliebe an mich binden und damit unselbständig halten.
- Ich will mich nicht in das Leben meiner erwachsenen Kinder einmischen, aber - wenn sie wollen - als Beraterin für sie dasein.
- Meine Kinder sollen auf mich und meinen Lebensstil stolz sein können.

Die Würde achten

Es stieß mich schon als Teenager ab, wenn die Eltern meiner Schulkameradinnen sie anbrüllten oder lieblos behandelten. Von zu Hause kannte ich das kaum. Damals nahm ich mir vor: Wenn ich einmal Kinder habe, werde ich ihre Würde achten.

Natürlich bin ich bei meinen Kindern auch „ausgerastet" - leider! -, aber mit meinem festen Vorsatz und Gottes Hilfe lernte ich nach wenigen Familienjahren, meine Reaktionen in den Griff zu bekommen. Der Gedanke, daß Kinder Geschöpfe Gottes und eine Gabe an mich sind und ich ihnen dementsprechend begegnen muß, hat mir sehr dabei geholfen.

Ich will alle meine Kinder gleich lieb haben und schätzen. Keines soll in dem Bewußtsein aufwachsen: „Mama mag mich nicht so sehr, sie zieht andere vor." Denn so ein Kind wird garantiert nicht mit den wärmsten Gefühlen an seine Mutter zurückdenken.

Nicht nachtragend sein

Zum Wachsen und Reifen gehört, daß man Fehler machen darf. Ich will keine Mutter sein, die ihre Kinder unter Druck setzt, nörgelt, kritisiert und nachtragend ist. Hat jemand etwas angestellt und wieder bereinigt, kommt die Sache nicht wieder auf den Tisch. Für ein sensibles Kind ist es furchtbar, wenn die Eltern nicht vergeben können, „kalten Kaffee" immer wieder aufwärmen und noch lange dicke Luft verbreiten.

Keine übertriebene Mutterliebe

Kinder brauchen Liebe und Geborgenheit, aber auch Freiheit und Achtung ihrer Privatsphäre. Hier das Gleichgewicht zu halten, ist nicht leicht.

Ich will meine Liebe nicht aufdrängen oder ständig „in der Seele bohren": Wenn ein Kind nicht schmusen oder erzählen will, muß ich das akzeptieren. Liebe und Offenheit basieren immer auf Freiwilligkeit!

Außerdem will ich mich nicht ungefragt in das Privatleben meiner Kinder einmischen, das heißt unerlaubt in ihren Taschen, Schubladen und Schränken kramen oder hinter ihnen herschnüffeln. Gerade wenn man sich Sorgen macht, kann dies eine große Versuchung werden, und ich weiß, daß viele Mütter ihr erliegen. Die einzige Ausnahme ist der berechtigte Verdacht, daß das Kind in

Drogengeschäfte, Kriminalität oder Okkultismus verstrickt ist.

Übertriebene Fürsorge hält Kinder unselbständig. Wenn Sie Ihrem Fünfzehnjährigen immer noch die Schulbrote schmieren und die Wäsche für den nächsten Tag rauslegen, kann es Gedankenlosigkeit sein, aber auch eine heimliche Waffe, um sich „unentbehrlich" zu machen und das geliebte Kind möglichst lange an sich zu binden.

Nicht zu sehr einmischen

Eines habe ich an meinen Eltern sehr geschätzt: Als Eberhard und ich heiraten wollten, gaben sie uns wirklich frei. Sie sagten zwar, daß sie es zu früh fänden, weil Eberhard noch studierte, und sie uns finanziell nicht durchfüttern würden, aber dann ließen sie uns in Ruhe und sagten nur etwas, wenn wir sie fragten.

Erst später bekamen wir mit, wie stark andere Eltern sich in junge Ehen einmischen, wie aus „wohlmeinenden" Finanzspritzen verpflichtende Druckmittel werden, immer noch „nacherzogen" und gegängelt wird und besonders Mütter sich schwertun, ihre Söhne freizugeben und Schwiegertöchter zu akzeptieren.

Kinder freizugeben und sich nicht zu sehr einzumischen, muß man sich allerdings vornehmen, wenn sie noch klein sind, sonst schafft man es später nicht, sich an seine Vorsätze zu halten.

Eine Mutter zum Vorzeigen?

Das ist wohl ein wenig übertrieben, aber ein bißchen stolz sollen Ihre Kinder schon auf Sie sein! Für mich gehört eine gelungene Kombination von Hingabe und Eigenständigkeit dazu, damit niemand zu kurz kommt. Hundertprozentige Hingabe an die Kinder ist genauso einseitig wie reine Eigenständigkeit zu Lasten der Kinder.

Haushalt und Erziehung sind nicht alles! Sie dürfen Ihre Lebenserfüllung und Bestätigung nicht allein in Hauswirtschaft und im Umsorgen von Kindern und Ehemann sehen, so wichtig diese Bereiche auch sind. Mutterschaft ist eine begrenzte Epoche, danach geht das Leben weiter. Bleiben Sie deshalb aktiv, flexibel und wissenshungrig. Auf eine Mutter, die ihren Kindern soviel

Hingabe gegeben hat, wie sie für ein eigenverantwortliches Leben brauchen, und dabei so eigenständig geblieben ist, daß sie ihnen in ihrer Persönlichkeit und Lebensführung ein Ansporn und Vorbild bleibt, werden Kinder einmal zu Recht stolz sein können.

Zum Nachdenken und Notieren
Was wollen Sie sich neu vornehmen, damit Ihre Kinder einmal gern an Sie als Mutter zurückdenken?

_____

_____

_____

_____

Welche Rolle spielt die Mutter im Leben eines Jungen und des späteren Mannes?

Ritterlichkeit und Achtung wecken

Wie der Vater für die Tochter der „erste Mann" in ihrem Leben ist, verkörpert die Mutter für den Sohn das weibliche Geschlecht. An ihr liegt es, ihm all das beizubringen und vorzuleben, was Frausein tatsächlich bedeutet, und in ihm vor allem Respekt und Achtung vor Frauen zu wecken.

Es kommt nicht von ungefähr, daß Frauen immer häufiger geschlagen werden, die Mutter von ihrem Sohn und später seine Frau von ihm als Ehemann. Viele dieser Fälle kann man in die Kindheit und Jugend des jeweiligen Mannes zurückverfolgen und darauf, welches Verhalten Frauen er gegenüber erlernt hat.

Lassen Sie sich von Anfang an nicht in Situationen hineinmanövrieren, in denen Ihr Sohn auf Ihnen herumtrampeln oder Sie respektlos behandeln kann. Bereits im Kleinkind- und Grundschulalter stellen Sie die Weichen, wie er sich später als Teenager Ihnen und anderen Frauen gegenüber geben wird.

Wir hoffen nur, daß der Vater seinem Sohn in Ritterlichkeit und Achtung ein Vorbild ist, denn wie heißt es in einem alten Schlager: „Wie der Vater, so der Sohn ..."

Kein „Hotel Mama"!

Jungen lassen sich gern verwöhnen, manche Mütter verhätscheln gern, das ist hin und wieder für beide Seiten schön. Aber Vorsicht, wenn sich daraus feste Gewohnheiten oder Machtstrukturen entwickeln und ein Junge sich nur noch bedienen läßt. Kennen Sie das "Hotel Mama"? Gutbürgerliche Küche, schrankfertige Wäsche und stets ein aufgeräumtes Zimmer. Kein Wunder, wenn der Junge sich noch mit Ende zwanzig bei Mama am wohlsten fühlt und wie selbstverständlich von seiner Frau erwartet, daß sie die Bemutterung fortsetzt.

Also, achten Sie darauf, daß Ihr Sohn auch einen Teil der Hausarbeit übernimmt (es sollte für ihn selbstverständlich werden, nach dem Essen den Tisch mit abzuräumen), daß er sein Zimmer selbst in Ordnung hält und seinen Kleinkram selbst erledigt. Ihre zukünftige Schwiegertochter wird Ihnen sicher dankbar sein.

Die Nabelschnur ein zweites Mal durchtrennen!

Aber nicht nur Verwöhnung ist eine Gefahr in der Mutter-Sohn-Beziehung, sondern auch eine zu starke emotionale Bindung. Experten bezeichnen das als Symbiose, das heißt eine zu enge Beziehung gegenseitiger Abhängigkeit.

Die Gefahr besteht besonders dann, wenn eine Frau in der Beziehung zu ihrem Mann nicht die Aufmerksamkeit, Wertschätzung und Zärtlichkeit bekommt, die sie sich wünscht. Meistens ist ihr Mann kraftlos oder abwesend, auch für die Kinder. Deshalb versucht sie, durch ihren Sohn die männliche Aufmerksamkeit zu gewinnen, die ihr Mann ihr nicht gibt.

Falls Sie ähnliche Strukturen in der Beziehung zu Ihrem Sohn entdecken, gibt es nur eines: Durchtrennen Sie die „Nabelschnur" ein zweites Mal, und geben Sie ihn frei. Ihr Sohn kann Ihre Defizite ohnehin nicht stillen.

VON DER VORSCHULE BIS ZUR VORPUBERTÄT

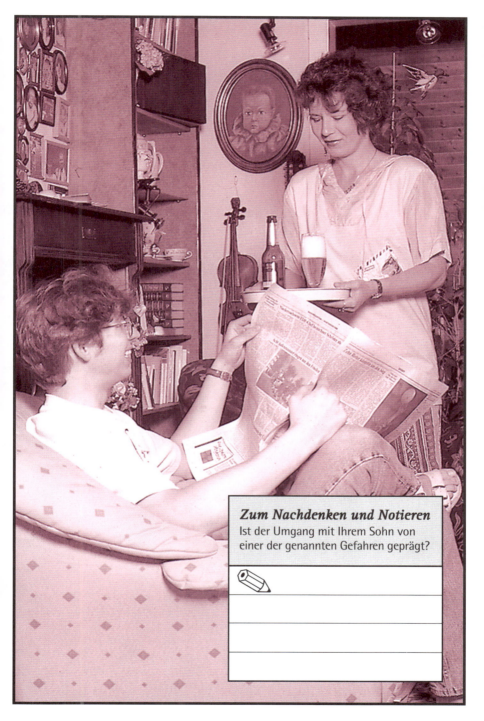

Zum Nachdenken und Notieren
Ist der Umgang mit Ihrem Sohn von einer der genannten Gefahren geprägt?

Zu einer eigenen Identität finden

Viele Frauen wurden in den letzten Jahren durch politische und wirtschaftliche Umwälzungen und die feministische Bewegung in ihrem weiblichen Selbstverständnis verunsichert.

Unter Frauen kann man wohl zwei Extremtypen beobachten:

- Der eine Typ ist gekennzeichnet durch ein hohes Maß an persönlicher Unsicherheit und Abhängigkeit. Diese Frau ist vielfach in christlichen Kreisen zu finden, da ihr irrtümlicherweise beigebracht wurde, daß Minderwertigkeitsgefühle und Unselbständigkeit christliche Tugenden seien.
- Am anderen Ende des Spektrums findet man die emanzipierte Frau, die sich von Mann und Kindern „befreit" hat.

Zwischen diesen beiden Extremen müssen Sie Ihre Position finden und Ihrer Tochter helfen, zu einer eigenen Identität zu finden. Mit welchem Rollenverständnis sind Sie aufgewachsen, und wie sieht jetzt Ihre Sichtweise aus? Ihr Rollenverständnis wird das Selbstbewußtsein und die Lebensziele Ihrer Tochter stark beeinflussen!

So wie die Vater-Sohn-Beziehung für die Entwicklung von Jungen ausschlaggebend ist, ist es die Mutter-Tochter-Beziehung für Mädchen. Wenn ein junges Mädchen beobachtet, daß die Mutter glücklich ist, Frau zu sein, in ihrer Ehebeziehung zufrieden ist, die Mutterphase gern durchlebt und darüber hinaus in Beruf, Gemeinde und Gesellschaft ihre Frau steht, wächst die Tochter mit einer positiven Erwartung an ihr Frausein heran.

Sie müssen Ihre Tochter vor einer übertriebenen emotionalen Abhängigkeit vom Mann bewahren - etwa in der Art, daß sich alle ihre Gedanken nur darum drehen, wie sie Männer gewinnen und ihnen gefallen kann -, aber ihr auch helfen, nicht nur im Wettbewerb mit ihm zu stehen, das heißt stets das gleiche oder mehr leisten zu wollen als er. Aus christlicher Sicht besteht die Würde der Frau nicht darin, daß sie die gleichen Dinge tun soll und kann wie ein Mann, sondern darin, daß sie in ihrer Einmaligkeit Aufgaben leistet, die ein Mann in dieser Form nicht zuwege bringt.

Dazu benötigt ein jüngeres Mädchen vor allem das Vorbild der Mutter und mit dem Heranwachsen viele Gespräche von Frau zu Frau.

Beziehungsfallen

Es gehören aber auch einige ganz praktische Hinweise zur Mutter-Tochter-Beziehung:

- Nehmen Sie Ihre Tochter, was Haushalt und die Beaufsichtigung jüngerer Geschwister betrifft, nicht zu sehr ran. Ich kenne Familien, da werden die Mädchen einfach überfordert, oftmals weil die Mutter selbst den Haushalt und die Erziehung nicht bewältigen kann oder ihr der Familienkram ohnehin keine Freude macht. Sind dann noch Brüder in der Familie, die kaum zupacken müssen und sich wie junge Paschas gebärden, gerät eines Ihrer Erziehungsziele arg ins Wanken: nämlich Sicherheit und Freude an Haushalt und Erziehung zu wecken.
- Akzeptieren Sie die Persönlichkeit Ihrer Tochter, wenn sie zum Beispiel vom Typ her ganz anders ist als Sie selbst oder sich nicht so verhält, wie Sie es sich von einem Mädchen in Ihrer Familie wünschen. Die Eigenarten eines Jungen zu akzeptieren ist oftmals leichter, da er ohnehin vom anderen Geschlecht ist, aber zwischen Mutter und Tochter können sich schwerwiegende Beziehungsprobleme entwickeln. Sind Sie zum Bei-

VON DER VORSCHULE BIS ZUR VORPUBERTÄT

spiel sehr ordnungsliebend und haushaltsorientiert und Ihre Tochter nicht, dann machen Sie ihr das Leben nicht zur Qual, und setzen Sie Ihre Erwartungen herunter.

- Setzen Sie es sich als Ziel, eine vertraute Freundin Ihrer Tochter zu werden und zu bleiben. Es gibt sehr viele Themen, die Frauen unter sich aushandeln und zu denen Männer schwer Zugang haben. Wäre es nicht schön, wenn Sie jetzt mit Ihrer Tochter darüber sprechen könnten und es auch in Zukunft so bliebe? Dazu müssen Sie ein gutes Gespür entwickeln, wann Sie welche Themen anschneiden können, ob Sie aufdringlich wirken und sich lieber zurückziehen sollten.

Das wird um so wichtiger, je älter ihre Tochter wird. Sie muß sich immer in ihrer Freiheit geachtet wissen und darf sich nicht bedrängt fühlen.

Ich werde häufig um Rat gefragt, sowohl von meinen jüngeren Töchtern als auch von den erwachsenen, und das ehrt mich. Dabei bemühe ich mich, meine Meinung als Vorschlag zu formulieren, den die Kinder befolgen oder beiseite lassen können.

Mutter und Tochter

Zum Nachdenken und Notieren
Wie sieht Ihr Rollenverständnis als Frau aus, und welches Vorbild geben Sie darin für Ihre Tochter ab?

_____
_____
_____

Welche der genannten „Beziehungsfallen" können für Sie gefährlich werden?

_____
_____
_____

Den Ehepartner als besten Freund erhalten!

Es ist traurig zu beobachten, daß der freundschaftliche Aspekt in vielen Ehen mit der Zeit auf Sparflamme niederbrennt. Damit ziehen Langeweile und Entfremdung ein. Ein anstrengendes Berufsleben, ein ermüdender Haushalt und ständige Aufopferung für die Kinder verschleißt unsere Energie verständlicherweise. Versäumt ein Paar es, unaufhörlich in seine Zweierbeziehung zu investieren, befindet es sich schon auf absteigendem Ast. Wenn wir alle Eheberatungsgespräche der letzten Jahre auswerten und die offensichtlichsten Bedrohungen katalogisieren, gefährden die folgenden vier Bereiche die eheliche Treue am stärksten:

1. Egoistische Vergnügungen
2. Romantische Verlockungen
3. Außereheliche sexuelle Beziehungen
4. Übertriebenes Verlangen nach Selbstbestätigung

Über eine Beobachtung sind wir uns sicher einig: Je größer Frustration, Enttäuschung und Sehnsucht in einem der genannten Bereiche sind, um so lauter locken die verführerischen Stimmen! Bevor Sie sich's versehen, stecken Sie in Nöten - zunächst vielleicht nur gedanklich in der verführerischen Welt unguter Phantasien und Tagträumereien. Aber bis zur Realisierung kann es ein erschreckend kurzer Weg sein.

Ein Heer von Illustrierten, Schlagern und Filmen gaukelt uns vor, daß man die wahren Freuden nur außerhalb der Ehe in einer Affäre genießen kann, aber niemals über Jahre hinweg mit dem/derselben Partner/in.

Wir halten das für Unsinn und vertreten die These, daß es mit den Ehejahren immer schöner wird, vorausgesetzt, man investiert in die Beziehung. Es ist möglich, ein ganzes Leben lang in den eigenen Ehepartner verliebt zu sein! Claudia und ich haben immerhin schon mehr als 25 Ehejahre miteinander verlebt, und bis jetzt ist uns das gelungen.

Aber machen wir uns nichts vor: Die Versuchungen sind da! Wir leben ja nicht auf einer einsamen Insel. Täglich kommt man mit attraktiven, liebenswürdigen Menschen zusammen, die uns von dem gesteckten Ziel der ehelichen Treue weglocken könnten.

Da gilt es, persönliche Zucht und Disziplin einzusetzen und sich zu sagen: „Ich bleibe treu und lasse auch nicht einen abwegigen Gedanken zu!"

Das allein genügt aber nicht. Wenn man sich immer nur zusammenreißen muß, wird das Leben zu anstrengend. Dann bekommen die Miesmacher schließlich doch recht, die die Ansicht vertreten, daß Ehe letztlich nur ein Kampf ist.

Um Ihre Ehe nicht zu gefährden, müssen Sie unbedingt darauf achten, daß Ihre Bedürfnisse und die Ihrer Frau befriedigt werden. Das heißt:

- Genügend Zeit für gemeinsame Entspannung und gemeinsame Vergnügungen einplanen!
- Das romantische Feuer am Brennen halten!
- Zeit, Energie und Einfallsreichtum für eine erfüllende Sexualität in der eigenen Ehe einsetzen!

DAS EHELEBEN

Voraussetzungen für eine erfüllende Sexualität. Wagen Sie es, darüber offen miteinander zu sprechen. Nennen Sie sich Ihre Bedürfnisse, aber auch Ihre Ängste. Beten Sie miteinander. Gott ist daran interessiert, daß Sie auch in diesem Bereich Ihrer Ehe Erfüllung finden.

Dies alles erfordert Zeit, Hingabe und viel Einfallsreichtum, zahlt sich aber aus, denn so wird es möglich, einander ein Leben lang treu zur Seite zu stehen – ohne Krampf und Kampf.

Wenn dann Versuchungen auf Sie zukommen, können Sie souverän sein und sagen: „Nein, danke! Nicht mit mir! Mein Schatz und ich haben gelernt, diese Bedürfnisse in unserer eigenen Ehe zu beantworten. Er/sie ist nach wie vor mein/e beste/r Freund/in!"

● Das Selbstwertgefühl des anderen achten und aufbauen!

Zeitmangel und Streß sind zerstörerisches Gift für eine Ehe. Überdenken Sie Ihren Terminkalender neu. Tragen Sie mindestens einen Abend pro Woche als Eheabend ein. Und dann lassen Sie sich etwas einfallen, wie Sie gemeinsam entspannen und Spaß haben können.

Romantik hat in sich selbst keine lange Lebensdauer. Entweder Sie halten das Feuer am Brennen, oder es wird erlöschen. Der graue Alltag bekommt durch Romantik Farbe, eheliche Treue wird leicht und gegen Versuchungen von außen immun.

Zeit füreinander zu haben, Romantik und Wertschätzung sind auch unerläßliche

Zum Nachdenken und Notieren
Inwieweit gefährden die oben genannten vier Bereiche Ihre Ehe? Was werden Sie tun, um die Gefahr zu entschärfen?

Goldene Regeln für eine gesunde Ehe

- Planen Sie pro Woche mindestens einen Eheabend ein, um Zeit für gemeinsame Unternehmungen und Entspannung zu haben.

- Verbringen Sie keinen Tag ohne Gedankenaustausch und gemeinsames Gebet. Nehmen Sie sich irgendwann am Tag zwanzig Minuten Zeit, um sich alles von der Seele reden zu können.

- Vertiefen Sie Ihre Kommunikation: Beginnen Sie mit dem täglichen Austausch über die Ereignisse des Tages, und setzen Sie sich das Ziel, einander aufrichtig mitzuteilen, wie es in Ihnen aussieht.

- Fassen Sie den Vorsatz, jeden Tag bereinigt abzuschließen und die Sonne niemals über Ihrem Zorn und Ärger untergehen zu lassen (Epheser 4, 27 - 28).

- Wenn es Ihnen nicht gelingt, ein Eheproblem innerhalb einer Woche zu lösen oder zumindest offen durchzusprechen,

dann suchen Sie gemeinsam ein Ehepaar Ihres Vertrauens auf, bringen Sie den Konflikt in einem ruhigen intimen Gespräch auf den Tisch, und beten Sie darüber.

- Der Ehepartner ist noch wichtiger als die Kinder. Eine übertrieben kindzentrierte Familie schadet einem Heranwachsenden mehr, als sie ihm guttut. Einer der größten Werte, die Sie Ihren Kindern mitgeben können, ist eine harmonische, von gegenseitiger Wertschätzung getragene Ehe.

- Lassen Sie das Feuer der romantischen Liebe nicht verlöschen. Achten Sie auf Ihr Denken und Handeln Ihrem Partner gegenüber, denn dies wird das Maß der Romantik bestimmen.

DAS EHELEBEN

- Bewahren Sie Ihrem Partner gegenüber Respekt und Hochachtung – wie zu der Zeit, als Sie sich kennengelernt haben.

- Üben Sie sich darin, die Grenze zur Respektlosigkeit nicht zu überschreiten. Und falls es einmal vorkommt, versäumen Sie nicht, dies wieder in Ordnung zu bringen und sich zu entschuldigen.

- Betrachten Sie die Treue und Hingabe Ihres Ehepartners niemals als selbstverständlich, sondern bemühen Sie sich, Ihren „Schatz" jeden Tag neu zu gewinnen.

- Investieren Sie genügend Zeit, Energie, Einfühlungsvermögen und Einfallsreichtum in die sexuelle Beziehung Ihrer Ehe, denn Zeit füreinander haben, Romantik und Wertschätzung sind unerläßliche Voraussetzungen für eine erfüllende Sexualität.

- Bemühen Sie sich gerade angesichts der Überflutung mit unguten sexuellen Reizen um eine gesunde und reine Einstellung zur Sexualität. Überlegen Sie, welche dieser Reize Sie ausschalten können, indem Sie sich ihnen gar nicht erst aussetzen (Filme, Illustrierte usw.).

- Eignen Sie sich ein solides Wissen über die Unterschiedlichkeit von Mann und Frau an, dann fällt es oft leichter, das Verhalten des Partners zu verstehen.

Zum Nachdenken und Notieren
Welche dieser Regeln befolgen Sie bereits? Welche müssen Sie sich neu vornehmen?

DIE TEENAGERJAHRE

Hilfe, mein Kind kommt in die Pubertät!

Viele Eltern sehen dem Beginn der Pubertät besorgt entgegen und befürchten das Schlimmste. Sind diese Ängste berechtigt? Verwandelt sich ein kooperativer Zehnjähriger plötzlich in ein selbstsüchtiges Monster, das sein eigenes Leben und das Familienleben zum Trauerspiel macht?

Unser Eindruck ist, daß im allgemeinen übertrieben und zu schwarz gemalt wird, wenn es um die Veränderungen in der Pubertät geht. Dramatische Einzelsituationen werden als Normalfall hingestellt, und das verunsichert angehende Teenagereltern.

Empirische Untersuchungen

Großangelegte empirische Studien sagen aus, daß die Teenagerjahre viel ruhiger und stabiler verlaufen, als man bisher angenommen hat. Nur gut 20 % der Teenager fallen aufgrund erheblicher psychischer Probleme auf. Die meisten durchleben diese Jahre ohne bleibende Schäden - auch wenn es zwischendurch recht turbulent zugehen kann.
Eine Studie (1) unterscheidet drei Arten pubertärer Entwicklung:

1. eine ruhige Pubertät ohne inneren Aufruhr,
2. eine turbulente Pubertät, in der die Fähigkeit zunimmt, Lebensaufgaben zu bewältigen.
   Etwa 75 % der untersuchten Teenager durchleben diese beiden „gesunden" Formen der pubertären Entwicklung.
3. Die dritte Gruppe Jugendlicher mit den restlichen 25 % hat aus verschiedenen Gründen erhebliche psychische Probleme.

James Dobson, der bekannteste christliche Familienberater in den USA, kam bei einer Umfrage unter seinen Lesern zu ähnlichen Ergebnissen. 35.000 Familien nahmen dar-

an teil. Ganz besonders interessierte ihn das Verhalten von kooperativen und eigenwilligen Kindern. Verständlicherweise machten letztere ihren Eltern mehr Kummer. Trotzdem näherten sich 85 % der absolut eigenwilligen und trotzigen Kinder nach der Pubertät wieder den Wertmaßstäben ihrer Eltern. „*Nur 15 Prozent sind so eigensinnig, daß sie alles das, wofür ihre Familie steht, zurückweisen*", fand Dobson heraus. (2)

Wie ist die Beziehung zu Ihrem Kind?

In der Pubertät finden bei Ihren Kindern starke biologische Veränderungen und Reifeprozesse statt. Dazu kommen neue Anforderungen und Erwartungen durch die Umwelt. Das führt dazu, daß die Teenager unter einem ziemlich starken Druck stehen!

Eine allgemeine psychologische Beobachtung kann Ihnen helfen, besser einzuordnen, was Sie erwartet: Teenager, die bereits in den vorpubertären Jahren Schwierigkeiten aufwiesen, können mit der neuen Situation schlechter umgehen als Teenager, deren Kindheit unauffälliger verlaufen ist. Die neue Situation überfordert sie so sehr, daß sie vorübergehend noch stärkere Verhaltensauffälligkeiten entwickeln können. Bei Kindern, die mit gesundem Selbstwertgefühl und in Geborgenheit aufwachsen, treten diese Auffälligkeiten seltener auf.

Wie ist die Beziehung zu Ihrem Kind? Beantworten Sie sich einmal folgende Fragen:

_____ Sucht Ihr Kind Ihre Nähe?

_____ Können Sie zärtlich zueinander sein?

_____ ... miteinander über fast alles reden?

_____ ... einander vergeben?

_____ ... einander helfen und Gutes tun?

Wenn Sie diese Fragen mit Ja beantworten können, dann freuen Sie sich auf die kommenden Jahre. Aus Erfahrung sagen wir, daß sie zu den schönsten im Familienleben gehören können.

Die Situation ist allerdings wesentlich ernster, wenn die Beziehung zu Ihrem vorpubertären Kind bereits voller Spannungen und Defizite ist. Aber auch dann ist es nicht hoffnungslos. Setzen Sie alles daran, wieder zu einer entspannten und wertschätzenden Beziehung zu finden. Bitte scheuen Sie sich nicht, fachliche Hilfe zu Rate zu ziehen.

Viele Eltern machen den Fehler, unvorbereitet in diese wichtige Familienphase hineinzustolpern, und geben damit selbst Anlaß zu unnötigen Konflikten. Informieren Sie sich über die Veränderungen während der Pubertät und über kluge Umgangsformen in den Teenagerjahren. Dieses Buch und die Literaturangaben können Ihnen dabei eine wichtige Hilfe werden.

Zum Nachdenken und Notieren

Im Beruf, sogar in der Gemeinde, sind Mitarbeiter gewohnt, Ziele zu formulieren und in Angriff zu nehmen. Man spricht von weitgesteckten, mittel- und kurzfristigen Zielen. Mit klaren Vorstellungen werden Sie sich entspannter und sicherer fühlen, wenn es einmal kriseln sollte.

Welche Pläne haben Sie für die Teenagerjahre Ihres Kindes?

_____

Wie möchten Sie die nächsten Jahre mit ihm zusammenleben?

_____

Zwei starke Einflüsse

Die Pubertät bewirkt mehr als ein bißchen körperliches Wachstum. Sie ist die stärkste Wandlungsphase in der Entwicklung jedes Menschen!

James Dobson betont, daß pubertierende Mädchen und Jungen mit zwei starken Einflüssen fertig werden müssen: einer ist hormoneller, der andere sozialer Natur. Diese Aufteilung hat uns sehr geholfen, unsere Kinder zu verstehen und mit ihnen zu sprechen.

Die meisten Kinder kommen relativ glatt durch diese Jahre, aber manche werden von diesen zwei Einflüssen ganz schön mitgenommen.

Die Hormone spielen verrückt

Hormone lösen den Anfang der Pubertät aus. Sie verursachen die körperlichen, aber auch seelischen Veränderungen bei Jungen und Mädchen. Gerade letztere sollten Sie als Eltern sich immer bewußt vor Augen halten, um eventuelle emotionale Erschütterungen Ihrer Kinder besser verstehen und ertragen zu können.

Tim LaHaye beschreibt die hormonelle Umstellung so: „Der Anfang der Pubertät wird vom endokrinen System gesteuert. Es umfaßt mehrere Drüsen, unter ihnen die Hypothalamusdrüse, die Hypophyse, die Schilddrüse, die Nebennieren und die Eierstöcke beziehungsweise die Hoden. Alle diese Organe wirken zusammen und verursachen die körperlichen und seelischen Veränderungen in Jungen und Mädchen.

Bei einem Jungen gibt die Hypothalamusdrüse Signale an die Hypophyse ab, die ihrerseits drei Schlüsselhormone freisetzt, die androgenen Hormone. Sie regen die Nebennieren an und lösen in den Hoden die Produktion des Hormons Testosteron aus, des wichtigsten männlichen Geschlechtshormons. Testosteron bewirkt die Bildung von Samenzellen und das Wachstum der Körperbehaarung. Außerdem wächst jetzt der Kehlkopf des Jungen, und dadurch wird seine Stimme tiefer.

Bei einem Mädchen regt die Hypophyse die Produktion von zwei wichtigen Hormonen in den Eierstöcken an: Östrogen und Progesteron. Das Östrogen bewirkt das Wachstum der Brust, das Breiterwerden der Hüften und die Reifung der Geschlechtsorgane einschließlich der Klitoris und der Schamlippen.

Eins der wichtigsten Anzeichen für die Pubertät ist jedoch bei einem Mädchen das Einsetzen der Menstruation. Am Ende der Pubertät ist die geschlechtliche Reife abgeschlossen, nicht aber die seelische. Sie entwickelt sich vielmehr in einem lebenslangen Prozeß." (3)

Akzeleration

Problematisch erweist sich die Akzeleration (Entwicklungsbeschleunigung), die in unserem Kulturkreis zu beobachten ist. In der Forschung wird vielfach darauf hingewiesen, daß bis heute weder das relativ frühe Einsetzen der Pubertät noch das außergewöhnlich starke Wachstum wissenschaftlich eindeutig erklärt werden können. Allgemein geht man davon aus, daß äußere Einflüsse wie Licht, Luft, Sonne sowie vitaminreiche Nahrung und allgemeine Reizüberflutung eine entscheidende Rolle spielen. (4)

Diese Annahme läßt sich auch bei der Geschlechtsreife beobachten. James Dobson führt als Beispiel eine Untersuchung in Norwegen an, aus der sich ergab, daß bei norwegischen Mädchen 1850 das Alter der ersten Menstruation bei 17 Jahren lag, 1950 aber bei 13 Jahren, das heißt, das durchschnittliche Alter der Pubertät sank innerhalb eines Jahrhunderts um vier Jahre. (5)

Die körperliche Reife tritt früher ein, während die seelische auf Sparflamme läuft. Diese jungen Menschen werden von ihrer rasch veränderten Körperlichkeit geradezu

DIE TEENAGERJAHRE

überrannt und besonders schlecht damit fertig. Körperlich sehen wir einen Erwachsenen vor uns, Verhalten und Denken sind jedoch nach wie vor kindlich.

Im allgemeinen gibt man für den Eintritt und den Abschluß der Pubertät bei Jungen heute das Alter zwischen zwölf und neunzehn Jahren, bei Mädchen zwischen zehn und siebzehn Jahren an.

Leistungsabfall

Erwachsenen entgeht häufig, daß es bei vielen pubertierenden Kindern innerhalb kurzer Zeit zu Leistungseinbrüchen kommt. Wenn ein Kind im achten Schuljahr tatsächlich um zehn bis fünfzehn Zentimeter wächst, sollte einen das nicht wundern. Es ist vielleicht ständig müde, liegt stundenlang auf dem Sofa herum und ist zu wenig zu gebrauchen.

Achten Sie neben den körperlichen Veränderungen auch auf folgende Anzeichen:

- Leistungsabfall in der Schule
- rasche Ermüdung
- Konzentrationsschwäche
- Schlafstörungen
- Schwindel
- Kopfschmerzen
- Gliederschmerzen
- Herzstiche beziehungsweise starkes Herzklopfen

Leider erkennen Eltern und auch Lehrer solche extremen Pubertätsschübe und ihre Auswirkungen zu wenig an. Einem solchen Teenager jetzt Faulheit zu unterstellen und ihn wegen schlechterer Schulleistungen fertigzumachen, wäre falsch und kann Entfremdung und Auflehnung nur verstärken.

Seelische Schwankungen

Eltern denken bei der Pubertät ihrer Kinder häufig nur an körperliche Veränderungen. Wir müssen jedoch eindringlich betonen, daß durch die Hormone auch seelische Veränderungen hervorgerufen werden, die sich bemerkbar machen können durch:

- Stimmungsschwankungen
- Unsicherheit
- Zweifel
- Freiheitsdrang

Wenn Ihr Teenager eine Zeitlang auffallende emotionale Probleme zeigt, ordnen Sie das bitte nicht als Unbeherrschtheit oder Macke ein, sondern denken Sie an die hormonellen Schübe. Mütter können das noch besser nachvollziehen als Väter, denn durch ihren Zyklus kennen sie solche Stimmungsschwankungen. Schließlich sind ähnliche Hormone am Wirken.

Zum Nachdenken und Notieren
Zeigt Ihr Kind bereits erste Anzeichen der einsetzenden Pubertät? Welche Merkmale können Sie bestätigen?

_____
_____
_____
_____

119

Die Teenagerjahre

Den meisten Eltern ist bewußt, daß mit einem Mädchen ausführlich über die Menstruation, den Beginn ihrer Geschlechtsreife, gesprochen werden muß. Es liegt nahe, daß dies Aufgabe der Mutter ist. Aber es wird oft übersehen, daß auch der Junge über seine Geschlechtsreife Bescheid wissen muß: über seinen ersten Samenerguß. Und das ist Ihre Aufgabe als Vater!

Gespräch zwischen Mutter und Tochter

Es ist verwirrend und peinlich für ein Mädchen, wenn es von ihrer ersten Blutung überrascht wird, ohne über Ablauf und hygienische Maßnahmen Bescheid zu wissen. Bitte nehmen Sie sich vor, mit Ihrer Tochter rechtzeitig darüber zu sprechen. Neun oder zehn Jahre sind ein gutes Alter dafür. Wenn dann die erste Blutung eingesetzt hat, sollten Sie wieder darüber sprechen. Versichern Sie Ihrem Kind, daß es sich hier um ein vollkommen natürliches Ereignis handelt. Es ist ein Zeichen, daß es nun reif wird, selbst Kinder zu bekommen.

Wenn Sie wollen, können Sie sich an die Formulierungen aus dem Buch *Zwischen 12 und 17 - Tips für Teens* halten:

Etwa gleichzeitig mit den äußeren körperlichen Veränderungen wird beim Mädchen die erste Monatsblutung - man sagt auch Periode oder Menstruation - eintreten. Davon hast du sicherlich schon etwas gehört. Manche Mädchen ekeln sich davor, weil es etwas mit Blut zu tun hat.

Bei einer erwachsenen Frau findet die Monatsblutung etwa alle 28 Tage statt. Über einige Tage hinweg verliert sie durch die Scheide die stark durchblutete Schleimhaut der Gebärmutter.

Die Gebärmutter ist ein dehnbarer Muskel. Jeden Monat wächst in ihr Schleimhaut heran, in der sich eine befruchtete Eizelle einnisten kann. Wenn das nicht passiert, die Frau also nicht schwanger wird, baut diese Schleimhaut sich wieder ab und wird als Blut durch die Scheide nach außen abgestoßen.

Während einer normalen Menstruation verliert ein Mädchen vier bis sechs Eßlöffel Blut. Da dies innerhalb eines Zeitraumes von drei bis fünf Tagen geschieht, verlierst du jeden Tag nur relativ wenig Blut. Damit die Kleidung nicht befleckt wird, tragen Frauen als Schutz eine Binde oder führen einen Tampon in die Scheide ein.

Es ist außerordentlich wichtig, daß ein Mädchen seine Geschlechtsteile während der Menstruation jeden Tag wäscht. Dadurch werden lästige Gerüche vermieden.

Wenn du deine erste Monatsblutung bekommst, signalisiert dir dein Körper, daß du nun erwachsen wirst und kein Kind mehr bist. Er stellt sich auf die wunderbare Aufgabe der Mutterschaft ein.

Du brauchst also deswegen nicht beunruhigt zu sein. Die Menstruation ist ein ganz natürlicher Vorgang. Sie ist keine Krankheit, darum kannst du während dieser Zeit alles tun, was du sonst auch tust. Vielleicht verspürst du manchmal leichte Verkrampfungen im Unterleib. Sollten die Schmerzen sehr stark werden, so sag mir Bescheid, eventuell gebe ich dir eine Schmerztablette. (6)

Gespräch zwischen Vater und Sohn

Wenn Ihr Sohn etwa zwölf bis dreizehn Jahre alt ist, dann setzen Sie sich mit ihm zusammen und erklären Sie ihm den Beginn seiner Geschlechtsreife: den nächtlichen Samenguß. Darüber hinaus sollten Sie ihm einige Ratschläge geben, wie er mit Selbstbefriedigung umgehen kann.

Tim LaHaye meint: „Wenn ein Junge nicht richtig darauf vorbereitet ist, kann ein solcher Samenerguß für ihn eine sehr beunruhigende Erfahrung sein. Er wacht mitten in der Nacht auf und stellt fest, daß das Bettuch naß ist von Samenflüssigkeit; dann ist er erschrocken und hat Schuld- und Schamgefühle. Die kann man ihm nehmen, wenn man ihm diesen körperlichen Vorgang rechtzeitig erklärt. In das männliche Fortpflanzungssystem hat Gott nämlich einen ganz besonderen Mechanismus eingebaut, der überflüssige Samenzellen - und damit auch die angestaute sexuelle Energie - freisetzt.

Da jeden Tag Tausende von Samenzellen produziert werden, sind alle Speicher (die Nebenhoden und die Samenblase) irgendwann mit Samenzellen gefüllt. Wenn die männlichen Fortpflanzungsorgane bis zum Überlaufen mit Samenzellen voll sind, wird der Penis ganz besonders empfindlich für jede äußere Erregung, selbst für die einfache Berührung mit der Bettwäsche beim Schlafen. Die geringste Erregung kann schon ausreichen, damit Samenflüssigkeit ausgestoßen wird.

Zur gleichen Zeit hat ein Junge oft einen sexuell betonten Traum. Gott hat diesen Vorgang des nächtlichen Samenergusses eingerichtet, damit die gebildeten Samenzellen und die angestaute sexuelle Energie freigesetzt werden können. Wir müssen unseren Söhnen versichern, daß es etwas ganz Normales ist und daß sie deswegen nicht verlegen zu sein brauchen." (7)

Wenn es Ihnen schwerfällt, mit Ihrem Sohn in eigenen Worten über diese Zusammenhänge zu sprechen, können Sie ihm auch Auszüge aus dem eben genannten Zitat oder unsere Hinweise zur Verantwortung des Teenagers im sexuellen Bereich im folgenden Kapitel vorlesen.

Beide Texte können auch ein guter Einstieg sein, über Selbstbefriedigung, eine reine Phantasie, die Beeinflussung der Persönlichkeitsentwicklung und die richtige Haltung Frauen gegenüber zu sprechen. Die alten Greuelgeschichten, Selbstbefriedigung verbrauche Lebenskräfte und bewirke Impotenz, sind falsch. Der Schaden ist eher seelischer als körperlicher Natur. Aber zu behaupten, es läge überhaupt keine Gefahr darin, oder sie sogar als „Selbstentdeckung des eigenen Körpers" zu propagieren, wie es in Jugendzeitschriften wie Bravo und anderen Aufklärungsschriften zu lesen ist, ist auch nicht richtig.

Erzählen Sie von sich und davon, daß alle Männer mit den gleichen sexuellen Versuchungen konfrontiert werden - Sie auch -, aber daß Sie Ihre Frau ehren und ihr in einer reinen Haltung gegenübertreten wollen.

Die Teenagerjahre

Die Pubertät bewirkt einschneidende Veränderungen im Leben eines Teenagers. Deswegen ist es wichtig, daß Eltern immer wieder mit ihrem Kind darüber sprechen. Dabei halten wir die drei folgenden Elemente für wichtig:

- körperliche Veränderungen erklären
- auf seelische Veränderungen hinweisen
- Ratschläge für die Verantwortung im sexuellen Bereich geben

Daraus sind die folgenden Stichworte entstanden; sie fassen in kindgerechten Worten das Wesentliche zusammen. Erstellen Sie sich doch einen eigenen „Spickzettel", oder kopieren Sie sich diese kurze Erklärung.

Körperliche Veränderungen

Pubertät bedeutet: Dein Körper bereitet sich auf die Aufgabe der Elternschaft vor. Dabei wirst du einige vielleicht beunruhigende Veränderungen in deinem Körper und deiner seelischen Verfassung feststellen. Aber sei beruhigt, das hat jeder erlebt - ich auch -, und es geht garantiert vorüber.

- Du wirst eine Zeitlang schneller wachsen; das wird viel Kraft und Energie in Anspruch nehmen. Wundere dich nicht, wenn du öfters müde bist. Achte auf eine gesunde Ernährung.
- Dein Körper wird bald erwachsen.
  Bei Jungen: In den Achseln und in der Geschlechtsgegend wachsen Haare, und die ersten Barthaare sprießen. Deine Stimme wird tiefer, die Geschlechtsorgane werden größer. Vielleicht bekommst du Hautprobleme, weil die Talgdrüsen mehr Fett produzieren.
  Bei Mädchen: Der weibliche Körper durchläuft noch mehr Wandlungen als der männliche, weil er sich auf die komplizierte Aufgabe der Mutterschaft vorbereitet. Die Menstruation ist nichts, was du fürchten müßtest. Dein Körper teilt dir mit, daß du nun kein Kind mehr bist. Du wirst rundlicher, deine Brust entwickelt sich, und auch bei dir wachsen in der Geschlechtsgegend Haare.
- Jeder Junge und jedes Mädchen hat seinen eigenen Fahrplan. Bei Mädchen liegt der Zeitraum zwischen zehn und siebzehn Jahren, bei Jungen zwischen zwölf und neunzehn Jahren.

Seelische Veränderungen

So, wie sich dein Körper umstellt, muß sich auch dein seelisches Empfinden auf das Erwachsenwerden einstellen:

- Die Pubertät ist oft eine Zeit gefühlsmäßiger Höhen und Tiefen. Du wirst dir manchmal lächerlich, verdreht oder minderwertig vorkommen. Ich sage es dir jetzt schon, damit du dann nicht beunruhigt bist und auch weißt, daß das normal ist.
- Die Pubertät ist auch eine Zeit des Zweifelns. In den letzten Jahren haben wir Eltern dich gelehrt, was richtig ist und wie du denken solltest. Wenn du älter wirst, wirst du manches davon hinterfragen. Das ist dein gutes Recht. Ich wünsche mir, daß du nicht uns zuliebe „brav" bist oder deshalb, weil du Angst vor Strafe hast, sondern weil es deine persönliche Entscheidung ist.
- Gerade weil Teenager innerlich unsicher sind, zählt die Meinung der Gruppe für sie sehr viel. Wer will schon gern von den Klassenkameraden ausgelacht werden? Dieser Gruppendruck kann dich aber auch zu Dingen verleiten, die du eigentlich gar nicht willst. Viele Verführungen kommen auf dich zu: Zigaretten, Alkohol, Drogen, Diebstahl, Schmusereien ... Kannst du nein sagen? Habe Mut, anders zu sein!
- Auf dem Weg zum Erwachsenwerden bist du aber auch auf der Suche nach

deinem eigenen Ich. Es gibt viele falsche Lebensinhalte. Zum Beispiel gelten Schönheit, Intelligenz und Geld in unserer Gesellschaft für viele am meisten. Gott hat andere Wertmaßstäbe: Er liebt dich so, wie du bist, und stellt dir Aufgaben für dein Leben. Lerne, die Fähigkeiten und Begabungen zu entdecken, mit denen du Gott später einmal dienen kannst. Such dir gute Freunde, mit denen du auch über die tiefen Werte des Lebens sprechen kannst.

Verantwortung im sexuellen Bereich

- Du wirst dich mehr und mehr für Menschen des anderen Geschlechts interessieren und ganz neue Gefühle entdecken. Daran ist überhaupt nichts Schlechtes. Gott hat es so gewollt, damit wir uns einmal eine eigene Familie wünschen.
- Gott hat das geschlechtliche Verlangen in dich hineingelegt, aber er erwartet auch, daß du es in der Gewalt hast! In der Bibel lesen wir mehrmals, daß wir unseren Körper für die Person aufheben sollen, die wir einmal heiraten werden. Es wäre gut, wenn du dich jetzt schon entscheiden würdest, diese Forderung zu befolgen. Du wirst die Erfahrung machen, daß man dir von vielen Seiten etwas anderes einreden will (zum Beispiel in der *Bravo*).
- Selbstbefriedigung: Leider sind viele Jungen und Mädchen während ihrer Teenagerzeit darin verstrickt. Durch die Produktion und Aufspeicherung von Samenzellen sind Jungen weitaus anfälliger dafür als Mädchen. Normalerweise geschieht beim Jungen von Zeit zu Zeit im Schlaf ein Samenerguß von selbst. Oftmals ist er mit schönen Gefühlen verbunden, so daß du verleitet sein könntest, ihn selbst herbeizuführen, indem du deine Geschlechtsteile streichelst. Nimm meinen Ratschlag an: Laß von vornherein die Finger davon! Für die, die es oft tun, kann daraus eine Sucht werden, von der sie nicht loskommen und die sie unglücklich macht.
- Homosexualität: Viele meinen, Homosexualität sei etwas Harmloses. Die Bibel verurteilt das jedoch als Sünde, weil der Mensch seine Geschlechtlichkeit verdreht. Gemeint ist, daß Menschen gleichen Geschlechts miteinander zärtlich sind und sich sexuell erregen. Laß dich nicht von einem anderen Jungen beziehungsweise Mädchen verleiten, euch gegenseitig zu streicheln und zu erregen; erst recht nicht von einem Erwachsenen. Sag mir, wenn es jemand versuchen sollte.
- Freundschaft und Liebe: Bewahre eine Haltung der Höflichkeit und des Respektes gegenüber dem anderen Geschlecht. Mach die schmutzigen Sprüche nicht mit, und bewahre dir reine Gedanken. Laß dich nicht auf Schmusereien und oberflächliche Freundschaften ein. Deine eigene Persönlichkeit muß erst reifen. Gott hat schon eine richtige Lebenspartnerin für dich; die wirst du aber in den Teenagerjahren wohl noch nicht finden.
- Wenn du später eine/n Freund/in suchst, halte nur nach einem/er gläubigen Ausschau. Mit einem anderen Partner hast du keine gemeinsame Basis für ein christliches Eheleben.

Die meisten Teenager haben eine falsche Vorstellung von Liebe: Liebe sei ein seltsames, kitzeliges Gefühl, das kommt und geht, wie es will. Richtige Liebe aber ist eine Willensentscheidung, jemanden zu lieben und ihm ein ganzes Leben lang treu zu sein. Diese Entscheidung muß man sich gut überlegen, und du bist als Teenager damit einfach noch überfordert. (8)

Die Teenagerjahre

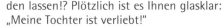

Hilfe, mein Teenie ist verliebt!

Jetzt sitzt sie schon über eine halbe Stunde vor dem Spiegel, legt noch einmal die Haare zurecht, zupft an den Wimpern herum, zieht den Lidschatten nach und pudert die Wangen ...

„Ach ja, heute abend ist ja Teenie-Club", geht es Ihnen durch den Kopf. Doch plötzlich stutzen Sie: So intensiv hat sich Ihre Tochter ja noch nie herausgeputzt, und dann die ellenlangen Telefonate hinter verschlossenen Türen und die Sprüche des kleinen Bruders, die sie jedesmal flammendrot werden lassen!? Plötzlich ist es Ihnen glasklar: „Meine Tochter ist verliebt!"

„Ist sie nicht noch ein bißchen jung?", grübeln Sie. Die Pubertät hat recht früh eingesetzt, und jetzt mit Ende vierzehn ist sie bereits eine attraktive junge Dame - zumindest nach außen. „Dabei ist sie doch noch ein richtiges Kind", denken Sie entsetzt, „soll ich es ihr einfach verbieten, oder muß ich sie gewähren lassen? In wen hat sie sich nur verknallt?" Sorgen und Neugier wirbeln wild durch Ihren Kopf.

Einen kühlen Kopf bewahren!

Jetzt erst einmal einen kühlen Kopf bewahren! „Cool bleiben", würde Ihr Teenie treffend sagen. Weder zuviel Sorge noch zuviel Neugier zeigen. Beides mögen Teenies nämlich nicht! Wenn Sie ohnehin eine lockere Beziehung haben und über vieles reden können, wird es leichter sein, miteinander ins Gespräch zu kommen - denn das müssen Sie jetzt.

Vielleicht würden Sie ihr diese Beziehung am liebsten strikt verbieten. Auch wenn wir der Meinung sind, daß es für Jugendliche in diesem Alter wirklich besser ist, noch nicht zu intensiv in eine gegengeschlechtliche Freundschaft einzusteigen, sind Verbote sehr riskant. Sie müssen selbst abwägen: Wenn Ihre Tochter ohnehin einen starken Willen hat und Sie schon ahnen, daß sie sich heimlich mit ihrem Freund treffen wird, dann gehen Sie nicht auf Konfrontationskurs! Versuchen Sie lieber, mit ihr im Gespräch zu bleiben und sie mit Ihren Ratschlägen zu begleiten.

Wenn Ihre Tochter die Heimlichkeiten nämlich nicht nötig hat und so kein Anlaß mehr besteht, sich von dem Jungen wegen ihrer „hartherzigen" Eltern trösten zu lassen, kann sich diese „Liebe" schneller verflüchtigen, als wenn Sie die Beziehung strikt verbieten und einen Kalten Krieg beginnen.

Vor allem: Nehmen Sie die Gefühle Ihrer Tochter ernst, und machen Sie sich nicht darüber lustig! Manche Eltern neigen in solchen Situationen zu spöttelnder Ironie. Wenn ein Teenager verliebt ist, kennt er die entsprechenden Gefühlsebenen genauso wie ein verliebter Erwachsener: Herzklopfen, Freude, Unsicherheit, Sehnsucht nach körperlicher Nähe, Leidenschaft ...

Regeln absprechen

In der amerikanischen Kultur gibt es für Teenie-Freundschaften penible Vorschriften. Es gehört zum gesellschaftlichen Leben, daß ein Teenager mit etwa vierzehn Jahren mit dem „Dating" beginnt, d. h. mit verschiedenen Jungen bzw. Mädchen ausgeht. Dazu gehört weiterhin, daß sich der junge Bewerber bei den Eltern der Dame vorstellt, sie pünktlich um 22:00 Uhr wohlbehalten zu Hause abliefert und sie sich an diesem Abend nicht nur zu zweit herumdrücken, sondern in kleinen Gruppen etwas unternehmen. Der Vorteil ist, daß die jungen Leute in diesem vorgegebenen Rahmen ungezwungen verschiedene Partner kennenlernen können. Der Nachteil dieses „Dating-Rummels" ist, daß sich jeder schon sehr früh gezwungen sieht, auszugehen, um „Trophäen" zu sammeln.

In Deutschland kennen wir solche Gepflogenheiten weniger. Deswegen müssen Sie Ihrem Kind ähnliche Regeln mitgeben - je nach Alter und Reife - über die Zeit des Nachhausekommens, darüber, wo es hingeht und mit wem. Machen Sie ihm deutlich, daß dies auf jeden Fall eine Freundschaft auf Zeit ist und es vom Alter her noch gar nicht möglich ist, schon den „Partner fürs Leben" gefunden zu haben, wie es sich mancher Teenie erträumt. Erläutern Sie den Unterschied zwischen Verliebtsein und Liebe und zwischen Mann und Frau. Erklären Sie, daß nichts dabei ist, wenn sie als Freunde etwas miteinander unternehmen, daß aber Erotik und Intimitäten nicht angebracht sind. Wenn Sie vermuten, daß die beiden diese Grenze doch nicht einhalten, dann scheuen Sie sich nicht, eindeutige Fragen wie diese anzuschneiden:

- „Weißt du, was einen Jungen sexuell erregt?"
- „Bist du dir im klaren darüber, wie sexuelle Erregung in einem Mädchen abläuft?"
- „Wie weit kann man gehen, ohne in Schwierigkeiten zu geraten?"
- „Welche Mittel der Empfängisverhütung kennst du?"

Tim LaHaye listet in seinem Buch *Aufklären - aber wie?* (S. 101-125) eine ganze Reihe von Fragen mit entsprechenden Antworten auf, die Eltern mit ihrem Teenager durchgehen können.

Mit dieser offenen Haltung können Sie Ihrem Teenager besser helfen, richtige Verhaltensweisen gegenüber dem anderen Geschlecht zu finden, als wenn Sie alles strikt verbieten, weil dann die Heimlichkeiten beginnen und Sie keine Gesprächsbasis mehr haben. Verhalten Sie sich bitte auch nicht so wie die Eltern, die einfach schweigen und ihrer Tochter lediglich die Pille in die Hand drücken, ganz nach dem Motto: „Hauptsache, du wirst nicht schwanger!"

Zum Nachdenken und Notieren
Gespräche mit einem Teenager über Liebe und Sexualität sind nicht so einfach. Wie wollen Sie sich verhalten und wie argumentieren? Spielen Sie ein solches Gespräch einmal in Gedanken durch:

DIE TEENAGERJAHRE

Identitätsfindung

Wir haben bereits betont, daß pubertierende Mädchen und Jungen mit zwei starken Einflüssen fertig werden müssen. Die hormonellen Umstellungen haben wir bereits beschrieben, jetzt wollen wir auf die sozialen Einflüsse und Veränderungen eingehen.

Einen Teenager *wirklich* verstehen!

„Teenager sein" bedeutet: sich orientieren, eine eigene Identität finden und selbständig werden. In diesem Alter werden Gleichaltrige enorm wichtig, Körper und Sexualität entwickeln sich und machen manchem zu schaffen. Alles, womit Erwachsene sich beschäftigen, interessiert und reizt, ausprobiert zu werden.

Unserer Beobachtung nach gibt es für jeden Heranwachsenden drei enorm wichtige Themen. Wenn Eltern sie nicht kennen und im Umgang mit ihren Kindern nicht berücksichtigen, laufen sie Gefahr, den Teenager niemals richtig zu verstehen. Schnell entstehen Verständnisschwierigkeiten, und Sie beginnen, nebeneinander her zu leben.

Dies sind die wichtigen Drei:

- eine eigene Identität finden - anders als Mama, Papa und die Geschwister!
- sich unter Gleichaltrigen bewähren und anerkannt werden!
- das Bedürfnis nach Unabhängigkeit und Eigenständigkeit!

Die Suche nach der eigenen Identität

Dahinter verbergen sich so existentielle Fragen wie: „Was ist der Sinn meines Lebens?", „Worin bin ich gut?" und vor allem: „Wer bin ich - im Vergleich zu anderen?"

Die Suche nach dem „Ich" kann mitunter groteske Formen annehmen. Plötzlich überrascht Ihre Tochter Sie mit einer feuerroten Haarsträhne, oder Ihr Sohn will mit zerrissenen Jeans in den Gottesdienst. Sie träumt nur noch von „ihrem" Rockstar, und er hinterfragt bissig jede christliche Veranstaltung.

Eltern müssen wissen, daß hinter diesem manchmal haarsträubenden Auftreten viel Unsicherheit steckt und vor allem die Suche nach einer eigenen Identität. Bleiben Sie gelassen! Signalisieren Sie, daß Sie Ihr Kind schätzen, ganz gleich, wie es sich aufführt! Wenn Ihnen das gelingt, wird es Sie eher als Gesprächspartner akzeptieren und schneller zu seiner eigenen Identität finden.

In den vergangenen Jahren haben wir gelernt, immer weniger auf Äußerlichkeiten zu geben, aber dafür mehr auf eine gute Herzensbeziehung zu achten. Gerade das Nörgeln wegen Äußerlichkeiten treibt Teenager aus den Familien.

Ein Teenager auf der Suche nach der eigenen Identität wird selten so sein wollen wie ein anderes Familienmitglied. Na klar, er grenzt sich ab, um selbst etwas Besonderes zu sein! Das zu akzeptieren fällt vielen Eltern schwer: Es ist halt leichter, wenn alle gleich brav, ordentlich, musikalisch etc. sind.

Ist die große Schwester zum Beispiel die Brave und Ordentliche, ist der jüngere Bruder garantiert der Chaot - besonders, wenn sie ihm schon jahrelang als Vorbild vor die Nase gehalten wurde.

DIE TEENAGERJAHRE

Wenn Sie sich von vornherein bemühen, Ihre Kinder möglichst nicht miteinander zu vergleichen, sondern jedes als Original anzunehmen, schaffen Sie gute Voraussetzungen, daß die Identitätssuche nicht so stürmisch verlaufen wird.

Teenager ohne Identitätskrise

Früher, vor der industriellen Revolution beispielsweise, hatten Jugendliche es nicht so schwer, eine eigene Identität und Anerkennung innerhalb ihrer Umwelt zu finden. Jugendliche lebten und arbeiteten mit ihren Eltern oder ihrem Lehrherrn, und wenn sie ihr Handwerk beziehungsweise ihr Gewerbe beherrschten, waren sie erwachsen und bereit für eine Ehe. Eine eigene Handwerksausbildung war die Vorbedingung für den Eintritt in die Erwachsenenwelt.

Dieser Prozeß ging durch die Industrialisierung und Technisierung unserer modernen Gesellschaft verloren. Die Zeitspanne zwischen Kindheit und Erwachsensein ist immer größer geworden. Die Teenager-Subkultur ist eine relativ junge Einrichtung. Sind sie nun Kinder oder bereits Erwachsene? Was nützt die gesetzliche Volljährigkeit, wenn man finanziell nach wie vor von seinen Eltern abhängig ist? Diese Identitätskrise führt bei manchen Jugendlichen aus verständlichen Gründen zu Spannungen mit ihren Eltern und der Umwelt.

Interessanterweise beobachtet man auch Jugendliche, die keine derartige Krise durchleben. Zum Beispiel solche, die eine erfüllende Beschäftigung in Sport oder Musik finden, und andere, die bereits in jungem Alter Verantwortung tragen und Bestätigung bekommen.

Jugendliche, die so etwas nicht erleben, schaffen sich eine Subkultur als Versuch, eine eigene Identität aufzubauen. Auf der Suche nach Sinnfülle und Identität fühlen sich viele Teenager allein gelassen, wie in einem luftleeren Raum; folglich füllen sie diese Zeit mit mehr oder weniger konstruktiven Einfällen.

> ***Zum Nachdenken und Notieren***
> Können Sie Ihren Teenager jetzt besser verstehen? Wissen Sie, wie Sie ihm helfen können, seine eigene Identität zu finden? Machen Sie sich zu folgenden Vorschlägen Gesprächsnotizen:

Diskutieren Sie über Sinnfragen!

_____

_____

Unterhalten Sie sich über Persönlichkeitsstärken und -schwächen!

_____

_____

Machen Sie Vorschläge, wie er/sie einem guten Hobby nachgehen und wie er/sie Gott dienen kann!

_____

_____

Trauen Sie ihm/ihr etwas zu!

_____

_____

Die Teenagerjahre

Gruppendruck

Das zweite Thema, das für Teenager von grundlegender Bedeutung ist, ist ihr Streben nach der Anerkennung durch Gleichaltrige. Eltern neigen oft dazu, diesen Aspekt des Heranwachsens unterzubewerten.

Der Einfluß Gleichaltriger

Wenn Sie Ihren Teenager wirklich verstehen wollen, müssen Sie sich eines bewußtmachen: Außenseiter zu sein ist mit das Schlimmste, was einem Teenager passieren kann. Mancher ist bereit, einen hohen Preis zu zahlen - selbst seine Familie oder seinen Glauben zu verleugnen -, nur um nicht aus der Clique ausgeschlossen zu werden.

Durch die enormen hormonellen Veränderungen in der Pubertät und die persönliche Unsicherheit sucht er Halt bei seinen "Leidensgenossen"; "nur nicht auffallen", "bloß nicht allein dastehen" wird für manchen der alles beherrschende Gedanke.

> *"Im Jugendalter spielen die Einflüsse der Gleichaltrigkeit, die Trends des Subkulturellen und der Sog von Verführung, Anpassung und Rangordnungskämpfen die größte Rolle, mehr als in Kindheit und Erwachsenendasein. Je weniger geborgen sich der junge Mensch in seiner Familie fühlt, je mehr sucht er Familienersatz in de Jugendkultnischen, von denen zur Ze mehr als 200 für Deutschland beschrieben werden."* (9)

Dem Teenager beistehen

Um Ihrem Kind in dieser Lebensphase beistehen zu können, müssen Sie diese Zusammenhänge erkennen. Die Stabilität des Selbstwertgefühls und die Auswahl der Freunde bestimmen mit, wie harmonisch beziehungsweise stürmisch die Teenagerjahre verlaufen. Zu beidem können Sie etwas beitragen.

Wie andere Menschen auch sind Teenager unterschiedlich anfällig für Gruppenkonformität. Je geringer der Familienzusammenhalt und je größer die persönliche Unsicherheit, desto stärker ist der sklavenhafte Gehorsam, die Gebote der Gruppe zu erfüllen. Ein Teenager, der sich in seiner Familie wohl fühlt, oder ein Jugendlicher mit gesundem Selbstbewußtsein und persönlichen Überzeugungen werden sich dagegen nicht so schnell unter Druck setzen lassen.

Zum Nachdenken und Notieren
Hier sind die wesentlichen Punkte, die Ihrem Kind helfen werden, unbeirrbar seinen eigenen Weg gehen zu können. Machen Sie sich gleich Notizen, wie Sie sie umsetzen können:

Lernen Sie Ihr Kind in seiner individuellen Herausforderung durch Gleichaltrige gut verstehen. Dabei wird seine Persönlichkeitsstruktur eine wesentliche Rolle spielen; ist es zum Beispiel eher ein Eigenbrötler, ein geselliger Mensch, ein Mitmacher- oder ein Führertyp?

Dazu müssen Sie miteinander im Gespräch bleiben. Hören Sie gut zu, und suchen Sie nach Möglichkeiten, freundschaftlich zu beraten und zu begleiten.

Schulen Sie seine Eigenständigkeit, und helfen Sie ihm, eigene Werte zu entwickeln und zu vertreten - also eine eigene Identität zu finden.

Stärken und erhalten Sie sein Selbstwertgefühl. Ein positives Selbstbild ist eine der besten Waffen gegen negativen Gruppendruck (siehe SELBSTWERTGEFÜHL).

Machen Sie die Freundschaften Ihres Teenagers zu einer Priorität! Ohne zu manipulieren, können Sie Ihrem Kind helfen, gute Freunde auszuwählen (siehe GUTE FREUNDE).

Vorurteile und Fakten

Es ist wichtig, zwischen Vorurteilen und Fakten zu unterscheiden: „Gleichaltrige üben immer einen schlechten Einfluß aus", denken manche Eltern. Falsch! Der Einfluß kann negativ, aber auch positiv sein, je nachdem, welche Freunde Ihr Kind sich aussucht.

In der Regel schließen wir Freundschaft mit Menschen, die ein Bedürfnis in unserem Leben befriedigen. Eine Familie kann nicht auf alle Bedürfnisse eines Teenagers eingehen. Er braucht den Umgang mit Gleichaltrigen. Wenn ein Teenager jedoch eine in Ihren Augen negative Freundschaft eingeht, müssen Sie sich fragen, was für ihn daran so attraktiv ist und was er in Ihrer Familie vermißt: Fühlt er sich durch den Freund besser verstanden, ist es pure Abenteuerlust und Neugierde oder ein Kampf um Unabhängigkeit?

Der positive Einfluß Gleichaltriger dagegen wird von Eltern oftmals gar nicht dankbar genug registriert. Er kann Wunder bewirken: Da wird aus Ihrem stillen, zurückgezogenen Jungen ein Energiebündel, weil er von Gleichaltrigen, die laufend kreative Einfälle haben, akzeptiert und mitgezogen wird. Oder die Schulleistungen Ihrer Tochter bessern sich plötzlich, weil sie mit ehrgeizigen Teenagern zusammensteckt, denen das gemeinsame Lernen Spaß macht.

Einem Teenager helfen, gute Freunde auszuwählen

Wie geht das?

Bauen Sie an einem guten Freundeskreis von Familien mit gleichaltrigen Kindern, und suchen Sie sich eine Kirchengemeinde mit einer guten Teenie-Arbeit. Wenn Sie dann auch noch Ihr Haus öffnen und den jungen Leuten selbst ein Freund werden, haben Sie einen weiteren Trumpf in der Hand. Sie behalten den Überblick und wissen, was sich so abspielt. Wir haben lieber unser Haus voll, als daß sich unsere Großen irgendwo herumtreiben. Lassen Sie sich alle Besucher vorstellen, plaudern Sie mit ihnen, und zeigen Sie aufrichtiges Interesse. Durch Ihre Offenheit hat Ihr Kind weniger Anlaß, ein Doppelleben zu führen, und seine Freunde werden sich gern bei Ihnen aufhalten.

Aber stellen Sie von vornherein bestimmt und höflich die Hausregeln klar, zum Beispiel: „Bitte nicht so laut, daß es die Nachbarn stört!", „Dies ist ein ‚Nichtraucher-Haus'." oder: „Wir leben alkoholfrei!" Damit nehmen Sie Ihrem Kind bei entsprechenden Freunden eine Last ab.

DIE TEENAGERJAHRE

Schlechte Freunde

Was tun, wenn Sie beobachten, daß sich eine ungute Freundschaft entwickelt?

Geraten Sie nicht in Panik. Sie strikt zu verbieten, bringt wahrscheinlich nur Kampf und Nachteile. Hüten Sie sich auch vor vorschnellen, herablassenden Urteilen: „Mit wem läufst du denn da herum?" oder: „Die sieht ja unmöglich aus!"

Wenn Sie Ihrem Kind helfen wollen, müssen Sie seine Beweggründe verstehen. Harte Reaktionen verschließen die Türen zur Kommunikation.

- Denken Sie die Situation durch.
  Versuchen Sie, den Freund oder die Freundin objektiv zu beurteilen. Lassen Sie sich dabei nicht von äußeren Merkmalen wie Kleidung oder Haarstil irritieren. Was zieht Ihren Teenager zu dieser Person? Ist es sein Drang nach Unabhängigkeit? Bewundert er einen anderen Lebensstil? Fühlt er sich von diesem Menschen besonders verstanden? Wenn Sie nicht erkennen, welche Gründe hinter der Beziehung stehen, sind Sie auch nicht in der Lage, angemessen zu reagieren.
- Sprechen Sie mit Ihrem Kind.
  Fragen Sie aufrichtig: „Sag mal, was gefällt dir an ihm oder ihr so sehr?" Hören Sie sich seine Perspektive an. Es ist überhaupt nicht verkehrt, Ihrem Kind Ihre Sorge oder Ihr Mißfallen über eine bestimmte Beziehung mitzuteilen. Aber es muß Ihnen ohne provozierende Konfrontation gelingen. Selbst wenn Ihr Kind finster und verschlossen vor Ihnen sitzt, wird es aufrichtige und liebevolle Worte der Besorgnis nicht vergessen. Eltern hätten am liebsten, daß eine bedenkliche Freundschaft sofort abgebrochen wird. Häufig wird die Lösung jedoch in einem Kompromiß liegen, zum Beispiel, die beiden treffen sich nicht so häufig oder nur zusammen mit anderen Freunden.

Mit Gesprächen und Verhandlungen halten Sie den Zugang zu Ihrem Kind offen und können weiterhin mit ihm sprechen und es beraten.

„Die Jugendkulttrends werden vor allem von jungen Menschen kreiert, die eher aus kaputten Familienverhältnissen stammen, unterstützt durch eine sie ausrüstende Industrie, durch Medien und durch Werbung. Da die Mehrheit der Jugendlichen keine optimalen Elternhäuser mehr hat, wird der mitreißende Sog auf die wenigen jungen Menschen, die noch in ‚heilen' Familien aufwachsen, immer größer. Zwischen den Lebenswelten Schule, Bildschirm und Gleichaltrigkeit haben es daher die noch erziehungsstarken und wertebewußten Eltern immer schwerer, gegenzuhalten." (10)

Zum Nachdenken und Notieren
Wie werten Sie den Einfluß von Freunden auf Ihren Teenager? Wie können Sie ihm helfen, gute Freunde zu finden?

_____

_____

_____

Die Teenagerjahre

Das Bedürfnis der Heranwachsenden nach Unabhängigkeit und Eigenständigkeit ist schließlich der dritte Aspekt, den Sie als Eltern in dieser Zeit berücksichtigen sollten, um das manchmal verwirrende Verhalten Ihrer Kinder zu verstehen und weiterhin die Kommunikation mit ihnen aufrechtzuerhalten.

Wachsende Eigenverantwortung

Ein Teenager wünscht sich im Vergleich zu jüngeren Geschwistern größere Eigenständigkeit und Freiheit. Darauf einzugehen, fällt Eltern gerade beim ersten Kind besonders schwer.

Aber Teenager hassen es, wenn Eltern einfach ohne zu fragen über sie verfügen. Sie haben eigene Pläne und Verabredungen und möchten gefragt werden. Eigenständigkeit muß jedoch erst gelernt werden.

Folgende zwei Botschaften müssen einem Teenager unbedingt in Fleisch und Blut übergehen. Sie können einen Teenie trotz berauschender Freiheitsgefühle auf dem Teppich halten und verantwortlich handeln lassen, ohne daß Eltern Druck ausüben müssen.

- Soviel Freiheit, wie Vertrauen möglich ist!
- Eigenverantwortung bedeutet, Konsequenzen selbst zu tragen, auch wenn sie unangenehm sein sollten!

Diese beiden Prinzipien müssen Sie in Gesprächen mit Ihrem heranwachsenden Kind immer wieder durchgehen. Etwa so: „Ich werde dir mehr Eigenständigkeit und Freiheit zugestehen, aber wir müssen uns aufeinander verlassen können. Je mehr ich dir vertrauen kann, desto größere Freiheit wirst du bekommen. Dies wird die Strategie für die kommenden Jahre sein, und du spielst die Hauptrolle!"

Gute Freunde bleiben

Im Gegensatz zu Heranwachsenden, die sich eingeengt und zu stark kontrolliert fühlen, sagen Jugendliche, denen genügend Freiraum gewährt wird, von ihren Eltern eher, daß sie ihnen nahestehen, gern etwas mit ihnen unternehmen, ihren Rat suchen und ihr Vorbild akzeptieren.

Dem Kind zuzutrauen, daß es richtige Entscheidungen treffen und sich verantwortlich verhalten kann, mag für Eltern mit jungen Teenagern die härteste Herausforderung sein. Aber darin zeigt sich die Frucht der bisherigen Erziehung: Die Reaktion des Kindes auf die gewährte Freiheit ist der Test für den Erfolg des „Bevollmächtigungsprozesses"! Das Ergebnis hängt sowohl von den Eltern als auch von den Kindern ab.

Berücksichtigen Sie bitte das Phänomen selbsterfüllender Voraussagen: Die Haltung, Jugendliche könnten sich nicht verantwortlich verhalten, bringt in der Tat unverantwortliche Jugendliche hervor. Andererseits erfüllt sich auch der Glaube, Teenager seien fähig dazu!

Heranwachsende Kinder brauchen das Gefühl, eigenständig zu sein. Dazu gehören viele kleine Punkte: Familienaktivitäten rechtzeitig ankündigen, sie nach ihrer Meinung fragen und ihnen die Wahl lassen, daran teilzunehmen oder nicht - auch wenn es schwerfällt.

Wenn Eltern dies nur erkennen würden, könnte sich der Familienzusammenhalt mit Teenagern wesentlich verbessern. Aus dieser Eigenständigkeit heraus wird sich ein Jugendlicher eher in seine Familie einglie-

Die Teenagerjahre

dern, als wenn er ständig dazu gezwungen wird. Echte Harmonie und Zusammenhalt entstehen eben nur auf freiwilliger Basis.

Mit einem Teenager klarzukommen, ist gar nicht so schwer: Hören Sie auf, ihn wie ein unmündiges Kind zu behandeln, und achten Sie ihn als Persönlichkeit mit eigener Meinung. Je besser Sie ihn in seinen Herausforderungen verstehen und je aufrichtiger Ihre Wertschätzung ist, desto erfolgreicher werden Sie ihn begleiten können. Selbst Grenzen, die Sie auch in diesem Alter noch setzen müssen, wird er eher akzeptieren, da er weiß, daß Sie es gut mit ihm meinen.

Zum Nachdenken und Notieren
Wie können Sie Ihren Teenie zu mehr Eigenständigkeit schulen und gleichzeitig signalisieren, daß Sie ihm verantwortungsvolles Verhalten zutrauen?

_____

_____

_____

_____

_____

Der Druck, unter dem Teenager stehen

Es sind vor allem vier Bereiche, die Teenager in ihrer Entwicklung gefährden:

- der Druck, sexuell aktiv zu werden
- der Druck, gut auszusehen
- der soziale Druck durch Partys und Drogen
- der Druck durch Materialismus, Cliquen und Vorurteile

Wenn du mich liebst, machst du mit!

Wir leben in einer Gesellschaft voller sexueller Botschaften. Wenn Sie mit Ihrem Teenager offen über Sex und den Druck sprechen, der auf ihn einstürmen wird, können Sie ihm helfen, verantwortungsvoll zu reagieren:

- Vermitteln Sie ihm eine positive Einstellung zu Sex!
- Nennen Sie mehr als nur die Fakten!
- Sprechen Sie über die Vorteile des Wartens!
- Helfen Sie dem Teenager, über Möglichkeiten nachzudenken, wie er dem Druck widerstehen kann!

Bin ich hübsch genug?

In unserer Kultur wird das Augenmerk derart stark auf gutes Aussehen und einen schönen Körper gerichtet, daß es für die meisten von uns schwierig ist, sich keine Sorgen zu machen, wie wir beim Vergleich mit den „vollkommenen" Musterbildern aus Zeitschriften und Fernsehen abschneiden.

Kinder sollten so früh wie möglich lernen, daß Schönheit tiefer sitzt als die Haut. Die Lektion fängt damit an, daß wir unseren Kindern begreiflich machen, worin ihr wahrer Wert besteht: nicht in äußerlichen Dingen wie Kleidung, Aussehen oder sportlichen Fähigkeiten, sondern darin, daß sie in Gottes Augen wertvoll sind.

Aber jeder macht es doch!

„Alle anderen dürfen es!" oder: „Das tut doch jeder!" - wie oft müssen sich Eltern diesen Einwand gefallen lassen, ob es nun um einen fragwürdigen Kinofilm geht, um Ausgehen mit Freunden oder eine ausgedehnte Geburtstagsparty.

Wie können Sie darauf reagieren? Hier sind einige Anregungen für eine Diskussion:

- Warum ist das so wichtig für dich?
- Tut es wirklich jeder? Wer ist es? Und warum?
- Was ist wichtiger: das zu tun, was richtig ist, oder das, was jeder tut?
- Ist es verkehrt, anders zu sein?
- Wie gehst du mit Menschen um, die anders sind?
- Kannst du gegen den Strom schwimmen?

Die Teenagerjahre

Teenager unter Druck

Sei kein Frosch: Mach mit!

Es gibt wohl kaum einen Teenager, der nicht schon einmal an einer Zigarette gezogen hat und beschwipst war. Solange es beim Probieren bleibt, ist es harmlos. Sorgen bereiten die Kinder, die jede Pause auf dem Schulklo rauchen und sich mit Alkoholfeten brüsten. Sie haben meistens eine niedrige Belastungsgrenze, Probleme mit sich und ihrem Selbstwertgefühl und sind gefährdet, zu härteren Drogen zu greifen. Ebenso gefährdet ist ein Teenager, der dem Gruppendruck auf Klassenfahrten oder -feiern nichts entgegensetzen kann.

Genau wie in den anderen Lebensbereichen gilt:

- Bauen Sie ein positives Selbstwertgefühl in Ihrem Teenager auf.
- Zeigen Sie ihm gesunde Wege, Streß abzubauen.
- Informieren Sie ihn über die Gefahren von Drogen.
- Denken Sie mit ihm Möglichkeiten durch, auf den Druck Gleichaltriger zu reagieren.
- Bauen Sie gesunde Familienbeziehungen auf, die offene Kommunikation und gegenseitige Achtung einschließen.

Was, das kannst du dir nicht leisten?

Teenager stehen unter dem Druck, bestimmte Dinge kaufen zu müssen und die Kinder zu verachten, denen das nicht möglich ist. Das betrifft vor allem Kleidung und technisches Spielzeug wie Computerspiele und Stereoanlagen.

Der Hang zu Materialismus und Verachtung gegenüber finanziell Schwächeren kommt aber nicht allein durch Medien und Gleichaltrige, sondern auch von den Eltern. Überprüfen Sie Ihre eigenen Werte und Prioritäten und die Botschaften, die Sie über Geld und Wohlstand ausstrahlen.

Denken Sie einmal über folgende Fragen nach:

- Sind Ihre Einkäufe davon beeinflußt, was andere wohl über Sie denken?
- Wie fühlen Sie sich, wenn Sie sich nicht das leisten können, was für Ihre Nachbarn selbstverständlich ist?
- Begegnen Sie manchen Menschen respektvoller als anderen, weil sie wohlhabender und wichtiger sind?
- Legen Sie auf materielle Dinge mehr Wert als auf Beziehungen?

Entwickeln Sie zusammen mit Ihren Kindern eine gesunde Konsumkritik. Analysieren Sie gemeinsam Werbegags auf Plakaten und im Fernsehen. Begründen Sie einander, warum Sie ausgerechnet dieses Produkt kaufen wollen: weil es alle haben? Weil es notwendig ist? Wegen der Qualität? Weil es ein Schnäppchen ist? Weswegen sonst?

Zum Nachdenken und Notieren

In welchen Bereichen steht Ihr Teenager besonders unter Druck? Wie können Sie mit ihm anhand der obigen Tips ins Gespräch kommen?

Im Gespräch bleiben

Eltern sind in der Regel schlecht auf Gespräche mit heranwachsenden Kindern vorbereitet. Ungeschickte Äußerungen und Unbeherrschtheit können die Beziehung zu einem Teenager auf den Nullpunkt bringen. Lassen Sie es nie soweit kommen!

Sie werden selbst schon gemerkt haben: Sehr viele Disziplinierungsmöglichkeiten haben Eltern jetzt nicht mehr. Ohne eine gut gewachsene Kommunikation stehen Sie ziemlich hilflos da! Das ist ein Grund, warum wir so stark betonen, daß Sie immer versuchen sollten, mit Ihrem Kind im Gespräch zu bleiben.

Warum ist es manchmal so schwer, zu Teenagern durchzudringen? Paul W. Swets (11) führt nach einer Umfrage unter mehr als 800 Teenagern unter anderem ihre häufigsten Beschwerden auf. Nach ihren Worten ...

- ... geben Eltern zu schnell Patentantworten.
- ... werden Eltern ärgerlich, wenn Kinder nicht gleich mit ihren Wünschen übereinstimmen.
- ... fallen Eltern ins Wort.
- ... hinterlassen Eltern den Eindruck, zu beschäftigt oder sorgenvoll zu sein.
- ... reden Eltern zu lange, ohne dem Kind Gelegenheit zu geben, sich zu äußern.
- ... sind Eltern zu sehr mit eigenen Gedanken und Gefühlen beschäftigt.
- ... stellen Eltern keine Fragen.
- ... wollen Eltern nicht wissen, was Teenager denken, und verstehen deren Gefühle nicht.

Mehr als 70 Prozent der Teenager beschwerten sich laut Umfrage darüber, daß ihre Eltern sie anschreien.

Wenn Sie wirklich für Veränderungen sorgen wollen, dann geben Sie diese Liste Ihrem Teenager, und lassen Sie ihn bewerten, wie er die Kommunikation in Ihrer Familie empfindet. Danach haben Sie genügend Ansatzpunkte für gute Vorsätze.

Klare Ziele fassen!

Angesichts der Beschwerdeliste von Teenagern könnten Sie sich einfache, aber durchschlagende Ziele stecken, zum Beispiel:

- Ich will erst nachdenken, bevor ich spreche.
- Ich will zuhören, ohne zu unterbrechen.
- Ich will einen kritischen Ton vermeiden.
- Ich will ruhig sprechen, ohne laut zu werden.
- Ich möchte Fragen stellen, die ein Gespräch interessant machen.
- Ich möchte wirklich wissen, wie mein Kind denkt und fühlt.
- Ich möchte nicht den Eindruck hinterlassen, keine Zeit zu haben.
- Ich möchte so mit meinem Teenager sprechen, wie er auch mit mir sprechen darf.

Gefühle kontrollieren!

Allen Eltern gehen einmal die Nerven durch, und sie brüllen los. Solange das nur gelegentlich vorkommt und nicht zum festen Verhaltensmuster wird, ist es keine Katastrophe.

Uns hat allerdings alarmiert, daß über zwei Drittel der befragten Teenager auf die Frage, was ihrer Meinung nach der größte Fehler ihrer Eltern sei, angaben: „Statt daß sie zuhören und versuchen, mich zu verstehen, schreien sie los, und alles wird noch schlimmer."

Um eine natürliche, warmherzige Beziehung aufrechtzuerhalten und mit Ihrem Kind im Gespräch zu bleiben, müssen Sie sich möglichst immer in der Gewalt haben und Wutausbrüche beherrschen. Wir sagen das so eindringlich, weil häufige Überreaktionen einer Beziehung in mehrfacher Hinsicht schaden:

- Sie entfremden sich Ihr Kind und machen es ihm schwer, zu Ihnen zu kommen, wenn es seine „Seelenbatterie" nachladen muß.
- Sie verlieren an Achtung - eine sehr natürliche Reaktion auf jemanden, der keine Selbstbeherrschung zeigt.
- Ihr Kind wendet sich womöglich lieber anderen zu, besonders dem Einfluß seiner Altersgenossen.

All das wollen Sie sicherlich nicht!

Was sind die Auslöser?

Denken Sie einmal an die letzten Wochen zurück, und beantworten Sie sich folgende Frage: „In welchen Situationen verliere ich die Beherrschung? Was sind die Auslöser, daß ich ausraste?" Wenn Sie nämlich durchschauen, warum Sie unbeherrscht reagieren, können Sie das Gefühlsmuster eher durchbrechen.

Einige Beispiele:

- „Mein Sohn widerspricht mit frechen Worten oder einem bestimmten Gesichtsausdruck. Schon kommt die Wut in mir hoch, und ich brülle los."
- Oder: „Meine Tochter hat eine Aufgabe nicht erledigt. Ohne zu wissen, warum sie es nicht getan hat, rege ich mich maßlos auf und poltere los, sobald sie mir unter die Augen kommt."
- Oder: „Wenn ich müde und abgearbeitet bin, bin ich besonders gereizt. Schon bei Kleinigkeiten schimpfe ich dann los."

Zu diesen oder ähnlichen Antworten könnten Sie kommen. So lieb Kinder auch sind, manchmal verhalten sie sich grausam, weil

sie zur ungünstigsten Zeit zielsicher genau unsere schwächsten Stellen herausfordern.

Wenn Sie durchschaut haben, wann Sie unbeherrscht reagieren, versuchen Sie, Ihr Verhaltensmuster rechtzeitig zu durchbrechen:

- Wenn Sie spüren, daß Sie sich nicht mehr im Griff haben, verschieben Sie das Gespräch und beten Sie. Sagen Sie: „Ich möchte dich verstehen, aber ich bin jetzt sehr frustriert. Laß uns nach dem Abendbrot weitersprechen."
- Nehmen Sie stets das Beste an, solange Sie den Sachverhalt nicht genau kennen. Und bevor Sie loslegen, geben Sie Ihrem Kind Gelegenheit, sich zu äußern.
- Bleiben Sie ruhig! Wenn es Ihnen hilft, dann sagen Sie: „Du, das regt mich alles fürchterlich auf, aber ich will ruhig bleiben und hören, was du dir dabei gedacht hast."
- Wächst Ihnen alles über den Kopf, halten Sie strikt den Mund, und lassen Sie - wenn irgend möglich - Ihren Ehepartner die Dinge regeln.

Zum Nachdenken und Notieren

In welchen Situationen verlieren Sie die Nerven? Notieren Sie sich die Auslöser und wie Sie das Gefühlsmuster künftig durchbrechen können:

_____

_____

_____

Die Teenagerjahre

Auf der Suche nach dem Sinn des Lebens

Teenager befassen sich auf ihre Weise oft intensiver und radikaler mit existentiellen Fragen als manche Erwachsene, die sich mit ihrem Leben abgefunden haben und deren Gedanken sich lediglich um ein bequemes Auskommen, Wohlstand und Karriere drehen.

Auf der Suche nach dem Sinn des Lebens setzen sich die meisten Jugendlichen früher oder später kritisch mit ihrer Umwelt auseinander - auch mit Ihrem Lebensstil! Welche Werte und Ideale spiegelt Ihr Leben wider?

Wolfgang Brezinka schreibt, daß sich die Wertvorstellungen in Gesellschaft und Erziehung vor allem um drei Leitgedanken drehen: den Rationalismus, *„verstanden als einseitige Überschätzung der Vernunft"*, den Individualismus, *„verstanden als einseitige Überbetonung der Interessen des Einzelmenschen"* und den Hedonismus, *„verstanden als einseitige Überbewertung von Lust, Vergnügen und Genuß als höchsten Gütern".*(12)

Womit befassen sich Ihre Familiengespräche? Geht es hauptsächlich um Zensuren und Leistung, Berufsausbildung, Urlaub und Geldausgeben oder auch um Themen wie Genügsamkeit und Zufriedenheit, Beziehungen zu anderen Menschen und christlicher Lebensstil?

> *„Erziehung bedeutet vor allem immer dreierlei, nämlich Bindungen an Menschen (Bezugspersonen), an Normen und Werte (Weltbild, Religion) und an die eigene Zukunft (Perspektiven, Lebensplan) aufzubauen.*
> *Jedes Kind braucht Bezugspersonen, ein Weltbild und Perspektiven bzw. Motivationen. Wenn das nicht gelingt, dann kompensieren sie mit mißlichen Bindungen. Sie befriedigen dann ihr Weltbildbedürfnis über subkulturelle Normen einer Jugendbande oder über die Werte einer religionsersetzenden Sekte oder Satanskultgruppe."* (13)

Worauf kommt es an?

Auf die Frage eines Intellektuellen nach dem größten Gebot, das heißt, nach dem Sinn des Lebens, antwortet Jesus: *„Du sollst den Herrn, deinen Gott, lieben mit deinem ganzen Herzen und mit deiner ganzen Seele und mit deinem ganzen Verstand. Dies ist das größte und erste Gebot. Das zweite aber ist ihm gleich: Du sollst deinen Nächsten lieben wie dich selbst"* (Matthäus 22,37-39).

In diesen Bibelworten finden Sie den „Lehrplan" für die Teenagerjahre: Mit dem ersten Gebot - Gott zu lieben - ist eine persönliche Beziehung zu Jesus Christus gemeint und damit die Gewißheit, bewahrt und geborgen zu sein.

Das zweite Gebot - den Nächsten zu lieben wie sich selbst - bedeutet, ein gesundes Selbstbewußtsein zu haben und den anderen zu achten. Wer von Gott begeistert ist, will es anderen erzählen und seine Liebe weitergeben; er will evangelisieren und dienen.

Wenn alles in Frage gestellt wird

Man kann beinahe voraussagen, daß es eine Phase geben wird, in der ein Teenager Gemeindetraditionen und einen institutionalisierten Glauben ablehnt. Eltern geraten leicht in Panik, wenn das geschieht. Anstatt jetzt Traditionen und Gesetze zu verteidigen, ist es wesentlich wichtiger, das Leben Jesu hochzuhalten. Studieren Sie vor allem das Leben Jesu miteinander! Wenn ein Teenager sich mit der radikalen Haltung Jesu - seiner Liebe zu Gott, seinem Vater, seinem Eintreten für Wahrheit und Gerechtigkeit, seiner Liebe und Hingabe an die Benachteiligten und Leidenden - identifizieren kann, ist viel gewonnen.

Im Glauben wachsen

Um im Glauben zu wachsen, müssen Teenager aus der bewahrenden Kirchenatmosphäre heraus: Sie müssen lernen, mit Andersgläubigen umzugehen, und sie müssen mit dem Leid in dieser Welt konfrontiert werden. Evangelisation und Diakonie gehören zum Programm einer durchschlagenden Teenagerarbeit. Dabei müssen sie ernstgenommen werden, und ihnen muß etwas zugetraut werden. Es ist erstaunlich, wie motivierte Teenager sich gegenseitig zum Guten anspornen können.

Eltern wünschen sich in der Regel einen ausgeglichenen Teenager, nicht zu weltlich, aber auch nicht zu fromm. Aber den gibt es kaum! Auszuprobieren und in Extremen zu leben gehört zu den Teenagerjahren. Ausgeglichenheit ist ein Merkmal von Erwachsenen. Wenn wir wählen könnten: Uns ist es lieber, unser Teenager fährt mit einem überdimensionalen Kreuz um den Hals begeistert auf einen Jesus-Trip ab als auf einen Disco-, Kult- oder Drogen-Trip mit den bedrohlichen Begleiterscheinungen Alkohol, Sex und Kriminalität.

> ### Zum Nachdenken und Diskutieren
> Mit welchen existentiellen Fragen sowie Normen und Werten befaßt sich Ihr Teenager zur Zeit? Sie sollten mit ihm darüber sprechen! Wie können Sie ihm darin ein Vorbild sein?

Frischer Wind in müde Ehen

Die größte Hilfe, um Kindern ein interessantes Gegenüber zu bleiben und ihnen stets den rechten Platz im Herzen einzuräumen, ist - trotz aller entbehrungsreichen Hingabe an die Familie - ein eigenständiges persönliches Leben und das Achtgeben darauf, daß stets ein frischer Wind in der Ehe weht.

Und damit sind wir bei Ihrer Ehebeziehung. Je besser Sie beide sich verstehen, miteinander reden, Wertschätzung und Zärtlichkeit austauschen können, desto leichter wird es Ihnen fallen, Ihre Kinder freizugeben und sich auf den neuen Lebensabschnitt allein mit Ihrem Ehepartner einzustellen.

Selbst die, die von sich sagen können, daß sie eine gute Ehe führen, wissen, daß dies keine Selbstverständlichkeit ist. Zur Liebe gehört, sich immer wieder bewußt zu entscheiden, dem anderen Gutes zu tun, ihn zu achten und ihm die Treue zu halten. Sonst ziehen mit der Zeit unweigerlich Langeweile, Unzufriedenheit und Entfremdung ein.

Wo stehen Sie beide? Meinen Sie nicht, daß es an der Zeit ist, eine gründliche Ehe-Inventur zu machen, um dann um so gezielter an der Beziehung zu Ihrem Partner zu arbeiten?

Checkliste zur ehelichen Zufriedenheit

Wir möchten Ihnen die Checkliste vorstellen, die junge Ehepaare auf unseren Seminaren bekommen. Wir bitten sie, sie zweimal im Jahr durchzugehen, um so über ihren Zufriedenheitsgrad in der Ehe ständig aufrichtig im Gespräch zu bleiben. So etwas hätte Ihnen in der Vergangenheit sicher auch gutgetan. Aber es ist hoffentlich noch nicht zu spät.

Schauen Sie sich die Punkte der Checkliste einmal an. Sie schneiden die wichtigen und oftmals kritischen Bereiche des Ehealltags an: Freizeitbeschäftigung, Romantik und Sexualität, Kommunikation, Arbeitsteilung, geistliches Leben und christliches Engagement.

Die Häufigkeit gemeinsamer Freizeit

0 1 2 3 4 5 6 7 8 9 10

Die Qualität gemeinsamer Freizeit

0 1 2 3 4 5 6 7 8 9 10

Unser Zusammensein mit Freunden

0 1 2 3 4 5 6 7 8 9 10

Unser zärtlicher, romantischer Umgang

0 1 2 3 4 5 6 7 8 9 10

Unser sexueller Umgang

0 1 2 3 4 5 6 7 8 9 10

Die Häufigkeit unseres Geschlechtsverkehrs

0 1 2 3 4 5 6 7 8 9 10

Unsere Kommunikation

0 1 2 3 4 5 6 7 8 9 10

Die Art, wie wir Konflikte lösen

0 1 2 3 4 5 6 7 8 9 10

Die Art, wie wir Aufgaben verteilen und ausführen

0 1 2 3 4 5 6 7 8 9 10

Die Art, wie wir unser Geld verwalten

0 1 2 3 4 5 6 7 8 9 10

Die Gestaltung unseres geistlichen Lebens

0 1 2 3 4 5 6 7 8 9 10

Unsere Gemeindeaktivitäten

0 1 2 3 4 5 6 7 8 9 10

Zu jedem Punkt gibt es eine Werteskala von 0 bis 10. Die 0 bedeutet „nicht zufrieden", die 5 bedeutet „ausreichend" und die 10 „super".

Gebrauchen Sie ein X, um Ihren eigenen Zufriedenheitsgrad in den einzelnen Ehebereichen anzukreuzen, und einen Kreis, um anzuzeigen, wie Sie die Zufriedenheit Ihres Partners einschätzen.

In Ruhe über den Ehealltag sprechen

Reservieren Sie sich einen ruhigen Abend oder gleich ein privates Ehewochenende, an dem Sie ungestört zusammensitzen können, und gehen Sie die Liste Punkt für Punkt durch. Sie ist eine ideale Hilfe, um endlich offen über die Bereiche Ihrer Beziehung zu sprechen, in denen Sie zufrieden oder unzufrieden sind.

Fassen Sie sich an den Händen, schauen Sie sich in die Augen, und beraten Sie, wie Sie in den einzelnen Punkten zu größerer Zufriedenheit finden können. Wenn Sie aufrichtig sind, werden Sie sich bestimmt lange unterhalten. Vielleicht fließen auch Tränen, weil Ihnen Ihre Defizite bewußt werden, weil einer dem anderen die Wahrheit ins Gesicht sagt oder weil Ihnen die eigene Ohnmacht vor Augen steht.

Dann beteuern Sie sich gegenseitig Ihren guten Willen, und vergeben Sie sich. Ohne feste Vorsätze und ohne Vergebung wird ein Neuanfang kaum möglich sein. Wagen Sie es, miteinander zu beten und Jesus um Hilfe zu bitten. Er kann verschüttete Energien freisetzen und neue Liebe für den Ehepartner wecken.

Wenn Sie sehen, daß es trotzdem nicht vorangeht, dann lassen Sie bitte nicht resignierend den trüben Alltag wieder einziehen. Es gibt viele gute Ehebücher, die Ihnen Tips für Ihren gemeinsamen Lebensstil geben können. Oder besuchen Sie gleich ein Seminar zur Vertiefung der Ehebeziehung, wie wir es zum Beispiel innerhalb unserer Familienarbeit anbieten. (14)

Was hält eine Ehe zusammen?

Als weitere Anregung für die Zukunftsplanung Ihrer Ehe möchten wir Ihnen noch die Erfolgsrezepte von Paaren nennen, die seit zwanzig und mehr Jahren glücklich verheiratet sind.

In einer amerikanischen Studie wurden 351 langverheiratete Paare nach den Gründen ihrer Zufriedenheit befragt. Sie wurden gebeten, in einer Liste die Aussagen anzustreichen, die ihre Ehe am besten beschrieben. Im folgenden Abschnitt können Sie die Ergebnisse nachlesen. Bitte studieren Sie diese Aussagen aufmerksam. Jede sollte Sie zum Nachdenken über Ihre eigene Ehe anregen und Sie zu einem aufrichtigen Gespräch mit Ihrem Ehepartner motivieren.

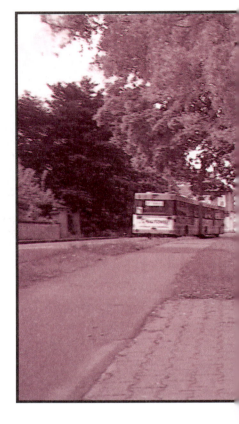

Mein Ehepartner ist mein bester Freund

Hier sind die genannten Hauptgründe, nach der Häufigkeit der Nennung geordnet:

- Mein Ehepartner ist mein bester Freund.
- Ich mag meinen Partner als Person.
- Zur Ehe gehört eine dauerhafte Hingabe.
- Die Ehe ist heilig.
- Wir stimmen in unseren Zielen und Absichten überein.
- Mein Ehepartner ist für mich immer interessanter geworden.
- Ich möchte, daß unsere Beziehung erfolgreich ist.
- Eine dauerhafte Ehebeziehung ist wichtig für soziale Stabilität.
- Wir lachen viel zusammen.
- Ich bin stolz auf meinen Partner.
- Wir haben eine gemeinsame Lebensphilosophie.
- Wir stimmen in unseren sexuellen Wünschen überein.
- Wir sprechen ab, auf welche Weise und wie häufig wir uns Zärtlichkeit und Zuwendung zeigen wollen.
- Ich vertraue meinem Ehepartner.
- Wir pflegen gemeinsame Hobbys und Interessen.

Wie sieht's mit Ihrer Ehe aus?

Welche dieser Aussagen können Sie bestätigen? Was ist bei Ihnen vielleicht in Vergessenheit geraten? Erfreut hat uns, daß als erstes angeführt wurde: „Mein Ehepartner ist mein bester Freund." Das bestätigt die Wichtigkeit des freundschaftlichen Aspekts, den wir in Seminaren immer wieder betont haben: Gemeinsame Unternehmungen, aufrichtige Gespräche und humorvolle Entspan-

Die Ehe in der Mitte des Lebens

dauerhafte Hingabe", „Sie ist heilig" oder „Ich möchte, daß unsere Beziehung erfolgreich ist".

Ein Ehepaar, das ständig in gemeinsamer Kommunikation wächst, kann sagen: „Wir haben einen anregenden Gedankenaustausch", „Wir stimmen in unseren sexuellen Wünschen überein" und „Wir sprechen ab, auf welche Weise und wie häufig wir Zuneigung und Zärtlichkeit austauschen wollen".

Werden diese Vorsätze eingehalten, können sich Paare selbst nach vielen Ehejahren (!) in für unsere Zeit nahezu unglaubliche Aussagen steigern: „Mein Ehepartner ist für mich immer interessanter geworden", „Ich bin stolz auf meinen Partner" und „Ich vertraue ihm".

nung erhalten eine Ehe auf Dauer lebendig und frisch.

Das wird durch die anderen Aussagen bestätigt: „Wir lachen viel zusammen.", „Wir haben eine gemeinsame Lebensphilosophie." oder „Wir pflegen gemeinsame Hobbys und Interessen."

Bald haben Sie wieder mehr Zeit füreinander, denn die Jugendlichen werden mehr und mehr ihre eigenen Wege gehen. Ersticken Sie bitte nicht im Alltagstrott, sondern schmieden Sie Pläne, wie Sie Ihre Freundschaft wieder aufpolieren können, was Sie miteinander unternehmen und wie Sie gemeinsam Gott und anderen Menschen dienen können.

Diese Liste zeigt aber auch, daß feste Vorsätze nötig sind, um eheliche Liebe aufrechtzuerhalten, wie: „Zur Ehe gehört eine

> ### *Zum Nachdenken und Notieren*
> Welche der oben genannten Argumente können Sie spontan bestätigen, und welche sollten Sie neu berücksichtigen?

LITERATURHINWEISE

DIE KLEINKINDJAHRE

Literaturhinweise

1. Peter Struck, *Die Kunst der Erziehung*, Wissenschaftliche Buchgesellschaft, Darmstadt 1996, S. 10.
2. Ebd., S. 11.
3. *Das Baby - ein Leitfaden für Eltern* (mit Entwicklungs-, Gesundheits- und Impfkalender), kostenlos erhältlich bei der Bundeszentrale für gesundheitliche Aufklärung, Postfach 910152, 51071 Köln.
4. *Kinderspiele - Anregungen zur gesunden Entwicklung von Kleinkindern*, S. 13, kostenlos erhältlich bei der Bundeszentrale für gesundheitliche Aufklärung, Postfach 910152, 51071 Köln.
5. James Dobson, *Der christliche Familienratgeber*, Projektion J Verlag, Wiesbaden 1990, S. 68.
6. Peter Struck, a. a. O., S. 23.
7. Ebd., S. 114.
8. Ebd., S. 185.

Wenn Sie mehr wissen wollen

Claudia Mühlan, *Bleib ruhig, Mama! Die ersten drei Jahre, Tips zur Kleinkinderziehung*, Verlag Schulte & Gerth, Asslar, 11. Aufl. 1995.

Mühlan-Video: *Bleib ruhig, Mama! Tips zur Kleinkind-Erziehung*, Verlag Schulte & Gerth, Asslar 1996.

Berry Brazelton, *Babys erstes Lebensjahr*, dtv Taschenbuch, München 1994.

● **Für den jungen Vater**
Eberhard Mühlan, *Bleib cool, Papa! Guter Rat für gestreßte Väter*, Verlag Schulte & Gerth, Asslar, 3. Aufl. 1995.

● **Schlafprobleme**
Richard Ferber, *Schlaf, Kindlein, schlaf. Schlafprobleme bei Kindern*, Editions Trobisch, Kehl/Rhein 1994.

● **Kleinkindern von Gott erzählen**
Mühlan-Tip 1, *Früh übt sich ...! Christlicher Lebensstil und Andachten in der Familie*, Verlag Schulte & Gerth, Asslar, 8. Aufl. 1995.

Steckler/Braun/Heitzer, *Gott kennenlernen von Anfang an*, Verlag Jugend mit einer Mission, Biel 1992.

Anne de Vries, *Die Kinderbibel*, Bahn Verlag, Neukirchen 1992.

● **Kinderfragen zur Sexualität / sexueller Mißbrauch**
Dietmar Rost, *Unserm Kind zuliebe. Geschlechtserziehung von Anfang an*, Verlag Weißes Kreuz, Ahnatal, 3. Aufl. 1990.

M. u. M. Doney, *Vater, Mutter und ich. Wo kommen die kleinen Babys her?*, Brunnen Verlag, Gießen, 15. Aufl. 1996.

Tim LaHaye, *Aufklären - aber wie? Ein Ratgeber für Eltern*, Verlag Schulte & Gerth, Asslar, 3. Aufl. 1995.

Christine Hucke, „Sexueller Mißbrauch", in: Family 2/94, S. 8 und 3/94, S. 72.

Alice Huskey, *Verdrängt*, R. Brockhaus Verlag, Haan 1992.

Mitchell Whitman, *Brecht das Schweigen*, Aussaat Verlag, Neukirchen-Vluyn 1993.

Paula Sandford, *Opfer des Sexualmißbrauchs*, Verlag Gottfried Bernard, Solingen 1992.

Für Kinder
Ursula Kirchberg/Trixi Haberländer, *Geh nie mit einem Fremden mit*, Verlag H. Ellermann, München, 16. Aufl. 1995.
(ab dem Kindergartenalter geeignet)

Oralee Wachter, *Heimlich ist mir unheimlich*, Verlag Benzinger, Maasbüll, 2. Aufl., 1992.
(ab ca. 6 Jahren geeignet)

Für Eltern
Claudia Filker, *Die Kinder-Überraschung, Paare werden Eltern*, R. Brockhaus Verlag, Haan 1996.

Eberhard Mühlan, *Reif für die Insel. Was tun wenn Kinder aufmüpfig, chaotisch und unehrlich sind?*, Verlag Schulte & Gerth, Asslar, 2. Aufl. 1995.

F. Minirth/P. Meier, *Wieder Freude am Leben!* Verlag Schulte & Gerth, Asslar, 2. Aufl. 1995, S. 97

J. Lush/P. Rushford, *Was ist nur wieder los mit mir? Die Gefühle im Leben einer Frau*, Verlag Schulte & Gerth, Asslar, 6. Aufl. 1993.

Ed Wheat, *Just married. Tips für junge Ehepaare und solche, die es werden wollen*, Verlag Schulte & Gerth, Asslar, 3. Aufl. 1995.

(siehe auch DIE EHE FIT HALTEN)

VON DER VORSCHULE BIS ZUR VORPUBERTÄT

Literaturhinweise

1. Peter Struck, *Die Kunst der Erziehung*, Wissenschaftliche Buchgesellschaft, Darmstadt 1996, S. 130.
2. Ebd., S. 113.
3. Kevin Leman, *Geschwisterkonstellationen - die Familie bestimmt Ihr Leben*, Claudius Verlag, München 1991, S. 78.
4. Ebd., S. 150.
5. Ebd., S. 150.
6. Ebd., S. 154.
7. Peter Struck, *Die Kunst der Erziehung*, Wissenschaftliche Buchgesellschaft, Darmstadt 1996, S. 103 und 108.
8. Claudia und Eberhard Mühlan, *Vergiß es, Mama! Tips für (angehende) Teenager-Eltern*, Verlag Schulte & Gerth, Asslar 1992, S. 13.
9. Dirk Lüling, Tips für die christliche Familie 6/1995.
10. Peter Struck, a. a. O., S. 139.
11. Irmeli Altendorf, Gong, 4.2.1994.
12. Peter Struck, a. a. O., S. 185.
13. Dobsen, a. a. O., S. 29 -31.
14. Norman Wright, *Mein Vater und ich. Welchen Einfluß Väter auf ihre Töchter haben*, Editions Trobisch, Kehl/Rhein 1991, S. 24.

Wenn Sie mehr wissen wollen

● **Familienatmosphäre**

Claudia und Eberhard Mühlan, *Is' was, Mama? Kindererziehung von der Vorschule bis zur Vorpubertät*, Verlag Schulte & Gerth, Asslar, 7. Aufl. 1996.

Mühlan-Video: *Prima Klima. Wie schaffen wir eine positive Familienatmosphäre*, Verlag Schulte & Gerth, Asslar 1995.

Reinhold Bergler, *Warum Kinder Tiere brauchen*, Herder Verlag, Freiburg, 2. Aufl. 1995.

● **Geschwisterkonstellationen/ Geschwisterstreit**

Kevin Leman, *Geschwisterkonstellationen - die Familie bestimmt Ihr Leben*, Claudius Verlag, München 1991.

Eva Dörpinghaus, *Das Einzelkind ... und die Besonderheiten bei seiner Erziehung*, Mosaik Verlag, München 1992.

Eberhard Mühlan, *Reif für die Insel. Was tun, wenn Kinder aufmüpfig, chaotisch und unehrlich sind?*, Verlag Schulte & Gerth, Asslar, 2. Aufl., 1995.

Mühlan-Video: *Liebe statt Hiebe. Konflikte in der Familie beseitigen*, Verlag Schulte & Gerth, Asslar 1996.

● **Selbstwertgefühl**

James Dobson, *Minderwertigkeitsgefühle - eine Epidemie*, Editions Trobisch, Kehl/Rhein 1983.

● **Gefühle**

Eberhard Mühlan/Andreas Schröter, *Total fertig oder voll gut drauf? Helfen Sie Ihrem Kind, mit seinen Gefühlen klarzukommen*, Verlag Schulte & Gerth, Asslar, 2. Aufl. 1996.

● **Fernsehen / Medien**

Rainer Wälde, *Im Sog der Flimmerkiste. Anregungen für einen gesunden Umgang mit dem Fernsehen*, Verlag Schulte & Gerth, Asslar 1996.

Nicht nur laufen lassen! Kind und Fernsehen, kostenlos zu beziehen bei der Bundeszentrale für gesundheitliche Aufklärung, 51101 Köln.

Gewalt im Fernsehen, kostenlos zu beziehen bei Bundesministerium für Frauen und Jugend, 53107 Bonn.

Kathrin Ledermann/Ulrich Skambraks, *Der Griff nach unseren Kindern. Einblicke in ein (un)heimliches Erziehungsprogramm*, Verlag Schulte & Gerth, Asslar, 9. Aufl. 1994

Mühlan-Tip 3, *Mama, Papa hat gesagt ...! Kommunikation mit Kindern*, Verlag Schulte & Gerth, Asslar, 3. Aufl. 1993.

● **Kommunikation**

Mühlan-Tip 3, *Mama, Papa hat gesagt ...! Kommunikation mit Kindern*, Verlag Schulte & Gerth, Asslar, 3. Aufl. 1994.

Mühlan-Video: *Reden und reden lassen. Kommunikation in der Familie kann man lernen*, Verlag Schulte & Gerth, Asslar 1996.

● **Speziell für Väter**

Eberhard Mühlan, *Bleib cool, Papa! Guter Rat für gestreßte Väter*, Verlag Schulte & Gerth, Asslar, 3. Aufl. 1995.

Floyd McClung, *Pascha oder Papa. Vater sein nach dem Herzen Gottes*, Projektion J, Wiesbaden 1995.

LITERATURHINWEISE

- **Speziell für Mütter**

Claudia Mühlan, *Du schaffst es! Überlebenstraining für Mütter*, Verlag Schulte & Gerth, Asslar, 5. Aufl. 1996.

- **Die Ehe fit halten**

Eberhard Mühlan, *Wir halten zusammen! Wie Ehepaare Krisen bewältigen*, Verlag Schulte & Gerth, Asslar, 8. Aufl. 1994.

Mühlan-Video: *Funkstille? Wie Ehepaare Krisen vermeiden*, Verlag Schulte & Gerth, Asslar 1996.

Ed Wheat, *Liebe ist Leben*, Verlag Schulte & Gerth, Asslar, 5. Aufl. 1995.

Ed und Gay Wheat, *Hautnah. Erfülltes Intimleben in der Ehe*, Verlag Schulte & Gerth, Asslar, 8. Aufl. 1996.

Norman Wright, *Wenn zwei sich gut verstehen. Kommunikation - der Schlüssel für eine glückliche Ehe*, Verlag Schulte & Gerth, Asslar, 4. Aufl., 1988.

Harry Müller, *Eheseminar mit Pfiff*, Hänssler Verlag, Neuhausen, 5. Aufl. 1995.

DIE TEENAGERJAHRE

Literaturhinweise

1. Stella Chess und Alexander Thomas, *Know Your Child*, Basic Books, Inc., New York 1989, S. 225.
2. James Dobson, *Anti-Frust-Buch*, Editions Trobisch, Kehl/Rhein 1991, S. 34.
3. Tim LaHaye, *Aufklären - aber wie? Ein Ratgeber für Eltern*, Verlag Schulte & Gerth, Asslar 1991, S. 75 - 76.
4. Reinholf Ruthe, *Elternbuch*, R. Brockhaus Verlag, Haan 1986, S. 227.
5. James Dobson, *Der christliche Familienratgeber*, Projektion J, Wiesbaden 1990, S. 196.
6. Eberhard Mühlan, *Zwischen 12 und 17 - Tips für Teens*, Verlag Schulte & Gerth, Asslar, 13. Aufl. 1994, S. 20 - 21.
7. Tim LaHaye, a. a. O., S. 83.
8. Eberhard Mühlan, a. a. O., S.
9. Peter Struck, *Die Kunst der Erziehung*, Wissenschaftliche Buchgesellschaft, Darmstadt 1996, S. 17.
10. Ebd., S. 18.
11. Paul W. Swets, *How to talk so your teenager will listen*, Word Books, Waco/Texas 1988, S. 54.
12. Wolfgang Brezinka, *Erziehung in einer wertunsicheren Gesellschaft*, Ernst Reinhardt Verlag, München/Basel 1986, S. 25.
13. Peter Struck, a. a. O., S. 181.
14. Auskunft erhalten Sie bei: Neues Leben für Familien, Berliner Str. 16, 58511 Lüdenscheid.

Wenn Sie mehr wissen wollen

Claudia und Eberhard Mühlan, *Vergiß es, Mama! Tips für (angehende) Teenager-Eltern*, Verlag Schulte & Gerth, Asslar, 5. Aufl. 1996.

Eberhard Mühlan, *Bleib cool, Papa! Guter Rat für gestreßte Väter*, Verlag Schulte & Gerth, Asslar, 3. Aufl. 1995.

Jay Kesler, *Hilfe, Teenies! Überlebenstraining für Teenagereltern*, Verlag Schulte & Gerth, Asslar, 2. Aufl. 1991.

Ken Davis, *Wie lebe ich mit meinen Eltern ... ohne durchzudrehen?* Verlag Schulte & Gerth, Asslar, 5. Aufl. 1995.

William L. Coleman, *Was Teenies auf die Palme bringt. Wie Eltern ihre Kinder besser verstehen können*, Francke Verlag, Marburg 1995.

Claudia und David Arp, *Und plötzlich sind sie 13 oder: Die Kunst, einen Kaktus zu umarmen. So begleiten Sie Ihr Kind durch die Teenagerzeit*, Brunnen Verlag, Gießen 1996.

- **Werte und Normen**

Hal Urban, *Was mein Kind unbedingt wissen sollte*, Verlag Schulte & Gerth, Asslar, 1994.

Ken Davis/Dave Lambert, *Neuer Saft für müde Birnen. Starkstrom-Andachten*, Verlag Schulte & Gerth, Asslar, 4. Aufl. 1996.

Fred Hartley, *Auf die Dauer hilft nur Power. Für Teenies, die mehr wollen*, Verlag Schulte & Gerth, Asslar, 3. Aufl. 1995.

- **Ein Ehe-TÜV**

Willard F. Harley, *Meine Wünsche - deine Wünsche. Die Bedürfnisse des Ehepartners erkennen und erfüllen*, Verlag Schulte & Gerth, Asslar, 3. Aufl. 1996.

James Dobson, *Das solltest du über mich wissen. Ehekonflikte - und wie man sie löst*, Verlag Schulte & Gerth, Asslar, 2. Aufl. 1995.

Sharon Sneed/David Sneed, *Mitten in den besten Jahren. Ernährung, Fitness, Persönlichkeitsentfaltung. Ein Ratgeber für Frauen ab 35*, Verlag Schulte & Gerth, Asslar 1993.

(siehe auch DIE EHE FIT HALTEN)

Ein starkes Team

**Selbständigkeit
und Verantwortung in
der Familie lernen**

DIE KLEINKIND- UND VORSCHULJAHRE

„Die ersten drei Lebensjahre sind die entscheidendsten für das Gelingen des Menschen. Dann werden die Weichen für die Persönlichkeitsentwicklung gestellt, sowohl was Ernährungsverhalten und Sprachentwicklung betrifft als auch was Bewegungsgeschick, Verstandesentwicklung, Emotionalität und späteres Suchtverhalten anbelangt." (1)

Eltern müssen flexibel bleiben!

Ein Baby ist zunächst völlig von seinen Eltern abhängig. Es ist so hilflos, daß es nicht einmal einen Tag ohne Pflege und Fürsorge verbringen kann. Aus diesem Grund üben Eltern bei kleinen Kindern auch eine starke Kontrolle aus. Eines der ersten Dinge, die Ihr Kind lernt, ist tiefes Vertrauen in Sie. Dieses Urvertrauen wird vor allem durch Ihre Zuverlässigkeit und Ihre liebevolle Ermutigung aufgebaut (siehe URGEBORGENHEIT).

Das Ziel aller Erziehung

Was, meinen Sie, ist das Ziel des Aufziehens beziehungsweise Erziehens von Kindern? Es ist die Anleitung zu immer größer werdender Selbständigkeit und Eigenverantwortung! Dies gelingt am besten im Team als Familie. Gute Eltern werden das „Loslassen" ständig einüben und sich damit selbst „arbeitslos" machen!

Die folgende Skizze zeigt Ihnen den Verlauf einer solchen Erziehung zu immer größerer Eigenständigkeit und Selbstkontrolle Ihres Kindes.

Die graue Fläche zeigt die gewünschte Eigenständigkeit und Selbstkontrolle des Kindes, die mit dem Alter zunimmt. Die Fläche zwischen den gestrichelten Linien deutet die zunächst große elterliche Kontrolle und Einflußnahme an, die aber im Laufe der Jahre abnehmen muß und von der Eigenkontrolle des Kindes abgelöst wird.

Mit dem Heranwachsen des Kindes müssen jedoch auch die Eltern lernen, ihm zu vertrauen und es an größere Eigenständigkeit heranzuführen. Sie müssen gleichzeitig mit dem reifenden Kind wachsen und ihren Erziehungsstil verändern und anpassen. Deutlich ausgedrückt: Eine Achtjährige dürfen Sie nicht mehr so stark lenken wie eine Vierjährige.

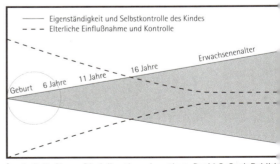

(nach: B. N. Chase, *Discipline them, love them*, David C. Cook Publish

Die Kleinkind- und Vorschuljahre

Erziehungsziele

Dies einzuhalten, fällt manchen Eltern sehr schwer. Sie können oder wollen ihr Kind nicht freigeben, trauen ihm keine Eigenständigkeit zu und „bemuttern" und bevormunden es stärker, als gut ist.

Es scheint ja auch paradox: Gut zehn Jahre lang üben die Eltern, eigene Interessen zurückzustellen, ständig für ihre Kinder da zu sein und eine Zeitplanung zu finden, die diese genügend berücksichtigt. Kaum haben sie dies mühsam gelernt, müssen sie sich schon wieder umstellen: Teenager brauchen sie keineswegs ständig, denn sie wollen ihre Zeit zunehmend allein gestalten, und die Eltern können wieder öfter ihren eigenen Interessen nachgehen.

Es ist nicht leicht, diesen Prozeß erfolgreich durchzustehen. Deswegen machen wir Sie schon zu einem Zeitpunkt darauf aufmerksam, wo Ihr Kind noch klein ist.

Zum Nachdenken und Notieren
Welche Rückschlüsse ziehen Sie für Ihre künftige Lebensgestaltung aus diesen Bemerkungen?

_____
_____
_____
_____
_____
_____

Indirekte und direkte Erziehung

Ihre Erziehung und Ihr Umgang mit Ihrem Kind verläuft auf zwei Ebenen: auf einer indirekten und einer direkten. Der Erziehungswissenschaftler Wolfgang Brezinka unterscheidet zwischen diesen beiden Möglichkeiten, weist jedoch darauf hin, daß die indirekte Erziehung noch wichtiger ist als die direkte!

Die Ratschläge, die wir im ersten Teil „Prima Klima" gegeben haben, gehören demnach im wesentlichen zur „indirekten Erziehung". Bei einem guten Familienklima können Sie erwarten, daß Ihre Kinder die Grundeinstellung zum Leben durch Ihr Vorbild und durch die Gewöhnung, die aus dem gemeinsamen Gestalten des Alltags geschieht, weitgehend spontan lernen. Ihr gesamter Lebensstil, die Art, wie Sie Ihr Leben bewältigen, ist eine einflußreiche Erziehung ohne große Worte.

Demgegenüber nimmt die direkte Erziehung mit Zureden, Ermahnen, Unterweisen, Disziplinieren und Strafen einen geringeren Stellenwert ein!

Vielfach wird das Gegenteil angenommen. Dieser Hinweis sollte Sie stärker auf Ihre indirekten Botschaften achten lassen und Sie anspornen, sich in Ihrer Persönlichkeit und Ihrem Lebensstil so zu verändern, daß Sie Ihren Kindern mit gutem Gewissen ein Vorbild sein können.

Die Kleinkind- und Vorschuljahre

„Für den Erziehungsstil der Eltern muß man zu drei Stufen raten, die mit den drei Stufen Kleinkind, Kind und Jugendlicher korrespondieren:
- *Das Kleinkind wird lediglich gefordert, weil es die dahinterstehenden Begründungen noch nicht versteht.*
- *Das Kind benötigt die Kombination aus Forderung und Begründung.*
- *Der Jugendliche erhält Begründungen, die die Forderungen implizieren.*

Viele Eltern erziehen nicht phasengerecht, wenn sie dem Kleinkind nur etwas begründen, in der Forderung aber unklar oder inkonsequent bleiben, und wenn sie an Jugendliche nur Forderungen stellen, diese aber nicht begründen." (2)

Ein ständiger Begleiter

Alles, was Sie tun, ist einem Kleinkind wichtig: kochen, einkaufen, reparieren, musizieren. Sie haben einen ständigen Begleiter und Nachahmer. Wenn Sie Ihre Arbeit fröhlich und singend erledigen, hören Sie Ihren Kleinen garantiert munter herumkrächzen, während er in der Spielecke vor sich hin werkelt. Auch wenn Sie manchmal aus der Haut fahren und wütend vor sich hin schimpfen, dauert es oft nicht lange, bis Ihr Kind es Ihnen gleichtut. Ihr Vorbild und damit die indirekte Erziehung, die Sie ausüben, hat mehr Einfluß, als Sie vielleicht wahrhaben wollen.

Spaziergänge können jetzt für Eltern sehr lang(sam) und ermüdend werden. Jede kleine Pfütze, jedes Mäuerchen, ein Stock, eine Schnecke, die vielen bunten Blätter, der erste Schnee - alles lädt zum Entdecken und Verweilen ein. Eine Mutter sagte humorvoll: „Ich gehe nicht spazieren. Ich ‚stehe' spazieren!" Sie rät, immer ein Taschenbuch mitzunehmen. Sie selbst hätte stehenderweise schon ganze Bände verschlungen.

In diesem Alter ist der Vater auf jeden Fall gefragt! Wir wissen, daß manche Männer mit Säuglingen nicht soviel anfangen können, leider! Aber jetzt, wo das Kind verständiger geworden ist, können Sie als Mann mehr mit ihm anstellen: aus Bauklötzen Türmchen bauen, die Puppe in die Kleider zwängen, hinter dem Ball herkrabbeln, als Klettergerüst dienen und das Bilderbuch noch einmal vorlesen.

DIE KLEINKIND- UND VORSCHULJAHRE

Ein ständiger Begleiter

Ein ganz wichtiger Dienst ist, das Kind bei Erledigungen mitzunehmen; auf dem Weg zur Post und zur Bank, zur Gartenarbeit, zum Autowaschen. Gerade wenn Väter den ganzen Tag außer Haus arbeiten, sind solche Momente besonders wichtig. Ein Vater, der so auf seine Kinder eingeht, steht bei ihnen immer hoch im Kurs, wird bewundert und nachgeahmt.

Selbständigkeitsversuche

Mit eineinhalb Jahren will ein Kind fast alles selbst machen. „Leine machen, leine machen!" schreit es, wenn Sie ihm die Hose hochziehen wollen. Lassen Sie es probieren, wie weit es kommt. Genau wie Sie will es den Tisch decken, Kartoffeln schälen und Fenster putzen. Nun gut, manches geht wirklich nicht, aber lassen Sie es mit Ihnen zusammenarbeiten, wo es nur möglich ist, denn dabei lernt das Kind unbezahlbare Lektionen für sein weiteres Leben.

Für die Kleinkindjahre gelten zwei wichtige Regeln:

1. Möglichst alles, was ein Kleinkind selbst tun will und kann, sollten Sie es tun lassen!
2. Erledigen Sie soviel wie möglich zusammen mit dem Kind - und das spielerisch!

> ***Zum Nachdenken und Notieren***
> Wenn Sie den Kleinkindalltag durchdenken, wie können Sie diese beiden Leitlinien noch besser umsetzen?

Die Kleinkind- und Vorschuljahre

Spielend lernen

Beim Spielen versteht Ihr Kind keinen Spaß

„Nur für uns Erwachsene ist das Spiel eine ‚unnütze' Tätigkeit, der man nachgeht, wenn man ‚nichts Besseres zu tun hat'. Für Ihr Kind ist Spiel jedoch (manchmal bitterer!) Ernst. Es ist mit seiner ganzen Person bei der Sache, strengt sich bis zur Ermüdung an, bricht in Tränen aus, wenn ihm etwas nicht gelingt, oder gerät in Zorn über sich und die Widerspenstigkeit der Dinge, fühlt sich als der Größte, wenn ihm ein Spiel-‚Vorhaben' geglückt ist.

Da das Kind nun allmählich lernt, zwischen Realität und Phantasie, zwischen Spiel und Ernst, zwischen ich und du zu unterscheiden, gewinnt eine neue Art von Spiel langsam an Bedeutung: Das Spiel mit Rollen und Requisiten.

Im dritten Lebensjahr sind die Rollenspiele meist noch ganz einfacher Natur: Die Mutter füttert das Kind; ein brüllender Löwe krabbelt durchs Zimmer; einfache Kaufladenspiele.

Ab dem vierten Lebensjahr werden diese Spiele jedoch immer vielgestaltiger und phantasiereicher - natürlich parallel zur Entfaltung der Sprechfähigkeit und zum Anwachsen des kindlichen Erfahrungsschatzes. Außerdem bezieht es zunehmend andere Personen, Kinder und auch Puppen mit ein, gibt zwischendrin Regieanweisungen und spricht mehrere Rollen mit verstellter Stimme." (3)

Das Rollenspiel ist in diesem Alter ein wichtiger Weg zur Selbstbestimmung und Übernahme von Familienregeln. Im Spiel lernt es, sich mitzuteilen, sich sozial zu verhalten und Probleme zu lösen. Im Rollenspiel übt das Kind seine Sprach- und Ausdrucksfähigkeit am besten und spielt sich langsam in die Welt der Erwachsenen ein.

„Spielregeln" für die Eltern

In einer Broschüre der Bundeszentrale für gesundheitliche Aufklärung findet sich eine Reihe von Tips für den richtigen Umgang mit Kleinkindern (4). So zum Beispiel:

- Spielen ist die wichtigste Beschäftigung für Ihr Kind. Lassen Sie ihm deshalb Zeit und Ruhe dafür, und unterbrechen Sie es nicht unnötig.
- Was richtig ist, lernen Sie von Ihrem Kind selbst: Beobachten Sie es, und Sie werden merken, wann es eine neue Spielanregung, wann Ermunterung und Zuspruch, wann nur Ihre Aufmerksamkeit braucht.
- Versuchen Sie nicht, Ihr Kind schon jetzt zuviel zu fordern, ihm vielleicht im Hinblick auf den späteren Ernst des Lebens zuviel beibringen zu wollen. Ihr Kind bestimmt das Tempo selbst.
- Schieben Sie Ihr Kind nicht in sein (wenn auch wunderschönes) Spielzimmer ab. Denn bei Ihnen zu sein, alles genauso

Die Kleinkind- und Vorschuljahre

Spielend lernen

zu machen wie Sie, ist ihm jetzt noch das Wichtigste. Um so eher und schöner wird Ihr Kind dann später auch allein oder mit anderen Kindern spielen können.
- Ihr Kind braucht schon jetzt Kontakt zu anderen Kindern. Lassen Sie es mit Nachbarskindern spielen, oder schließen Sie sich einer Babygruppe an.

- Weniger ist manchmal mehr! Geben Sie Ihrem Kind nie viele Spielsachen auf einmal - lieber öfter mal etwas Neues oder das alte Spielzeug wieder neu. Und teuer muß Spielzeug in diesem Alter auch nicht sein. Wertlose Gegenstände sind meist interessanter.
- Beschäftigen Sie Ihr Kind nicht ununterbrochen. Sie sind kein Unterhaltungskünstler und wollen aus Ihrem Kind keinen passiven Zuschauer machen.

So erkennt man Spielstörungen

In derselben Broschüre finden sich auch Hinweise, wie Sie mögliche Spielstörungen Ihres Kindes erkennen können(5):

- Das Kind sitzt längere Zeit untätig herum (ohne krank oder müde zu sein).
- Es wiederholt mechanisch immer die gleichen Handgriffe an den Gegenständen (mit entsprechend unbeteiligtem Gesicht).
- Es fragt zu häufig für sein Alter: „Mama, was soll ich spielen?"
- Es fängt häufig ein Spiel an, gibt es dann aber bei der geringsten Schwierigkeit wieder auf. (Vorsicht, bei kleineren Kindern ganz normal!)
- Es spielt hektisch und chaotisch, wirft Dinge ständig durcheinander, zerstört häufig mutwillig Gegenstände, geht sehr aggressiv mit Puppen und Plüschtieren um. (Vorsicht: Wenn Dinge durch „Untersuchen" kaputtgehen, so zählt das nicht. Auch schlechte Behandlung von Dingen im Wutanfall zählt nicht!)

Wenn ein Kind einmal nicht ißt, so ist das für die meisten Eltern Anlaß zu großer Sorge. Doch wenn ein Kind nicht richtig spielt, wird es häufig gar nicht wirklich bemerkt. Dabei ist letzteres meist ein viel ernsteres Alarmzeichen. Experten sind sich einig: Dem Spiel des Kindes sollte die gleiche Aufmerksamkeit gewidmet werden wie der körperlichen Pflege und der Ernährung.

Zum Nachdenken und Notieren
Rollenspiele mit Ihnen, anderen Kindern oder allein sind wichtig, denn sie dienen dazu, die Welt zu erfahren. Welche Hilfen und Anregungen werden Sie Ihrem Kind geben?

Und jede Nacht Theater

Eine repräsentative Studie an über 400 Kindern in Bayern hat ergeben, daß ein Viertel der Vier- bis Fünfjährigen noch immer nicht in der Lage ist, durchzuschlafen; 88 % dieser Vorschulkinder wandern nachts zu Mama und Papa ins Kuschelbett.

Die Untersuchung ergab weiterhin, daß Kinder, die schon im Alter von fünf Monaten regelmäßig aufwachen, mit einer mehr als doppelt so hohen Wahrscheinlichkeit auch noch mit vier bis fünf Jahren unter Schlafstörungen leiden werden, als Kinder, die bereits als Säuglinge durchgeschlafen haben.

Die Ursache für dieses Phänomen sehen die Wissenschaftler darin, daß die Kinder nicht gelernt haben, „richtig" zu schlafen. Es zahlt sich also aus, schon im Säuglingsalter hartnäckig auf gute Schlafgewohnheiten zu achten (siehe SCHLAFGEWOHNHEITEN).

Das Schlafengehen muß angenehm bleiben

Hier sind einige bewährte Regeln, damit Ihr Vorschulkind gute Schlafgewohnheiten entwickelt:

- Befehlen Sie am Abend nicht: „Du mußt jetzt ins Bett", sondern kündigen Sie lieber die Schlafenszeit an. Manchen Kindern hilft es, wenn sie versuchen, „gegen die Uhr" fertig zu werden. Stellen Sie auf einem Wecker die entsprechende Zeit ein; lassen Sie dann Ihr Kind herumwuseln und versuchen, alles Nötige zu erledigen, bevor der Wecker klingelt.

- Stellen Sie klar, daß Sie zehn Minuten vor der Schlafenszeit zur Verfügung stehen, um eine Gute-Nacht-Geschichte vorzulesen. Wenn das Kind bis zu diesem Zeitpunkt fertig ist, wird es eine Geschichte geben, wenn nicht, bleibt noch Zeit zum Kuscheln, Beten und für den Gute-Nacht-Kuß, aber die Geschichte wird dann bis zum nächsten Abend warten müssen.

- Achten Sie auf regelmäßige Abläufe! Ihr Kind sollte wissen, wann es den Schlafanzug anziehen, die Zähne putzen und in sein Zimmer gehen soll. Die Zeit sollte möglichst immer die gleiche sein.

- Schlafenszeit bedeutet Trennung. Sie fällt allen Kindern in diesem Alter schwer. Ein Kleinkind einfach alleine ins Bett zu schicken ist nicht fair und könnte für es sehr beunruhigend sein. Halten Sie sich also während des Schlafenszeit-Programmes in der Nähe Ihres Kindes auf, und versuchen Sie nicht, gleichzeitig noch zehn andere Dinge zu erledigen.

- Vermeiden Sie alles, was Ihr Kind in dieser Zeit beunruhigen oder aufregen könnte. Direkt von einem Spielfilm ins Bett zu marschieren ist genauso ungünstig wie wilde Kämpfe oder Tobereien. Heben Sie sich diese lieber für andere Tageszeiten auf.

- Führen Sie statt dessen ein besonderes Ritual ein. Wird die Schlafenszeit angenehm gestaltet, freut sich Ihr Kind auf diese Tageszeit, anstatt schwierig zu werden, sobald es Zeit wird, schlafen zu gehen. Vater und Mutter sollten sich dabei ablösen, damit sich das Kind von beiden gern ins Bett bringen läßt. Eberhard spielt meistens den Löwen, auf dem unsere Kleine ins Bett reiten darf, während es zu Claudias Ritual gehört, noch eine Geschichte vorzulesen. Danach wird noch ein bißchen gekuschelt, erzählt und gebetet.

„Ich will aber nicht schlafen!"

Die eben genannten Regeln wirken nur bei Kindern, die man von Beginn an an einen regelmäßigen Abendrhythmus gewöhnt.

Die Kleinkind- und Vorschuljahre

Schlafengehen

Wenn Ihr Kind ein großes Geschrei anstimmt, sobald Sie das Zimmer verlassen wollen, nur einschläft, solange Sie am Bettchen sitzen, oder immer wieder aufsteht, müssen Sie ein Umlernprogramm anwenden. Der Schlafforscher Richard Ferber empfiehlt dazu die „Checking-up-Methode":

- Achten Sie auf all die oben genannten Punkte zum Schlafritual. Das Zubettgehen muß etwas Angenehmes sein.
- Halten Sie auf jeden Fall den Zeitrahmen ein. Lassen Sie sich nicht zu einer weiteren Geschichte und noch ein bißchen Weiterschmusen überreden. Je konsequenter Sie auftreten, desto größere Chancen haben Sie, daß Ihr „Kontrahent" Ihnen glauben wird.
- Erklären Sie danach, daß Sie nicht länger am Bett sitzen bleiben werden, und betonen Sie, daß es nicht aufstehen darf, Sie aber die Tür einen Spalt offenlassen.
- Verlangt Ihr Kind nach Ihnen, gehen Sie kurz ins Zimmer und bestätigen Sie beruhigend, daß Sie da sind und daß es keine Angst zu haben braucht. Dann gehen Sie wieder hinaus. Das Kind benötigt die Gewißheit, daß es nicht verlassen wurde. Hört das Weinen oder Rufen nicht auf, erscheinen Sie kurz in regelmäßigen Abständen, die Sie mit der Zeit vergrößern. Bitte kein Schimpfen oder Drohen, sondern nur deutlich machen, daß Sie in der Nähe sind.

- Greifen Sie jedoch konsequent durch, wenn Ihr Kind sich weigert, einzuschlafen, und sein Bett wieder verläßt. Schicken Sie es sofort wieder ins Bett, und sagen Sie ihm, daß sie die Zimmertüre schließen werden, wenn es sein Bett verläßt. Machen Sie Ihre Drohung wahr, wenn Ihr Kind Ihnen nicht gehorcht, und schließen Sie die Tür für einen kurzen Augenblick - ungefähr eine Minute lang. Verriegeln Sie die Zimmertür nicht; aber halten Sie sie zu, wenn Ihr Kind versuchen sollte, sie aufzuziehen. Ein Kind in seinem Zimmer einzusperren ist für dieses eine furchterregende Erfahrung und wird diesen neuen Lernprozeß nicht begünstigen. Aber Ihr Kind sollte lernen: Die Tür bleibt offenstehen, wenn ich im Bett bleibe. Steige ich aus dem Bett, bleibt sie zu.

„Die ersten Nächte werden nicht einfach sein. Kinder unterscheiden sich auch darin, wie lange sie zu kämpfen bereit sind. Manche werden schnell feststellen, daß sie lieber im Bett bleiben und die Tür offenstehen lassen, als daß sie aus dem Bett steigen und dafür die Tür zugemacht wird. Bleiben Sie hartnäckig und halten Sie durch, dann wird sich die Lage innerhalb von einer oder höchstens zwei Wochen erheblich bessern."
(6)

Zum Nachdenken und Notieren
Kinder benötigen unterschiedlich lange zum Erlernen guter Schlafgewohnheiten und brauchen individuelle Wege der Erziehung. Welche der genannten Tips scheinen für Ihr Kind anwendbar?

DIE KLEINKIND- UND VORSCHULJAHRE

Kleine anfangen zu essen, während alle anderen warten, bis sich der letzte aufgetan hat und Mama, die Köchin, guten Appetit wünscht. Wenn sich sofort alle auf das Essen stürzen würden, wäre bei einer größeren Familie der erste nämlich schon fertig, wenn sich der letzte gerade erst seinen Teller gefüllt hat.

Was kann ich erwarten?

„Welche Anforderungen kann ich an ein Kleinkind im zweiten Lebensjahr stellen? In welchem Alter kann ich überhaupt welche Fähigkeiten erwarten?" Das fragen sich alle jungen Eltern, besonders beim ersten Kind. Sie nehmen ihren Erziehungsauftrag sehr ernst, überfordern aber ihr kleines Kind oftmals, weil sie zu wenig Erfahrungen haben. Lassen Sie uns in diesem Abschnitt einmal einige Probleme ansprechen, was wir von so einem Kleinen in unserer Familie nicht erwarten würden.

Tischmanieren

Wir erwarten zum Beispiel nicht, daß unsere Jüngste so lange am Tisch sitzen bleibt, bis auch der letzte mit Essen fertig ist. Wenn unsere Zweijährige aufgegessen hat, darf sie aufstehen und spielen. Das Zusammensitzen, bis alle ihre Mahlzeit abgeschlossen haben, erwarten wir erst von den Fünf- bzw. Sechsjährigen. Aber wenn Eltern mit ihren Kindern plaudern, bleiben diese auch lieber länger sitzen.

Eine ähnliche Regelung gilt für den Essensbeginn. Nach dem Tischgebet kann die

Mit Messer und Gabel

Es reicht völlig aus, wenn Sie Ihrem Kind mit etwa vier Jahren beibringen, mit geschlossenem Mund zu essen, und etwa ab dem Schulalter, richtig mit Messer und Gabel umzugehen. Das kann ein langwieriges Unternehmen werden. Bleiben Sie barmherzig, und erwarten Sie nicht gleich alles sofort. Vor allem kann es spielerisch und humorvoll gelernt werden, etwa so, wie es Eberhard mit unserem sechsjährigen Chris gemacht hat. „Hör mal, Chris", hat er gesagt, „jetzt bist du wirklich alt genug, daß du Messer und Gabel gebrauchst und mit geschlossenem Mund ißt. Wenn wir bei Oma und Opa eingeladen sind oder einmal ins Restaurant essen gehen, möchtest du bestimmt nicht, daß die anderen komisch gucken, weil so ein großer Junge noch nicht richtig essen kann. Laß uns ein Abkommen treffen. Immer, wenn du es vergißt, räuspere ich mich und zwinkere dir zu. Dann weißt du wieder Bescheid. Das ist unser Geheimnis. Davon braucht kein anderer etwas zu erfahren." Kinder lieben Geheimnisse. Chris fand das Abkommen großartig. Allerdings mußte sich Eberhard sehr oft räuspern und mit den Augen zwinkern, bis diese Gewohnheit wirklich saß.

DIE KLEINKIND- UND VORSCHULJAHRE

Tischmanieren

Mäkeln und halbvolle Teller

„Wie ist es mit dem Mäkeln am Essen und den halbvollen Tellern, die zurückbleiben? Darf man ein Kind zum Essen zwingen?" fragen Sie sich jetzt vielleicht. Lassen Sie sich, was Mahlzeiten betrifft, niemals zu einem Kampf hinreißen! Wenn dem Essen zu viel Bedeutung eingeräumt wird oder Kinder sogar dazu gezwungen werden, ist der Weg zu Gewichtsproblemen und Eßstörungen schnell geebnet. Sie dürfen davon ausgehen, daß ein gesundes Kind seinen Appetit und die Nahrungsmenge, die es braucht, selbst bestimmen kann.

Natürlich können Sie seinen Appetit steuern, indem Sie Ihrer Familie eine abwechslungsreiche, gesunde und schmackhafte Kost vorsetzen und vor allem den Süßigkeitenkonsum überwachen. Ein paar Leckereien am Nachmittag, und schon ist die Lust auf das Abendbrot dahin.

Von einem Kleinkind erwarten wir nicht, daß es den Teller leer ißt. Da gibt es nämlich ganz perfektionistische Eltern, die ihr Kind bedrängen: „Ein Löffelchen für Mama, ein Löffelchen für Papa ..." Ein Erwachsener, der mit drei Erbsen, aufgespießt auf einer Gabel, beschwörend oder drohend vor seinem Kleinen sitzt, befindet sich in einer wahrhaft lächerlichen Position!

Etwa ab dem fünften Lebensjahr können Sie Ihr Kind auffordern, seinen Teller selbst zu füllen, aber sagen Sie ihm gleich: „Was du dir zutraust, ißt du bitte auch auf. Nimm dir lieber mehrmals etwas!" Das ist auf jeden Fall besser, als wenn Sie ihm den Teller vollschaufeln würden und dann den Ärger mit den Resten haben. So lernt ein Kind, sich selbst einzuschätzen und seinem Bedürfnis gemäß zu essen.

„Und was mache ich mit dem ständigen Mäkeln, wenn es etwas Neues gibt?" Auch darauf gibt es eine einfache Antwort: „Probier von jedem ein wenig (einen Löffel voll!). Sonst weißt du ja gar nicht, wie es schmeckt!"

Natürlich gibt es auch Lebensmittel, vor denen sich manches Kind und mancher Erwachsener regelrecht ekelt; für den einen sind es zum Beispiel Pilze, für den anderen Fettränder am Fleisch. Betreiben Sie dabei keine Prinzipienreiterei, sondern berücksichtigen Sie das Empfinden Ihres Kindes.

„Üben Sie Tischmanieren ein, wenn gerade nicht gegessen wird. Kinder lieben Rollenspiele. Tun Sie so, als planten Sie eine Party; laden Sie die Kinder und all ihre Stofftiere ein. Servieren Sie irgendeine Kleinigkeit. Lassen Sie sich aufzählen, was alles zu schlechten Tischmanieren gehört. Bieten Sie eine begrenzte Auswahl möglicher Folgen für den Fall, daß ein Stofftier sich bei Tisch schlecht benimmt: Man könnte ihm entweder den Teller wegnehmen oder das Tier selbst fortschicken und ihm sagen, es dürfe bei der nächsten Party wieder einen Versuch machen." (7)

Zum Nachdenken und Notieren
Sind Ihre Erwartungen an die Tischmanieren Ihres Kindes altersgemäß gerechtfertigt? Welche Korrekturen sollten Sie vornehmen?

Kein falscher Ehrgeiz

Wir begegnen häufig Eltern, die zu früh mit der Sauberkeitserziehung beginnen. Bei manchen steckt falscher Ehrgeiz dahinter, andere sind das ewige Windelnwechseln einfach leid. Doch um seine Ausscheidungen kontrollieren und die Schließmuskeln überhaupt bewußt betätigen zu können, muß das Kind erst eine bestimmte körperliche und seelische Reife erreicht haben.

„Erst nach Erreichen der Fähigkeit, sicher und selbständig laufen zu können, und erst, nachdem die Sprache zu sinnvollen, wenn auch kleinkindhaften Laut- und Wortformulierungen eingesetzt werden kann, sollte erstmals eine vorsichtige Gewöhnung an den Topf versucht werden. Erst jenseits des zweiten Lebensjahres ist das sinnvoll. Man sollte jedoch nicht meinen, daß diese Leistung von einem bestimmten, fixierten Lebensmonat ab erreicht und beherrscht werden müßte. Das individuelle Entwicklungstempo und die Bereitschaft des Kindes zur Abgabe sind unbedingt zu berücksichtigen. Zu frühe ‚Sitzungen', besonders wenn sie mit Zwang, Ungeduld und Strenge durchgeführt werden, bewirken häufig eher das Gegenteil: Das Kind bekommt eine Abneigung gegen den Topf, ist nicht mehr dazu zu bewegen, darauf sitzen zu bleiben, beginnt die ‚Abgabe' zurückzubehalten, will nicht mehr hergeben, so daß eine psychisch bedingte Verstopfung einsetzt." (8)

Ab wann aufs Töpfchen?

Wenn Sie meinen, daß Ihr Kleines schon zum zweiten Geburtstag zum „Töpfchensitzen" bereit sei, dann testen Sie es vorsichtig ganz ohne Druck. Am günstigsten ist es, morgens nach dem Aufwachen und nach den Mahlzeiten, oder wann Sie sonst eine Ausscheidung erwarten, jeweils eine „Probesitzung" von höchstens zwei Minuten einzulegen. Vielleicht haben Sie Glück. In diesem Alter

mochten unsere Kleinen das Töpfchen außerordentlich gern: Sie schmissen Spielsachen hinein, trugen es vor dem Bauch durch die Wohnung oder setzten es als Hut auf den Kopf! So haben wir es schnell sein lassen und erst einige Monate später wieder versucht.

Günstiger ist, das eigene Vorbild wirken zu lassen - denn jedes Kind will in diesem Alter alles so machen, wie es dies bei Erwachsenen beobachtet. Lassen Sie Ihr Kind beispielsweise dabeisein, wenn Sie auf die Toilette gehen, so will es Ihnen sicher auch dies nachmachen. Dazu kann dann ein kleiner Kindertopf (standsicher und angenehm zum Sitzen) immer gleich bereitstehen - und zunächst eher zufällig wird sich dann auch ein Erfolg einstellen.

Darüber hinaus wird eine pfiffige Mutter mit der Zeit schon herausfinden, wann die tägliche Zeit für das „große" Geschäft ist, oder am verkniffenen Gesichtsausdruck feststellen: Jetzt drückt es wieder! Dann aber schnell das Töpfchen geholt! Setzen Sie sich ruhig dazu. Ein Kind sollte zumindest in der

Anfangszeit auf dem Töpfchen nicht allein gelassen werden. Und wenn dann tatsächlich das Geschäft im Töpfchen dampft, dann loben Sie das Kind über den grünen Klee, und stecken Sie ihm als angenehme Erinnerung eine Belohnung zu. Stolz wird es die „Portion" zur Toilette tragen und dort verschwinden lassen.

Ein günstiger Zeitpunkt

Die Sommerzeit ist ein günstiger Zeitpunkt, um mit der Sauberkeitserziehung zu beginnen. Wenn das Kind ohne Windel im Garten oder im Urlaub im Freien herumspringen kann, entdeckt es oft recht schnell, die eigene Ausscheidung zu beachten und auch zu kontrollieren. Bei vielen hochsaugfähigen Windeln merkt das Kind nämlich gar nicht, ob und wann es Wasser gelassen hat. Läuft es jedoch nackt herum, spürt es aber, wenn der Urin die Beine herunterläuft. Dies empfindet es als unangenehm und achtet dann von sich aus eher darauf, beim nächsten Mal gleich Bescheid zu sagen oder selbst auf die Toilette zu gehen. So lernte unsere Tirza in einem Urlaub problemlos, trocken zu werden.

Bei manchen Kindern ist es schon mit gut zwei Jahren soweit, es ist aber immer noch als ganz normal anzusehen, wenn ein Kind erst mit etwa vier Jahren unter seinen gewohnten Umständen ganz sauber ist. Bei Aufregungen (auch im Spiel), Müdigkeit, in ungewohnter Umgebung kann es aber immer noch mal „in die Hosen" gehen. Das wird sich erst mit fünf oder sechs Jahren völlig geben. Rückfälle gibt es häufig bei der Ankunft eines Geschwisterchens (wenn Ihr Kleines selbst wieder ein Baby sein möchte), Krankheit, Wohnungswechsel - also bei allen großen Belastungen. Nach einigen Wochen verschwinden sie von allein wieder, vorausgesetzt, die Eltern schenken dem Vorfall keine zu großse Beachtung.

> **Zum Nachdenken und Notieren**
> Welche Strategie wollen Sie bei der Sauberkeitserziehung anwenden?

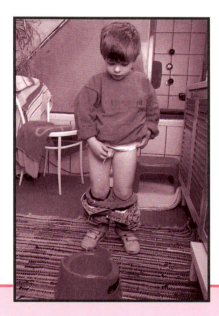

„Sauberkeitserziehung braucht keine todernste Angelegenheit zu sein. Ein Vater hat einmal eine Zielscheibe auf den Boden des Töpfchens gemalt. Sein kleiner Sohn konnte es kaum erwarten, seine Treffsicherheit zu testen." (9)

DIE KLEINKIND- UND VORSCHULJAHRE

Die Vorschuljahre

Bei Zwei- und Dreijährigen sollten das Tischdecken und -abräumen, das Mithelfen und Aufräumen freiwillig und spielerisch verlaufen. Wir haben wiederholt festgestellt, daß Eltern von einem Eineinhalbjährigen allen Ernstes erwarten, daß er ordentlich aufräumt. Selbst ein Zweijähriger hat noch nicht die Reife und Ausdauer, daß Sie es regelmäßig verlangen könnten. In diesem Alter geschieht das Aufräumen des eigenen Zimmers oder der Spielecke spielerisch und gemeinsam mit einem Elternteil. Etwa nach dem Motto: „Ich nehme die Bauklötze, und was willst du wegräumen? Die Puppensachen? Schön. Mal sehen, wer zuerst fertig ist!"

Wochenlisten für Vorschulkinder

Nach unserem Ermessen sollten Sie erst im Vorschulalter auf ernsthaftes, eigenständiges Aufräumen und Ordnunghalten bestehen. Aber dann darf es beim Mithelfen, Aufräumen und Ordnunghalten nicht mehr allein nach Lust und Laune gehen. Jetzt müssen Sie darauf achten, ein beständiges Verhalten einzuüben. Eine gestellte Aufgabe muß, sofern sie keine Überforderung darstellt, durchgeführt werden, auch wenn das Kind gerade mal keine Lust hat. Ein Mensch, der später als Teenager und Erwachsener nur arbeitet, wenn er Lust dazu hat, ist auf lange Sicht lebensunfähig. Die Grundlage für ein gutes Arbeitsverhalten wird bereits im Vorschulalter gelegt.

Ein Vorschulkind muß zunächst einmal lernen, Verantwortung für seinen eigenen kleinen Lebensraum zu tragen. Das heißt:

- selbst ans Waschen und Zähneputzen denken
- die Spielecke zunächst mit Hilfe der Eltern, später aber allein aufräumen
- Kleidungsstücke an einen dafür vorgesehenen Platz legen
- ohne viel Theater essen
- das Nuckeln einstellen

Dazu haben wir eine Wochenliste entworfen, in der unsere Erwartungen durch kleine Zeichnungen illustriert aufgeführt sind, denn das Kind kann ja noch nicht lesen. Wie gesagt, es geht in diesem Alter nur darum, daß das Kind lernt, für sich selbst zu sorgen, noch nicht um Aufgaben für die Familie.

Kopieren Sie sich einen Stoß von der Vorlage im Anhang, und skizzieren Sie weitere Erwartungen, die Sie jetzt für notwendig halten. So zum Beispiel:

- Ich habe meine Geschwister nicht geärgert.
- Mein Kettcar steht in der Garage.
- Die Schuhe sind im Schuhfach.

DIE KLEINKIND- UND VORSCHULJAHRE

Wochenlisten

Abends vor dem Schlafengehen flitzte unsere Esther meistens von selbst zu ihrem Zettel. „Mama, ich habe mich wirklich gewaschen und mir die Zähne geputzt. Da, riech mal ..." - „Hmm, das duftet ja!" Feld für Feld wurde mit einem dicken Stift ausgemalt oder mit einem Aufkleber verziert. Und wenn alles ausgefüllt war, lag am nächsten Morgen beim Frühstück eine kleine Belohnung auf dem Platz des Kindes, als Erinnerung, den neuen Tag genauso großartig zu gestalten wie den letzten. Aber geben Sie bitte nicht nur materielle Belohnungen, sondern loben und ermutigen Sie Ihr Kind darüber hinaus ausgiebig mit Worten.

Wenn Sie dies einige Monate durchhalten, werden Sie feststellen, daß die Erwartungen bei Ihrem Kind zu einer festen Gewohnheit werden, und das auf positive Weise, ohne Schimpfen. Bei vielen Kindern kann man dann ruhig eine Weile mit der Liste aussetzen und einige Zeit später vielleicht mit neuen Erwartungen weitermachen.

161

Der Besuch eines Kindergartens wirkt sich positiv auf die Entwicklung des Vorschulkindes aus. Hier bekommt es Anregungen und Bastelanleitungen, die manch einer Mutter zu Hause gar nicht einfallen würden. Es lernt, mit anderen Kindern auszukommen, mit ihnen zu spielen und sich in eine Gruppe Gleichaltriger einzufügen, was besonders in Familien mit wenigen Kindern oder nur einem Kind wichtig ist. Hinzu kommt, daß manches Kind sich erst daran gewöhnen muß, in einem Kreis stillzusitzen und auf eine Gruppenleiterin zu hören. Will man ihm das erst beibringen, wenn es in die Grundschule kommt, kann es eventuell ein ganzes Schuljahr dazu benötigen.

Kindergarten – aber ab welchem Alter?

Die Frage ist nur, wann ist das richtige Alter für den Beginn eines Kindergartenbesuchs? Leider können diese Überlegungen nicht immer nur aus der Sicht des Kindes geführt werden. Mütter, die berufstätig sein müssen, sind einfach auf die Institution Kindergarten als Betreuungsstätte angewiesen. Aber Eltern, die die Wahl haben, sollten sich gewissenhaft fragen, ob ihr Kind bereits reif für den Kindergarten ist:

- Ist die „Trotzphase", das heißt, die erste Loslösung von den Eltern, erfolgreich abgeschlossen, so daß das Kind fähig ist, sich auf die Anforderungen des Zusammenlebens im Kindergarten einzulassen?
- Kann es schon ein oder zwei Stunden mit anderen Kindern und ohne die Mutter spielen, ohne Schwierigkeiten zu machen?
- Oder will es noch ständig beschäftigt und bei Ihnen sein?
- Ist es auch körperlich ausreichend belastbar (und den zu erwartenden Kinderkrankheiten gewachsen)?
- Ist es schon sauber?
- Zieht es sich weitgehend selbständig an, wäscht sich die Hände und das Gesicht?

Übrigens: Es ist ungünstig, ein Kind anläßlich oder gleichzeitig mit der Geburt eines neuen Geschwisterchens in den Kindergarten zu bringen. Entweder sollte es vorher oder eine ganze Weile nach der Geburt geschehen. Nur zu leicht würde das Kind den Kindergarten sonst als „weggeschickt werden", als Bestrafung empfinden.

Hat das Kind in der Kleinkindphase einen gravierenden emotionalen Mangel erlebt – etwa eine längere Trennung durch einen Krankenhausaufenthalt, die Trennung der Eltern oder der Tod eines ihm nahestehenden Menschen –, kann es ratsam sein, den Eintritt in den Kindergarten einige Zeit zu verschieben, da derartige Ereignisse ein Kind tiefgreifend verunsichern können.

Ebenso umsichtig sollten Eltern reagieren, wenn sie feststellen, daß ihr Kind entwicklungsgestört ist, etwa durch eine Schwangerschafts- oder Geburtsschädigung. Spätes Sprechen und/oder Laufen, auffällige Verhaltensweisen usw. können die Folgen sein. Durch den Aufenthalt in einer Gruppe Gleichaltriger wird dem Kind bewußt, was es alles noch nicht kann. Es spürt seine Grenzen deutlicher denn je und gerät je nach Temperament zunehmend in Konflikte oder zieht sich völlig in sich selbst zurück. Wird ein solches Verhalten sichtbar, sollte man das Kind möglichst schnell entlasten und es teilweise oder ganz aus dem Kindergarten herausnehmen – gleichzeitig aber nicht versäumen, sich (eventuell in Absprache mit dem Kinderarzt) nach anderen Möglichkeiten umzusehen, die das Kind seinem Entwicklungsstand entsprechend fördern, wie zum Beispiel eine Spiel- und Bewegungstherapie (Ergotherapie).

Zwar kann man heute ein dreijähriges Kind für den Kindergarten anmelden, doch sollte man gerade einem jungen Kind den Übergang zu erleichtern versuchen, indem man es zunächst in einen Spielkreis einführt, der sich zwei- bis dreimal in der Woche trifft. Vielleicht findet es dort einen Spielfreund, mit dem es dann in den Kindergarten überwechseln kann. In vielen Kindergärten gibt es Nachmittagsgruppen, die kürzer und kleiner sind und in denen die Erzieher/innen mehr Zeit für jedes Kind haben.

Ein fünfjähriges Kind sollte allerdings regelmäßig den Kindergarten besuchen. Das erleichtert ihm den Einstieg in die Schule wesentlich. Aber dies möglichst nur halbtags, ein ganztägiger Besuch ist lediglich im Notfall zu empfehlen.

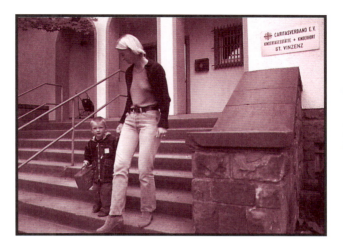

Die ersten Kindergartentage

Eine erfahrene Erzieherin empfiehlt:

- „Kommen Sie zu Beginn der Kindergartenzeit möglichst früh am Morgen mit dem Kind. Dann sind nämlich noch nicht so viele Kinder da. Es ist noch nicht so laut, und Ihr Kind kann sich in Ruhe orientieren.
- Erkundigen Sie sich, ob Sie, wenn Ihr Kind das braucht, eine Ablösung schrittweise vornehmen können. Das heißt: Sie bleiben am ersten Morgen eine längere Zeit mit in der Gruppe, am nächsten Morgen etwas kürzer, am dritten Tag verringern Sie die Zeit noch mehr. So kommt der Abschied für das Kind nicht so abrupt, und die Trennung fällt leichter.
- Gehen Sie nicht ohne Abschied, auch wenn Ihr Kind gerade so schön spielt. Kinder können sich so erschrecken, wenn die Mama oder der Papa plötzlich weg sind, daß sie sich am nächsten Tag gar nicht dem Spiel zuwenden wollen, weil sie ständig darauf achten, ob Mama oder Papa noch da sind.
- Vorsicht bei Belohnungen „wenn du aufhörst zu weinen ... Das kann nämlich ein interessantes Spielchen für Ihr Kind werden. Eine kleine Überraschung auf dem Mittagsteller ist aber manchmal eine schöne Freude für die ersten Kindergartentage." (10)

Zum Nachdenken und Notieren
Wie schätzen Sie die Reife Ihres Kindes ein, und ab welchem Alter wollen Sie es einem Kindergarten anvertrauen?

Schulreife

DIE KLEINKIND- UND VORSCHULJAHRE

Ist mein Kind schulreif?

Diese Frage ist weder für Experten noch für Eltern leicht zu beantworten. Schulpflichtig sind Kinder, die bis zum 30. Juni eines Jahres sechs Jahre alt werden. Auf Antrag können aber auch jüngere Kinder eingeschult werden, die noch im gleichen Jahr das sechste Lebensjahr vollenden. Gerade bei den letzteren fällt die Entscheidung aber oft schwer.

Die meisten Experten raten jedoch, im Zweifelsfall lieber noch ein Jahr zu warten, denn es müssen eine ganze Reihe von Faktoren zusammenkommen, wenn ein Kind vorzeitig eingeschult werden soll. Langeweile im Kindergarten und auch übermäßige Intelligenz sprechen nach Expertenmeinung noch nicht unbedingt für einen frühzeitigen Schulbesuch.

Welche Faktoren müssen bedacht werden? Ein Ratgeber gibt folgende Tips (11):

- Wie steht es mit der körperlichen und seelischen Belastbarkeit des Kindes? Ist es öfters krank? Wie verarbeitet es Konflikte? Stehen sonstige Belastungen an Umzug, Geschwistergeburt, langer Schulweg?
- Wie ist seine Koordinationsfähigkeit insbesondere die Führung der Hände?
- Kann es stillsitzen? Ist es motorisch sehr unruhig?
- Wie ist sein soziales Verhalten?
- Kann es sich in eine Gruppe einfügen? Ist es selbständig? War es im Kindergarten? Wie hat es sich dort bewährt?
- Wie groß ist seine Lernbereitschaft, seine Wißbegier?
- Möchte es überhaupt selbst zur Schule gehen?

- Gehen seine vertrauten Spielkameraden zur gleichen Zeit in die Schule?

„Fest steht: Eine vorzeitige Einschulung darf nicht auf dem einsamen Entschluß der Eltern beruhen - ebensowenig wie eine verspätete. Der Rat der Kindergärtnerin, des Schularztes, ihres Kinderarztes und eventuell eines Diplompsychologen sowie natürlich auch die Meinung des Kindes sollten unbedingt berücksichtigt werden.

Wenn hingegen eine wirklich vorzeitige Schulreife von allen Seiten bestätigt wird, wenn zu Hause günstige Bedingungen vorliegen und wenn das Kind selbst zur Schule drängt, dann sollten Eltern das Entwicklungstempo ihres Kindes auch nicht übersorgt bremsen! Langeweile in den ersten Schuljahren, kein echter Wettbewerb mit den anderen Kindern, fehlende Bereitschaft, sich anzustrengen (weil dem Kind ja alles in den Schoß fällt), könnten die unerwünschten Folgen sein." (12)

Auf die Schule vorbereiten

Es ist immer einfacher, wenn schon ältere Geschwister in die Schule gehen oder das Kind mit ein, zwei guten Freunden gemeinsam eingeschult wird. Auf jeden Fall wird Ihre Vorfreude, Unsicherheit oder Ängstlichkeit nicht spurlos an Ihrem Kind vorübergehen.

Also, verkneifen Sie sich negative Bemerkungen über Lehrer oder andere Schulkinder, und lassen Sie sich nicht zu Sätzen hinreißen wie zum Beispiel: „Na warte, wenn du erst einmal in die Schule kommst!" oder: „Wenn du dich so in der Schule benimmst ... das kann ja was werden!" Dadurch werden Sie nur das Unbehagen Ihres Kindes verstärken.

Zeigen sie vielmehr Ihre Freude über den neuen Lebensabschnitt, schwärmen Sie davon, wie schön es werden wird, wenn Ihr Kind lesen und rechnen kann und der Oma Briefe schreiben wird. Machen Sie den Kauf des Schulranzens und der begehrten Schulutensilien zu einem besonderen Ereignis. Ihre Freude wird sich auf das Kind übertragen, und es wird erwartungsvoll und neugierig auf den ersten Schultag zuleben.

Zwei weitere Dinge sollten Sie vor dem Schuleintritt mit dem Kind üben: den Schulweg (siehe VERKEHRSERZIEHUNG) und das selbständige An- und Ausziehen sämtlicher Kleidungsstücke.

Zum Thema Schulweg gehört, daß das Kind weiß, an welchen Stellen es die Straßen sicher überqueren und wie es sich im Schulgebäude zurechtfinden kann. Sie werden es eine Zeitlang mit dem Kind gemeinsam üben müssen, bis Sie es bangen Herzens allein losziehen lassen. Das zweite gehört zur Entlastung der Lehrerin. Es ist wahrhaftig kein Spaß, wenn sie nach der Turnstunde zwölf Kindern die Schuhe zubinden und zig klemmende Reißverschlüsse öffnen muß.

> *Zum Nachdenken und Notieren*
> Welche Schulreifefaktoren treffen auf Ihr Kind zu?

Die Kleinkind- und Vorschuljahre

Verkehrserziehung

Mehr als 50.000 Kinder verunglücken jedes Jahr im Straßenverkehr. Nahezu jede Woche wird in Deutschland ein Kind im Alter von sechs oder sieben Jahren von einem Auto erfaßt und tödlich verletzt.

Bei solchen Statistiken bekommt man leicht eine Gänsehaut. Es ist gefährlich auf unseren Straßen, und es ist unerläßlich, mit einem Kleinkind wichtige Grundregeln einzuüben.

„Blick nach links, Blick nach rechts ..."

Die Deutsche Verkehrswacht hat die Verkehrsunfälle von Vorschulkindern analysiert und eine Reihe von Verhaltensregeln zusammengestellt, mit denen Eltern das Risiko solcher Unfälle verringern können. Zwei Drittel aller Kinder verunglücken demnach im Umkreis von 250 Metern von ihrem Wohnhaus! Deshalb sollten Eltern ihrem Kleinkind kategorisch verbieten, auf der Straße zu spielen und Straßen allein zu überqueren.

„Auch ein 4- bis 5jähriges Kind sollte nicht allein auf die Straße gelassen werden; selbst wenn es unter Aufsicht der Eltern alles richtig macht. Es kann eben noch keine Geschwindigkeit richtig einschätzen, meist noch nicht sicher - besonders in Belastungssituationen - rechts von links unterscheiden und sich auch in andere Verkehrsteilnehmer noch nicht hineinversetzen. Und in Gefahrenmomenten schließt es womöglich die Augen in der Hoffnung: 'Wenn ich nichts sehe, sehen mich die anderen vielleicht auch nicht!' Deshalb sollten Sie aber trotzdem nicht schimpfen, wenn Ihr Kind im Verkehr etwas falsch macht. Auch wenn Ihre Angst und Ihr Schrecken eine solche Reaktion verständlich machen. Besser ist es, dem Kind jedesmal zu sagen, wie man es richtig macht." (13)

Günstig ist auch das frühzeitige Einüben einfacher Verhaltensmuster: Sagen Sie beispielsweise immer „Stop", wenn Ihr Kleiner sich dem Bordstein nähert. So lernt er, die Grenze zwischen Sicherheit und Gefahr deutlich zu erkennen.

Verbote wie: „Auf keinen Fall allein über die Straße flitzen!" müssen strikt eingehalten werden. Unfälle mit Kindern geschehen gerade dann, wenn diese ganz plötzlich auf die Straße rennen - oft zwischen parkenden Autos hindurch -, weil ein Ball wegrollt oder auf der anderen Seite ein Freund kommt. Üben Sie mit Ihrem Kind an Ort und Stelle, wie es sich zu verhalten hat, wenn Papa drüben nach Hause kommt oder jemand von der anderen Straßenseite ruft.

Schärfen Sie dem Kind ein, daß es die Straße nur überqueren darf, wenn kein Auto kommt. Kinder dieses Alters können Entfernung, Geschwindigkeit und Bremsweg herannahender Fahrzeuge noch zu schlecht einschätzen, deshalb müssen sie warten, bis kein Auto zu sehen ist.

Geübt werden muß ebenso das richtige Überqueren der Fahrbahn: Blick nach links, Blick nach rechts und noch einmal kurz nach links, bis zur Mitte gehen, Blick nach rechts ...

Besonders wichtig: Seien Sie selbst ein eindeutiges Vorbild! Ja, und dann kommen Sie sich oft ganz schön blöd vor, wenn Sie beide einsam Hand in Hand an der roten Ampel stehen und alle anderen Fußgänger an Ihnen vorüberhasten und Sie anrempeln, weil Sie ihnen im Weg stehen.

Ein gründliches Schulwegtraining

Für den Schulanfänger beginnt schließlich der „Ernst des Lebens", und Sie sollten ihn erst dann allein auf den Weg schicken, wenn Ihr gründliches Schulwegtraining erfolgreich abgeschlossen ist. Im Gegensatz zu Erwachsenen haben Kinder im Alter von sechs bis sieben Jahren noch ein stark eingeschränktes Blickfeld. Sie sehen ungefähr ein Drittel weniger als Erwachsene. Wenn Sie den Schulweg mit Ihren Kindern wirklichkeitsnah trainieren wollen, müßten Sie die Strecke eigentlich auf Knien und mit Scheuklappen versehen zurücklegen. Gehen Sie also zumindest an vermeintlich gefährlichen Stellen in die Hocke, um so die kindliche Sichtweise der Verkehrssituation zu erfassen. Fragen Sie das Kind bei der Schulwegübung darüber hinaus ständig: „Was siehst du jetzt?" oder: „Was würdest du jetzt machen?" Nach Ansicht von Verkehrspsychologen fühlt sich das Kind so eher ernstgenommen und weniger bevormundet, und Sie können die möglichen Gefahren des Schulwegs gemeinsam erkennen.

Eltern sollten den Schulweg auch zu unterschiedlichen Zeiten (morgens und mittags) abgehen. So begreifen die Kinder, daß sich Verkehrssituationen ständig ändern.

Nicht immer ist die kürzeste Strecke auch die sicherste. Ein Umweg durch weniger befahrene Straßen kann die Sicherheit des Schulweges laut Verkehrswacht entscheidend steigern.

Farbenfrohe Kleidung und Schulranzen, möglichst mit Reflektorstreifen, machen den Schulweg gerade in den dunkleren Jahreszeiten sicherer.

In den ersten Wochen, in denen das Kind allein unterwegs ist, sollten Sie Ihm ruhig heimlich folgen. Nur so können Sie sich davon überzeugen, wie es die neue Aufgabe bewältigt.

Zusätzlich sollten die Eltern die Strecke auch noch einmal mit dem Auto abfahren, um dem Kind einen Eindruck zu vermitteln, wie der Autofahrer selbst kritische Punkte des Schulweges wahrnimmt.

Das Ziel aller Erziehung

Im Abschnitt über die Altersstufen der Kleinkinder haben wir bereits auf das Ziel des Aufziehens beziehungsweise Erziehens hingewiesen: die Anleitung zu immer größer werdender Selbständigkeit und Eigenverantwortung! Dies gelingt am besten im Team „Familie", in dem die Eltern das Loslassen ständig einüben und sich damit „arbeitslos" machen!

Die folgende Skizze zeigt Ihnen den Verlauf einer Erziehung zu immer größerer Eigenständigkeit und Selbstkontrolle Ihres Kindes, wobei der Kreis die im aktuellen Kapitel behandelte Altersgruppe bezeichnet.

„Kinder zwischen dem vierten und dreizehnten Lebensjahr sind erzieherisch am besten erreichbar. Von fünf bis elf Jahren lernt das Kind besonders gut. Dabei ist die Hirnentwicklung etwa mit zehn Jahren auf einem chancenoptimalen Höhepunkt angelangt. In keinem Alter hat der Mensch so viele graue Hirnzellen wie mit zehn Jahren, von da an nimmt ihre Zahl wieder stetig ab." (1)

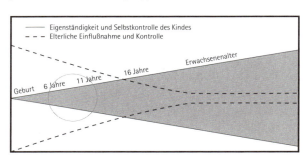

(nach: B. N. Chase, *Discipline them, love them*, David C. Cook Publishing)

Größere Selbständigkeit oder Abhängigkeit?

Die graue Fläche zeigt die gewünschte Eigenständigkeit und Selbstkontrolle des Kindes, die mit dem Alter zunimmt. Die Fläche zwischen den gestrichelten Linien deutet die zunächst große elterliche Kontrolle und Einflußnahme an, die aber mit dem Älterwerden des Kindes abnehmen muß und von dessen Eigenkontrolle abgelöst wird.

Sie sehen, die Altersgruppe, die wir jetzt ansprechen, nämlich die von sechs Jahren bis zum Beginn der Pubertät mit etwa elf oder zwölf Jahren, braucht zunächst einmal starke Belehrung und Lenkung, die dann aber abnehmen muß. Eine gute Kombination aus Forderung und Begründung ist jetzt am günstigsten.

Wenn Sie unsere Ratschläge zu den Themen Unterweisung und Disziplinierung lesen, halten Sie sich die oben abgebildete Skizze vor Augen und hinterfragen Sie dann Ihre Erziehungsvorsätze: „Führen sie mein Kind in größere Selbständigkeit oder in größere Abhängigkeit?" Wenn Sie Ihr Kind korrigieren oder ihm Grenzen setzen, dann doch, damit es Eigenkontrolle lernt und die Fähigkeit, auch dann die richtigen Dinge zu tun, wenn Mama und Papa nicht da sind.

Wollen Sie wissen, woran Sie erkennen können, ob Sie auf dem Weg sind, dieses Ziel zu erreichen?

Ganz einfach: Sie haben dann Erfolg gehabt, wenn sich Ihr Kind auch in Ihrer Abwesenheit verantwortlich verhält und auf die Familienregeln achtet. Es gibt genügend Kinder, die das nur tun, solange sie sich im

VON DER GRUNDSCHULE BIS ZUR VORPUBERTÄT

Einflußbereich ihrer Eltern befinden. Sobald diese weg sind, stellen sie alles auf den Kopf. Solch ein Kind hat die Erziehung seiner Eltern nicht verinnerlicht, sondern gehorcht lediglich, weil die Eltern Macht haben. Das beobachten wir leider recht häufig. Man kann einem Kind eben nicht einfach seine eigenen Wertvorstellungen aufzwingen und überstülpen. Es anzupredigen und Druck auszuüben, hat lediglich kurze Wirkung, nämlich so lange, wie die Eltern die Kontrolle wahren können.

Achten Sie auf ein Familienklima mit bedingungsloser Liebe und gegenseitiger Wertschätzung, geben Sie Ihrem Kind so viel Freiheit, wie es tragen kann, und immer wieder Möglichkeiten zur freien Entscheidung.

Wenn es seine Freiheit mißbraucht, dann sprechen Sie mit Ihrem Kind, setzen Sie Grenzen, und geben Sie ihm erneut Gelegenheit, sich zu bewähren. Hier ein praktisches Beispiel: Sie haben Ihrem Siebenjährigen erlaubt, vor dem Haus zu spielen, aber mit der Auflage, Ihnen Bescheid zu sagen, wenn er fortgehen will. Jetzt ist er einfach verschwunden. Sie werden ihn zur Rede stellen: „Sag mal, was war unsere Absprache?" und mit einer logischen Konsequenz (siehe LOGISCHE KONSEQUENZEN) Grenzen setzen, weil er seine Freiheit mißbraucht hat. „Schätzchen", werden Sie sagen, „den Rest des Nachmittags spielst du auf dem Hof, damit ich dich immer sehen kann. Und morgen können wir wieder versuchen, ob du mit deiner Freiheit richtig umgehen kannst." Mit diesen Worten haben Sie eine Grenze gesetzt, ihm aber auch eine Chance gegeben, sich verantwortlich verhalten zu können. Damit schaffen Sie die besten Voraussetzungen, daß Ihr Kind lernt, das Leben eigenverantwortlich in die Hände zu nehmen.

Erziehungsziele

Stärken und Schwächen

VON DER GRUNDSCHULE BIS ZUR VORPUBERTÄT

Grün, gelb oder rot?

Wollen Sie Ihr Kind effektiv erziehen und fördern, dann müssen Sie seine Einzigartigkeit im Vergleich zu anderen Kindern erkennen und in der Lage sein, mit seinen individuellen Stärken und Schwächen umzugehen.

Die speziellen Fähigkeiten und Grenzen eines Kindes kann man gut mit den drei Farben einer Verkehrsampel vergleichen. Das grüne Licht symbolisiert die Fähigkeiten eines Kindes. In diesen Bereichen ist es motiviert, es hat Erfolg und Freude. Die gelben und die roten Lichter stehen für seine begrenzten Talente. Im „Gelb-Bereich" kann es mithalten, jedoch nur durchschnittlich. „Rot" sind Gebiete, in denen es weder Freude noch Erfolg hat.

Zu Ihrer Erziehungsaufgabe gehört es nun, zu erkennen, wo die „roten", „gelben" und „grünen" Bereiche Ihres Kindes zu finden sind, und es entsprechend zu fördern! Dies gelingt am besten, indem Sie seine spontanen Neigungen beobachten - was es von sich aus gern tut beziehungsweise ablehnt -, seine Gewohnheiten, Temperamentsanteile usw. Für das eine Kind mag Fußball das strahlende „Grün" sein, für ein anderes dagegen, drinnen zu hocken und zu schmökern.

Wenn sich ein Kind in seinen „Grün-Bereichen" bestätigt findet, erfährt es Befriedigung und die Stärkung seines Selbstwertgefühls. Wird es gezwungen, ständig in seinen „Gelb-" und „Rot-Bereichen" zu arbeiten, bleibt es erfolglos und wird frustriert reagieren. Darüber hinaus werden diese negativen Erfahrungen Spuren in seinem Selbstwertgefühl hinterlassen. Warum? Weil es merkt, daß es die Erwartungen anderer niemals zufriedenstellend erfüllen kann. Weil es sich minderwertig vorkommt, nimmt sein Leben immer mehr negative Züge an.

Realistische Erwartungen

Natürlich muß ein Kind manchmal mit „Gelb-" und „Rot-Bereichen" fertigwerden. In der Schule und in der Arbeitswelt wird wenig nach persönlichen Vorlieben gefragt. Nehmen wir an, Ihre Tochter hat in der Schule ihr „Grün" im sprachlichen und musischen Bereich, während sie bei Mathematik und Physik buchstäblich „rot" sieht. Da sie aber auch die naturwissenschaftlichen Fächer lernen muß, wie können Sie ihr helfen zu überleben?

Sie müssen beide bei realistischen Erwartungen bleiben. Sie können zwar erwarten, daß sie in ihren „Grün-Bereichen" gute Leistungen zeigt, müssen aber Ihren Anspruch in den anderen Bereichen verringern, ohne ihn ganz aufzugeben. Sie soll ihr Bestes in Mathe und Physik geben, aber Sie werden mit einem „ausreichend" zufrieden sein.

Natürlich kann sich ein Kind steigern, aber Eltern werden niemals aus einem „Rot" ein „Grün" machen können. Und es ist wichtig, ein „Gelb" oder „Rot" weder als Faulheit noch als Schwäche zu sehen, sondern einfach als persönlichkeitsbedingte Begrenzung!

Probleme tauchen nämlich erst auf, wenn Eltern versuchen, natürliche Grenzen in Fähigkeiten umzuformen, anstatt das Kind so zu akzeptieren, wie es ist. Es ist bedauerlich, einen frustrierten Vater zu beobachten, der sich abquält, aus seinem Sohn einen Athleten zu machen, obwohl dessen „Grün" in anderen Bereichen liegt.

Zum Nachdenken und Notieren

Beobachten Sie die spontanen Neigungen Ihrer Kinder – was sie von sich aus gern tun beziehungsweise ablehnen –, und ordnen Sie ihnen „Grün-", „Gelb-" und „Rot-Bereiche" zu:

Name	Name	Name
Grün	Grün	Grün
Gelb	Gelb	Gelb
Rot	Rot	Rot

Wie können Sie negative Vergleiche zwischen Ihren Kindern vermeiden und jedes einzelne besser annehmen und fördern?

Wie lernt ein Kind am willigsten?

Wir möchten Ihnen einige Möglichkeiten nennen, die Ihnen helfen werden, Ihr Kind zu größerer Eigenverantwortung anzuleiten.

Um willig und freudig lernen zu können, muß sich ein Kind zunächst einmal emotional geborgen fühlen und bestätigt wissen. Wenn diese Voraussetzung fehlt, könnte mancher der folgenden Ratschläge wie eine Dressur anmuten.

Ross Campbell beschreibt in seinem Buch *Kinder sind wie ein Spiegel* einen „emotionalen Tank", der immer gefüllt sein muß. So, wie ein Auto nur fahren kann, wenn sich Kraftstoff im Tank befindet, werden Kinder nur gehorchen, wenn ihr „emotionaler Tank" gefüllt ist. Ein wunderbares Bild, das sich ähnlich gut einprägt wie das des „Familienhauses".

Die folgende Skizze zeigt Ihnen, welche Möglichkeiten Sie beim gemeinsamen Einüben wichtiger Verhaltensweisen einsetzen können:

Ihr Vorbild

Ihre Kinder beobachten Sie den ganzen Tag. Ganz gleich, wie Sie sich fühlen und aufführen, Sie geben ihnen ohne viele Worte die eindrücklichsten Lektionen, wie man die Höhen und Tiefen des Alltags meistert.

Lassen Sie uns einige Dinge aufzählen, die Kinder beiläufig mitbekommen:

- Zuneigung ist etwas, das eher aufgefangen als bewußt gelernt wird. Eine Umarmung, ein Kuß, Sätze wie: „Ich liebe dich" hinterlassen einen tiefen Eindruck und schaffen die Fähigkeit, selbst Zuneigung empfangen und weitergeben zu können.
- Rücksichtnahme lernen Ihre Kinder, wenn sie beobachten, wie Sie anderen helfen. Wenn Sie gerne teilen, auch einmal verzichten können und sich am Glück anderer freuen, kann die gleiche Großzügigkeit in ihre Herzen einziehen.

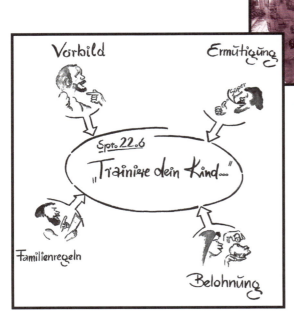

- Ein gesundes Selbstwertgefühl, das wir alle unseren Kindern wünschen, wächst im wesentlichen, wenn Ihr Kind beobachten kann, daß Sie sich wohl fühlen, sich etwas zutrauen und auch die schwierigen Dinge des Lebens zuversichtlich anpacken.

Auf diese Weise könnte die Liste beinahe endlos fortgesetzt werden: Ihre Haltung zum Geldausgeben, Ihre Selbstbeherrschung, Ihr Ordnungssinn ...

VON DER GRUNDSCHULE BIS ZUR VORPUBERTÄT

Wir möchten nicht, daß diese Aufzählung Sie mutlos macht, sondern Sie anspornt, aufrichtig zu leben und an Ihrer Persönlichkeit zu arbeiten. Durch eigenes Vorbild Lebensstil weiterzugeben, ist - grundsätzlich gesehen - eine großartige und entspannte Möglichkeit, zu erziehen. Zuversichtlich gehen Sie Ihren Weg und dürfen darauf vertrauen, daß eine Menge davon auf Ihre Kinder abfärbt.

Ihr Vorbild allein wird nicht immer ausreichen, Ihrem Kind gute Verhaltensweisen und Einstellungen beizubringen. Aber auf jeden Fall legen Sie damit eine gute und glaubwürdige Grundlage für alle weiteren Maßnahmen, die Sie bei Ihrer Erziehung ergreifen werden.

> ***Zum Nachdenken und Notieren***
> Notieren Sie spontan, worin Sie Ihren Kindern bereits ein gutes Vorbild sind:

> In welchen Lebensbereichen müssen Sie noch lernen, ein gutes Vorbild zu sein?

Schneller lernen mit Ermutigung

Sind Sie sich bewußt, daß die aufrichtige Anerkennung positiver Verhaltensweisen eines der wirksamsten Mittel ist, um ein Kind zum Wiederholen eines von den Eltern gewünschten Verhaltens zu veranlassen und es in seinem Selbstwertgefühl zu stärken?

Ein Kind, das ermutigt und motiviert ist, wird neues Verhalten schneller und williger lernen als eines, das dafür nicht gelobt und darüber hinaus noch viel getadelt und bestraft wird.

Der Familienalltag kann Eltern schnell mürbe machen. Besonders, wenn die gleichen Dinge immer wieder vergessen oder falsch gemacht werden. Sie könnten Gefahr laufen, an Ihrem Kind eher die negativen als die positiven Züge zu sehen. Manche Eltern sind bereits so auf die Fehler ihrer Kinder fixiert, daß sie sie regelrecht voraussagen könnten. Das bringt einen eisigen Wind in die Familienatmosphäre.

Halten Sie sich vor Augen: Ein Kind orientiert sich ständig, ob sein momentanes Verhalten angemessen ist oder nicht, und wartet auf eine Rückmeldung von Ihnen. Bei einem Kleinkind können Sie regelrecht beobachten, wie es Sie aus den Augenwinkeln fixiert, um zu sehen, ob Sie einverstanden sind oder nicht, wenn es an die Steckdose geht. Ein älteres Kind zeigt das nicht mehr so offensichtlich.

Ein Kind wird wesentlich schneller lernen, wenn seine Versuche von positiven Kommentaren begleitet werden. Darüber hinaus wird der Umgangston freundlicher, wenn mehr Lob als Tadel ausgesprochen wird. Sie werden sogar erleben, daß aufgrund Ihres Vorbildes selbst Sie von Ihren Kindern gelobt werden. Wie angenehm!

Schulen Sie sich, Ihren Blick nicht in erster Linie auf das negative Verhalten Ihres Kindes zu richten, sondern achten Sie darauf, was Ihr Kind richtig macht. Versäumen Sie nicht, es dafür zu loben und es zu ermutigen.

Ein Beispiel aus unserer Familie: Eine unserer Töchter macht ihren Küchendienst gut. Es läuft tadellos, der Geschirrspüler ist leergeräumt, alle Sachen stehen auf dem Tisch. Da gibt es nichts zu beanstanden. Claudia könnte es als selbstverständlich hinnehmen, aber nein, sie besinnt sich, stellt sich in die Tür und sagt: „Ines, du machst das wirklich großartig mit deinem Küchendienst! Schön, daß du nichts vergessen hast!"

Ermutigung

Sie sollten die Reaktion sehen! Ein strahlendes Gesicht, und mit Eifer wird die Arbeit fortgesetzt.

> Wie oft mag sich ein Kind zumindest ansatzweise Mühe gegeben haben, und die Eltern haben es in ihrem Streß gar nicht gemerkt! Kein Wunder, wenn es dann wie ein kleines Vögelchen seine Flügel hängen läßt und sich sagt: Was soll's? Ich krieg' ja doch immer nur eins auf den Deckel. Noch nicht einmal, wenn ich mir Mühe gebe, merken sie es." Wenn es bei Ihnen zu Hause so aussehen sollte, dann müssen Sie schnell umlernen. Lassen Sie sich den großen Erfolg positiver Verstärkung nicht entgehen!

> „Eltern und Pädagogen sollten sich angewöhnen, Kinder täglich mindestens einmal zu loben; denn Kinder, die mit zu wenig Anerkennung, Zuwendung und Verstärkung aufwachsen, können späterhin nur schwerlich mit Lob und Nähe umgehen; sie reagieren, wenn sie beides nicht ausreichend erlebt haben, oft ganz unverständlich abweisend und ausweichend; sie glauben die positiven Bewertungen nicht, weil die plötzliche Anerkennung im Widerspruch zu ihrer bisherigen Erfahrung steht, oder sie schämen sich, weil sie in ihrem Leben zu selten Gelegenheit hatten, Lob anzunehmen und souverän darauf zu antworten." (2)

So konkret wie möglich!

Wenn Sie Ihr Kind mit Worten und Gesten ermutigen, wollen Sie positive Charakterzüge und Verhaltensweisen bestätigen. Drücken Sie sich dabei so konkret wie möglich aus, und vermeiden Sie allgemeine und unklare Ausdrücke, wie: „Du bist ein braves Mädchen" oder: „Du bist ein lieber Kerl". Sagen Sie lieber: „Du warst sehr geduldig, als ich telefoniert habe. Vielen Dank. Ich weiß, du mußtest lange warten" oder: „Es ist wirklich rücksichtsvoll von dir, den kleinen Timmy zuerst auf die Schaukel zu lassen. Ich freue mich über dich".

Nehmen Sie dieses Konzept der Ermutigung unbedingt mit in Ihr Erziehungsprogramm. Sie werden erleben: Das Zusammenleben kann viel leichter und beschwingter werden!

Zum Nachdenken und Notieren

Denken Sie einmal über Ihre Bemerkungen in den letzten Tagen nach. Wie ermutigend waren sie? An welcher Stelle auf der Skala müssen Sie sich eintragen?

1 2 3 4 5 6 7 8 9 10
sehr kritisch   sehr positiv

Schreiben Sie zu jedem Kind treffende, positive Charakterzüge und Verhaltensweisen auf, und kontrollieren Sie, wie häufig Sie es an einem Tag konkret loben.

Belohnungen

VON DER GRUNDSCHULE BIS ZUR VORPUBERTÄT

Spaß am Lernen durch Belohnungen

Belohnungen sind ein weiteres Mittel, um Ihr Kind in einer Fertigkeit zu schulen, besonders, wenn sie neu und ungewohnt ist. Nehmen Sie doch nur einmal das Schuhezubinden, welch eine komplizierte Aufgabe! Von jedem Schulanfänger wird jedoch erwartet, daß er es fertigbringt. Eine in Aussicht gestellte Belohnung könnte ein träges Kind beflügeln und das Lernen zum Spaß machen.

Sie dürfen Belohnungen nicht zu häufig einsetzen und es damit übertreiben, und Sie müssen dem Kind die Absicht dieses Anreizes erklären. Wenn Sie von vornherein betonen, daß es sie nur für den Zeitraum des Lernens gibt, bis das Kind die neue Fertigkeit beherrscht, brauchen Sie sich keine Sorgen zu machen, daß Ihr Sprößling ständig mit ausgestreckter Hand dasteht, wenn Sie etwas von ihm erwarten. Ist es gut erklärt, fühlt sich das Kind ernstgenommen und durch den Anreiz der Belohnung angespornt. Belohnungen helfen also dem Kind, neue Gewohnheiten und Verhaltensmuster zu erlernen und einzuhalten.

Hier jedoch ein plumpes Beispiel, wie man es nicht handhaben sollte: Ihre Kinder geraten sich in die Haare. Genervt und um wieder Ruhe zu bekommen, schreien Sie in das Durcheinander: „Wenn ihr endlich Frieden gebt, dann bekommt jeder eine Tafel Schokolade!" Dies wäre eine typische Situation, in der sich Eltern mit einem „Lösegeld" die Ruhe erkaufen.

Oder: Sie haben Ihr Kind geschult (mit Hilfe von Belohnungen), seine Sachen ordentlich in die Garderobe zu hängen, aber es hat keine Lust, sich daran zu halten. Jetzt braucht das Kind eine Disziplinierung, aber keine weitere Belohnung, um sich einzufügen.

Noch komplizierter ist es, wenn ein Kind schlechte Gewohnheiten ablegen soll, zum Beispiel unanständige Schimpfwörter, Wutausbrüche oder Nägelkauen. Darf man solche Untugenden mit Belohnungen in Angriff nehmen?

Ja, denn eine Gewohnheit ist ein Verhalten, das unbewußt und unreflektiert ausgeübt wird - deswegen ist sie schwer zu brechen. Da Belohnungen eine starke Motivationskraft haben, bietet sich ihr Einsatz geradezu an!

176

Von der Grundschule bis zur Vorpubertät

> Belohnungen dürfen eingesetzt werden, um zu einem erwünschten, konstruktiven Verhalten anzuspornen, aber nicht, um ein unangemessenes Verhalten zu unterdrücken!
> Im Handumdrehen ist aus Ihrer gut gemeinten Belohnung ein „Lösegeld" geworden.

ner Gewohnheit zu machen, und tragen Sie sie am Kopf der Liste ein.

Dann setzen Sie sich mit dem Kind zusammen, und erklären Sie, daß Sie ihm mit einer Belohnung helfen und es dazu anspornen wollen, diese neuen Aufgaben zu lernen. Beraten Sie miteinander, welche Belohnung angemessen sein könnte, und tragen Sie sie ein. Erklären Sie, daß es 50 Punkte zu erreichen gilt und daß das Kind jedesmal ein oder mehrere Kästchen ausmalen darf, wenn es eine Aufgabe von sich aus erfüllt hat.

Hängen Sie die Karte über den Kinderschreibtisch, an den Kühlschrank oder an einen anderen gut sichtbaren Ort, und warten Sie ab.

Je nach Schwierigkeitsgrad der gestellten Aufgaben können Sie die Punktezahl verändern, damit das Ziel nicht zu spät erreicht wird. Es sollte nicht länger als zwei bis drei Wochen dauern. Sind alle Kästchen ausgefüllt, bemühen Sie sich, die Belohnung sofort einzulösen. Ein Kind könnte enttäuscht sein und sein Eifer künftig erlahmen, wenn es zu lange auf seinen Lohn warten muß.

Die „Ich-hab's-geschafft"-Liste

Eine ausgezeichnete Möglichkeit, Belohnungen ausgewogen im Familienalltag einzusetzen, ist die „Ich-hab's-geschafft"-Liste!

Sie können sich diese Liste aus dem Anhang kopieren und selbst einsetzen. Wählen Sie zwei oder drei Verhaltensweisen aus, von denen Sie meinen, daß Ihr Kind einen Ansporn braucht, um sie zu lernen und zu ei-

Noch einige Tips:

- Überbewerten Sie Belohnungen nicht, und gebrauchen Sie sie nicht über einen zu langen Zeitraum.
- Setzen Sie sie ein, wenn das Kind mit sich kämpft und Ermutigung zum Erlernen eines neuen Verhaltens braucht.
- Wählen Sie die Art der Belohnung nach den Interessen des Kindes. Lassen Sie es sich die Belohnung selbst aussuchen, aber ...
  ... geben Sie keine großen Belohnungen für kleine Aufgaben.
  ... wählen Sie so selten wie möglich Geld als Anreiz.
  ... geben Sie keine Belohnung für die täglichen Routineaufgaben.

Sicherheit und Geborgenheit durch Regeln

Ein Kind empfindet Sicherheit und Geborgenheit, wenn es sich in einem Rahmen einsichtiger und klar abgegrenzter Regeln bewegt. So weiß es, was von ihm erwartet wird und daß es keine Schwierigkeiten bekommen wird, es sei denn, es übertritt diese Grenzen vorsätzlich.

Häufig läßt sich Nervosität, Unausgeglichenheit und Rebellion von Kindern damit erklären, daß sie ständig testen müssen, ob das, was gestern galt, auch heute noch Bestand hat. Es ruft Verwirrung und Erbitterung hervor, wenn Regeln nach Laune und Willkür der Eltern heute gelten und morgen nicht oder sie dem Kind erst mitgeteilt werden, wenn es sie bereits übertreten hat.

„Inflation der Worte"

Inflation gibt es nicht nur beim Geld, sondern auch bei Worten: je mehr Worte, Kommandos und Geschimpfe, desto weniger sind sie wert!

Manche Mutter und mancher Vater müßte einmal eine Zeitlang einen Walkman mit Knopfmikrofon am Gürtel tragen, der alles aufnimmt, was aus ihrem Mund kommt. Einige wären sicherlich erschrocken über sich selbst. „Komm her!", „Laß das sein!", „Tu endlich dies ...!", „Hör auf damit!" – so geht es den lieben langen Tag.

Und die Kinder? Wie mit guten Ohrenstopfen ausgestattet, gehen sie ihren Beschäftigungen nach, ohne sich irritieren zu lassen. Erst wenn Mama oder Papa mit hochrotem Kopf und schriller Stimme in der Kinderzimmertür auftauchen, bücken sie sich lässig nach dem ersten Spielzeug, das weggeräumt werden soll.

Immer dasselbe ...

Kindern fällt von Generation zu Generation auch nicht soviel Neues ein, wie sie ihren Eltern das Leben schwermachen können. Die Konfliktpunkte sind doch immer wieder dieselben, es gibt nicht viele Überraschungen. Sie können also vorbereitet sein. Setzen Sie sich mit Ihrem Ehepartner oder guten Freunden zusammen, sprechen Sie die Schwachpunkte Ihres Familienlebens durch, und stellen Sie Regeln mit den entsprechenden Konsequenzen für den Fall des Nichtbeachtens auf. (Über Konsequenzen sprechen wir im dritten Teil des Buches.)

Sammeln Sie Ihre Mannschaft nach diesem Vorgespräch zu einer Familiensitzung (siehe FAMILIENRAT) um sich, erklären Sie ihnen, warum Sie diese Regeln einführen wollen, und lassen Sie sie sich dazu äußern und weitere Vorschläge machen. Erfahrungsgemäß nehmen Kinder so etwas positiv auf, denn sie wollen auch keinen Dauerkrach mit ihren Eltern, sondern gerecht behandelt werden und wissen, was ihre Aufgaben sind.

Aber nun zur Aufstellung guter Familienregeln. Eine wirkungsvolle Regel ist:

- klar definiert
- altersgemäß
- für das Kind verständlich

Diese drei Kriterien sollten Sie bei jeder Familienregel berücksichtigen. Beachten Sie aber auch, daß die Einhaltung überwacht werden muß.

Zum Nachdenken und Notieren
Wenn Sie die Reibungspunkte Ihres Familienlebens zusammentragen, werden Sie wahrscheinlich im wesentlichen auch auf die folgenden Begriffe kommen:

- Ordnunghalten
- Mithelfen in der Familie
- Verhaltensregeln
- Schlafenszeiten
- Schule und Hausaufgaben
- sinnvolle Freizeitgestaltung
- Taschengeldverwaltung

Fallen Ihnen noch weitere ein?

„Wenn bis zum elften Lebensjahr die Hauptarbeit von Erziehung nicht schon erfolgreich geleistet worden ist - also in bezug auf Zähneputzen, Sauberkeit, Ordnung, Pünktlichkeit, Offenheit, Ehrlichkeit, Selbstdisziplin, Fleiß, Konfliktbewältigungskompetenz, Hilfsbereitschaft und Familienteambewußtsein -, gewinnen Eltern oft den Eindruck, daß sie ab dann vor allem **gegen** alle möglichen Mißlichkeiten erziehen müssen, nicht aber so sehr mehr **für** etwas." (3)

Ein Familienrat

Die konfliktfreie, heile Familienwelt ist eine romantische Utopie (siehe MENSCHENBILD). Neben den schönen Erlebnissen, den guten Gesprächen und gemeinsamen Abenteuern kommt es ebenfalls häufig zu Reibereien, Mißverständnissen, Konkurrenzdenken, Machtkämpfen zwischen Eltern und Kindern und Erziehungsschwierigkeiten. Aber wenn man über diese Konflikte nicht spricht und nicht nach Lösungswegen sucht, eskalieren die Probleme. Ein Familienrat, möglichst regelmäßig jede Woche oder alle vierzehn Tage einberufen, ist die beste Vorbeugung für heftige Konflikte und ein ideales Einübungsfeld, ehrlich und offen nach Lösungen für alle familiären Fragen zu suchen, wie zum Beispiel für Schulprobleme, Mithilfe im Haushalt, für Freizeit- und Urlaubsgestaltung.

Worin bestehen Sinn und Früchte des Familienrates?

Laut Jens Kaldewey ist ein Familienrat *„ein regelmäßig stattfindendes Gespräch zwischen Eltern und Kindern, in dem man einander mitteilt, was man wirklich denkt, fühlt und möchte, und gemeinsam Lösungen berät."*

Der Sinn des Familienrates ist es:

- *Konflikte zu entschärfen*
- *einander besser zu verstehen*
- *Offenheit, Zuhören können, Versöhnung, Vergebung, Korrekturfähigkeit, Kompromißbereitschaft und -fähigkeit zu lernen*
- *verschiedene Lebensstile, Lebensweisen und Tagesprogramme besser aufeinander abzustimmen.*

Die Früchte eines über längere Zeit durchgeführten Familienrates sind:

- *eine Verbesserung der Familienbeziehungen*
- *eine harmonischere Atmosphäre*
- *bessere Entscheidungen*
- *größere Ehrlichkeit*
- *eine Verringerung heimlicher Frustrationen*
- *ein besseres Verständnis füreinander und damit auch mehr Toleranz.* (4)

Beispiele aus der Praxis

Familie Kaldewey, die sich schon seit Jahren regelmäßig zu einem Familienrat zusammensetzt, hat zu folgendem bewährten Ablauf gefunden:

- **Dank**

„Wir beginnen unser Gespräch bewußt mit dem Austausch positiver Erfahrungen. Meine Frau oder ich stellen die eine oder andere Frage folgender Art:
,Wer hat etwas, wofür er dankbar ist?'
,Wer hat etwas Schönes erlebt?'
,Wer hat ein Kompliment für einen von uns?'

- **Information**

In einer Familie gibt es immer wieder viel zu besprechen. Meist ist das Gespräch am effektivsten, wenn alle anwesend sind. Dann braucht nichts zweimal gesagt zu werden, es geht weniger versehentlich unter, und jeder fühlt sich einbezogen.

In diesem Teil des Familienrates haben also Ankündigungen, Pläne für die Freizeitgestaltung, außerdem Haushaltsangelegenheiten, Aufgabenverteilungen und Terminplanungen Platz. Er ähnelt sehr einer Managementbesprechung und bietet so eine gute Stütze für die erfolgreiche Organisation des Haushaltes.

VON DER GRUNDSCHULE BIS ZUR VORPUBERTÄT

● **Problemlösung**
Dieser Teil erfordert das größte Maß an Weisheit, Fingerspitzengefühl und Reife, besonders natürlich von seiten der Eltern. Es ist aber auch der Teil, der Heilung, eine vertiefte Gemeinschaft, ein größeres Verständnis füreinander, Erleichterung für das Zusammenleben und eine Verminderung der Reibungsflächen mit sich bringt.

    Wir stellen zum Beispiel folgende Fragen:
    ‚Wer hat etwas, das ihn stört?'
    ‚Wer hat Probleme?'
    ‚Was ärgert uns?'
    ‚Was nervt uns?'

Der Abschluß des Familienrates ist manchmal ganz formlos, manchmal beten wir auch zusammen und bringen unsere Dankbarkeit Gott gegenüber zum Ausdruck.

    Es kommt manchmal auch vor, daß plötzlich jemandem noch etwas einfällt, meist sind es dringende Informationen. Sie können dann noch schnell weitergegeben werden." (5)

> ***Zum Nachdenken und Notieren***
> Was halten Sie von einem Familienrat? Notieren Sie einmal die aktuellen Reibungspunkte und dringenden Absprachen, die besser in einer regelmäßigen Familienrunde durchgesprochen und gelöst werden können als zwischen „Tür und Angel".

„Dauerbrenner" Ordnung

Ordnung in Kinderzimmer und Wohnbereich ist ein Dauerbrenner unter pflichtbewußten Eltern.

Als erstes gilt hier: Setzen Sie innerhalb Ihres Lebensbereiches realistische Maßstäbe für Ordnung und Sauberkeit. Eine Wohnung mit kleinen Kindern kann nicht so piekfein aussehen wie ein Ausstellungszimmer in der Zeitschrift *Schöner wohnen!*

Realistische Maßstäbe

Aber wie sehen realistische Maßstäbe aus? Lassen Sie uns einmal an ein Kind im Vorschulalter denken. Von einem Fünfjährigen sollten Sie noch nicht erwarten, daß er sein Zimmer allein in Ordnung hält, sondern Sie sollten es mit ihm zusammen tun. Dabei können Sie ihn motivieren und zum Beispiel um die Wette mit ihm die Spielsachen aufräumen.

Ein angemessenes Ziel ist, mit dem Beginn des Schulalters zu erwarten, daß ein Kind sein Zimmer oder seinen Spielbereich allein in Ordnung hält. Sie können ihm das Aufräumen erleichtern, indem Sie Kisten übersichtlich in Regale stellen: hier eine für Spielzeugautos, daneben eine für Legosteine und noch eine für Puppenkleidung. Dann wissen Kinder, wohin die Sachen gehören, und schon geht das Aufräumen schneller und einfacher. Bitte berücksichtigen Sie, daß Kinder durchaus einen eigenen Sinn für Ordnung haben und Dinge anders zuordnen als Erwachsene.

Normalerweise reicht es, wenn einmal am Tag - am besten abends oder an bestimmten Tagen, wie Mittwoch oder Samstag - aufgeräumt wird, und dann auch nur grob die Dinge, die wild herumliegen. Die kunstvoll errichtete Legoburg zu zerstören, wäre doch zu schade.

Kleidung zusammenzulegen und aufeinanderzustapeln, fällt Kindern sehr schwer. Sie erleichtern ihnen die Sache, wenn Sie ihnen mehr zum Aufhängen geben. Von einem Grundschüler können Sie durchaus erwarten, seine Wäsche an bestimmten Tagen selbständig zu wechseln und schmutzige in den Wäschekorb zu bringen. Es überfordert ihn auch nicht, frische Wäsche selbst einzuräumen.

Darüber hinaus achten wir schon bei den Vorschülern darauf, daß die Kleidung abends auf einen Stuhl gelegt wird oder an einem dafür bestimmten Platz verschwindet. Nach einigem Hin und Her haben wir uns auf eine eiserne Regel geeinigt: Keine Kleidung auf dem Fußboden!

Hat das Kind einen leichtgängigen Bettkasten auf Rädern, in dem die Bettwäsche

VON DER GRUNDSCHULE BIS ZUR VORPUBERTÄT

problemlos verschwinden kann, kann es selbst sein Bett in Ordnung halten.

Ach ja, dann gibt es noch die Garderobe. Wenn Sie sie geräumig halten und jeder einen großzügigen, markierten Platz für Schuhe, Jacken und Mäntel hat, sollte es ihm doch möglich sein, dort selbst für Ordnung zu sorgen.

Wenn Sie dann auch noch darauf achten, daß jeder, der sich zwischendurch am Kühlschrank oder in der Küche bedient, sie auch wieder so verläßt, wie er sie vorgefunden hat, bleibt bald keine Arbeit mehr für Sie übrig.

Erwarten Sie aber bitte nicht alles auf einmal von einem Sechsjährigen, sondern bauen Sie Schritt für Schritt auf.

Unermüdliches Training

Möchten Sie, daß Ihre Kinder sich an diese Maßstäbe halten, dann informieren und trainieren Sie sie.

Dazu müssen Sie vier Schritte durchgehen:

1. Sie zeigen, wie eine Aufgabe durchgeführt werden soll.
2. Sie machen es mehrere Male zusammen mit Ihrem Kind.
3. Ihr Kind macht es selbst, während Sie dabei sind und es tüchtig loben.
4. Ihr Kind macht es allein.

Es mag Ihnen etwas albern vorkommen, einem Kind so penibel vorzuführen, was doch eigentlich klar ist. Aber es ist erstaunlich, wie unwissend und ungeschickt sich Kinder oftmals geben. Eltern setzen zu viele Dinge einfach voraus, erklären schlecht, und die Kinder sind frustriert, daß sie es ihnen nicht rechtmachen können.

Bei dem ganzen geht es ja nicht nur darum, daß Ordnung gehalten wird und Sie weniger Arbeit haben. Kinder lernen dadurch Verantwortung und die Disziplin, eine Aufgabe regelmäßig durchzuführen. Dies gibt ihnen Sinn für Ordnung und schafft ihnen eine angenehme Umwelt.

Zum Nachdenken und Notieren
In welchen Punkten sind Ihre Maßstäbe bezüglich Ordnung nicht realistisch oder überzogen?

_____
_____
_____

Welche Aufgaben müssen Sie einführen und dann unermüdlich darauf achten?

_____
_____
_____

Bei uns packt jeder mit an!

Ihren aktiven Teil zum reibungslosen Ablauf des Haushalts beizutragen, sollte für alle Familienmitglieder selbstverständlich werden. Dabei nehmen nicht nur die Mädchen, sondern auch die Jungen Verantwortung wahr. Art und Ausmaß der Aufgaben werden altersgerecht verteilt.

Da sind zum Beispiel:

- Küchendienst (wird unter den Familienmitgliedern aufgeteilt)
- das eigene Zimmer aufräumen
- jüngere Geschwister bei den Hausaufgaben oder beim Spielen beaufsichtigen (aber nicht zu häufig!)
- Erledigungen für die Familie
- anfallende Hilfeleistungen wie Hausputz, Gartenarbeiten oder Reparaturen

Betrachten Sie das Mithelfen Ihrer Kinder nicht nur als Arbeitserleichterung für Sie, sondern erkennen Sie die weitreichenden Auswirkungen auf die Persönlichkeitsentwicklung: Möchten Sie, daß Ihr Kind hilfsbereit, ausdauernd und selbständig wird? Dann geben Sie ihm Aufgaben, bei denen es diese Tugenden lernen und ausüben kann. Mitarbeit in der Familie ist der ideale Rahmen dafür.

Eltern, die sich zu Dienstboten ihrer Kinder machen, beeinträchtigen die Persönlichkeitsentwicklung bei ihrem Nachwuchs stark.

Selbst der Gesetzgeber stellt sich im Bürgerlichen Gesetzbuch auf die Seite der Eltern: „Das Kind ist, solange es dem elterlichen Hausstand angehört und von den Eltern erzogen und unterhalten wird, verpflichtet, in einer seinen Kräften und seiner Lebensstellung entsprechenden Weise den Eltern in ihrem Hauswesen und Geschäft Dienste zu leisten."
(BGB § 1619)

Nicht zuviel erwarten

Sie dürfen das Kind dabei aber nicht überfordern. Den richtigen Rahmen zu finden ist nicht so einfach. Muß ein Mädchen zum Beispiel jeden Tag Küchendienst machen, ständig putzen und aufräumen, wird es nach unserem Ermessen zu stark beansprucht. Je nach Typ wird es entweder aufbegehren, die Aufgaben unwillig und schlampig durchführen oder immer langsamer werden und sich verdrücken. Wir haben Familien beobachtet, in denen sich die Teenager soviel wie möglich außer Haus bewegen, denn jedesmal, wenn Mutter oder Vater einen von ihnen erspäht, heißt es: „Ach, komm doch mal. Kannst du nicht mal schnell dies erledigen ..." oder: „Paß mal auf deine kleine Schwester auf!" oder: „Kauf mal schnell das ein!" Eltern, besonders, wenn sie so richtige „Schaffertypen" sind, merken noch nicht einmal, daß sie ihre Kinder damit überfordern und sie sich entfremden.

VON DER GRUNDSCHULE BIS ZUR VORPUBERTÄT

Klare Absprachen

Wir haben eine große Familie und ein großes Grundstück zu verwalten. Die Arbeit hört nie auf. Auf keinen Fall möchten wir in diese „Erwartungsfalle" geraten, womöglich in dem Ausmaß, daß sich unsere Kinder verdrücken, wenn Papa oder Mama nahen, weil es dann nach Arbeit riecht. So haben wir in unserer Familienrunde klare Abmachungen getroffen:

- Jedes Schulkind hält sein Zimmer in Ordnung,
- jeder hat einmal in der Woche einen Tag Küchendienst,
- außerdem gibt es den wöchentlichen Arbeitsnachmittag mit zwei bis drei Stunden, an dem Reparaturen durchgeführt werden, der Garten in Ordnung gehalten und ein gründlicher Hausputz gemacht wird, oder was der Familienalltag sonst erfordert.

Damit sind noch nicht alle Erledigungen und Reparaturen geschafft. Also schreibt Eberhard diese Arbeiten aus und bezahlt sie. Das sind außergewöhnliche Leistungen, und wenn ein Kind bereit ist, seine Freizeit zusätzlich zu opfern, soll es dafür entschädigt werden. Da bei uns immer irgend jemand Geld braucht oder für etwas spart, haben wir keine Probleme, einen freiwilligen Arbeiter zu finden.

Nehmen Sie sich die Zeit, mit den Kindern zusammenzuarbeiten, denn dies kann sehr viel Freude machen. Die Kinder erwerben viel handwerkliches Geschick, und die Familienbande werden noch enger geknüpft.

Vielleicht haben Sie keine große Familie mit so vielen Arbeitsmöglichkeiten, aber die Grundgedanken können Sie trotzdem übernehmen: Teilen Sie die anfallenden Arbeiten in selbstverständliche Familienverpflichtungen auf, so daß Ihr Kind weiß, was regelmäßig von ihm erwartet wird, und in außergewöhnliche Aufgaben, die Sie bezahlen.

Zum Nachdenken und Notieren
So können Sie sich auf Ihren nächsten Familienrat vorbereiten:

Folgende selbstverständliche Familienverpflichtungen werde ich von meinen Kindern erwarten:

_____

_____

Diese außergewöhnlichen Aufgaben werde ich ausschreiben und bezahlen:

_____

_____

185

Benimmregeln

VON DER GRUNDSCHULE BIS ZUR VORPUBERTÄT

Auf die Schnelle klappt es nicht!

Eine peinliche Szene im Restaurant: Eine Familie sitzt am Mittagstisch. Die Kinder flegeln laut schreiend auf ihren Stühlen, grapschen mit den Fingern nach den Pommes frites und liegen mit dem Kopf fast auf der Tischplatte. Den Eltern wird es zunehmend ungemütlicher, denn der Kampf mit den Nahrungsmitteln bleibt den Gästen an den Nachbartischen nicht verborgen.

„Nun benimm dich doch endlich", zischt die Mutter. Der Vater versucht es lieber gleich mit leichten Tritten und Püffen unter dem Tisch.

Kindern in der Öffentlichkeit noch auf die Schnelle die notwendigen Benimmregeln beizubringen, gelingt garantiert nicht. Dazu gehört beständiges Training am häuslichen Eßtisch.

Bringen Sie Ihrem Kind rechtzeitig bei, mit geschlossenem Mund zu essen (etwa ab vier Jahren) und richtig mit Messer und Gabel umzugehen (etwa ab dem Schulalter). Das kann ein langwieriges Unternehmen werden. Bleiben Sie aber ausdauernd und barmherzig, und erwarten Sie nicht gleich alles sofort (siehe TISCHMANIEREN).

Ein Tip: Anstatt bei Tisch ständig an den Kindern herumzuerziehen, suchen Sie lieber einen Wochentag aus, an dem Tischmanieren geübt werden. Machen Sie ruhig „ganz auf vornehm" mit Tischdecke und Servietten - wie im Restaurant. Übertreiben Sie ein wenig : „Könntest du mir bitte die Butter reichen?" - ‚Oh, viiielen Dank." Verteilen Sie dabei Punkte, wenn die Kinder sich gegenseitig dabei erwischen, daß sie die Ellenbogen aufstützen, mit vollem Mund reden, einander unterbrechen, am Essen herummäkeln oder quer über den Tisch greifen. Das Kind mit den wenigsten Minuspunkten darf das Spiel aussuchen, das an diesem Abend gespielt wird.

So etwas macht Spaß und übt gepflegte Verhaltensweisen ganz nebenbei ein. Wenn es an den anderen Tagen der Woche am Tisch dann auch mal etwas turbulent zugeht, wissen Sie wenigstens, daß Ihre Kinder sich benehmen *können*, wenn es bei einem Besuch oder im Restaurant darauf ankommt.

VON DER GRUNDSCHULE BIS ZUR VORPUBERTÄT

In vielen Familien sind die Mahlzeiten ein Alptraum voller Zurechtweisungen, Genörgel, Drohungen, Zank und Wichtigtuerei. Wenn sich Eltern weniger mit den Manieren ihrer Kinder beschäftigen würden und mehr mit der Frage, wie man es anstellt, daß die ganze Familie sich gern an den Tisch setzt, dann würden auch ihre Kinder merken, daß Mahlzeiten ein besonders erfreulicher Teil des Familienlebens sein können." (6)

Gemeinsam geht es besser

Wenn sich Kinder über das Essen beschweren, wird es vielleicht Zeit, sie an der Planung der Mahlzeiten zu beteiligen. Stellen Sie einen Wochenplan auf, fragen Sie die einzelnen Kinder nach ihren Essenswünschen, und tragen Sie sie ein. Wenn jemand bei einer Mahlzeit nörgelt, weisen Sie gelassen auf den Plan hin: „Nur nicht aufregen, dein Lieblingsessen kommt auch noch dran!"

Noch besser ist es, die Kinder mitkochen oder auch selbst kochen zu lassen. Sie sind nämlich eher bereit, sich mit einer Situation abzufinden, wenn sie an deren Entstehung mitgewirkt haben. Gerade beim Kochen können sie lernen, ihren Beitrag zum Familienleben zu leisten und sich zugehörig zu fühlen.

Aber wie ist Ihre eigene Einstellung? Wenn Sie Kochen zu den lästigen Hausarbeiten zählen oder der Ansicht sind, Kinder hätten dabei nichts zu suchen, bringen Sie sich vermutlich um eine Menge gemeinsamen Spaß. Gerade beim Kochen helfen die meisten Kinder sehr gern (lieber als beim Abwaschen), meistens nörgeln sie auch weniger am Essen herum, wenn sie bei der Zubereitung mitgearbeitet haben.

Zum Nachdenken und Notieren
Jede Familiensituation ist anders, nicht alles läßt sich ohne weiteres übertragen. Welche dieser Ratschläge zu mehr Frieden am Eßtisch können Sie bei sich umsetzen?

_____
_____
_____
_____
_____
_____

Zu viel, zu süß, zu salzig, zu fett ...

Krankenkassen, Fernsehen, Zeitschriften und Fachbücher versuchen schon seit Jahren, die Ernährungsgewohnheiten unserer Gesellschaft zu verändern. Wir essen zu schnell, zu viel, zu süß, zu salzig, zu fett, verschaffen uns zu wenig Bewegung - und klagen dann über allerlei Wehwehchen!

„Im Kindesalter spielen Schleckereien eine verhängnisvolle Rolle. Sie rauben nicht nur wertvolle Vitamine, liefern dem Körper zwar eine Überfülle an ‚Kraftstoffen', aber keine Aufbaustoffe, die er weit dringender benötigt. Noch schlimmer ist, daß Süßigkeiten vielfach auch mit Farb- und Konservierungsstoffen versehen sind, die den Körper massiv belasten und Krankheiten wie etwa Allergien auslösen können. Die nervöse Unruhe und Hyperkinetik unserer Kinder, ja sogar die Unfähigkeit, sich zu konzentrieren, und nicht zuletzt Aggressionen resultieren aus solcher Fehlernährung." (7)

> „Schulkinder, die morgens zum Frühstück gar nichts oder nur weißes Brot, Marmelade und Schokoladencreme essen, können in der Schule nur etwa eine halbe Stunde mithalten, sie sind danach schlaff, hyperaktiv, zappelig, unkonzentriert und von geringem Durchhaltevermögen.
> Wenn sie aber morgens Schwarzbrot, Eier, Käse, Schinken, Linsen und rote Paprika zu sich nehmen, bleiben sie bis etwa 14 Uhr leistungsmotiviert und aufnahmefähig." (8)

Ausgewogene Ernährung

Diese Warnungen müssen Eltern zu denken geben. Wie kann verantwortungsvolle, ausgewogene Ernährung aussehen? Modetrends und widersprüchliche Aussagen verunsichern natürlich. Da wir uns schon seit gut zwanzig Jahren damit beschäftigen, haben wir unsere eigene Entwicklung durchgemacht. Wir kennen vegetarische Spleens, den „Vollkorntrip" und auch den Cholesterin-Streit um Butter oder Margarine?.

Trotzdem sind die Grundregeln nicht so schwer zu finden: Wir achten auf viel frisches Obst, Salate und Gemüse. Obst, Tomaten oder Möhren zum Knabbern sollten immer herumstehen, sie können vom Heißhunger auf Süßigkeiten ablenken.

Es wird immer wieder gewarnt, daß wir zuviel Fleisch und Fett essen, mehr als wir brauchen und uns guttut. Es ist uns nicht schwergefallen, den Fleischbedarf zugunsten von Gemüse und Rohkost zu verringern. Schweinefleisch gibt es fast gar nicht, dafür Geflügel oder Rindfleisch - allerdings

eher als Beilage zur Geschmacksverbesserung, nicht als Hauptbestandteil.

Unser Vollkornbrot backen wir selbst. Getreide mahlen und Brot backen gehört schon so zum Tagesablauf, daß der Weg und das Anstehen beim Bäcker länger dauern würde.

Zuckersüchtig aus seelischem Hunger

„Wenn die Seele unterernährt ist, neigen viele Menschen zur ausgleichenden Überernährung des Leibes, zur Ersatzbefriedigung durch Zucker wegen ihrer mangelnden Lebensfreude oder zum übermäßigen Essen an sich. Kinder werden aus Gründen seelischen Hungers oft zuckersüchtig." (9)

Wir versuchen, Süßigkeiten auf ein vernünftiges Maß zu reduzieren und mit Nüssen, Trockenobst und frischem Obst ein Gegengewicht zu setzen. Wie andere Familien haben auch wir eine Zeitlang versucht, ganz ohne Süßigkeiten zu leben. Dies kann man ganz gut durchhalten, bis ein Kind in den Kindergarten oder in die Schule kommt - dann mußten wir aufgeben. In unserer vernaschten Gesellschaft ist es sehr schwer auszusteigen. Manche Kinder, die zu Hause extrem kurz gehalten werden, schlagen sich bei anderen Gelegenheiten um so mehr den Bauch damit voll. In diesem Alter kann man noch keine Einsicht erwarten. Aber selbst die wenigen zuckerarmen Jahre sind für die frühkindliche Entwicklung ein Segen.

Ernährung und Erziehung

Peter Struck macht in seinem Werk *Die Kunst der Erziehung* darauf aufmerksam, daß der Zusammenhang von Ernährung und Erziehung beziehungsweise Verhalten in der Forschung allzu lange unterbewertet worden ist. Der Mensch ist vor allem auch, was er ißt!

„Viele Verhaltensauffälligkeiten von Kindern lassen sich allein mit Ernährung steuern und überwinden. Häufig genügt als Voraussetzung dafür eine Gesichtsdiagnose. Wenn die Lidränder gerötet sind, mangelt es dem Körper an Zink, wenn die Mundwinkel rissig und entzündet sind, kann man mit Eisen, Natrium (Kochsalz) und Vitamin B2 abhelfen, wenn die Stirn großporig, gerötet und voller Mitesser ist, fehlt es an Magnesium usw." (10)

> ***Zum Nachdenken und Notieren***
> Welche neuen Vorsätze fassen Sie für Ihren „Ernährungsfahrplan"?

Unsere Kinder gehen gern ins Bett ...

Ein anderes problematisches Thema ist das Zubettgehen. In vielen Familien spielt sich Tag für Tag eine lange Zeremonie ab, bis die Eltern endlich ihren wohlverdienten Feierabend haben.

Gut einschlafen kann man eigentlich nur, wenn man entspannt ist. Hektische Szenen, Schimpfen und Toben sind keine guten Schlafmittel. Schlafen sollte etwas Schönes und Angenehmes sein, Kinder sollten sich gern in ihr gemütliches Bett kuscheln. Also sorgen Sie für eine heimelige Bettatmosphäre mit hübschen Bettbezügen, Kuscheltieren und einer kleinen Lampe.

Vermeiden Sie es unbedingt, Schlafen als Strafe einzusetzen! Setzen Sie deshalb "eher schlafengehen" möglichst nicht als Disziplinierungsmaßnahme ein. Ordnen Sie auch nicht strikt an: „Du mußt jetzt ins Bett", sondern sagen Sie: „Jetzt ist Schlafenszeit!" Erklären Sie Ihren Kindern, was „Schlafenszeit" bedeutet - daß sie in ihr Zimmer gehen sollen, aber nicht unbedingt gleich einschlafen müssen. Jedes Kind ist anders; manche Kinder werden es vorziehen, noch eine Weile zu lesen oder zu spielen, bevor sie wirklich einschlafen. So lange sie Sie nicht stören und es in einem vernünftigen Zeitrahmen bleibt, sollten Sie sie wirklich dann zu Bett gehen lassen, wann sie es selbst wollen.

Kinder benötigen unterschiedlich viel Schlaf. Wenn Sie das nicht berücksichtigen und Ihren Achtjährigen der Bequemlichkeit halber mit dem Fünfjährigen zusammen ins Bett stecken, mit dem Befehl, sofort die Augen zu schließen, brauchen Sie sich nicht zu wundern, wenn er quengelt oder unter irgendeinem Vorwand immer wieder aufsteht.

Woran erkennt man, daß ein Kind genügend Schlaf bekommt?
Zum Beispiel daran, daß es morgens zur Schulzeit von selbst aufwacht oder sich ohne Schwierigkeiten wecken läßt. Müssen Sie Ihr Kind ständig aus dem Tiefschlaf reißen, schläft es abends wahrscheinlich zu spät ein.

„Mama, ich habe Durst ..."

Kaum haben Sie es sich im Wohnzimmer gemütlich gemacht, schon steht der Kleine in der Tür und jammert: „Ich muß noch mal aufs Klo" oder: „Ich habe Durst".

Jetzt müssen Sie schnell überlegen, ob es sich hier um ein echtes Anliegen oder einen Vorwand handelt. Merkt ein Kind, daß es mit vorgeschobenen Gründen durchkommt, wird es sein Glück wahrscheinlich immer wieder versuchen. Also: Achten Sie darauf, daß Ihr Kind vor dem Schlafengehen noch einmal auf die Toilette

VON DER GRUNDSCHULE BIS ZUR VORPUBERTÄT

> **Zum Nachdenken und Notieren**
> Sind die von Ihnen angesetzten „Zubettgehzeiten" dem individuellen Schlafbedürfnis Ihres Kindes angepaßt, oder geht es doch zu früh oder zu spät ins Bett?

geht, und fragen Sie, ob es noch etwas trinken möchte. Sagen Sie ihm auch, ob und wer zu Besuch kommt und daß Sie ganz herzlich grüßen werden. Aber verlangen Sie, daß es nach der „Zubettgehzeremonie" in seinem Zimmer bleibt. Taucht es trotzdem auf, nehmen Sie es bei der Hand und führen Sie es zurück - eisern und ohne Worte. Und machen Sie sich kein schlechtes Gewissen, wenn Sie dann auf Ihrem Feierabend bestehen. Eltern können nicht rund um die Uhr für die Kinder da sein, sie brauchen auch ihre Ruhepause.

> Welche neuen Ideen haben Sie für die „Zubettgehzeremonie" Ihrer Kinder bekommen?

Die „innere Uhr" befolgen lernen

Um für den Unterricht fit zu bleiben, brauchen Schulkinder einen einigermaßen regelmäßigen Nachtschlafrhythmus. So kann man ihnen die Schlafenszeit auch begründen. Aber darüber hinaus gibt es noch genügend Ausnahmen, zum Beispiel vor schulfreien Tagen und besonders in den Ferien. Können Ihre Kinder da ihre Freiheit auskosten, passen sie sich während der Schulzeit bereitwilliger an einen vernünftigen Schlafrhythmus an. Es ist besser, wenn ein Kind lernt, auf seine „innere Uhr" zu achten, und selbst merkt, wann es müde ist, als wenn die Eltern ihm durch eigenes Gutdünken immer zuvorkommen.

> *„Ein Vater hat festgestellt, daß die Schwierigkeiten um das Schlafengehen nachließen, als er damit begann, seinen Kindern jeden Abend zwei Fragen zu stellen: ‚Was hat dir heute den Tag über am besten gefallen?' und ‚Was war das Schlimmste, das heute passiert ist?' Er hat sich angewöhnt, seinen Kindern aufmerksam zuzuhören und ihnen dann seinerseits von seiner schönsten und seiner unerfreulichsten Erfahrung an diesem Tag zu erzählen."* (11)

Welche Bedeutung soll die Schule haben?

Der Beginn des Schullebens wird, besonders, wenn das erste Kind eingeschult wird, ein aufregendes Erlebnis werden - nicht nur für das Kind, sondern auch für die Eltern.

Noch bevor Ihr erstes Kind zur Schule kommt, machen Sie sich bitte Gedanken über die Frage: Welche Rolle soll die Schule in unserer Familie spielen?

In manchen Familien sind die Begriffe „Schule" und „Zensuren" die alles beherrschenden Themen. Viele durchschnittliche Eltern geben sich dem Ehrgeiz hin, Superschüler zu formen, und machen ihre Zuwendung von der erbrachten Leistung abhängig. Das ist traurig! Ist Schule wirklich so wichtig?

Natürlich hat man mit einem Hauptschulabschluß nicht so gute Berufsmöglichkeiten wie mit der mittleren Reife, und mit dem Abitur eröffnet sich Ihren Zöglingen die Welt der Akademiker. Trotzdem muß die Schullaufbahn den Fähigkeiten und Interessen des Kindes angepaßt sein und darf nicht von Zukunftsängsten oder ehrgeizigen Plänen der Eltern gesteuert werden.

Aber Sie haben ja einige Jahre Zeit, Ihr Kind zu beobachten und seine Fähigkeiten und Interessen realistisch einzuschätzen, vor allem, ob es mehr praktisch oder intellektuell begabt ist. Denn für einen Praktiker kann ein solider Realschulabschluß wesentlich förderlicher sein als ein qualvolles Abitur.

Bei unseren Entscheidungen mußten wir uns immer wieder gegenseitig an eines erinnern: Die Heranbildung eines aufrichtigen Charakters und ein erfülltes Leben sind wichtiger als jede Karriere in unserer Gesellschaft. Besonders, wenn Sie sehen, daß ein Kind in der Schule große Probleme hat, müssen Sie sich sagen: Eine ausgeglichene, lebensbejahende Persönlichkeit ist wichtiger als ein gehobener Schulabschluß, der mit einer verkorksten Persönlichkeit bezahlt wird!

> *„Die frühe Verplanung von Kindern in Richtung Gymnasium und Abitur, ergänzt durch intensiven Nachhilfeunterricht, Gastschülerschicksale in den USA und flankierende Computerlernprogramme zu Hause, richtet oft wesentlich größeren Schaden an, als daß sie Nutzen bringen. Die täglichen kleinen Versagenserlebnisse und die ständig enttäuschten Gesichter von Lehrern und Eltern zwingen solche Schüler vielfach in psychosomatische Erkrankungen bis hin zur Drogenabhängigkeit und zur Todessehnsucht (12)*

Der ewige Ärger mit den Hausaufgaben

Und dann beginnt die Zeit der Hausaufgaben. Am Anfang ist es noch Freude und Spielerei, aber dann wird es zunehmend ernst.

Wir möchten Ihnen eindringlich raten: Lassen Sie Ihr Kind seine Aufgaben von Anfang an selbständig erledigen, und lassen Sie sich von ihm erklären, was es zu tun hat. Bitte nicht umgekehrt, denn nicht Sie waren in der Schule, sondern das Kind. Ihr Lösungsweg mag ein anderer sein und es nur verwirren. Darüber hinaus kann Ihre gutgemein-

VON DER GRUNDSCHULE BIS ZUR VORPUBERTÄT

te Nachhilfe Ihren Junior dazu verführen, in der Schule nicht mehr richtig aufzupassen, weil er ja zu Hause alles noch einmal erklärt bekommt.

> *„Je mehr Sie die Hausaufgaben zu Ihrer Sache machen, desto weniger wird sich Ihr Kind selbst darum kümmern. Wenn es erst einmal zu wissen glaubt, daß die Hausaufgaben seinen Eltern viel wichtiger sind als ihm selbst, wird es keinerlei Verantwortung mehr für sie übernehmen wollen." (13)*

Hat das Kind häufig Schwierigkeiten, den Lernstoff zu verstehen, dann setzen Sie sich mit dem Lehrer in Verbindung. Vielleicht erklärt er schlecht, oder er muß besser auf Ihr Kind eingehen.

Wenn Sie sich sicher sind, daß es den Lösungsweg beherrscht, lassen Sie es allein arbeiten und Ihnen hinterher das vollbrachte Werk zeigen. Es ist nicht gut, wenn einer der Eltern ständig neben dem Kind sitzt, Aufgabe für Aufgabe durchkämpft und es womöglich laufend antreiben muß.

Die wachsende Eigenständigkeit des Kindes ist auch bei Hausaufgaben das Erziehungsziel. Je weniger dramatisch das Thema Hausaufgaben ist, je selbständiger das Kind zu arbeiten gewohnt ist, desto besser wird es sich auch konzentrieren können.

Auf die Frage, wann die beste Zeit für Hausaufgaben ist, gibt es keine allgemeingültige Antwort. Werden sie gleich nach dem Mittagessen erledigt, steht dem Kind der restliche Nachmittag unbeschwert zur Verfügung. Doch manches Kind ist mittags so erschöpft, daß es erst einmal eine Spielpause benötigt, ein anderes muß sich vielleicht zunächst mal richtig abreagieren und austoben. Die Festlegung der Zeit muß auf das Temperament des Kindes abgestimmt werden.

Es gibt flinke und langsame Kinder, gewissenhafte und schludrige. Auf jedes müssen Sie sich wieder neu einstellen. Lassen Sie jedes eigenständig arbeiten, spornen Sie einen Trödler an - eventuell mit der „Ich-hab's-geschafft"-Liste (siehe BELOHNUNGEN) -, und ermutigen Sie das Kind, aber machen Sie sich nicht zum Überwacher und Antreiber.

Zum Nachdenken und Notieren
Welche Bedeutung soll das Thema Schule in Ihrer Familie haben? Formulieren Sie Ihren Vorsatz am besten mit eigenen Worten.

Wie sieht die Strategie zur Hausaufgabenbetreuung Ihres Schulanfängers aus?

Schule und Hausaufgaben

VON DER GRUNDSCHULE BIS ZUR VORPUBERTÄT

Freizeit und Spiel

Spielen oder gammeln

Die jetzt vor Ihnen liegenden Jahre des Kindes bis zum Beginn der Pubertät sind enorm wichtig zum Entdecken und Einüben von Fähigkeiten. Abwechslungsreiche Aktivitäten regen die Phantasie und die schöpferischen Kräfte im Kind an, sie wecken und fördern die in ihm schlummernden Stärken, Talente und Fähigkeiten. Ein Kind, das seinen Wert kennt und sich zu beschäftigen versteht, kommt besser durch das Leben als eines, das zu nichts zu bewegen ist und das alles öde findet.

„Kinder zwischen vier und dreizehn Jahren wollen vor allem spielen, für sie ist Spiel ernst, denn sie erproben damit das Erwachsenendasein. Aber viele Kinder haben das Spielen verlernt, sie überspringen die für sie wichtigsten Bewegungserfahrungs- und Spielstufen, sie wollen immer früher wie Jugendliche leben, sich wie sie kleiden und schminken, Zeitschriften lesen und Filme sehen, die für Erwachsene bestimmt sind." (14)

„Draußen-" oder „Drinnen-Kinder"

Bei unserer Schar lernten wir, zwischen „Draußen-" und „Drinnen-Kindern" zu unterscheiden. „Draußen-Kinder" fühlen sich natürlich draußen am wohlsten: toben, sich sportlich betätigen, mit dem Fahrrad herumstreifen, sich schmutzig machen, basteln, reparieren ... Das ist ihre Welt! Wehe, es regnet, und sie können nicht raus! Ihnen haben wir im Haus eine Tobe-Ecke eingerichtet; mit Matratze zum Purzelbaum schlagen, Schaumstoffwürfeln zum Runterspringen und einer Schaukel zum Träumen von fernen Ländern und Abenteuern. Eine wohlsortierte Spielecke kann sie nicht begeistern. Um sich auszutoben, brauchen sie eine Bastelecke mit Hammer, Nägeln, Holzresten, Tuschkasten und verwertbaren Haushaltsabfällen.

„Drinnen-Kinder" geben sich ganz anders: Sie wollen ihre Kuschelecke oder einen Schaukelstuhl zum Schmökern und Kassetten hören. Ihnen räumt man am besten

einen eigenen Schreibtisch ein, an dem sie dann stundenlang malen und basteln können. Ihre kunstvoll aufgebauten Legoburgen oder Playmobil-Landschaften bleiben tagelang erhalten, werden ständig ergänzt und sind der Bewunderung wert. Bei ihnen muß man manchmal sanften Druck anwenden, damit sie sich ins Freie bewegen.

„Das moderne Kind bewegt sich durchweg zu selten, es spielt zu wenig draußen und zu wenig mit anderen Kindern. Deutsche Kinder konnten um die Jahrhundertwende noch etwa hundert verschiedene Spiele draußen spielen, heute sind das im Schnitt gerade noch fünf, und die werden - wie Kriegen- und Versteckspielen sowie Hüpfen über Quadrate - auch noch viel seltener, kürzer und unkonzentrierter gespielt." (15)

Interessen und Hobbys entdecken und fördern

Für die tägliche Zeit nach der Schule haben viele Kinder bereits ausgeprägte Interessen: Das eine malt gern, das andere spielt so oft wie möglich Fußball oder ist am liebsten mit dem Fahrrad unterwegs, ein drittes singt gern und greift nach jedem Instrument, dessen es habhaft wird, oder es liebt und pflegt Tiere, züchtet Pflanzen, liest, sammelt die unmöglichsten Dinge, bastelt und hat ständig einen Schraubenzieher in der Tasche ... Ist es nicht herrlich, wie wunderbar unterschiedlich Kinder sind? An der Art, sich zu beschäftigen, kann man viel über die Persönlichkeit eines Kindes ablesen.

Berücksichtigen Sie bitte die unterschiedlichen Charaktere, unterstützen Sie die natürliche Neugier, lassen Sie es Neues kennenlernen, und fördern Sie die geweckten Interessen so lange, bis das Kind ihnen gern und selbständig nachgeht.

Manche Kinder tun sich darin leichter, weil sie ohnehin aktiver und flexibler sind, andere tun sich schwerer, weil sie bequemer und passiver veranlagt sind. Wenn es Ihnen gelungen ist, die letztgenannten für etwas zu begeistern, sie dann aber schnell wieder die Lust verlieren, dürfen Sie ruhig etwas Druck ausüben, damit die geweckten Talente nicht wieder einschlafen.

Nehmen wir zum Beispiel das Spielen eines Musikinstruments oder eine Sportart: Würden Sie es ganz dem Kind überlassen, könnte es sein, daß es mit dem Unterricht beginnt und ihn nach kurzer Zeit wieder abbricht; einfach aus Bequemlichkeit oder weil der Erfolg sich nicht gleich einstellt. Bestehen Sie eine Weile hartnäckig auf der Fortsetzung der Tätigkeit. Wenn das Kind Bestätigung erfährt und es vorankommt, wird es wieder motiviert sein und gern dabeibleiben. Quält es sich aber nach wie vor freudlos ab, dann halten Sie nach etwas anderem Ausschau.

Zum Nachdenken und Notieren
Welchen Ihrer Sprößlinge können Sie zu den „Draußen-Kindern" zählen, und wie können Sie ihn fördern?

_____

_____

Welches ist ein „Drinnen-Kind"?
Wie können Sie dies fördern?

_____

_____

Von der Grundschule bis zur Vorpubertät

Ab welchem Alter ist Taschengeld sinnvoll?

Selbst Geld zu haben, wird erst sinnvoll, wenn das Kind eine Vorstellung von Zahlen hat. Für ein Drei- oder Vierjähriges ist Geld wie Spielzeug. Eine Vorstellung von Zahlen erwirbt es in der Regel erst im Kindergarten oder mit dem Schuleintritt.

Vor dem fünften Lebensjahr hat es also kaum Sinn, regelmäßig Taschengeld auszuzahlen. In unserer Familie hat es sich eingebürgert, bei der Einschulung damit zu beginnen.

Wie hoch sollte Taschengeld sein?

Bei diesem Thema geht es immer hoch her. Die meisten Kinder meinen, zu wenig zu erhalten, und berufen sich auf Freunde, die angeblich horrende Summen ausgezahlt bekommen, und vielen Eltern fehlt einfach das Gespür, welche Höhe in welchem Alter angemessen ist und vor allem, was ein Kind damit bestreiten soll.

Aber wie sieht die richtige Höhe aus? Da müssen sicherlich mehrere Gesichtspunkte berücksichtigt werden. Es gibt kein für jedes Kind gleich hohes Standardtaschengeld - es hat ja auch nicht jeder das gleiche Einkommen.

Hier sind die wichtigsten Gesichtspunkte zur Festlegung der Taschengeldhöhe:

- das Alter des Kindes
- die Kinderzahl in einer Familie
- das Einkommen der Familie
- die Wohnlage: ländlich oder großstädtisch
- die verschiedenen Ausgabenposten des Kindes

Die „Zentralstelle für rationelles Haushalten" nennt folgende Richtsätze:

6- und 7jährige wöchentlich 3 - 4 DM (monatlich 12-16 DM)
8- und 9jährige wöchentlich 4 - 5 DM (monatlich 16-20 DM)
10- und 11jährige monatlich 20 - 25 DM
12- und 13jährige monatlich 25 - 30 DM
14- und 15jährige monatlich 35 - 45 DM
16- und 17jährige monatlich 50 - 60 DM

Diese Angaben können nur eine grobe Richtlinie sein, denn sie sagen nichts darüber aus, was Kinder von ihrem Geld alles zu bestreiten haben. Ist das Geld tatsächlich nur für Süßigkeiten und ähnliches vorgesehen, oder müssen die Kinder davon auch noch andere Dinge bezahlen, wie z. B. Schulmaterial oder Geburtstagsgeschenke für Freunde? Sie sollten sich zusätzlich auch umhören, was andere Eltern wirklich zahlen.

Das Taschengeld Ihres Kindes sollte nach Möglichkeit nicht zu stark von dem Betrag abweichen, den seine Alterskameraden durchschnittlich erhalten. Ständig einschneidend weniger Geld zu haben als Freunde und Mitschüler, kann weh tun und im ungünstigsten Fall Minderwertigkeitsgefühle oder gar Unehrlichkeit nach sich ziehen. Sie müssen also unter Berücksichtigung der bis jetzt genannten Punkte eigene Kriterien für Ihre Familie erarbeiten.

VON DER GRUNDSCHULE BIS ZUR VORPUBERTÄT

Taschengeld

Wie stark dürfen Eltern dazwischenreden?

Eltern bleibt wirklich die Luft weg, wenn ihr hart erarbeitetes Geld von ihren Kindern verschleudert wird. Am Vormittag wird das Taschengeld ausgezahlt, und am Nachmittag ist bereits Ebbe in der Kinderkasse. Dafür reibt sich der Händler am Kiosk die Hände.

Was tun, wenn ein Kind regelrecht von Kaufwut gepackt wird? Schweigen und das Geld sinnlos verprassen lassen, ist keine Lösung. Das Kind muß zwar eigene Erfahrungen sammeln können, aber das hat auch Grenzen. Manche Kinder werden von selbst vernünftig, aber nicht alle. Wie so oft müssen Sie den „goldenen Mittelweg" finden: Das Kind beraten und anleiten, ohne es zu gängeln. Hier ein paar Ratschläge, die sich bei uns als hilfreich erwiesen haben:

- Ein eigenes Ausgabenbuch zu führen, wird dem Kind helfen, den Überblick zu behalten. Es muß aber freiwillig geschehen, sonst wird zu schnell gemogelt.
- Seien Sie äußerst zurückhaltend mit Vorschüssen. Nichts zeigt einem Kind die Notwendigkeit, sein Geld einteilen zu müssen, so deutlich, wie das schmerzhafte Erlebnis, keines mehr zu haben, wenn es dringend gebraucht wird.
- Machen Sie Ihrem Kind ruhig immer wieder Vorschläge, wofür es sein Geld ausgeben und worauf es sparen könnte. Manche Kids sind einfach einfallslos; ihnen fällt wirklich nichts anderes ein, als das Geld in Süßigkeiten umzusetzen. Andere haben es gar nicht nötig, sich etwas zu zusammenzusparen, weil Eltern und Verwandte ihnen zu leichtfertig alle Wünsche erfüllen.

Wirtschaftsgeld

VON DER GRUNDSCHULE BIS ZUR VORPUBERTÄT

Vom „Taschengeld" zum „Wirtschaftsgeld"

Die Strategie mit unseren Kindern sieht folgendermaßen aus: mit zunehmendem Alter mehr Freiheit und Verantwortung im Umgang mit Geld!

Offen gesagt, wir mögen den Ausdruck „Taschengeld" überhaupt nicht. Dieses Wort deutet genau das an, was wir nicht wollen: Geld in die Tasche und gleich wieder raus. Der Begriff „Wirtschaftsgeld" drückt treffender aus, wozu es da ist, denn Kinder sollen lernen, mit Geld zu wirtschaften. Bei einem Sechsjährigen klingt das zwar etwas gestelzt, doch auf einen Teenager trifft es durchaus zu. Wir bemühen uns, ein Kind vom bloßen „Taschengeld" zum „Wirtschaftsgeld" zu führen.

Wie oft liegen einem die Kinder in den Ohren: „Mama, ich brauche Busfahrkarten", „Papa, kann ich Geld für die Eissporthalle haben ...?" Was liegt sonst noch alles an: Geld für Schulmaterial, fürs Kino, für den Zoo, zum Fahrrad flicken und für die Zwergkaninchen ...

Hüten Sie sich vor zu vielen unkontrollierten Extrazahlungen. Kalkulieren Sie diese Kosten von vornherein ein, erhöhen Sie das „Wirtschaftsgeld" entsprechend, und lassen Sie das Kind selbst planen, verwalten und ausgeben.

Wenn Sie das mal kurz durchrechnen, erschrecken Sie vielleicht über die enorme Erhöhung, die Sie vornehmen müßten. Aber trösten Sie sich: Normalerweise würden Sie ja ohnehin soviel zahlen. Die Kosten werden lediglich verlagert. Ihr monatlicher Familienhaushalt wird dadurch nicht stärker belastet, Sie übertragen doch nur das in die Verantwortung des Kindes, was Sie nach genügend Bettelei wahrscheinlich sowieso ausgeben würden.

Eine konkrete Planung

Wie „wirtschaften" praktisch aussehen kann, möchten wir am Beispiel eines neun oder zehn Jahre alten Kindes erläutern. So etwa in der vierten oder fünften Schulklasse könnten Sie damit beginnen, es sein laufendes Schulmaterial selbst bezahlen und verwalten zu lassen. Wir geben den Kindern zum Schuljahresbeginn die gesamte Startausrüstung an Heften, Umschlägen, Blöcken und Schreibmaterial. Die Verantwortung für die laufende Nachversorgung tragen sie dann selbst.

Warum greifen Eltern wie selbstverständlich in die Tasche, wenn es um Geburtstagsgeschenke für Freunde und Klassenkameraden geht? Schließlich ist doch das Kind eingeladen, nicht die Eltern. Unser Vorschlag und unsere eigene Regelung: 5 DM für ein Geschenk trägt das Kind anteilig selbst, den eventuellen Rest geben wir dazu.

Wenn Sie also ein „Wirtschaftsgeld" für Ihr Kind planen, sollten Sie vier Posten berücksichtigen: Schulmaterial, Geschenke, „Extras" und das normal übliche Taschengeld.

Überschlagen Sie dabei die durchschnittlichen monatlichen Ausgaben für Schulmaterial, überlegen Sie, wie oft Ihr Kind zum Geburtstag eingeladen wird, berechnen Sie, was Sie monatlich für die vielen „Extras" rausrücken, und addieren Sie noch das allgemein übliche Taschengeld zum Verschleckern hinzu.

Bei einem zehnjährigen Kind kann man bei dieser Berechnung schnell auf stolze 30 bis 40 DM pro Monat kommen. Das selbständig zu verwalten ist für manche eine Überforderung. Deshalb kann die monatliche Summe in wöchentlichen Teilbeträgen ausgezahlt und eine „eiserne Ration" beiseite gelegt werden, oder Sie eröffnen ein Kinder-Sparbuch. Wir erwarten, daß stets 10 DM Reserve für unvorhergesehene Ausgaben angespart bleiben müssen. Wird sie angebrochen, muß sie mit der nächsten Auszahlung sofort wieder aufgefüllt werden. Versuchen Sie, diese Strategie auf Ihre Kinder anzuwenden. Am besten, Sie gehen ebenfalls von dieser Viererteilung aus:

Noch ein paar kleine Tips zum „wirtschaften lernen":

- Wenn sich in Ihrer Familie ein Pappenheimer befindet, der seine Sachen schnell verschludert, dann geben Sie ihm am Zahltag das Geld nicht einfach in die Hand. Einem solchen Kind haben wir das Taschengeld nur in die aufgehaltene Geldbörse oder Kasse gegeben. Da waren wir uns sicher, daß es wenigstens für die erste Zeit gut aufgehoben war und nicht irgendwo durch zerlöcherte Hosentaschen rutschte.

- Für einen Taschengeldanfänger ist ein Einmarkstück zunächst einmal ein blinkendes Stück Geld. Zehn Groschen liegen wesentlich gewichtiger in der Hand und können besser eingeteilt werden.

- Fällt es einem Kind schwer, sein Geld einzuteilen, können Sie mit ihm vereinbaren, nur einen Teil des Taschengeldes bar auszuzahlen und den anderen Teil auf ein Kinder-Sparbuch zu überweisen, zu dem es jederzeit Zugang hat. Der Gang zur Bank kann helfen, besser über Spontanausgaben nachzudenken.

	Name des Kindes	Name des Kindes
Schulmaterial		
Geschenke		
„Extras"		
Taschengeld		

Wochenpläne – ein guter Ansporn

Kinder sind sehr unterschiedlich. Manche brauchen kaum Absprachen und Regeln, weil sie vom Typ her recht kooperativ sind. Bei anderen reicht es nicht aus, lediglich die Familienregeln zu nennen. Sie brauchen Ansporn und Kontrolle, um sie einzuhalten. Als Hilfe, das erwünschte Verhalten gründlich einzuüben und Kinder gleichzeitig für ihre Mühe zu belohnen, möchten wir Ihnen zwei Listen vorstellen: eine für Vorschüler (vier und fünf Jahre; siehe WOCHENLISTEN) und eine für Schüler (ab sechs Jahren).

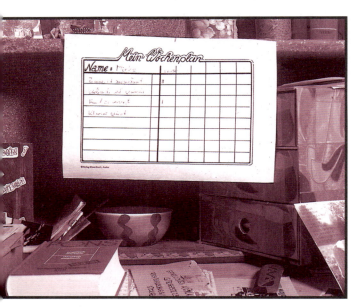

Bei der Liste für die Schulkinder geht es um tägliche Aufgaben und um solche, die an festgelegten Tagen zu erledigen sind (Kopiervorlage im Anhang). Einige Kinder benötigen nur wenige Angaben, andere dagegen wären ohne diesen Ansporn und die Kontrolle zu träge oder zu vergeßlich, ihre Aufgaben zu erledigen.

In einem solchen Fall ist eine Liste unbedingt notwendig. Sie kann Ihnen eine Menge Aufregung ersparen und Sie vor dem Schimpfen bewahren. Denn was machen Sie, wenn sich in Ihrer Familie ein unbekümmerter „Springinsfeld" befindet, der seine Ohren ständig auf Durchzug stellt? Ihre Worte verhallen ungehört.

Manche Eltern geben schlechten Gewissens auf, andere rasten aus. Manche nörgeln, drohen, schimpfen und verpesten damit die Familienatmosphäre, bringen aber nicht die persönliche Disziplin auf, solch eine Aufstellung ruhig und sachlich einzuführen und ohne viele Worte eisern darüber zu wachen, daß die einzelnen Punkte eingehalten werden.

Auch wenn die Überwachung der Liste Sie zunächst stark fordert, hat sie doch den großen Vorteil, Sie vor Erregung und Ärger zu bewahren. Mit den Monaten wird schließlich auch Ihr schwieriges Kind lernen, sich an die Familiengepflogenheiten anzupassen.

Notieren Sie Ihre auf die Vergeßlichkeit beziehungsweise Unwilligkeit des einzelnen Kindes zugeschnittenen Erwartungen. Bitte denken Sie daran, nicht nur die schwierigsten Lektionen des Lebens aufzuführen, sondern als Ausgleich auch einige Aufgaben, die dem Kind ohnehin leichtfallen; sie sollten etwa ein Viertel aller Punkte umfassen.

Wenn ein Kind es wirklich regelmäßig versäumt, sein Fahrrad abends einzustellen, setzen Sie diesen Punkt auf die Liste - so ersparen Sie sich das ewige Geschimpfe. Das gleiche gilt für das tägliche Klavierüben oder Schlafengehen zur abgesprochenen Zeit.

Wahrscheinlich werden Sie auf einige der aufgelisteten Punkte kommen:

Täglich:

- Ich habe mein Zimmer aufgeräumt.
- Meine Wäsche ist eingeräumt.

VON DER GRUNDSCHULE BIS ZUR VORPUBERTÄT

Wochenpläne

- Schultasche und Mappen sind ordentlich.
- Ich bin pünktlich schlafengegangen.
- Ich habe Klavier geübt.
- Das Kaninchen (der Hund, die Katze) ist versorgt.
- Das Fahrrad ist in der Garage.

An festgelegten Tagen:

- Die Blumen sind gegossen (Mittwoch / Samstag).
- Der Küchendienst ist gemacht (Montag / Donnerstag).
- Ich habe meine Schuhe geputzt (Samstag).
- Ich habe meine Arbeitszeit eingehalten (Freitag).

Konsequent auf die Einhaltung achten!

Wie können Sie auf die Einhaltung der vorgegebenen Regeln achten, ohne daß es zu mühsam wird? Claudia hat sich ein gutes System erarbeitet, denn immerhin hatte sie zeitweise täglich fünf bis sechs Listen zu begutachten.

Die Zettel hängen gut sichtbar über den Schreibtischen der Kinder, so daß sie immer vor Augen haben, was von ihnen erwartet wird, und Claudia die Listen nicht jedesmal suchen muß. Während sie vormittags die Zimmer saugt, überdenkt sie kurz den vergangenen Tag oder kontrolliert, ob die Aufgaben wirklich erfüllt worden sind, und markiert in der jeweiligen Wochenspalte durch Striche, was nicht erledigt wurde. Gibt es auf einer Liste zum Beispiel sechs bis acht Aufgaben, sind pro Woche nicht mehr als zwei bis drei Striche erlaubt.

Denn dann folgt als Konsequenz eine Zusatzarbeit, die möglichst mit den Versäumnissen in Zusammenhang stehen sollte. Es ist auch schon vorgekommen, daß ein Kind sich bei vier Strichen gesagt hat: „Jetzt ist doch alles egal. Diese Woche tu' ich überhaupt nichts mehr." Dann mußten wir ein ernstes Wörtchen reden, klarstellen, daß das Ganze keine Spielerei ist und die Konsequenz in diesem Fall noch härter ausfallen würde. Wenn in einer Woche nichts zu beanstanden ist, geben wir einen Zuschuß zum Taschengeld der nächsten Woche. Bei einem Taschengeld von drei Mark die Woche etwa eine Mark, also ungefähr ein Drittel der Summe, damit es sich lohnt, sich anzustrengen; bei einem Strich geben Sie einfach den halben Betrag. Wenn Ihnen eine Geldvergütung nicht so behagt, können Sie sich gern einen anderen Ansporn ausdenken.

> **Zum Nachdenken und Notieren**
> Welche Punkte sollten bei Ihrem „Pappenheimer" unbedingt auf den Wochenplan?
>
> ✎
> _____
> _____
> _____
> _____

DIE TEENAGERJAHRE

Erziehungsziele

Mit Teenagern wird einiges anders

Stellen Sie sich darauf ein: Mit Teenagern unter einem Dach zu leben, ist etwas anderes als mit kleinen Kindern! Eltern müssen mit ihrem Nachwuchs reifen und wachsen. Manche haben noch gar nicht richtig bemerkt, wie groß ihre Sprößlinge geworden sind, und behandeln sie nach wie vor wie kleine Kinder. Dies ruft bei diesen natürlich Protest und Widerwillen hervor.

Auch bei Teenagern müssen Sie sich das Ziel aller Erziehung in Erinnerung rufen: die Anleitung zu immer größer werdender Selbständigkeit und Eigenverantwortung! Dies gelingt am besten in familiärer Teamarbeit, in der die Eltern vor allem das Loslassen ständig üben und sich auf diese Weise „arbeitslos" machen werden – und damit wird es besonders in den Teenie-Jahren ernst!

Die Ihnen inzwischen vertraute Skizze zeigt Ihnen den Verlauf einer Erziehung zu immer größerer Eigenständigkeit und Selbstkontrolle Ihres Teenagers.

Kontrolle und Einflußnahme an. Wenn Sie die Abbildung betrachten, werden Sie feststellen, daß letztere im Teenageralter Ihrer Kinder abnehmen und von der Eigenkontrolle Ihres Sohnes oder Ihrer Tochter abgelöst werden.

Jetzt wird es ernst!

Sie sehen, jetzt wird es ernst: Etwa im Alter zwischen vierzehn und fünfzehn Jahren gibt es einen regelrechten Einschnitt, nach dem die elterliche Einflußnahme und Kontrolle drastisch abnehmen muß. Der junge Teenager muß noch eigenständiger und verantwortungsbewußter werden und umsetzen, was er in der Vorpubertät geübt hat. Haben Sie in den letzten Jahren schon darauf geachtet, läuft das wesentlich reibungsloser ab.

Zu Ihren Zielen gehört nun:

- Weniger dirigieren, dafür mehr beraten und begleiten!
- Eigenständigkeit schulen und das Selbstwertgefühl stärken!

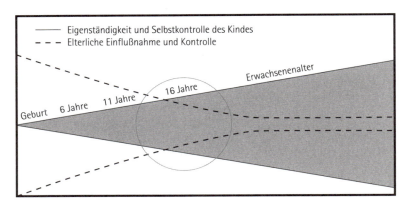

(B. N. Chase, *Discipline them, love them*, David C. Cook Publishing)

Die graue Fläche zeigt die gewünschte Eigenständigkeit und Selbstkontrolle des Kindes, die Fläche zwischen den gestrichelten Linien deutet die zunächst große elterliche

- Gute Kommunikation pflegen und eine begeisternde Lebensperspektive mitgeben!
- Und vor allem: Alles dransetzen, gute Freunde zu bleiben!

DIE TEENAGERJAHRE

Erziehungsziele

„Erziehung ist charakteristisch für die beiden Phasen der Kindheit; in der Jugend geht es vor allem um Lernen, und das gelingt um so besser, je erzogener der junge Mensch bereits ist. Bildung setzt also Erziehung voraus, und was erzieherisch nicht geschafft wurde, beispielsweise in bezug auf Selbstorganisationsfähigkeit, Zuverlässigkeit und Konfliktfähigkeit, erfordert im Jugendalter, wenn es denn nachgeholt werden soll, etwa den zehnfachen Aufwand. Die fruchtbare Zeit der Erziehung ist also mit Beginn der Pubertät so ziemlich vorbei, während Lernen fast ein ganzes Leben lang möglich ist." (1)

Zum Nachdenken und Diskutieren
Was wird sich in den Teenagerjahren Ihrer Meinung nach im Vergleich zum Umgang mit jüngeren Kindern einschneidend ändern?

_____
_____
_____
_____

Eigenständigkeit schulen

Teenager brauchen gut begründete Beratung, aber darüber hinaus ebenfalls Möglichkeiten, eigene Entscheidungen zu treffen und sich zu bewähren. Zeigen Sie Ihrem Kind, daß Sie Wachstum und Reife erwarten, aber gleichzeitig auch, daß Sie ihm etwas zutrauen. Das zu spüren, spornt einen Teenager gewöhnlich sehr an.

Diskutieren Sie mit ihm die Verantwortungsbereiche des Erwachsendaseins und der Selbständigkeit.

Was gehört dazu? Zum Beispiel:

- persönliche Pflege
- Freizeitgestaltung
- Arbeitsverhalten in Schule und Familie
- eigene Geldverwaltung
- Umgang mit Streß

Verantwortliches Leben mit den eben genannten Punkten kennzeichnet die Reife eines Menschen. Wie weit ist Ihr Kind? Es kommt natürlich ganz darauf an, wie alt es ist - ob zehn, zwölf oder vierzehn Jahre. Wie eigenständig soll es an seinem nächsten Geburtstag sein?

Hier haben Sie eine Checkliste und eine Anleitung, um Ihr Kind in größerer Eigenständigkeit zu schulen. Sprechen Sie diese Bereiche mit Ihrem Kind Schritt für Schritt durch. Leben Sie vor, wie Sie diese Dinge bewerkstelligen, übertragen Sie spezifische Aufgaben, und gewähren Sie Eigenständigkeit, damit es kreative Lernerfahrungen machen kann!

> *„Wenn bis zum elften Lebensjahr die Hauptarbeit von Erziehung nicht schon erfolgreich geleistet worden ist also in bezug auf Zähneputzen, Sauberkeit, Ordnung, Pünktlichkeit, Offenheit, Ehrlichkeit, Selbstdisziplin Fleiß, Konfliktbewältigungskompetenz Hilfsbereitschaft und Familienteambewußtsein -, gewinnen Eltern oft den Eindruck, daß sie ab dann vor allem **gegen** alle möglichen Mißlichkeiten erziehen müssen, nicht aber so sehr mehr **für** etwas." (2)*

Persönliche Pflege

Hiermit meinen wir Hygiene, Ernährung und Bewegung. So selbstverständlich es auch klingt, nicht jeder Zwölfjährige ist bereit, sich ohne Kontrolle regelmäßig die Zähne zu putzen und eigenständig die Unterwäsche zu wechseln. Das kann an der Nachlässigkeit der Eltern liegen, aber auch Typfrage sein. Ein bequemes, träges Kind geht oberflächlicher mit solchen Dingen um als ein aktives, ordnungsliebendes.

Wenn es diese Dinge noch nicht von sich aus macht, muß es geschult werden; aber bitte nicht so, daß Mama ständig nörgelnd hinterher ist. Für die Eigenständigkeit eines jungen Teenagers ist es nach wie vor am besten, wenn seine Aufgaben in einem Wochenplan (siehe WOCHENPLÄNE) aufgeführt sind und je nach Erledigung mit Belohnungen oder Konsequenzen quittiert werden. Es ist allerdings höchste Zeit für das Training, denn einen Vierzehn- oder Fünfzehnjährigen werden Sie damit kaum noch locken können.

Ernährung und Bewegung

Wenn Sie mit Ihrem Kind über die körperlichen Veränderungen während der Pubertät sprechen, werden Sie betonen, wie wichtig eine ausgewogene Ernährung (siehe ERNÄHRUNG), genügend Bewegung und Schlaf in diesen Jahren stürmischen Wachstums sind. Achten Eltern nicht darauf, können Teenager bestens mit Cola, Pommes frites und mohrenkopfgefüllten Brötchen auskommen. Allerdings wirkt sich dies fatal auf einen sich entwickelnden Körper aus.

„Dieses Essen ist in vielfacher Hinsicht ungesund. Und es macht dick. Es fehlt ihm nahezu so gut wie alles, was der Organismus zum Aufbau und zur Stabilisierung des Immunsystems braucht. Statistiken aus den USA zeigen – und bei uns dürfte es mittlerweile ebenso sein –, daß Jugendliche einen noch größeren Vitaminmangel haben als Senioren in Altersheimen. Diese Entwicklung ist deshalb so verhängnisvoll, weil gerade in der Entwicklungsstufe der Pubertät das Immunsystem der Jugendlichen deutlich geschwächt ist. Wenn die Sexualhormone sich im Körper entfalten, sind die Immunfaktoren automatisch gedrosselt. Unsere Jugendlichen mögen aussehen wie das blühende Leben. Doch sie sind verstärkt infektanfällig." (3)

Wahrscheinlich gibt es wenige Teenager, die von sich aus einsichtig sind und sich gesund ernähren wollen. Aber der Versuch, Interesse an den Zusammenhängen gesunder Ernährung zu wecken, lohnt sich. Wer weiß, vielleicht entpuppt sich ein Wunderkind?

Ansonsten muß gesundes Essen auf den Tisch. Gestalten Sie es abwechslungsreich, und bleiben Sie hartnäckig!

> „Nach Erkenntnissen der Kinderärzte brauchen Kinder ein Wochenpensum von mindestens dreimal 20 Minuten an körperlicher Aktivität wie Laufen oder Fahrradfahren. Wissenschaftler der Universität Exeter stellten jedoch fest, daß von den Zehn- bis Sechzehnjährigen heute mehr als 90 Prozent nicht einmal diese Mindestnorm erfüllen." (4)

Und wie bringt man einen müden Teenager in Bewegung? Um die Sportlertypen braucht man sich keine Gedanken zu machen, aber einen trägen Teenager allein in die Gänge zu bekommen, ist nahezu unmöglich. Bei gemeinsamem Sport gelingt es schon eher, und auch Ihnen wird es guttun. Trommeln Sie alle Freunde Ihres Teenagers zusammen, und veranstalten Sie ein Volleyballspiel oder eine ausgedehnte Fahrradtour. In dieser zwanglosen Situation können Sie entspannt miteinander plaudern, und Sie können dabei auch die Freunde Ihres Kindes kennenlernen.

Zum Nachdenken und Diskutieren
Welche Konsequenzen wollen Sie für sich und Ihren Teenie in punkto Hygiene, Ernährung und Sport ziehen?

Schlafverhalten — Die Teenagerjahre

„Ich bin nie müde..."

Das Schlafengehen - ein leidiges Thema! Ein Teenager wird es Ihnen glattweg nicht abnehmen, daß er in der Pubertät ein größeres Schlafbedürfnis hat als ein vorpubertäres zehnjähriges Kind. In vielen Familien gibt es aus diesem Grund heiße Kämpfe. Setzen Eltern einem Teenager strikte Schlafenszeiten, können sie fast damit rechnen, hintergangen zu werden, sobald sie ihn nicht kontrollieren können, zum Beispiel, wenn sie abends allein ausgehen. Und schon wird die Atmosphäre von Drohungen und Mißtrauen bestimmt. Das Erziehungsziel, Eigenverantwortung in einem Vertrauensklima zu erwerben, wird weit verfehlt.

> *„Besonders wenig Zeit zur Ruhe, zur Muße, zur Entspannung und zum Schlaf nehmen sich junge Menschen zwischen 16 und 25 Jahren, meist weil sie glauben, sie würden sonst zuviel versäumen. Schlafstudien haben ergeben, daß gerade diese Altersgruppe so viel Schlaf benötigt wie Kleinkinder - nämlich zehn Stunden. Doch die meisten schlafen nur sechs Stunden pro Nacht. Dadurch nehmen die Fähigkeiten zu lernen und sich zu erinnern sowie das Reaktionsvermögen in starkem Maße ab."* (5)

Vernünftige Richtlinien

Wie geht ein vernünftiger Erwachsener mit Schlaf um? Doch in etwa so: Er hat eine individuelle Richtzeit und schläft darüber hinaus je nach Bedürfnis. Ist man erschöpft oder steht eine anstrengende Arbeit bevor, bemüht man sich, früher schlafen zu gehen. Wenn man sich fit fühlt und am nächsten Tag frei hat, kann man sich mehr erlauben. Genau dazu möchten Sie doch Ihren Teenager erziehen, nicht wahr? Mit überstrengen Regeln werden Sie dies jedoch kaum erreichen. Erklären Sie ihm, wie wichtig genügend Schlaf ist, der je nach Wohlbefinden und Anforderungen mal kürzer und mal länger sein kann. Setzen Sie für die Schultage vernünftige altersgemäße Richtzeiten zum Schlafengehen, und seien Sie an den anderen Tagen großzügiger. Das heißt zwar nicht, daß ein Vierzehnjähriger am Wochenende jedesmal bis Mitternacht wachbleiben darf, aber doch, daß er nicht so früh wie sonst ins Bett muß.

Vergessen Sie nicht, daß der Reiz, lange wachbleiben zu können, für einen Teenager unmittelbar mit dem Erwachsensein zusammenhängt. Also gönnen Sie es ihm von Zeit zu Zeit. Unsere Kinder dürfen das regelmäßig im Urlaub oder bei einem gemeinsamen freien Wochenende auskosten. „Heute könnt ihr so lange wachbleiben, wie ihr wollt ...", verkünden wir. Dann spielen und erzählen wir, und gegen halb elf schauen die ersten verstohlen auf die Uhr, halten noch tapfer eine Weile durch, um dann doch im Bett zu verschwinden.

Sein Schlafbedürfnis selbst regulieren

Sie haben ein gutes Stück Erziehung zur Eigenverantwortung erreicht, wenn Ihr Kind sein Schlafbedürfnis ausgewogen regeln kann. In unserer großen Familie haben wir damit nur positive Erfahrungen gemacht. Manchmal gehen wir abends durchs Haus, und alles ist ruhig. Die Kinder schlafen. Claudia schaut auf die Uhr: Es ist noch nicht einmal neun. Unsere Fünfzehnjährige, eine Frühaufsteherin, die morgens gern gegen

Schlafverhalten

sechs Uhr aufsteht, um ihren Hund zu versorgen und noch einmal für die Schule zu lernen, liegt abends normalerweise um halb neun im Bett. Das ist eben ihr Rhythmus. An anderen Tagen, wenn unsere Teenager es sich erlauben können, geht dagegen die Post ab. Wenn wir wirklich einmal meinen sollten, ein Kind müsse eher schlafen gehen, werden unsere Anordnungen willig befolgt, da es selten genug vorkommt.

Machen Sie das Thema Schlafengehen nicht zum Problem, indem Sie Früher-ins-Bett-Gehen als Strafe einsetzen, zu enge Grenzen setzen und dauernd darüber argumentieren.

Versuchen Sie es so wie wir. Erklären Sie Ihrem Teenager, wie wichtig ein vernünftiger Umgang mit Schlaf ist. Setzen Sie Richtzeiten, und lassen Sie ihn Eigenverantwortung erproben. Bei den meisten wird es gutgehen, die anderen brauchen einfach eine etwas stärkere Lenkung.

> ***Zum Nachdenken und Diskutieren***
> Wie werden Sie jetzt – im Vergleich zu früher – Schlafenszeiten mit Ihrem Teenager besprechen und durchsetzen?

Durchhängen aus Langeweile

Als unsere ersten Kinder in die Vorpubertät kamen, prägten wir uns einen Ausspruch von James Dobson ein: *„Es gibt nichts Riskanteres, als einen Teenager ohne spezielle Fähigkeiten, ohne ernsthaftes Hobby, ohne jegliche Kompensationsmittel in die Stürme der Adoleszenz hineinzuschicken."*

„Je langweiliger und trostloser das Leben eines jungen Menschen ist, desto eher versucht er, auch mit Grenzübertritten aufzubegehren oder Spannung in sein Leben zu bringen. Und da die Reizschwellen bei vielen jungen Menschen durch Überflutung ‚versaut' sind, bekommen sie den erhofften Kick nur noch durch sehr hohe Dosen verbotener Aktionen. Während früher ein Klingelstreich oder ein gestohlener Apfel aus Nachbars Garten die nötige Reizportion zum Prickeln verschafften, muß es heute oft schon ein gestohlener Porsche sein, mit dem ein dreizehnjähriges Crash-Kid über die Autobahn von Hamburg nach Berlin rast und mit dem es dort noch Wettrennen mit der Polizei durchführt." (6)

Es liegt klar auf der Hand: Ein Teenager, der sich zu beschäftigen weiß, einem Hobby nachgeht, das ihm Freude macht und Anerkennung einbringt, wird anders durch die Pubertät gehen als ein Kind, dem das alles fehlt.

Bei unseren vielen Kindern - leibliche und angenommene - haben wir beobachtet, daß „sich beschäftigen können" und „einem Hobby nachgehen" nicht nur Erziehungssache, sondern auch persönlichkeitsbedingt sind. Selbst wenn Kinder mit den gleichen wunderbaren Spielmöglichkeiten aufwachsen, gibt es immer antriebsstarke, selbstmotivierte und antriebsschwache, lustlose. Im Grundschulalter zeichnen

sich letztere dadurch aus, daß sie zwar eine Weile konstruktiv mitspielen, sich dann aber hauptsächlich damit beschäftigen, die anderen am intensiven Spiel zu hindern. Das als Trost für die Eltern, die sich alle Mühe geben und ihr Kind trotzdem nicht durchgreifend motivieren können.

Solch ein antriebsschwaches Kind wird während der Pubertät wahrscheinlich noch stärker durchhängen, unzufrieden und launisch sein.

Den „Karren" einfach laufen lassen?

Haben Sie einen solchen „Vertreter" in Ihrer Familie, stellen Sie sich seelisch schon einmal darauf ein: Nehmen Sie sich vor, das Beste daraus zu machen und sich nicht aufzuregen.

Läßt man den „Karren" einfach laufen, besteht die Gefahr, daß ein solcher Teenager sich in Cliquen gleichgesinnter, lustloser Gestalten herumdrückt, sich stundenlang Musik „reindröhnt" und aus persönlichem Frust Dummheiten anstellt. „Gleich und gleich gesellt sich gern", sagt ein treffendes Sprichwort. Zuviel Langeweile und unausgefüllte Zeit ist nicht gut für Teenies.

Wenn Sie sehen, daß sich diese Gefahr bei Ihrem Teenager zusammenbraut, setzen Sie ihn ruhig ein bißchen unter Druck, eine sinnvolle Freizeitgestaltung zu lernen. Halten Sie zum Beispiel hartnäckig an festgesetzten Fernsehzeiten fest – ein solcher Teenie könnte nämlich pausenlos vor dem Kasten lümmeln –, und machen Sie reichlich Vorschläge: ein Kanuclub oder der Reitverein, wie wäre es mit etwas Ausgefallenem wie einem Schachclub, Briefmarkenfreunden u. a.? Ideal wäre eine attraktive kirchliche Jugendgruppe, in der er sich zusammen mit anderen positiv begeistern läßt.

Hilft alles nichts, gibt es unseres Ermessens nur eine Antwort: Sie dürfen Ihr Kind so wenig wie möglich allein lassen. Tun Sie sich mit ihm und seinen Freunden zusammen, klönen, essen und unternehmen Sie etwas! Trotz allem Gerede über den Generationskonflikt: Teenager sind gern mit einem unternehmungslustigen Erwachsenen zusammen. So wird es Ihnen eher gelingen, Vertrauen und Freundschaft über die kritischen Jahre hinweg aufrechtzuerhalten.

Das erfordert zwar einen ganz schönen Einsatz, kann Ihnen aber auch viel Freude bringen. Ganz im Gegensatz zu dem Schmerz und Zeitaufwand, den Sie aufbringen müßten, um Ihr Kind zurückzugewinnen, wenn Sie es einfach so laufen ließen.

> *„Eltern, die ein Abdriften ihrer Kinder in die Trends der mißlichen Jugendkultszenerie verhindern wollen, bewerkstelligen das am ehesten, indem sie ihren Jungen und Mädchen selbst ausreichend familiäres Wohlbefinden bieten."* (7)

Zum Nachdenken und Diskutieren
Was werden Sie versuchen, um Ihren Teenager „auf Trab zu halten"?

DIE TEENAGERJAHRE

Schule

Mit Erfolg durch die Schule

Wie sehen angemessene Erwartungen an ein eigenständiges Arbeitsverhalten in der Schule aus? Es kann nicht Ihren Zielen entsprechen, Tag für Tag hinter Ihrem Kind zu stehen, es zu Hausaufgaben und zum Lernen anzutreiben und ständig mißtrauisch in seiner Schultasche zu wühlen, ob es auch ja nichts vergessen hat.

Das Ideal sieht doch so aus: Sie besprechen mit Ihrem Teenager, wann er am besten lernen kann, das heißt, er stellt mit Ihrer Hilfe einen Zeitplan auf. Manches Kind geht gleich nach dem Mittagessen zur Sache, ein anderes braucht erst eine schöpferische Pause.

Ein Teenager muß Schritt für Schritt die Fähigkeit entwickeln, seine Hausaufgaben eigenständig zu erledigen und selbständig zu lernen, so daß er im Klassenstrom mitschwimmen kann. Sie beschränken sich auf Stichproben. Bieten Sie Ihrem Kind an, mit allen Fragen zu Ihnen zu kommen, und seien Sie bereit, Vokabeln oder chemische Formeln abzufragen und Texte zu diktieren, je nachdem, was es gerade benötigt. Wenn Sie darüber hinaus mit dem Lehrer im Gespräch bleiben und die Klassenarbeiten verfolgen, werden Sie sehen, ob es mit seiner Eigenständigkeit erfolgreich ist.

Wenn Sie Ihren Heranwachsenden wie früher kontrollieren und ihm hinterherlaufen, besteht die Gefahr, daß er sich daran gewöhnt und widerwillig nur dann etwas tut, wenn Sie darauf bestehen. Oder er rebelliert und beginnt, Sie zu hintergehen.

Da ist der andere Weg schon besser. Bei einigen Kindern werden Sie im Vergleich zu anderen nicht unbedingt Höchstleistungen erreichen, aber dafür echtes, eigenständiges Arbeiten.

Liebe niemals von guten Leistungen abhängig machen!

Ängstliche oder stark leistungsorientierte Eltern sind der Versuchung ausgesetzt, ihre Kinder anzutreiben und Zuwendung von der erbrachten Leistung abhängig zu machen. Strahlen Sie es nicht nur an und loben Sie es, wenn es gute Leistungen nach Hause bringt. Schenken Sie bedingungslose Liebe! Dieses unbewußte Gefühlsmuster: „Ich werde nur geliebt und gelobt, wenn ich brav bin und viel leiste", steckt vielleicht auch Ihnen in den Knochen, und Sie müssen erst lernen, sich davon zu befreien, damit Sie Ihr Kind nicht damit infizieren.

„In Deutschland sind dreiviertel aller Schüler vor der Ausgabe der Zeugnisse nervös, sorgenvoll, ängstlich oder krank. 13 Prozent reagieren mit psychosomatischen Störungen wie Kopfschmerzen, Schlafstörungen, Durchfall, Erbrechen und Appetitlosigkeit. Not, Nöte, Note scheint eine Steigerungsform zu sein, die sich in der auffälligen Zunahme von Weglaufen, Todessehnsucht und Suizidversuchen junger Menschen um die Zeugnisabgabetermine widerspiegelt." (8)

Wenn ein Kind mit einer schlechten Zensur nach Hause kommt, ist das erste, was Eberhard sagt: „Kopf hoch, ich liebe dich, ganz gleich, welche Leistungen du bringst!" Das muß ein Kind, das sich Mühe gegeben hat und trotzdem eine Arbeit verhaut, unbe-

DIE TEENAGERJAHRE

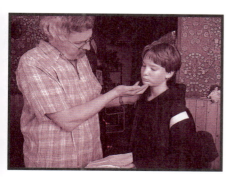

dingt hören. Wenn Eltern berechtigterweise vermuten, daß Faulheit dahintersteckt, fällt diese Ermutigung nicht so leicht. Eberhard gibt sie trotzdem; erst danach fühlt er dem „Patienten" auf den Zahn, betont, daß Faulheit nicht erlaubt ist, erarbeitet mit dem Kind ein Konzept, nach dem bis zur nächsten Arbeit gelernt wird. Ist die Arbeit wieder zufriedenstellend, wird größere Freiheit gewährt. Für das eine Fach bedeutet es ein „Befriedigend", für das andere ein „Gut", manchmal muß man selbst mit einem „Ausreichend" zufrieden sein, je nach Begabung und Vermögen des Kindes.

Denken Sie daran, daß gerade während der Pubertät hormonell bedingte Leistungseinbrüche vorkommen können (siehe HORMONELLE UMSTELLUNGEN). Es ist unbarmherzig, dem Kind dann Vorwürfe zu machen oder es zu noch größerer Leistung anzuspornen. Oft ist dann eine Wiederholung des Schuljahres am hilfreichsten.

Und wenn es nicht ohne Nachhilfe geht?

Fast jeder fünfte Jugendliche in den alten Bundesländern bekommt zusätzlich Nachhilfeunterricht. Eltern und Kinder streiten sich heute weniger um Kleidung, Freunde, lange Haare oder politische Themen, dafür um so mehr, wenn es um schulische Leistungen geht.

Eltern sind übrigens gerade aufgrund der bestehenden Bindung durchweg schlechte Nachhilfelehrer - besonders, was Teenager betrifft, da sie meist einfach zu ungeduldig sind.

„Nachhilfebemühungen sind immer dann erfolgreich, wenn man vor allem die Schüler zu motivieren vermag. Ein guter Tip ist, immer schon etwas weiter zu arbeiten, als der Unterrichtsstand der Klasse ist, weil der Nachhilfeschüler dann bereits etwas mehr weiß als die sonst guten Mitschüler; das vermittelt Erfolgserlebnisse und Pluspunkte beim Lehrer. Und überhaupt muß man Nachhilfeschülern nicht nur beibringen, wie sie sich in Sachen Unterricht und Hausaufgaben besser organisieren können, wie sie am besten lernen und Vokabeln memorieren, sondern auch wie sie ein Mindestmaß an taktischen Kompetenzen im Umgang mit Lehrern walten lassen können. Man muß ihnen vormachen, wie man nachfragt, wenn man etwas noch nicht verstanden hat, und wie man mit einer ungerechten Note auf den Lehrer und das Problem zugeht, also wie man Konflikte bewältigt und nicht, wie man ihnen ausweicht." (9)

Zum Nachdenken und Diskutieren
Wie können Sie Ihr Kind von eventuellem psychischen Druck entlasten und seine Eigenständigkeit beim Lernen besser fördern?

Die Teenagerjahre

Ordnung halten

Jeder räumt seinen eigenen Dreck weg!

Und wie sieht es mit eigenständigem Arbeitsverhalten in der Familie aus?

In der Pubertät kann es einen Einbruch geben: Für manche ist sie ja durch die hormonellen Umstellungen gleichbedeutend mit Trägheit und Faulheit. „Jetzt sind sie endlich kräftig genug, daß sie mal zupacken könnten, und sie rühren keinen Finger ...", schimpfen manche Teenagereltern. Ja, aber wie hat es in den Jahren davor ausgesehen? Ein solches Verhalten ist ja nicht nur pubertätsbedingt: Wenn die ganz Kleinen mithelfen wollen, sind sie zu langsam und ungeschickt. Also werden sie aus dem Weg gescheucht. Werden sie älter, sind sie zu albern und kindisch. Sind sie vom Körperbau her endlich kräftig genug, weigern sie sich, weil sie nie gelernt haben, regelmäßig bestimmte Aufgaben im Haushalt zu erledigen. Arbeitsverhalten wird von Anfang an geübt (siehe MITHELFEN)!

Achten Sie darauf, daß Ihr Teenager seinen eigenen Dreck trotz plötzlicher "Schwächeanfälle" stets selbst wegräumt. Wenn Sie jetzt nicht eisern darüber wachen, können später anstrengende und demütigende Zeiten auf Sie zukommen.

Wenn Ihr Kind sich Brote schmiert oder etwas in der Pfanne brutzelt, sollte die Küche hinterher wieder so aussehen wie vorher, und wenn es im Wohnzimmer Zeitung liest, liegen hinterher keine Seiten auf dem Teppich herum ...

Mit Humor und Standhaftigkeit

Bei uns muß jeder das eigene Zimmer selbst in Ordnung halten. Claudia ist gern bereit, es eben mit durchzusaugen, wenn sie schon mit dem Staubsauger unterwegs ist. Aber wenn zu viel auf dem Boden herumliegt und sie nicht durchkommt, bleibt der Staubsauger demonstrativ im Zimmer stehen, als Aufforderung, den Teppich abzuräumen und selbst zu saugen.

Den Großen, die sie ja gerade dann, wenn sie sie erinnern möchte, nicht zwischen die Finger bekommt, schreibt sie nette Briefchen und legt sie auf den Schreibtisch: „Hast du deine Sandalen schon vermißt? Sie liegen draußen im Garten." oder: „Deine Blumen sehen aber durstig aus!" oder: „Bitte auf dem Bücherregal Staub wischen!"

Oder sie hinterläßt eine etwas deutlichere Notiz: „Esther: Jetzt aber endlich das Zimmer aufräumen! Nico: trockene Blumen rausschmeißen." Manchmal ist es ganz gut, so etwas schriftlich zu erledigen; wenn man sich dann wieder sieht, ist der Ärger bereits halb verraucht.

In die Freiheit entlassen

Trotz eifriger Bemühungen der Eltern wird es immer Teenager geben, die nur unter Druck das Nötigste tun. Bei einem Sechzehnjährigen immer noch eisern darüber zu wachen, daß der Schreibtisch aufgeräumt, der Papierkorb leer und die Schmutzränder am Spiegel entfernt sind, wirkt beinahe lächerlich. Jetzt kann der richtige Zeitpunkt sein, dem Junior feierlich zu verkünden, daß Sie Ihre Erziehungsbemühungen zur Ordnung hiermit abschlie-

DIE TEENAGERJAHRE

Ordnung halten

Eigene Kreativität fördern

Bei uns darf jeder von den Großen sein Zimmer selbst gestalten und einrichten. Natürlich müssen sie uns fragen, allein schon aus Kostengründen, aber wir verstehen uns als ihre Berater. Sie tapezieren ihre Zimmer selbst, manches Möbelstück wird mit Eberhards Hilfe gebaut; Claudias Kreativität wird gern in Anspruch genommen und wirkt ansteckend; so spiegelt jeder Raum die Originalität seines Bewohners wider. Das wird ihnen von Besuchern, die neugierig ihre Runde durchs Haus machen, häufig bestätigt. Es ist klar, daß ein solcher „Palast" geschätzt und eher in Ordnung gehalten wird als eine Rumpelkammer, in der die letzten Spenden aus der Verwandtschaft abgestellt wurden.

ßen und ihm die alleinige Verantwortung für sein Reich übertragen. Aber dann halten Sie sich konsequent heraus - ohne Sticheleien oder heimliches Nachräumen. Angesichts der uneingeschränkten Freiheit empfindet mancher Teenager plötzlich Ekel vor dem Dreck im eigenen Zimmer, und er entschließt sich freiwillig zu einer moderaten Ordnung. Daran können Eltern im nachhinein erkennen, daß das Thema Ordnung doch mehr oder weniger ein Machtkampf war.

> ### *Zum Nachdenken und Diskutieren*
> Was können Sie sich einfallen lassen, um Ihren Teenie – was Ordnung und Zupacken betrifft – mit Humor und Standhaftigkeit bei der Stange zu halten?
>
>
> _____
> _____
> _____
> _____

DIE TEENAGERJAHRE

Geldverwaltung

Eigene Geldverwaltung

Bei diesem Thema sprechen wir gleichzeitig über Erziehung zur Lebenstüchtigkeit. Und wie in anderen Bereichen benötigen Sie dazu eine durchschlagende Strategie.

Viele Erwachsene, die Probleme im Umgang mit Geld haben, werden gestehen, daß sie in ihrer Kindheit, besonders in den Teenagerjahren, nicht genügend eingewiesen und unterrichtet worden sind. Deswegen sollten Sie Ihrem Heranwachsenden eine gründliche Wirtschaftsschulung zukommen lassen (siehe TASCHENGELD).

Zunächst noch einmal die Strategie: mit zunehmendem Alter mehr Freiheit und Verantwortung im Umgang mit Geld – vom „Taschengeld" zum „Wirtschaftsgeld"! Versuchen Sie für die vielen Dinge des Teenie-Alltags so wenig Extra-Auszahlungen wie möglich zu machen. Kalkulieren Sie diese Kosten von vornherein durch, erhöhen Sie das Wirtschaftsgeld entsprechend, und lassen Sie es den „Jungunternehmer" selbst planen, verwalten und ausgeben. So lernt er tatsächlich zu wirtschaften, und Sie können der Zeit, in der der/die Jugendliche auszieht und für sich selbst sorgen muß, getrost entgegenschauen.

Die Monatsplanung – mit den Kostenpunkten Schulmaterial, Geschenke, „Extras" und Taschengeld – kann, abgesehen von der altersgemäßen Erhöhung, ähnlich aussehen wie bei den jüngeren Geschwistern (siehe WIRTSCHAFTSGELD).

Ein Bekleidungsetat

Für einen Teenager können Sie zusätzlich einen Bekleidungsetat einrichten, das heißt, dem Jugendlichen steht zum Beispiel vierteljährlich ein bestimmter Betrag zur Verfügung, den er für neue Kleidung ausgeben kann. Mädchen mit höherem Modebewußtsein legen in der Regel mehr Wert darauf als Jungen, deshalb können Sie den Versuch mit einem dreizehnjährigen Mädchen durchaus wagen. Bei einem Jungen warten Sie lieber noch ein bis zwei Jahre.

Auf diese Art und Weise werden Sie sicherlich eines erreichen: Das ewige Jammern nach diesem oder jenem hört auf, vielleicht werden die Jugendlichen mit ihren Sachen ein wenig vorsichtiger umgehen, und vor allem werden sie einen Blick für Preise bekommen.

Zu Beginn sollten Sie auf jeden Fall gemeinsam besprechen, was benötigt wird, und zusammen einkaufen. Unsere jüngeren Teenager wollten immer mit der Mama losziehen oder zumindest mit der großen Schwester. Dabei kann wirklich einiges über Preisvergleiche, richtige Auswahl und Qualität gelernt werden.

Und die ganz Großen?

Wie verhalten sich Eltern bei einem neunzehn- oder zwanzigjährigen Jugendlichen, der noch zur Schule geht und zu Hause lebt? Sie können bei dieser bisher aufgeführten Gliederung bleiben oder einen dicken Schlußstrich ziehen und einen Betrag als Wirtschaftsgeld geben, der alles umfaßt, so daß sich Fragen nach Büchern, Haarsprays, Kinogeld oder Katzenfutter, Busfahrscheinen oder Fahrradschläuchen erübrigen. Das fördert die Selbständigkeit und kann den Hausfrieden erleichtern, denn Finanzgespräche mit erwachsenen Kindern können zäh und anstrengend werden.

Unsere Großen (ab achtzehn Jahren), die noch in der Schulausbildung stehen und zu Hause leben, haben alle ihr eigenes Wirtschaftsgeld von 200 bis 400 DM - das ist etwa die Summe, die einem Lehrling nach seinen Abzügen und Abgaben persönlich verbleibt; damit bestreiten sie alles, was sie nicht im Haus vorfinden.

Eltern sollten einem Jugendlichen spätestens ein Jahr, bevor er das Haus verläßt – etwa für die Bundeswehr, für den Zivildienst oder für ein Praktikum –, Wirtschaftsgeld zugestehen, damit er schon einmal für die spätere Freiheit üben kann.

Ein Jugendlicher als Selbstverdiener

Bezieht ein Jugendlicher bereits ein regelmäßiges Einkommen, wohnt aber nach wie vor bei seinen Eltern, sollte er etwas zum Familienhaushalt beisteuern. Kommen Eltern nach wie vor großzügig für alle Unterhaltskosten auf, halten sie ihr Kind letztlich unmündig und abhängig. Es ist unabhängiger, wenn es seinen eigenen Lebensunterhalt selbst finanziert.

Über die Höhe der Unterhaltskosten für verdienende Jugendliche im Elternhaus gibt es keine gesetzlichen Richtlinien. Das beste ist, sich an den „runden Tisch" zu setzen und die Unterhaltskosten gemeinsam zu errechnen: der Anteil an Miete, Strom und Heizung, die Kosten für Essen ... Dem jungen „Wirtschaftsführer" werden die Augen aufgehen, und er bekommt schon einen Vorgeschmack auf sein späteres eigenständiges Leben. Ob nun der volle Anteil getragen werden sollte, liegt im Ermessen der Eltern und natürlich an der Höhe des Einkommens. Bei Lehrlingen können sich Eltern auch an folgende Empfehlung halten: Ein Drittel der Lehrvergütung sollte zum Familienhaushalt beigesteuert werden, ein weiteres Drittel wird für mittelfristige Anschaffungen (Führerschein, Musikanlage, Urlaubsreise) nach Absprache angespart, der Rest steht dann zur persönlichen Verfügung. Eltern, die den Beitrag zum Familienhaushalt nicht einstreichen wollen, tun besser daran, ihn für das Kind vermögenswirksam anzulegen, als ihn ihm einfach zu erlassen.

> *Zum Nachdenken und Diskutieren*
> Wie wollen Sie sich mit Ihrem Jugendlichen arrangieren, was Wirtschaftsgeld, Bekleidungsetat und seinen Beitrag zum Familienbudget betrifft? Machen Sie sich Gesprächsnotizen:

DIE TEENAGERJAHRE

Umgang mit Streß

Man kann sich die Berufs- und Erwachsenenwelt kaum ohne Streß vorstellen. Manche ruinieren ihre Gesundheit durch falsche Prioritäten, schlechte Zeiteinteilung und ungeordnetes Arbeitsverhalten und sind stets unzufrieden. Anspannung und Termindruck können anspornend wirken, doch Streß, der sich körperlich und nervlich auswirkt, ist zerstörerisch.

> *„Die Gesundheit der Kinder und Jugendlichen in Deutschland hat sich in den vergangenen 20 Jahren spürbar verschlechtert. 34 Prozent klagen über Allergien. Unfälle, Selbstmord, Mord und Totschlag sind für 80 Prozent der Sterblichkeitsrate bei den 15- bis 20jährigen verantwortlich. Klassische Infektionskrankheiten sind ziemlich gering verbreitet. Psychosomatische Störungen vermehren sich dagegen enorm. Die Ursachen liegen in Hektik und Streß des Familienlebens sowie in den vielen Überforderungen, Niederlagen und unkindgemäßen Erwartungen der schulischen Umwelt." (10)*

Auch auf diese Herausforderungen muß ein Teenager vorbereitet werden. Da er sich in der Entwicklung befindet, ist zu erwarten, daß er von einem Extrem ins andere fällt: Zeiten großer Trägheit und Faulheit werden von großem Eifer und Überforderung abgelöst. Je nach Persönlichkeitsstruktur überwiegt das eine oder das andere.

Ob Sie wollen oder nicht, Sie sind ein Vorbild. Wie sieht es bei Ihnen aus? Wie gehen Sie mit den Herausforderungen Ihres Lebens um? Immer von Bergen unerledigter Arbeit umgeben, stets zu spät bei Verabredungen und erschöpft wirkend?

Volle Terminkalender

Die meisten unserer Teenager haben bereits einen Terminplan, der kaum zu bewältigen ist und ihnen Streß bereiten kann. Also müssen wir mit ihnen über Prioritäten und Zeiteinteilung sprechen. Für Sie und Ihren Teenager können diese Punkte ebenfalls eine Gesprächsgrundlage werden.

- Wichtig und zukunftsweisend sind befriedigende Leistungen in der Schule und eine gute Allgemeinbildung.
- Das soziale und christliche Engagement ist eine weitere Priorität. Wo liegen die Begabungen des Teenagers, und welche Berufung hat Gott für ihn? Gibt es Aufgaben, die die Familie gemeinsam wahrnehmen kann?
- Trotz der verschiedensten Aktivitäten sollte in der Woche auch etwas für gemeinsame Arbeitszeit, Geselligkeit und Kommunikation in der Familie übrigbleiben.
- Freunde, ein persönliches Hobby und Ruhezeiten dürfen auch nicht vernachlässigt werden.

DIE TEENAGERJAHRE

Streß

Manche Familien haben einen großen Wochenplan in der Diele hängen, in den die einzelnen Aktivitäten und Familienzeiten eingetragen werden. Bei uns hat jeder Teenager einen eigenen Terminkalender, und wir müssen uns häufig absprechen, um allen Vorhaben gerecht zu werden. Es fällt ihnen vor allem schwer, sich nicht zu viel vorzunehmen und persönliche Energieschwankungen richtig zu bewältigen. Jeder hat Zeiten, in denen er mehr schafft, und solche, in denen nichts von der Hand geht. Ausgeglichen sein lernt man vielfach erst durch gründlich ausgewertete Negativerfahrungen. Hier können verständnisvolle Eltern helfen. Es ist einfach schön zu beobachten, wie ein eifriger Teenager Anforderungen mit der Zeit besser in den Griff bekommt.

Zum Nachdenken und Diskutieren
Wie werden Sie das Thema „Streß" in Ihrer Familie angehen und mit dem Jugendlichen besprechen können?

_____
_____
_____
_____

„Gerade junge Menschen brauchen viel Muße für zweckfreies Tun, für Entspannung und für das Abreagieren und Verarbeiten der allzu vielen Reize, Erwartungen, Verplanungen und Verdrußerlebnisse, die auf sie wirken." (11)

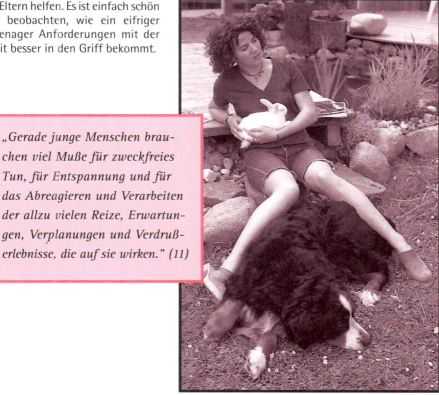

Die Kleinkind- und Vorschuljahre

Literaturhinweise

1. Peter Struck, *Die Kunst der Erziehung*, Wissenschaftliche Buchgesell., Darmstadt 1996, S. 7.
2. Ebd., S. 14.
3. *Unsere Kinder - eine Broschüre für Eltern mit Kindern von 2 bis 6 Jahren*, S. 37, gratis erhältlich bei der Bundeszentrale für gesundheitliche Aufklärung, Postfach 910152, 51071 Köln.
4. *Kinderspiele - Anregungen zur gesunden Entwicklung von Kleinkindern*, S. 29, gratis erhältlich bei der Bundeszentrale für gesundheitliche Aufklärung, Postfach 910152, 51071 Köln.
5. Ebd., S. 45.
6. Richard Ferber, *Schlaf, Kindlein, schlaf. Schlafprobleme bei Kindern*, Editions Trobisch, Kehl/Rhein 1996, S. 72.
7. Jane Nelsen u. a., *Der große Erziehungsberater*, dtv 1995, S. 343.
8. Horst Schetelig, *Entscheidend sind die ersten Lebensjahre*, Herder, Freiburg 1988, S. 50.
9. Jane Nelsen u. a., a. a. O., S. 260.
10. Family 4/93, S. 77.
11. *Unsere Kinder*, a. a. O., S. 50.
12. Ebd., S. 50. / 13. Ebd., S. 41.

Wenn Sie mehr wissen wollen

Claudia Mühlan, *Bleib ruhig, Mama! Die ersten drei Jahre, Tips zur Kleinkinderziehung*, Verlag Schulte & Gerth, Asslar, 11. Aufl. 1995.

Mühlan-Video: *Bleib ruhig, Mama, Tips zur Kleinkinderziehung*, Verlag Schulte & Gerth, Asslar 1996.

Claudia und Eberhard Mühlan, *Is' was, Mama?, Kindererziehung von der Vorschule bis zur Vorpubertät*, Verlag Schulte & Gerth, Asslar, 7. Aufl. 1996.

Von der Grundschule bis zur Pubertät

Literaturhinweise

1. Peter Struck, *Die Kunst der Erziehung*, Wissenschaftliche Buchgesell.; Darmstadt 1996, S. 14 f.
2. Ebd., S. 148. / 3 Ebd., S. 15.
4. Jens Kaldewey, *So macht Familie richtig Spaß, Wir lösen unsere Konflikte im Familienrat*, Verlag Schulte & Gerth, Asslar 1995, S. 18.
5. Ebd., S. 24.
6. Jane Nelsen u. a., *Der große Erziehungsberater*, dtv, München 1995, S. 342.
7. Dr. med. H. Geesing, *PEP UP für Körper und Seele, Das neue Ernährungsprogramm*, BVL-Verlagsgesellschaft, München 1992, S. 46.
8. Peter Struck, a. a. O., S. 45.
9. Ebd., S. 42. / 10. Ebd., S. 43 f.
11. Jane Nelsen u. a., a. a. O., S. 270.
12. Peter Struck, a. a. O., S. 220.
13. Jane Nelsen u. a., a. a. O., S. 168.
14. Peter Struck, a. a. O., S. 14. / 15 Ebd., S. 33.

Wenn Sie mehr wissen wollen

Claudia und Eberhard Mühlan, *Is' was, Mama? Kindererziehung von der Vorschule bis zur Vorpubertät*, Verlag Schulte & Gerth, Asslar, 7. Aufl. 1996.

Mühlan-Video: *Ein starkes Team, Selbständigkeit und Verantwortung in der Familie lernen*, Verlag Schulte & Gerth, Asslar 1995.

Familienrat
Jens Kaldewey, *So macht Familie richtig Spaß, Wir lösen unsere Konflikte im Familienrat*, Verlag Schulte & Gerth, Asslar 1995.

Schule und Hausaufgaben
Cynthia Ulrich Tobias, *Lernen ist (k)ein Kinderspiel, Entdecken und fördern Sie die Begabungen Ihres Kindes*, Verlag Schulte & Gerth, Asslar 1996.

Taschengeld
Mühlan-Tip 2, *Papa, rück die Scheine raus! Kinder lernen mit Geld umzugehen*, Verlag Schulte & Gerth, Asslar, 5. Aufl. 1994.

Mühlan-Video: *Kids und Kohle, Kinder lernen mit Geld umzugehen*, Schulte & Gerth, Asslar 1996.

Die Teenagerjahre

Literaturhinweise

1. Peter Struck, *Die Kunst der Erziehung*, wissenschaftliche Buchgesell., Darmstadt 1996, S 17.
2. Ebd., S. 15.
3. Dr. med. H. Geesing, *Welt am Sonntag*, 7.6.1992.
4. Peter Struck, a. a. O., S. 43.
5. Ebd., S. 180. / 6. Ebd., S. 141.
7. Ebd., S. 134. / 8. Ebd., S. 230.
9. Ebd., S. 239. / 10. Ebd., S. 177.
11. Ebd., S. 176.

Wenn Sie mehr wissen wollen

Claudia und Eberhard Mühlan, *Vergiß es, Mama! Tips für (angehende) Teenager-Eltern*, Verlag Schulte & Gerth, Asslar, 5. Aufl. 1996.

Ken Davis, *Wie lebe ich mit meinen Kindern - ohne durchzudrehen?* Verlag Schulte & Gerth, Asslar, 3. Aufl. 1996

Jay Kesler, *Hilfe Teenies! Überlebenstraining für Teenager-Eltern*, Verlag Schulte & Gerth, Asslar, 2. Aufl. 1991.

Geldverwaltung
Eberhard Mühlan, *Papa, rück die Scheine raus! Kinder lernen mit Geld umzugehen*, Verlag Schulte & Gerth, Asslar, 5. Aufl. 1996.

Mühlan-Video: *Kids und Kohle, Kinder lernen mit Geld umzugehen*, Verlag Schulte & Gerth, Asslar 1996.

Hart, aber herzlich!

Begleitung mit liebevoller Disziplin

Ein kleines Baby kann nicht verzogen werden!

Wir haben schon mehrmals darauf hingewiesen, daß ein Säugling in den ersten fünf bis sieben Monaten kaum durch zuviel Fürsorge verwöhnt werden kann. Vielmehr erwirbt er in dieser Zeit das immens wichtige Urvertrauen (siehe URGEBORGENHEIT). Kleine Babys schreien nie grundlos oder um zu sehen, was sie erreichen können. Dieses Verhalten ist stets eine Reaktion auf unangenehme oder beängstigende Reize. Gehen Sie ruhig mit gutem Gewissen auf seine Bedürfnisse ein!

Ältere Kinder setzen ihr Schreien schon eher bewußt ein, um ein bestimmtes Ziel zu erreichen. Bei einem Krabbelkind sollten Sie wachsamer werden. Manch einem schaut der Schalk so richtig aus den Augen, und es provoziert die ersten Machtkämpfe (siehe GEFAHR DES VERZIEHENS).

Humor und starke Nerven

„Welche Erziehungsmaßnahmen sind bei Krabbelkindern überhaupt angebracht?" werden wir oft von eifrigen jungen Eltern gefragt.

Nun, für Kinder in diesem Alter gibt es nicht viele, die wirklich sinnvoll sind. Das wenigste, was ein Krabbelkind anstellt, geschieht aus Böswilligkeit oder Rebellion. Es will einfach die Welt kennenlernen, da kann es auch mal recht stürmisch zugehen.

Wir denken z. B. an unsere jüngste Tochter: Eines Tages kam Claudia aus dem Bad in die Küche, und da saß Tirza mitten im Honig! Von oben bis unten vollgeschmiert, schaute sie halb amüsiert, halb entsetzt auf ihre verklebten Finger.

Jetzt gibt es zwei mögliche Reaktionen: Sie fangen an zu schimpfen. Vielleicht sind Sie sowieso überarbeitet, im Bad liegt ein großer Stapel dreckiger Wäsche, Sie haben gerade ausgeschüttete Milch aufgewischt, und jetzt das: Honig überall!

Die andere Reaktion: Sie schicken ein Stoßgebet zum Himmel: „Oh, Herr, hilf mir jetzt!", und dann beobachten Sie Ihre Tochter. Genau das tat Claudia. Und schließlich mußte sie lachen, wirklich lachen! Es sah einfach zu komisch aus. Das war nun gewiß keine Böswilligkeit gewesen. Tirza wollte einfach wissen, wie Honig schmeckt und warum er klebt, und dabei ist der Unfall passiert. Von nun an wurde der Honig natürlich an einen Platz gestellt, wo ihn Tirza nicht erreichen konnte.

Am gleichen Abend kam ein guter Bekannter zu uns. Claudia erzählte: „Du, Tirza saß heute im Honig ..."

„Ja, ja", meinte er, „so etwas kennen wir auch. Unser Dominique klebte mal im Sirup."

„Was hast du da gemacht?" fragte Claudia, bereichert durch ihre Erfahrung.

„Tja, zuerst habe ich überlegt, wie ich reagieren soll. Doch dann habe ich meine Filmkamera geholt und die ganze Szene gefilmt."

„So ist es doch richtig", sagten wir uns. „Warum immer gleich losschimpfen, wenn ein Kind aus Versehen etwas angestellt hat?" Wir sollten das Leben unserer Kinder mit viel mehr Humor begleiten. Ein paar Wochen später hätte man sowieso darüber gelacht, warum also nicht gleich?

Wir erinnern uns, wie Mirke gerade laufen gelernt hatte und es sichtlich genoß, abends beim Ausziehen fast nackt durch die Wohnung zu flitzen. Nun kann man bei uns schön im Viereck laufen: vom Wohnzimmer durch das Eßzimmer, den Flur, die Küche zurück zum Wohnzimmer. Jeden Abend, wenn Eberhard sie halb ausgezogen hatte, entwischte sie ihm und flitzte davon. Er fragte sich: „Was nun? Streng sein oder mitmachen?" Sollte er hinterherschimpfen: „Komm sofort her! Wenn ich ausziehen sage, wird ausgezogen!", oder sollte er sie laufen lassen? Eberhard entschloß sich für die zweite Möglichkeit. Das ging vielleicht so zwei, drei

DIE KLEINKINDJAHRE

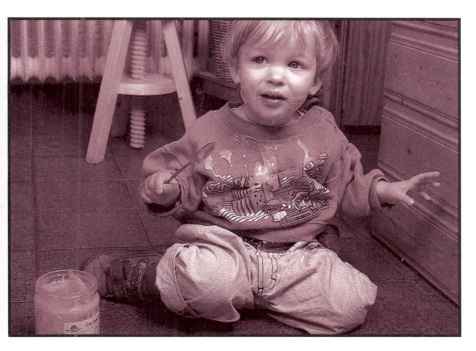

Humor und starke Nerven

Minuten, dann hatte Mirke sowieso keine Puste mehr und ließ sich willig in den Arm nehmen und ausziehen, und nach zwei Wochen war der Spaß auch langweilig geworden.

Sind es nicht gerade die Kleinigkeiten, bei denen Eltern unwirsch und genervt reagieren? Lernen Sie, solche Situationen mit Humor zu tragen, aber dafür in anderen, wo es wirklich darauf ankommt, konsequent zu reagieren.

An ihrem ersten Kind lernen Eltern am meisten, aber leider ist es auch das Versuchskaninchen. Bei den nächsten Kindern hat sich das Verhältnis zwischen Strenge und Gewährenlassen schon besser eingependelt. Wer will schon die Fehler anderer wiederholen? Zeigen Sie doch gleich beim ersten Kind eine gehörige Portion Humor und Freude!

Zum Nachdenken und Notieren
Ist Ihnen vor lauter Alltagsquerelen der Humor und die Freude an Ihrem Krabbler schon verlorengegangen? Wie können Sie wieder dazu zurückfinden?

_____
_____
_____
_____
_____
_____
_____

Eine erfolgreiche Strategie für Krabbelkinder

Für das Krabbelalter sehen wir grundsätzlich drei Erziehungsmaßnahmen:

- das Tun des Kindes mit Kommentaren begleiten
- Geduld und Beständigkeit
- Ablenkung

Mit Kommentaren begleiten

Eltern, die sowieso viel mit ihrem Kind sprechen, geben häufig Kommentare zu den Unternehmungen ihres Kindes. Trotzdem können Sie diese Art der Kommunikation noch stärker betonen.

Ein kleines Kind orientiert sich ständig, ob das, was es gerade macht, erwünscht oder unerwünscht ist. Sie als Eltern merken dies schnell an seinem Blick. Da robbt es zum Telefon und schaut erwartungsvoll zu Ihnen herüber, so als wollte es sagen: „Na, Mama, erlaubt oder nicht erlaubt?" Jetzt sind Sie an der Reihe. Sie schütteln den Kopf und antworten: „Nein, mein Schatz, das ist nichts für dich." Ihr Schatz wird darauf reagieren, und daran merken Sie, daß er die Botschaft auch mit neun Monaten schon versteht. Entweder zieht er die Hand zurück oder steuert um so eifriger auf sein Ziel zu. Auch jetzt sollten Sie nicht still bleiben. Lenkt Ihr Kind ein, sollten Sie es tüchtig loben. Überhaupt ist positive Bekräftigung enorm wichtig. Gerade wenn es etwas richtig macht, sollten Sie es loben: „Das hast du gut gemacht!" oder „Wunderbar, wie schön du ißt!" Wenn ein Kind etwas richtig macht, sind Eltern geneigt zu schweigen, aber wenn etwas nicht gelingt, sind sie sehr schnell mit tadelnden Worten zur Stelle.

Trainieren Sie sich, das Tun Ihres Kindes mit Worten zu begleiten (siehe ERMUTIGUNG), und zeigen Sie beim Loben einen mindestens ebenso großen Einfallsreichtum wie beim Tadeln.

Geduld und Beständigkeit

Zurück zur Szene mit dem Telefon. Lenkt Ihr Kind nicht ein, brauchen Sie Geduld und Beständigkeit. Sprechen Sie nochmals mit dem Kind, gehen Sie zu ihm hinüber, nehmen Sie es hoch und setzen es einige Meter entfernt auf den Teppich.

„Prima", denken Sie, „das wäre geschafft!" und wenden sich wieder Ihrem Buch zu. Sie haben den Absatz noch nicht zu Ende gelesen, da ist der kleine Feger schon wieder am Telefon. Nur nicht aufregen, er hat Sie wohl nicht ganz ernst genommen. Sie wiederholen die gleiche Prozedur, wahrscheinlich nicht nur einmal, sondern zwei-, dreimal. Beim drittenmal fassen Sie ihn ruhig etwas fester an, er soll merken, daß es kein Spiel, sondern Ernst ist.

belkindern klappt. Natürlich müssen sich Eltern darin üben, und ein Kind muß sich daran gewöhnen, daß es so läuft und nicht anders.

Allerdings räumen wir ein, daß es nicht mit allen Kindern so einfach sein wird. Schließlich sind sie sehr unterschiedlich. Es gibt die sogenannten „pflegeleichten" und die von vornherein „schwerer lenkbaren" (siehe TEMPERAMENTSTYPEN).

Ablenkung

Gleichzeitig sollten Sie sehen, ob Sie Ihrem Kind nicht eine Alternative anbieten können. Vielleicht kramen Sie ein Bilderbuch hervor, und schon ist das Telefon mit all seinen Verlockungen vergessen. Sie können aufatmen, weil Sie den kleinen Kampf nicht bis zum Ende durchführen mußten.

Ablenkung ist im Krabbelalter ein legitimes Mittel, um einer unnötigen Konfrontation auszuweichen. Allerdings darf diese Möglichkeit nicht übertrieben werden. Es gibt Eltern, die halten ihrem Kind ständig etwas vor die Nase, um es abzulenken. So ist es nicht gemeint! Überlegen Sie bei einer sich anbahnenden Auseinandersetzung, ob die Sache es wert ist, durchgestanden zu werden. Wenn ja, bleiben Sie hartnäckig bei Ihrem Nein, wenn nicht, versuchen Sie es mit Ablenkung.

Wenn beharrliche Ermutigung, Geduld, Beständigkeit und Ablenkung nicht zum Ziel führen und Ihr Krabbelkind trotz allem einen Machtkampf (siehe FREIHEITSDRANG ODER MACHTSPIEL) provoziert, dann geben Sie ihm einen (!) Klaps auf die Finger oder auf den Oberschenkel als unmißverständliche Botschaft: „Halt, mein Lieber, so geht es nicht! Es ist besser, du gehorchst mir. Ich meine es gut mit dir!"

Wir sind fest davon überzeugt, daß diese dreiteilige Strategie bei den meisten Krabbelkindern klappt.

> **Zum Nachdenken und Notieren**
> Spielen Sie in Gedanken die letzten Auseinandersetzungen mit Ihrem Krabbler durch, und wenden Sie diese dreistufige Strategie „Mit Kommentaren begleiten - Geduld und Beständigkeit - Ablenkung" an.

Eine Strategie für einen willensstarken Krabbler

- Beginnen Sie den Tag gut ausgeschlafen und gut gelaunt mit dem Vorsatz, sich durch nichts unterkriegen zu lassen.
- Entwickeln Sie eine Vision für die Zukunft Ihres kleinen Rebellen, und beten Sie für ihn.
- Geben Sie ihm viel Gelegenheit, sich müde zu toben.
- Geben Sie wenig Kommandos, und achten Sie seine Eigenständigkeit.
- Ihr Ja sei ein Ja und Ihr Nein ein unumstößliches Nein!

Jedes Kind ist anders

Haben Sie erst einmal mehrere Kinder, werden Sie entdecken, wie unterschiedlich diese sind. Das merken Sie schon im frühen Säuglingsalter an der Art, wie sie trinken, schlafen und wie häufig sie schreien. Es gibt die ganz genügsamen und zufriedenen, aber auch die ungeduldigen und lebhaften, die das ganze Haus zusammenschreien, wenn ihnen etwas nicht paßt.

Im Krabbelalter werden die Persönlichkeitsunterschiede noch deutlicher. Der eine scheint eine eingebaute Rakete zu besitzen, die ihn immer da hinsteuert, wo er nicht sein soll, und der andere fängt aus Bequemlichkeit gar nicht erst an zu krabbeln, sondern sammelt seine Kräfte, um dann sofort richtig zu laufen.

Ihr kleines Mädchen betastet die Gegenstände im Regal vielleicht sorgfältig, während ihre kleine Besucherin sie in der Hand zerdrückt und von sich wirft. So unterschiedlich hat Gott die Menschen geschaffen, auch damit es im Familienleben nicht zu langweilig wird und wir uns immer wieder neu auf das nächste Exemplar freuen können.

Persönlichkeitsunterschiede

Kinder beginnen nicht an der gleichen Startlinie, sie kommen auch nicht als ein Stück weißes Papier zur Welt, um dann von der Umwelt beschrieben zu werden. Zweifellos übt die Umwelt einen starken Einfluß auf die Persönlichkeitsentwicklung aus, aber es ist falsch zu meinen, der Mensch werde hauptsächlich durch Umwelteinflüsse geformt. Diese einseitige Festlegung trifft nicht zu, weil sie den Eigenwillen des Menschen und genetisch bedingte Temperamentsunterschiede nicht berücksichtigt.

Anlage oder Umwelt?

Was ist dran an dem ganzen Gerede über den Einfluß der Vererbung und der Umwelt? Beide spielen eine Rolle – aber Psychologen waren sich noch nie darüber einig, was den größeren Einfluß ausübt. Je nach ideologischem Hintergrund legen sie den Schwerpunkt ihrer Argumentation auf Vererbung oder Milieu.

Nach Rita Kohnstamm nehmen inzwischen *„die meisten Psychologen einen mittleren Standpunkt zwischen den beiden extremen Auffassungen ein. Die Erbanlagen setzen die Grenzen der Lernmöglichkeiten; aber das Milieu entscheidet darüber, ob das Kind diese Grenzen erreicht oder nicht."* (1)

Drei Temperamentstypen

In einer amerikanischen Studie, die als „New York Longitudinal Study" bekanntgeworden ist, weisen die Autoren Chess und Thomas auf drei häufig auftretende Kombinationen von Temperamentsanteilen hin, in die man die meisten Kinder einordnen kann. Ihre Beobachtung bestätigt, daß Babys sich nicht nur von Geburt an deutlich unterscheiden, sondern daß diese Unterschiede auch während der Kindheit erhalten bleiben.

In der Auswertung ihrer Langzeitstudie beschreiben die Autoren die unterschiedlichen Typen als: das „einfache Kind", das „schwierig zu handhabende Kind" und das „langsam zu erwärmende Kind" (2).

„Für das temperamentsmäßig ‚einfache Kind' sind regelmäßige biologische Funktionen, positive Annäherung an die meisten neuen Situationen und Menschen, leichte Anpassung an Veränderungen und eine sanfte oder mäßig intensive, aber vorwiegend positive Stimmung charakteristisch.

Diese Kinder entwickeln recht schnell regelmäßige Schlaf- und Eßgewohnheiten, gewöhnen sich leicht an unbekannte Nahrungsmittel, lächeln Fremde an und nehmen kleinere Frustrationen mit wenig Gequengel hin." (3)

Die Eltern, die ein oder mehrere dieser „Vorzeigekinder" in ihrer Familie haben, dürfen sich glücklich schätzen. Meistens wissen diese Eltern nicht, daß sie ihr Glück nur der Vererbung verdanken und nicht ihren hervorragenden pädagogischen Leistungen. Sonst würden sie nämlich nicht so hart über andere Eltern urteilen.

„*Am entgegengesetzten Ende des Temperamentspektrums ist das ‚schwierig zu handhabende Kind', für das unregelmäßige biologische Funktionen, negative Rückzugsreaktionen in den meisten neuen Situationen und gegenüber Menschen, langsame Anpassung an Veränderungen und intensive, häufig negative Stimmungsäußerungen charakteristisch sind. Typisch für diese Kinder sind unregelmäßige Schlaf- und Eßzeiten. Sie akzeptieren viele oder die meisten neuen Nahrungsmittel nur langsam, neue Tagesabläufe verlangen längere Eingewöhnungszeiten. Schreiperioden kommen recht häufig vor und sind genauso laut wie ihr Lachen. Frustration ruft typischerweise einen gewaltigen Wutausbruch hervor."* (4)

Eltern und Erzieher stöhnen zu Recht beim Umgang mit diesen Kindern. Mit ihnen zurechtzukommen ist schwierig. Manche Eltern gewöhnen sich relativ leicht an ein solches Kind, während andere ständig klagen, oft nur, weil ein „einfaches Kind" bequemer wäre.

Diese Eltern brauchen auf jeden Fall hilfreiche Tips, wie sie besser auf ihr Kind eingehen können. Wenn diese schwierigen Kinder genügend Zeit bekommen und geduldig mit ihnen umgegangen wird, passen sie sich gut an, besonders wenn die Personen und Aufenthaltsorte in ihrer Welt konstant bleiben.

Außerdem brauchen diese Eltern tröstende Ermutigung, schließlich sind sie nicht für dieses anstrengende Temperamentsmuster verantwortlich. Allerdings können sie die schwierigen Reaktionen durch ihr Verhalten abschwächen oder verstärken.

„*Das dritte nennenswerte Temperamentsmuster ist das ‚langsam zu erwärmende Kind'. Diese Kinder reagieren negativ auf neue Situationen und Menschen, sie gewöhnen sich nur langsam ein. Im Gegensatz zu Kindern mit schwierigem Temperament haben diese Kleinen jedoch eher milde als intensive Reaktionen und neigen nicht so stark zu unregelmäßigen Schlaf- und Eßzeiten. Wenn sie frustriert oder aufgebracht sind, versuchen sie sehr wahrscheinlich, sich leise oder mit wenig Gequengel aus der Situation zurückzuziehen, anstatt einen heftigen Wutausbruch zu bekommen, wie das Kind mit schwierigem Temperament. Langsam zu erwärmende Kinder können auch als schüchtern bezeichnet werden, solange man damit nicht Ängstlichkeit oder Feigheit meint."* (5)

Ähnlich wie bei dem „schwierig zu handhabenden Kind" brauchen Eltern bei einem „langsam zu erwärmenden" einige besondere Ratschläge, um es zu ermutigen und zu lenken.

Zum Nachdenken und Notieren
Welches Ihrer Kinder gehört eher zu den „einfach zu handhabenden" bzw. „schwierig zu handhabenden" oder „langsam zu erwärmenden" Kindern? (Vielleicht sollten Sie zu einer treffenderen Zuordnung den Mühlan-Tip 4, „Warum gleich in die Luft gehen?" lesen.)

Das schwierig zu handhabende Kind

Eltern mit einem oder mehreren temperamentlich schwerer zu handhabenden Kindern brauchen zunächst einmal Ermutigung und die Bekräftigung, daß es nicht allein ihre Schuld ist, wenn es manchmal „munter" zugeht - und dann brauchen sie Tips für spezielle Situationen. Wer sich mit einem „schwierig zu handhabenden" Kind gut arrangieren kann, gehört zu den wahren Pädagogen!

Wir möchten einige für diese Kinder typische Reaktionen beschreiben und gleichzeitig Tips zum richtigen Umgang mit ihnen weitergeben.

„Zappel nicht immer herum!" - ihr Aktivitätsniveau

Fast alle diese Kinder zeichnen sich durch eine hohe Aktivität aus, die allerdings noch im normalen Rahmen liegt und deshalb nicht mit Hyperaktivität verwechselt werden darf.

Schon beim Wickeln müssen Sie sehr wachsam sein. Eine schwungvolle Drehung zur Seite, und schon droht das Energiebündel von der Wickelkommode zu stürzen. Unsere Marie haben wir kurzerhand auf dem Teppichboden gewickelt. Sollten wir ihr für ihre Zappeligkeit einen Klaps auf den Oberschenkel geben, wie es manche Eltern tun, um ihr Kind zur Ruhe zu bringen? Auf keinen Fall!

Lange Autofahrten mit sehr aktiven Kindern können zur Qual werden. Wir versuchten immer, Maries Schlafenszeiten zu integrieren. Statt nachmittags nach ihrem Mittagsschlaf zu starten, fuhren wir lieber gleich nach dem Essen und hatten dann, während sie schlief, wenigstens zwei Stunden Ruhe ehe das Getobe wieder losging. Und dann mußte - oh, wie anstrengend - für Beschäftigung gesorgt und regelmäßig Pause gemacht werden. Sie hätten unsere Kleine mal sehen sollen, wenn wir auf dem Parkplatz hielten: Wie eine Rakete jagte sie jauchzend den Fußweg entlang, und man sah ihr so richtig an, daß sie sich ihre Energie abstrampeln mußte.

Gottesdienste werden mit solchen Kindern zu einer Tortur. Kennen Sie auch die mißbilligenden Blicke der Eltern, deren „Wunderkinder" tatsächlich die ganze Zeit ruhig und verschmust auf dem Schoß hocken? Da könnte man an sich selbst zweifeln, wenn man nicht um die wahren Ursachen wüßte ... Nehmen Sie ein paar Spielsachen mit, die nicht klappern, und wenn es zu schlimm wird, nichts wie an die frische Luft!

Wir möchten Ihnen nahelegen, sich auf ein energiegeladenes Kind entsprechend einzustellen. Es gibt Kinder, die genetisch bedingt aktiver sind als andere. Diesen Antrieb ständig zu unterdrücken, macht alle Beteiligten schließlich nur unglücklich. Wappnen Sie sich mit Geduld und starken Nerven. Haben Sie sich nämlich einmal bewußt darauf eingestellt und die richtigen Maßnahmen in Ihrer „Trickkiste", können Sie mit diesem Temperament auch leichter umgehen.

„Wann schläfst du endlich durch?" - ihr Tagesrhythmus

Alle unerfahrenen jungen Eltern schauen neidisch auf ein Baby, das nach drei Wochen schon durchschläft, zielstrebig Brust oder Flasche leernuckelt, sich ohne Protest auf Brei umstellen läßt und dessen volle Windel beinahe vorherzusagen ist.

Diese Prachtexemplare gibt es - aber leider zu selten. Wir wünschten allen Eltern so eines als erstes Kind, damit sie nicht den Mut für weitere Kinder verlieren. Denn das kann wirklich passieren, wenn das erste Baby ein Kandidat mit unregelmäßigem biologischen Rhythmus ist.

226

Aber es ist durchaus normal, in den ersten Monaten zwei- bis fünfmal nachts aufzustehen und das Baby anzulegen. Manche Babys machen erst nach Monaten einen Unterschied zwischen Tag und Nacht, sie scheinen zunächst keinen Rhythmus zu finden (siehe SCHLAFGEWOHNHEITEN).

Ähnlich schwierig kann dann die Sauberkeitserziehung werden. Ganz abgesehen davon, daß erst eine bestimmte körperliche und seelische Reife erreicht sein muß, bevor das Kind die Schließmuskeln bewußt betätigen kann, wird sich ein sehr aktives Kind mit unregelmäßigem Rhythmus schwerer tun. Nur nicht aufregen, sondern gelassen bleiben. Eine unserer Töchter war so ein richtiger „Töpfchen-Sitzer". Sie fand es schön, auf dem Töpfchen zu hocken, dabei in einem Bilderbuch zu blättern und geduldig zu warten, bis der Berg im Töpfchen dampfte. Später fanden wir heraus, daß sie zu den „langsam zu erwärmenden" Vertretern gehört.

Nicht so unsere Marie: Beim ersten Versuch blieb sie keine fünf Sekunden sitzen. Vielmehr hielt sie das Töpfchen für einen Hut und stolzierte mit dem Ding auf dem Kopf durch die Tür, sobald sich Claudia nur einen Moment umdrehte. Diese Vorstellung reichte, um das Thema „Töpfchen" um ein Vierteljahr zu verschieben (siehe SAUBERKEITSERZIEHUNG).

Natürlich muß auch solch ein Kind sauber werden, Schlafgewohnheiten entwickeln und sich an regelmäßige Essenszeiten gewöhnen. Es wird allerdings nicht so glatt verlaufen wie bei einem anderen Kind. Diese Dinge sind es nicht wert, der Auslöser eines Kleinkrieges zu werden. Sie als Eltern müssen Ihre Erwartungen zurückschrauben und einige Monate später mit dem Einüben beginnen, auch wenn andere Kinder schon ein Stück weiter sind. Was bei einem Zweijährigen mit einer Katastrophe endet, klappt ein halbes Jahr später schon viel besser. Aber dann müssen Sie beständig und geduldig dabeibleiben, stets das individuelle Vermögen Ihres Kindes im Blick behaltend.

„Mußt du immer gleich losbrüllen?" – die Intensität der Reaktion

Verständlicherweise bereitet es Eltern große Schwierigkeiten, wenn ein Kind sehr intensiv reagiert, indem es zum Beispiel losbrüllt, sich auf den Boden schmeißt und sich nicht beruhigen läßt.

Wie kann man da zu einem guten Zusammenspiel kommen? Auf alle Fälle ist es wertvoll zu wissen, daß dieses Verhalten nicht immer gleich Rebellion bedeutet, sondern zum Stimmungsmuster des Kindes gehört. Ein solcher Typ wird immer heftiger und lauter reagieren, ob es sich nun ärgert oder freut. Damit muß man sich abfinden.

Negative Auswüchse müssen natürlich gesteuert werden (siehe TROTZ UND WUT). Die Grenze ist erreicht, wenn Gegenstände durch die Luft fliegen, andere mit Fäusten traktiert werden oder das Geschrei nicht enden will. Halten Sie das kleine Händchen ruhig ein wenig schmerzhaft fest, und betonen Sie nachdrücklich, daß dies nicht erlaubt ist. Oder isolieren Sie das Kind, entweder indem Sie weggehen und es so keinen Zuschauer mehr hat, oder indem Sie das Kind in sein Zimmer bringen und es eine Weile zum „Abkühlen" allein lassen. Manchmal ist es allerdings besser, den Schreihals auf den Arm zu nehmen, zu wiegen und so zu beruhigen.

> **Zum Nachdenken und Notieren:**
> Wenn Sie einen „schwierig zu handhabenden" Vertreter in Ihrer Familie haben, werden Sie diese und ähnliche Verhaltensweisen sicherlich auch beobachten. Wie können Sie auf dieses „genetische Musterpaket" künftig besser eingehen?

Das „langsam zu erwärmende" Kind

Das „langsam zu erwärmende" Kind kann die gleichen Temperamentsanteile aufweisen wie ein schwer zu handhabendes, wenn auch nicht so ausgeprägt. Für dieses Kind möchten wir zusätzlich drei typische Beispiele herausgreifen.

„Stell dich doch nicht so an!" – sein Kontaktverhalten

Dieses Kind wird bei neuen Personen, in einer fremden Umgebung und bei neuen Erfahrungen immer vorsichtig reagieren, sich eventuell zurückziehen und eine gewisse Anpassungszeit brauchen. Es benötigt geduldige, sensible Eltern, sonst entsteht ein schlechtes Zusammenspiel! Erkennen seine Eltern diesen Temperamentstyp nämlich nicht an und zwingen ihr Kind überstürzt in neue Situationen, ist es gut möglich, daß es immer zurückhaltender und ängstlicher wird. Das Sprichwort „Gebranntes Kind scheut das Feuer" paßt zu dieser Situation. Schon als Baby braucht es einige Anläufe, Geduld und Ruhe, bis es anfängt, ein Bad zu genießen oder den ungewohnten Brei zu essen. Es wird auch einige Zeit dauern, bis es zu einem neuen Babysitter Vertrauen faßt. Sie können also bereits im Kleinkindalter erkennen, ob Ihr Kind zu den „vorsichtigen" Typen gehört.

Denken Sie nur einmal an den Spielkreis, an die Kindergruppe auf einer Familienfreizeit oder den Kindergarten. Bis an die Grenze der Peinlichkeit wird Ihr Kleiner sich an Sie klammern und betteln, ihn nicht allein zu lassen. Eine resolute Mitarbeiterin wird Sie vielleicht auffordern, nun endlich zu gehen – und dann schluchzt der Kleine die ganze Kinderstunde hindurch. Was für ein verzogenes Mama-Söhnchen!

Stimmt das wirklich? Nun, in vereinzelten Fällen schon – aber selten, wenn es um langsam zu erwärmende Typen geht. Eine

Antwort auf diese knifflige Frage fällt schwer: „Stellt es sich nun an, oder leidet es wirklich?" Wenn Ihr Kind sich in neuen Situationen im allgemeinen eher zurückzieht, ist es wahrscheinlich keine Anstellerei. Und wir halten überhaupt nichts von Brachialmethoden, wenn es darum geht, ein Kind kontaktfreudiger zu machen.

Für die Eltern ist es gar nicht so schwierig, mit einem solchen Kind umzugehen, vorausgesetzt, sie akzeptieren, daß es für ihr Kind eine normale Reaktion ist, in neuen Situationen zunächst einmal Nein zu sagen und sich zurückzuziehen. Akzeptieren Sie es, aber geben Sie nicht klein bei: Jedes Kind muß lernen, mit neuen Situationen umzugehen, dieser Typ jedoch behutsamer und in kleineren Schritten als andere. Es braucht Verständnis für seine Empfindungen und Ermutigung für jeden neuen Schritt. Vor allem darf es nicht ständig gedrängt werden. Es wäre ideal, wenn Sie die ersten Male im Spielkreis ermutigend am Rand sitzen könnten; und falls es nicht klappt, nehmen Sie Ihren Zweijährigen wieder mit. Lieber ei-

DIE KLEINKINDJAHRE

paar Monate warten, als jetzt mit Gewalt vorzugehen und alle bisherigen Fortschritte aufs Spiel zu setzen. Vielleicht müssen Sie auch den Kindergartenbesuch um ein Jahr verschieben. Mit drei und vier Jahren durchleben manche Kinder - die langsam zu erwärmenden gehören bestimmt dazu - eine kritische seelische Phase, in der sie auf Veränderungen besonders empfindlich reagieren. Um ihre gesunde Ich-Identität weiterentwickeln zu können, brauchen sie konstante Beziehungen. Sorgen Sie lieber dafür, daß ein solches Kind viel Kontakt zu anderen Kindern hat, ehe Sie es verfrüht dem Kindergartentrubel übergeben.

„Was ist nur los mit dir?" - seine Anpassungsfähigkeit

Ein Kleinkind mit guter Anpassungsfähigkeit macht es seinen Eltern leicht. Sie können sich ein recht bewegtes Leben erlauben, ohne daß es zu Schwierigkeiten kommt ...

Ganz anders, wenn ein Kind auf Änderungen in seiner vertrauten Umgebung allergisch reagiert. Während wir unsere kleine Marie als Baby überall mit hinnehmen konnte, war ihr gleichaltriger Cousin nicht zu beruhigen, wenn er nur einmal in einem anderen Babybettchen schlafen sollte. Roch er jedoch den vertrauten „Stallgeruch", entspannte er sich sichtlich. Eigentlich könnte man ja meinen, einem fünf Monate alten Baby sollte es egal sein, wo es schläft; es begreift ohnehin nicht viel. Das stimmt eben nicht: Auch ein Baby ist schon eine Persönlichkeit! Während wir mit unserer Kleinen fröhlich in den Urlaub fuhren, verbrachten unsere Verwandten den Urlaub im ersten Jahr vernünftigerweise auf „Balkonien". Der Streß wäre doch zu groß gewesen.

Eltern, die verstehen, was hinter einem solchen Verhalten steckt, können entspannter mit ihrem Kind umgehen. Wenn etwas nicht so wichtig ist oder auf das Kind bedrohlich wirkt, sollten Sie ruhig nachgeben; denn dann merkt es, daß auf seine Bedürfnisse und Ängste Rücksicht genommen wird.

Wenn es jedoch wichtig ist, müssen Eltern hartnäckig bleiben: Ruhig auf das Kind einzureden und Verständnis für seine Gefühle zu äußern kann helfen, vor allem, wenn es weiß, daß seine Eltern sich nicht beirren lassen.

„Mach doch mal ein anderes Gesicht!" - seine Stimmungen

Weil langsam zu erwärmende Kinder eher vorsichtig und mißtrauisch sind und leider oft genug gegen ihren Willen gedrängt werden, haben viele von ihnen eine überwiegend negative Grundstimmung. Unser schon erwähnter Neffe zog als Baby seine Stirn stets in tiefe Falten, wenn ihm eine fremde Person zu nahe kam.

Aber je sicherer ein solches Kind sich fühlt, desto stärker wird sich auch seine Stimmung entspannen. Es kann wirklich ziemlich anstrengend werden, wenn ein Kind viel nörgelt, Negatives immer zuerst sieht und schwer zufriedenzustellen ist ...

Vor allem lebhaften Eltern mit vorwiegend positiver Grundstimmung fällt es schwer, damit umzugehen. Ein solches Kind darf von ihnen nicht gehänselt werden und braucht auch einmal seine Ruhe, um seine Empfindungen ausbrüten zu können. Wenn es sich akzeptiert und geborgen weiß, wird es sich auch in einer lebendigen Familie wohl fühlen und sich von der fröhlichen Stimmung der anderen mitreißen lassen.

Zum Nachdenken und Notieren
Bei einem langsam zu erwärmenden Kind in Ihrer Familie müssen Sie sich besonders umsichtig verhalten.
Wie werden Sie die genannten Tips bei Ihrem Kandidaten umsetzen?

DIE KLEINKINDJAHRE

Was darf ich nicht durchgehen lassen?

Kleinkinder brauchen viel Freiraum - und trotzdem gibt es Dinge, die man auf keinen Fall durchgehen lassen darf. Immerhin werden in diesem Alter auch die Weichen für spätere grundsätzliche Umgangsformen gelegt. Zu diesen Verhaltensweisen, die Sie keinesfalls akzeptieren sollten, gehören offene Aggressionen, mutwilliges Zerstören und langes, wütendes Brüllen.

Sie sollten es nicht dulden, wenn Ihr Kind unwillig auf Sie einschlägt oder seine Geschwister ärgert, und das tun zum Teil schon Krabbelkinder. Halten Sie ihm das Ärmchen fest und sagen Sie ernst: „Du, das darfst du nicht. Das tut weh." Wenn es weiterschlagen will, wiederholen Sie es, und wenn es mehrmals sein muß. Hilft das nicht, dann geben Sie ihm einen Klaps auf die Finger.

Wir konnten es kaum fassen: Unsere süße Tirza, noch nicht einmal zwei Jahre alt, machte plötzlich am Eßtisch ein Geschrei, weil ihr etwas nicht paßte. Zuerst ignorierten wir es. Zum Dank drehte sie die Lautstärke noch höher.

Nun mußten wir eingreifen: „Tirza, das geht so nicht. Am Tisch darf man nicht so schreien. Da vergeht uns ja der Appetit. Hör bitte auf! Sonst müssen wir dich vor die Tür setzen", sagte Claudia dann. Dabei streichelte sie sie und versuchte, sie abzulenken. Doch Tirza hörte nicht auf. Also nahm Claudia sie an der Hand und setzte sie auf die unterste Treppenstufe vor die durchsichtige Glastür. „Wenn du aufgehört hast, kannst du wieder hereinkommen."

Nun gut, nach wenigen Minuten holten wir sie herein. Au weia, das ganze Theater ging wieder von vorn los. Jetzt aber zusammenreißen und die Kleine mit ruhigen Worten wieder vor die Tür gesetzt. Dann kapierte sie endlich und fügte sich.

„Oh", meinte ihr großer Bruder, „da hab' ich wohl auch des öfteren sitzen dürfen. Aber geschadet hat es mir anscheinend nicht."

Ein Kind wenige Minuten in Sichtweite zu isolieren, ist die richtige Konsequenz, wenn es ein Riesentheater macht. Schreiten Sie in solchen Situationen sofort und von Beginn an ein, aber ruhig und beherrscht, ohne selbst zu schimpfen oder zu schreien.

Freiheitsdrang oder Machtspiel?

Irgendwann zwischen dem ersten und zweiten Geburtstag geht es los: Wie kommen die süßen Kleinen nur plötzlich darauf, uns durch Geschrei, Unwilligkeit und Ungehorsam herauszufordern?

Zum einen ist dieses Verhalten schlicht und einfach das Ergebnis größerer persönlicher Freiheit. Das Kind entdeckt, daß es wer ist und einen Willen hat. Fest auf den Beinen stehen zu können, vergrößert den Aktionsradius ja auch wesentlich. Mit wehenden Haaren und ausgestreckten Armen läuft es juchzend genau in die andere Richtung, wenn Sie es rufen. Das würden wir als Zeichen der neu entdeckten Freiheit sehen.

Wenn Ihre Tochter aber mit herausforderndem Blick den Finger in die Marmelade

DIE KLEINKINDJAHRE

Freiheitsdrang oder Machtspiel?

bohrt, ist die Situation ganz anders. Sie sagen freundlich und ruhig: „Laß das bitte sein!" Sie zieht den Finger zurück, um ihn dann mit flakkernden Augen um so tiefer hineinzubohren. Jetzt geht es nicht um das Auskosten persönlicher Freiheit, nein, die kleine Amazone provoziert einen Machtkampf. Dies sind zwei völlig unterschiedliche Situationen, die von den Eltern angemessene Reaktionen erfordern. Genau diese Unterscheidungsfähigkeit müssen Eltern lernen.

Geben Sie Ihrem Kind auch schon in diesem jungen Alter Freiheit, wenn es um persönliche Entscheidungen geht. Das können Sie erreichen, indem Sie Entscheidungsfragen stellen: „Möchtest du den roten oder lieber den blauen Pullover anziehen?" Oder Sie halten ihm den Teller mit dem Aufstrich hin und fragen: „Was möchtest du auf dein Brot haben?"

Zu viele Kommandos, zuviel Gereiztheit, Schimpfen, Gängeln machen auch schon kleine Kinder unwillig und aggressiv, und dann meint die Mutter, ein schwieriges Kind zu haben. Aber in diesem Fall ist tatsächlich sie die Ursache der Spannungen.

Wie wir schon sagten: Bewahren Sie Ruhe, geben Sie Ihrem Kind viel Freiheit, sparen Sie sich das Nein für wirklich entscheidende Dinge auf. Ein Kind, das in diesem wohltuenden Rahmen persönlicher Entscheidungsfreiheit, Wertschätzung und Geborgenheit aufwächst, wird gelassener sein und Verbote williger respektieren.

Gerade nervöse, überängstliche und leicht reizbare Eltern haben unwillige und aggressive Kinder. Hier muß bei den Eltern unbedingt rechtzeitig ein Lernprozeß zu größerer Ruhe, Geduld, Gerechtigkeit und Humor einsetzen.

Ist ein Kind zwischen zwölf und fünfzehn Monaten alt, beginnen die Machtkämpfe, ernsthafte Züge anzunehmen. Ein „schwer zu handhabendes" Kind wird versuchen, seine Eltern herauszufordern, wann immer es meint, gewinnen zu können. Diese Kämpfe dienen dazu, festzustellen, wer das Sagen hat: Bestimmen meine Eltern, wo es langgeht, oder ich?

Ergreifen Sie die Zügel der Autorität rechtzeitig

Dies möchten wir Ihnen wirklich nahelegen: Nehmen Sie jetzt die „Zügel der Autorität" fest in die Hand. Wenn Sie dieses Kapitel aufmerksam durchgelesen haben, werden Sie wissen, wie wir diese Aussage meinen: Darunter verstehen wir keine harte, lieblose Erziehung, sondern eine Beziehung, die von Liebe und Humor, aber auch fester Leitung getragen wird. Wir sind absolut gegen Härte und Prinzipienreiterei in der Erziehung. Es geht auch nicht darum, dem Kind Gehorsam um jeden Preis beizubringen. Der Freiheitsdrang Ihres Kindes muß anders bewertet werden als ein Machtkampf, denn in letzterem *müssen* Sie Gewinner bleiben!

> **Zum Nachdenken und Notieren**
> Wie gut können Sie zwischen Freiheitsdrang und Machtkampf unterscheiden? Versuchen Sie einmal, die letzten Konflikte in diese beiden Kategorien einzuteilen:
>
>

Die Kleinkindjahre

Grundlegende Verhaltensregeln

Im wesentlichen gelten für das dritte Lebensjahr die gleichen Verhaltensweisen wie in dem Jahr zuvor: Humor und starke Nerven, Geduld und Beständigkeit, viel Freiheit und klare Regeln. Wenn das Kind Sie jedoch zu einem Machtkampf herausfordert, bleiben Sie souverän der Gewinner!

Im folgenden möchte wir Ihnen eine Strategie mitgeben, die Ihnen jetzt und in den nächsten Jahren helfen kann, mit Ihren Kindern ohne Ereiferungen und Drohungen klarzukommen.

Augenleitung

Nehmen wir eine Szene, die häufig vorkommt: Ihr Dreijähriger ist im Sandkasten ständig dabei, den anderen Kindern die Spielsachen fortzunehmen und ihre Sandburgen zu zerstören. Zumindest zeigt er ein Verhalten, das in Ihren Augen nicht richtig ist.

Ihre erste Maßnahme ist die „Augenleitung": Sie schauen zu Ihrem Sprößling hinüber, räuspern sich, krausen die Stirn oder heben den Finger.

Es ist allein eine Sache zwischen Ihnen beiden, niemand anderes merkt etwas davon. Dies soll ihm zeigen, daß Sie sein verkehrtes Handeln bemerkt haben und ihn zur Besserung auffordern. Diese „Augenleitung"

ist eine der angenehmsten Erziehungsformen für Eltern und Kinder. Wenn Ihr Kind weiß, daß Sie konsequent zu Ihrer Aufforderung stehen, wird es sein falsches Verhalten in vielen Situationen auf diesen Blickkontakt hin einstellen. Es ist gut, wenn Kinder gelernt haben, auf diesen stillen Wink einzugehen. Schade, wenn sie so abgehärtet sind, daß sie erst auf „Kanonenschüsse" ihrer Eltern hin einlenken. „Augenleitung" funktioniert dann gut, wenn eine tiefe emotionale Bindung zwischen Eltern und Kind besteht.

Zurechtweisung und konstruktiver Ausweg

Wir möchten dieses Beispiel bis zum (bitteren) Ende verfolgen. Ihr Kind versteht zwar den Wink, aber es ändert sein Verhalten nicht. Der nächste Schritt ist, es zurechtzuweisen und eine konstruktive Möglichkeit anzubieten. Zurechtweisen tun Eltern oft, aber vielfach versäumen sie, dem Kind einen Ausweg zu zeigen.

In diesem Fall könnten Sie sagen: „Schau, du hast doch auch so viele Spielsachen. Willst du dir nicht selbst eine Sandburg bauen?" Oder „Sag mal, hast du heute morgen schon geschaukelt?" Schwupps, schon sind Sandburgen und Schaufeln vergessen, glücklich schwingt es sich der Sonne entgegen. Mit einem solchen Vorschlag geben Sie dem Kind die Möglichkeit, von dem Streit abzulassen und selbst etwas Konstruktives zu tun.

Zurechtweisen und Nennen der Konsequenz

Wenn dieser Schritt nicht ausreicht, folgt die nächste Maßnahme. Sie sollten dem Kind wieder sein falsches Verhalten erklären und diesmal die Konsequenz nennen, die folgen wird, wenn es nicht davon abläßt.

Nun müssen Sie aber aufpassen, daß Sie eine angemessene Folge nennen, eine, die

DIE KLEINKINDJAHRE

Sie auch wirklich durchführen können. Im Eifer des Gefechts wird hier manchmal einiges falsch gemacht. Zum Beispiel, daß Sie eine viel zu weit in der Zukunft liegende Maßnahme nennen, die das Kind kaum beeindruckt, oder daß Sie in Ihrem Ärger eine Drohung ausstoßen, zu der Sie ja doch nicht stehen können.

Also, was angemessene, logische Konsequenzen betrifft - so haben wir bei uns gemerkt -, können wir Eltern eine Menge lernen (siehe LOGISCHE KONSEQUENZEN). In unserem Sandkastenbeispiel wäre wohl die richtige, logische Konsequenz: „Wenn du nicht aufhörst, dann werde ich dich nehmen, und du mußt dort drüben in der anderen Sandkiste für dich allein spielen."

In den meisten Fällen wird das Kind spätestens jetzt einlenken. Besonders dann, wenn das Kind weiß: „Auf Mama ist Verlaß! Wenn sie etwas ankündigt, dann hält sie es. Es ist besser, ich gebe nach."

Durchführen der Konsequenz

Hat das Kind jedoch schon zu oft erfahren, daß seine Eltern Drohungen ausstoßen, ohne sich daran zu halten, dann mag es denken: „Ach, die meinen es ja nicht so. Mal sehen, auf was für einen Einfall sie jetzt kommen." Weil es schon zu oft Sieger war, wird es den Machtkampf bis zum Ende treiben.

Auf dieses so häufig zu beobachtende und nervenaufreibende „Spiel" sollten Sie von vornherein nicht eingehen. Überlegen Sie sich gut, was Sie von Ihrem Kind erwarten, und wenn es angemessen ist, stehen Sie dazu wie eine deutsche Eiche - unanfechtbar und ohne zu wanken.

Wenn es das noch nicht verstanden hat oder wieder einmal in Frage stellen will, dann klemmen Sie sich Ihren kleinen Sprößling unter den Arm, klauben seine Spielsachen zusammen und bringen ihn hinüber in die andere Sandkiste. Dies wird seine Achtung vor Ihrer Standhaftigkeit vertiefen und ihn in Zukunft vorsichtiger handeln lassen.

Aber für manche Eltern ist damit die Konfrontation noch nicht ausgestanden: Der Kleine wehrt sich mit Händen und Füßen, schreit, so daß es scheint, als ob der ganze Spielplatz zusammenläuft. Was tun? Jetzt sind viele Eltern und Ratgeber hilflos.

Unser Ratschlag: Wenn die Maßnahmen bis jetzt nicht gewirkt haben, nehmen Sie den Schreihals, flüstern ihm die Botschaft ins Ohr, und wenn er darauf nicht hört, verschwinden Sie mit ihm hinter das nächste Klo-Häuschen und geben ihm das auf den Po, was jetzt angemessen ist.

Bei konsequenten Eltern wird das Kind diese „Grenzerfahrung" wahrscheinlich nur ein- bis zweimal machen müssen. Dann wird es nämlich glauben, daß Sie zu dem stehen, was Sie sagen, und das Zusammenleben wird friedlicher werden.

Diese vier Schritte haben sich in unserem Familienalltag seit vielen Jahren als hilfreich erwiesen. Hat sich die Abfolge erst einmal eingespielt, wird es häufig bei der „Augenleitung" bleiben und der Konflikt selten über den dritten Punkt hinausgehen.

Noch einmal die Zusammenfassung:

1. Augenleitung
2. Zurechtweisung und konstruktiver Ausweg
3. Zurechtweisung und Nennen der Konsequenz
4. Durchführen der Konsequenz

Zum Nachdenken

Diese vierstufige Strategie sollten Sie sich unbedingt so einprägen, daß sie Ihnen in Fleisch und Blut übergeht. Am besten, Sie spielen einige Konfliktsituationen gedanklich durch.

Das Trotzalter oder: Das Kind entdeckt sein Ich

„Das dritte Lebensjahr (zum Teil auch schon das Ende des 2. Jahres) gilt bei vielen Eltern und Erziehern als ein besonders schwieriges Alter, weil Begriffe wie Trotzalter, Wutanfälle, Schlafschwierigkeiten, Ängste und sonstige schwierige Verhaltensweisen untrennbar mit diesem Jahr verbunden zu sein scheinen." (6)

Unserer Meinung nach wird vielfach übertrieben, „trotziges" Verhalten ist oft lediglich eine Reaktion des Kindes auf zu rigides Verhalten der Erwachsenen. Diese Annahme bestätigt auch Reinhold Ruthe in seinem „Elternbuch". Er führt dort die Untersuchung der Psychologin E. Kemmler an, die 500 Trotzkinder untersuchte und zu dem verblüffenden Ergebnis kam, daß bis auf einen einzigen Fall alle Trotzanfälle durch die Anforderungen der Erwachsenen ausgelöst wurden. (7)

Wir sollten den Begriff „Trotzalter" austauschen gegen „Ich-Findung", denn das beschreibt besser, was in dem Kind vorgeht. Mediziner betonen, daß „im dritten Lebensjahr im innersekretorischen System des Körpers (Sekret = Ausscheidung, z. B. einer Drüse) Veränderungen entstehen, die schnellere Ermüdbarkeit, Schweißausbrüche und leichte Blutdruckerhöhungen beim Kind hervorrufen können. Das wirkt sich auf sein Verhalten aus. Es fängt Spiele an, beendet sie aber nicht; es ist unausgeglichen und unruhig. Seine Stimmungen wechseln wie das Aprilwetter." (8)

Das Kleinkind beginnt aber auch zu erfassen, daß es eine eigenständige Persönlichkeit ist. Vielleicht haben Sie schon beobachtet, daß ein Kind, das bisher von sich selbst in der dritten Person gesprochen hat, in Form seines Vor- oder Kosenamens, plötzlich das Wörtchen „Ich" entdeckt – mit allem, was dazugehört.

Der Trotz Ihres Kindes ist also ein Zeichen für einen neuen Entwicklungsschritt, den es nicht zu bekämpfen, sondern zu fördern gilt. Trotz und Wut müssen nicht „gebrochen", sondern in die richtigen Bahnen gelenkt werden.

„Mein Kleiner sagt immer Nein!"

„Aber wenn mein Dreijähriger nun immer Nein sagt, ganz gleich, ob ich ihn freundlich etwas frage oder ihn anschreie? Oder er sich auf den Boden wirft, brüllt und um sich tritt – womöglich noch in der Öffentlichkeit?"

Zunächst einmal wissen Sie jetzt, daß Ihr Kind eine ganz normale Entwicklungsphase durchläuft – es beginnt sich als eigene Persönlichkeit von seinen Eltern abzusetzen. (Übrigens wiederholt sich diese Phase in ähnlicher Form in der Pubertät.)

Folgende Gedanken können Ihnen im Umgang mit Ihrem kleinen „Wüterich" helfen:

- „Begrenzen Sie die Anzahl der Gelegenheiten, bei denen Sie selbst das Wort ‚Nein' verwenden. Es ist erstaunlich, wie oft Eltern Nein sagen und wie bestürzt sie dann sind, wenn ihre Kinder sie nachahmen.
- Sobald Sie selbst aufgehört haben, Nein zu sagen, ignorieren Sie es, wenn Ihr Kind das Wort verwendet. Gehen Sie einfach aus dem Zimmer, wann immer es möglich ist. Wenn gehandelt werden muß, handeln Sie, ohne zu reden. Wenn

DIE KLEINKINDJAHRE

Trotz und Wut

Ihr Kind zum Beispiel ins Bett gehen soll, nehmen Sie es bei der Hand und führen Sie es in sein Zimmer.
- Bieten Sie Wahlmöglichkeiten an, bei denen Ja und Nein als Antworten ausscheiden. ‚Willst du den gelben oder den blauen Schlafanzug?' ‚Sollen wir eine lange oder eine kurze Geschichte lesen?'
- Übertragen Sie Ihrem Kind Verantwortung, indem Sie es um Hilfe bitten und Entscheidungen treffen lassen. ‚Ich brauche jemanden, der mir hilft, dieses Durcheinander hier aufzuräumen. Was willst du machen, und was soll ich übernehmen?'
- Feiern Sie: ‚Das ist ja toll! Du kannst selbst denken - du willst nicht mehr die ganze Zeit gesagt bekommen, was du tun sollst.' Mit zwei Jahren versteht Ihr Kind wahrscheinlich noch nicht, was Sie da sagen, aber es wird Sie daran erinnern, wie wichtig es ist, daß das Kind seine Persönlichkeit entwickelt." (9)

Aber was soll man bei Wutanfällen tun?

Zunächst einmal hilft die Beachtung der eben genannten Punkte, Wutausbrüche zu mindern. Denn Kinder inszenieren Wutanfälle, um Aufmerksamkeit zu erregen, ihren Willen durchzusetzen, andere zu kränken, von denen sie sich gekränkt fühlen, oder um zu erreichen, daß man sie in Frieden läßt.

Vermeiden Sie es, während des Wutanfalls noch mit Erklärungen in das Kind einzudringen: In diesem Augenblick zählen keine rationalen Argumente - Ihr Kind erlebt gerade einen inneren „Kurzschluß", den es selbst in keiner Weise mehr kontrollieren kann.

- Fragen Sie Ihr Kind in einem ruhigeren Moment, ob es noch andere Möglichkeiten kennenlernen möchte, mit Enttäuschung und Frustration umzugehen. Bringen Sie ihm bei, seine Gefühle in Worte zu fassen und konstruktiv auszudrücken, statt sie ungehemmt vorzuführen (siehe GEFÜHLE).

- Fragen Sie Ihr Kind, was Sie tun sollen, wenn es einen Wutanfall hat - aber warten Sie mit der Frage bis zu einem Zeitpunkt, an dem Sie beide in Ruhe darüber sprechen können! Lassen Sie ihm die Wahl: „Soll ich dich dann in den Arm nehmen oder vielleicht besser einfach warten, bis du's hinter dir hast?"

Nachsicht und Strenge

Reagieren Sie aber nicht mit zu großer Besorgnis und Nachgiebigkeit. Vernünftige Regeln muß Ihr Kind schon beachten.

Ist kein Einlenken zu beobachten, kann es manchem wütenden Kind helfen, einige Minuten im Nebenraum isoliert zu werden, um ihm die Möglichkeit zum „Abkühlen" zu geben. Einem anderen Kind würde das nicht helfen, es sollte vielmehr auf dem Arm gehalten, gewiegt und abgelenkt werden, bis es sich endlich beruhigt. Einen dritten Typ würde ein leichter Klaps auf die Hand oder das Bein, also auf die Körperteile, die den Schaden angerichtet haben (werfen oder treten), am wirkungsvollsten besänftigen. Probieren Sie aus, was für Ihr Kind am geeignetsten ist (siehe TEMPERAMENTSTYPEN). Im übrigen heißt es „abwarten und Tee trinken". Wenn Sie sich umsichtig und konsequent genug verhalten haben, beruhigt sich das Kind gegen Ende des dritten Jahres gewöhnlich wieder. Dann möchte es Ihre Anerkennung und Ihr Lob erringen und ist stolz darauf, schon so groß und so einsichtig zu sein ...

> ### Zum Nachdenken und Notieren
> Welche dieser Tips für die Phase der „Ich-Findung" sind für Sie sofort umsetzbar?

Phantasie oder Wirklichkeit?

Unsere vierjährige Marie behauptet steif und fest: „Im Garten habe ich Elefanten gesehen!", und läßt es sich von niemandem ausreden. Ein anderes Kleinkind beharrt: „Die Schokolade? Die hat der Hund gefressen!"

Sind das nun handfeste Lügen? „Muß man da nicht den Anfängen wehren?" fragen sich besorgte Eltern. Viele Psychologen sind sich darüber einig, *„daß ein Kind bis ins Vorschulalter kaum trennen kann zwischen dem, was wirklich ist, und dem, was es in seiner Phantasie erlebt. Dies ist ein wichtiger Unterschied zwischen kindlicher und erwachsener Phantasie. Die Vermischung von Phantasie und Realität kann auch den Eindruck entstehen lassen, daß ein Kind viel lügt. Man muß sich jedoch dessen bewußt sein, daß die Phantasiebilder für das Kind dieselbe Bedeutung wie die Wirklichkeitsbilder haben. Erst mit vier Jahren wächst langsam das Bewußtsein, daß die wirkliche Welt und die Phantasiewelt nicht identisch sind. Man nimmt an, daß ein Kind von ungefähr sieben Jahren ein Gefühl für den Unterschied von Realität und Phantasie entwickelt hat."* (10)

Eltern müssen diese kindliche Wahrnehmung unbedingt berücksichtigen und dürfen nicht zu streng reagieren. Diese Art „Schwindeln" darf man nicht mit späteren Lügen verwechseln, wenn ein Kind genau weiß, daß es nicht die Wahrheit sagt. Allerdings braucht das Kind behutsame Hilfe, die Welt nach den Gesetzmäßigkeiten der Wirklichkeit zu ordnen. Praktisch heißt das, daß Sie die kindlichen Phantasien zwar nicht unterdrücken oder gar als Lüge bestrafen, aber auch nicht übermäßig bestärken und beachten. Die Phantasielüge sollten Sie gelassen bezweifeln und den wahren Sachverhalt nennen.

Durch Lügen einer Strafe entgehen

„Gegen Ende des dritten Lebensjahres entdeckt das Kind möglicherweise zum ersten Mal, daß es durch Lügen einen Tadel oder gar ernsthafte Strafe vermeiden kann. Meist sind diese Lügen aber noch sehr unbeholfen und leicht zu durchschauen und sind nichts anderes als ein Nicht-Zugeben-Können einer schuldhaften Handlung. Da es Kindern zunehmend wichtig wird, durch Lob und Anerkennung und ‚richtiges' Verhalten (die Trotzphase ist gewöhnlich abgeklungen) sich der Zuwendung der Eltern zu versichern, können sie jetzt schon mal eine ‚Notlüge' probieren." (11) (siehe LÜGEN)

Wiederum dürfen Eltern nicht zu streng reagieren, denn wenn das Kind daraufhin anfängt, aus Furcht vor Strafe erst recht die Unwahrheit zu sagen, haben sie ein richtiges Problem. Andererseits dürfen Eltern über kindliche Lügen auch nicht einfach hinweggehen, denn das Kleinkind lebt ja gerade in der Phase, in der das Gewissen ausgebildet und geschult wird.

Helfen Sie dem Kind, sein schlechtes Gewissen, das man ihm ja ohne weiteres ansieht, zu erleichtern, indem Sie ihm erklären, daß Sie seine Wünsche schon verstehen (wenn es z. B. etwas Verbotenes getan hat), und appellieren Sie verstärkt an seine Einsicht! Aber machen Sie ihm auch eindringlich klar, daß Unwahrheiten nicht richtig sind: „So, wie du das sagst, stimmt es nicht. Man darf nicht lügen!"

Tag für Tag gibt es viele Möglichkeiten, das Gewissen Ihres Kindes zu schärfen: durch Ihr Vorbild, erklären, richtigstellen und ermahnen. *„Hilfreich sind die beliebten Erzähl-Stunden. Das Kind lernt aus Märchen und Geschichten einfache sittliche Normen: Gutes tun und gewissenhaft handeln wird belohnt. Böse sein, anderen Schaden zufügen, hat entsprechende Folgen. Ausgewählte biblische Geschichten stärken die positive Entwicklung des kindlichen Gewissens. Beim Vorlesen und Erzählen lernt das Kind, in den Geboten den liebenden, fürsorglichen und väterlichen Gott zu erkennen, dem auch seine Eltern vertrauen."* (12)

Mein und Dein, das kenn ich nicht!

„Ein kleines Kind kann noch nicht im üblichen Sinne stehlen. Ihm ist die Zuordnung von Mein und Dein noch nicht eindeutig und durchgängig klar. Ist es beispielsweise von zu Hause gewohnt, daß es wie die übrigen Familienmitglieder an alles heran darf, so wird es sich zunächst im Kindergarten auch so verhalten. Es muß erst lernen, wie die Besitzverhältnisse eigentlich liegen." (13)

Ähnlich wie Sie beim „Lügen" auf eine gute Gewissensbildung achten, sollten Sie beim „Stehlen" schon zarten Anfängen wehren, indem Sie zum Beispiel das „geliehene Stück" ausdrücklich und im Beisein des Kindes zurückgeben oder von diesem zurückgeben lassen. Das sollte natürlich ganz selbstverständlich geschehen und keine dramatische Handlung sein.

Am leichtesten lernt ein Kind, Mein und Dein zu unterscheiden, wenn es selbst „Eigentümer" ist; wenn es also genügend Spielsachen hat, mit denen es wirklich machen kann, was es will - auch seinen Geschwistern gegenüber. Wenn ein Kind auch im Schulalter noch stiehlt, sollten Eltern und Kind eine psychologische Beratung in Anspruch nehmen (siehe STEHLEN).

Erst denken, dann sprechen!

Manchen Kindern rutscht eine Unwahrheit ganz schnell über die Lippen – wir meinen solche Kinder, die sprechen und erst dann anfangen zu denken.

„Na, na, denk erst einmal nach!" könnten Sie erwidern. Meistens bekommt es dann einen roten Kopf und besinnt sich schnell auf den wahren Sachverhalt. Wir haben gelernt, solchen Kandidaten möglichst wenig Fragen zu stellen, die vorschnell mit einem gedankenlosen Ja oder Nein beantwortet werden können. Vor dem Essen zu fragen: „Hast du dir die Hände gewaschen?", könnte verhängnisvoll werden. Wir sagen lieber: „Geh bitte deine Hände waschen!" Sollte es tatsächlich schon geschehen sein, kommt gehöriger Protest. Wenn nicht, geht's ab ins Bad, ohne daß etwas Unüberlegtes über die Lippen kommen konnte.

Zum Nachdenken und Notieren
Wappnen Sie sich jetzt schon gedanklich gegen Lügengeschichten und „Eigentumsdelikte". Wie wollen Sie das Gewissen Ihres Kleinkindes schulen?

Ein realistisches Menschenbild

Erziehung kann Spaß machen. Es gibt kaum etwas Schöneres, als in gutem Einvernehmen zusammenzuleben und zu beobachten, wie die Kinder reifen und heranwachsen.

Aber es gibt auch andere Erfahrungen: Streit und Gefechte unter den Geschwistern, Widerwillen, Ungehorsam, Rebellion, Lügen, Stehlen und Regeln mißachten, die vorher klar abgesprochen waren ...

Solche Konfrontationen haben Sie wahrscheinlich nicht gesucht oder sich ausgemalt, als Sie Ihr Baby nach der Geburt überglücklich im Arm hielten und von Familienidylle träumten.

Wie kann es nur soweit kommen? Ist es nicht möglich, konfliktfrei zusammenzuleben, zum Beispiel wenn man all die Tips zur Familien-

atmosphäre, Belehrung und zu Regeln befolgt? Lassen Sie uns realistisch bleiben! Mit allem bisher Gesagten schaffen Sie eine großartige Grundlage; eine Garantie für ein ständig harmonisches Familienleben erhalten Sie damit allerdings nicht. Das liegt einfach daran, daß ein Mensch nicht rein und unschuldig zur Welt kommt und sich erst später, je nach Erziehungseinflüssen, zum Guten oder Schlechten hin entwickelt. Nein, jeder beginnt mit einer unguten Hypothek. In jedem steckt ein Hang zum Bösen und zum Verlangen, Macht über andere zu erlangen. Das ist ein realistisches Menschenbild!

So beschreibt es auch die Bibel. Schlagen Sie nur einmal Psalm 51, 7 nach, oder lesen Sie Römer 7, 18-19: *„Denn ich weiß, daß in mir, das ist in meinem Fleisch, nichts Gutes wohnt; denn das Wollen ist bei mir vorhanden, aber das Vollbringen des Guten nicht. Denn das Gute, das ich will, übe*

VON DER VORSCHULE BIS ZUR VORPUBERTÄT

ich nicht aus, sondern das Böse, das ich nicht will, das tue ich."

Dieser Kampf spielt sich in jedem Menschen, egal welchen Alters, ab und kann letztlich nur durch die Erlösung und Hilfe Jesu Christi siegreich bestanden werden.

Alle Eltern machen Fehler und müssen noch viel lernen, aber ebenso müssen sie folgendes wissen: In ihren Kindern ist ein schmerzlicher Zwiespalt zwischen Zuneigung und Selbstsucht, genauso wie es in den Bibelversen beschrieben wird. Sie wissen, was richtig ist, wollen es sicherlich auch tun, bringen es aber dennoch nicht fertig.

Selbst wenn Eltern alles richtig machten, kann ein Kind auch ohne Veranlassung ungezogen sein - einfach so, weil das menschliche Herz böse ist.

Diese Zusammenhänge wollen viele moderne Erziehungsberater nicht sehen. Gegenwärtige Erziehungstheorien erklären Verhalten vielfach auf der Grundlage umweltbedingter Konditionierung, mit anderen Worten: Kindliches Verhalten sei das Produkt von Umwelteinflüssen.

Damit berufen sie sich auf alte humanistische Thesen und auf den Glauben

- an das Gute in der menschlichen Natur und
- die Machbarkeit der menschlichen Persönlichkeit.

Dieses humanistische Menschenbild steht in einem krassen Widerspruch zum biblischen, das wir für realistischer halten und auf das wir uns mit unseren Ratschlägen berufen.

Die nichtchristlichen Philosophen und Ideologen aller Zeiten sind stets von einem zu optimistischen Menschenbild ausgegangen. Doch der Mensch ist weder gut noch machbar! Er befindet sich vielmehr in einem Zustand konstanter innerer Spannungen:

- Obwohl nach dem Bilde Gottes geschaffen, steht er doch im Machtbereich der Sünde und hat in sich einen Hang, Böses zu tun.

- Sein Verhalten ist nicht das Ergebnis verschiedener Umwelteinflüsse, sondern er ist ein aktives Wesen mit der Fähigkeit, eigene Entscheidungen zu treffen.

Spätestens jetzt, wenn wir über Konsequenz und Disziplin sprechen, müssen Sie sich Gedanken darüber machen, welchem Menschenbild Sie in Ihrer Erziehungsstrategie folgen wollen, denn Ihr Menschenbild wird konsequenterweise Ihren Erziehungsstil prägen!

Folgen Sie dem realistischen Menschenbild und akzeptieren Sie, daß der Mensch ein aktives Wesen mit positiven wie negativen Antrieben ist, dann ist es doch nur logisch, dem Kind zunächst einmal sehr viel Liebe und Geborgenheit zu schenken, damit es mit seinem inneren Konflikt zur Ruhe kommen kann. Genauso einsichtig ist dann, daß es belehrt und in dem, was gut ist, geschult werden muß. Auch das Setzen von Grenzen sowie die Begleitung mit liebevoller Konsequenz und Disziplin werden Sie dann akzeptieren können. Sie sehen, das „Familienhaus" ist eine konsequente Ableitung des realistischen Menschenbildes.

„Wer total auf jede Art von Strafe verzichtet, nährt in dem Kind den Eindruck, es sei so wenig wert, daß es nicht einmal strafwürdig ist. Menschen, die nie gestraft werden, weil sie beispielsweise nur Verwöhnung kennen, suchen sich ihre Strafen, das heißt ihre Grenzerfahrungen, oft selbst. Sie wählen Extremsportarten als Selbsterfahrungs- und -verwirklichungsfeld. Ihre Sucht nach Gefahr ist immer zugleich auch die Sucht nach ihren Grenzen." (1)

Wann sollen Eltern disziplinieren?

Alle Kinder sind hin und wieder ungehorsam. Bleiben Sie gelassen, und lernen Sie damit umzugehen. Wir wollen mit Ihnen ein Aktionsmuster erarbeiten, mit dem Sie Ihr Kind, wenn es nötig ist, konsequent, aber liebevoll disziplinieren können.

„Konsequent sein" heißt, beharrlich auf ein Ziel zuzusteuern. Das trifft auf Sie zu: Sie haben sich vernünftige Erziehungsziele gesteckt und gehen beharrlich auf sie zu.

„Disziplin" stammt aus dem Lateinischen und bedeutet „Gehorsam" und „Ordnung".

Wann sollten Eltern konsequent sein und Disziplin anwenden? Zum Beispiel:

- Wenn ein Kind unwillig ist, neue Verhaltensweisen zu lernen. Nehmen wir an, es kann sich mit fünf Jahren wirklich allein anziehen, aber nein, es streckt alle Viere von sich und denkt: „Mama, mach du!"

- Wenn es gegen eine Familienregel verstößt oder sie absichtlich nicht einhält. Z. B. wenn sie oder er seinen familiären Pflichten (Küchendienst, Ordnung halten u. a.) nicht nachkommt.

- Wenn Ihre Autorität herausgefordert wird und sich Ihr Kind respektlos und rebellisch aufführt. Es wirft Ihnen Schimpfwörter an den Kopf und tut genau das Gegenteil von dem, was Sie gerade gesagt haben.

Das sind drei typische Situationen aus einem Familienalltag. Was tun?

Nun, zunächst einmal sollten Sie sich bemühen, alle Ihre Erwartungen an das Kind positiv zu formulieren. Humor und Freundlichkeit bewirken bei jedem Menschen mehr Willigkeit als Kommandos und barsche Worte - ganz nach dem Sprichwort: „Wie man in den Wald hineinruft, so schallt es heraus!"

Sollten Sie diese Anregung nicht öfter befolgen?

Denken Sie noch einmal an unsere Ratschläge zum Thema „Ermutigen" und „Belohnen" zurück. Vielleicht sollten Sie bei Ihrem Fünfjährigen doch die „Ich-hab's-geschafft-Liste" einsetzen (siehe BELOHNUNGEN), anstatt ständig zu schimpfen und ihn barsch anzutreiben. Auch an die Einsicht zu plädieren, kann motivieren: „Komm, wenn du deine Aufgaben gleich erledigst, ist es geschafft, und du bekommst keinen Ärger!"

Eine Botschaft an uns Eltern

Wenn ein Kind darauf nicht eingeht, fragen Sie sich, ob Ihre Anforderungen angemessen sind. Wir haben gelernt, daß in jeder Unwilligkeit oder jedem Fehlverhalten eines Kindes auch eine Botschaft an uns Eltern steckt.

Sich selbst zu hinterfragen kann Sie vor einer herzlosen Wenn-dann-Haltung bewahren. Ihr erster Gedanke sollte niemals sein: „Wie bring' ich das Kind zum Gehor-

VON DER VORSCHULE BIS ZUR VORPUBERTÄT

sam?", sondern: „Was fehlt dem Kind? Warum verhält es sich so?"

Ein Teil des Fehlverhaltens Ihrer Kinder können Sie sich nämlich selbst zuschreiben und durch eine umsichtige Haltung vermeiden. Zum Beispiel folgende Szene, die Eberhard bei einem Besuch miterlebt hat: Der Vater unterhält sich am Abendbrottisch intensiv mit Eberhard und schmiert dabei seinem Vierjährigen das Brot. „Was willst du drauf haben?" fragt er und legt zerstreut, ohne auf den Wunsch des Jungen zu achten, eine Scheibe Käse auf das Brot. „Ich will aber Leberwurst", heult dieser auf. „Iß das jetzt, sonst gehst du in die Küche", erwidert der Vater scharf und schickt ihn, weil er weiter protestiert, tatsächlich fort.

Ähnliche Mißverständnisse ereignen sich laufend. Deswegen geben wir Ihnen eine kleine Checkliste mit:

- **Habe ich mich richtig und klar genug ausgedrückt?**
  Es ist doch wohl ein Unterschied, ob ein Kind etwas vorsätzlich nicht ausführt oder weil es Sie nicht richtig verstanden hat.

- **Ist meine Forderung gerechtfertigt? Bin ich zu kleinlich, oder fehlt mir die Flexibilität?**
  An diesem Punkt müssen wir häufig mit Eltern arbeiten. Engstirnigkeit oder Prinzipienreiterei bewirken bei Kindern verständlicherweise negative Gegenreaktionen.

- **Ist das Kind altersmäßig überfordert? Erwarte ich zuviel?**
  Das passiert jungen Eltern leicht in den Bereichen Ordnung halten, stillsitzen oder mithelfen. Und daß ein zu stark reglementiertes Kind aufmüpfig ist, sehen Sie doch wohl auch ein?

- **Gibt es körperliche Ursachen für sein Fehlverhalten?**
  Genauso wie Sie als Erwachsener nicht voll leistungsfähig sind, wenn Sie zu wenig Schlaf gehabt haben oder sich körperlich nicht wohl fühlen, müssen Sie dies auch bei Ihren Kindern mitberücksichtigen.

- **Ist das Kind emotional ausgeglichen?**
  Verhalten wird zu einem großen Teil durch das emotionale Gleichgewicht gesteuert. Fühlt sich ein Kind geborgen und geliebt, fällt es ihm leichter, sich besser einzupassen.

Zum Nachdenken und Notieren
Welche Punkte dieser Checkliste müssen Sie verstärkt beachten, um sich vor einer herzlosen Wenn-dann-Haltung zu bewahren?

Jedes Kind ist anders

Kinder reagieren unterschiedlich auf Erwartungen und Regeln in der Familie. Manche fügen sich leicht ein, andere neigen dazu, immer wieder in Schwierigkeiten zu geraten.

Bei unserer bunt zusammengewürfelten Schar leiblicher und angenommener Kinder haben wir die Möglichkeit zu sehr interessanten Studien. Bei einigen Kindern reicht es aus, die Regeln zu nennen und die Konsequenzen lediglich anzudeuten. Mit wenigen Ausnahmen halten sie sich daran, ohne daß es zu Problemen kommt. Es gibt jedoch auch solche, die schon vom Kleinkindalter an konstant gegen bestimmte Regeln verstoßen und beinahe unermüdlich testen, wer der Stärkere ist.

Was die Psychologen Chess und Thomas (2) in einer großangelegten Studie erarbeitet haben, können wir bestätigen: Kinder sind von Geburt an unterschiedlich. Ihren Temperamenten gemäß können sie grob in drei Gruppen eingeteilt werden:

1. Das „schwierig zu handhabende" Kind zeichnet sich häufig durch, negative Reaktionen auf neue Anforderungen aus sowie durch intensive Stimmungsschwankungen und heftige Wutanfälle, wenn es frustriert ist (siehe TEMPERAMENTSTYPEN).
2. Zu dem zweiten Persönlichkeitsmuster gehört das „einfach zu handhabende" Kind: Es verhält sich anderen gegenüber freundlich, paßt sich neuen Situationen gut an und akzeptiert die Regeln des Lebens willig.
3. Zur dritten Kategorie zählen die „langsam zu erwärmenden" Kinder. Sie reagieren negativ auf neue Situationen und passen sich nur langsam an. Dabei sind sie weniger hartnäckig als die „schwierig zu handhabenden" Kinder. Wenn sie durcheinander oder frustriert sind, ziehen sie sich zurück und reagieren eher regressiv, als daß sie mit Zorn und Rebellion explodieren (siehe TEMPERAMENTSTYPEN).

Die Zuordnung kann Ihnen bei Ihren Disziplinierungsmaßnahmen sehr helfen, denn diese müssen dem Temperament eines Kindes angepaßt sein. Ein „eigenwilliges" Kind reagiert aufgrund seiner Wesensart manchmal erst, wenn man härter durchgreift, was einem „langsam zu erwärmenden" Kind bereits Angst einjagen und ein „einfach zu handhabendes" Kind total irritieren könnte.

Natürliche Folgen

Bei Unreife, Sorglosigkeit oder Vergeßlichkeit lassen Sie Ihr Kind Verantwortung lernen, indem es die Konsequenzen seines leichtfertigen Verhaltens zu spüren bekommt.

Wenn Eltern „natürliche Konsequenzen" zulassen, heißt dies, daß sie zurücktreten und den Dingen ihren Lauf lassen. Manche nehmen ihren Kindern einfach zu viel ab. Oftmals lernen die Kinder intensiver, wenn sie die Folgen ihrer schlechten Entscheidungen auskosten - selbstverständlich nur in vertretbarem Rahmen.

Stellen Sie sich vor, Sie sind im Urlaub am Strand, und Ihr Kleiner will absolut keine Strandsandalen anziehen. Ehe Sie ein großes Gezeter anstimmen oder ihn mit Gewalt in die Schuhe zwingen, lassen Sie ihn erleben, wie heiß der Sand unter den Füßen brennt, und er wird schnell nach den Sandalen fragen.

Es gibt Situationen, in denen Sie sich die Worte sparen können, denn da lehren Umstände, die richtigen Entscheidungen zu treffen und künftig verantwortungsvoller zu handeln. Kinder, die stets beschützt werden, denen jede Unanehmlichkeit des Lebens abgenommen wird, lernen nicht, daß Fehlverhalten unangenehme Konsequenzen nach sich zieht, und sind geneigt, immer anderen die Schuld zu geben.

VON DER VORSCHULE BIS ZUR VORPUBERTÄT

Natürliche Konsequenzen

„Natürliche Folgen sind ein simpler und ausgesprochen wirkungsvoller Teil des Lernprozesses. Sie ergeben sich auf ganz logische Weise. Wenn Sie im Regen stehenbleiben, werden Sie naß. Wenn Sie nicht essen, werden Sie hungrig. Wenn Sie Ihre Kleider nicht waschen, bleiben sie schmutzig. Kinder lernen auf diese Weise von ganz allein, wenn ihre Eltern der Versuchung widerstehen können, ihnen aus der Patsche zu helfen oder sie zu bestrafen." (3)

Zum Nachdenken und Notieren
Notieren Sie die Konfliktsituationen in Ihrem Familienalltag, in denen Sie sich künftig zurückhalten wollen, um „natürlichen Konsequenzen" ihren Lauf zu lassen:

✏️
_____
_____
_____
_____
_____
_____

Logische Konsequenzen

"Natürliche Konsequenzen" haben "eingebaute" Folgen, die von selbst wirken. Sie müssen sich nicht einschalten, sondern lediglich gestatten, daß das Kind die Folgen erlebt.

Bei "logischen Konsequenzen" werden die Folgen von den Eltern gesteuert. Sie planen eine negative Konsequenz, die möglichst logisch mit dem begangenen Fehlverhalten in Zusammenhang steht.

Zum Beispiel betätigt sich Ihr Kind "künstlerisch" und malt die Hauswand mit Kreide voll. Warum viel wettern? Die "logische Konsequenz" besteht darin, das Kind die Spuren selbst beseitigen zu lassen. Diese Konsequenz ist negativ, denn das Abwaschen macht keinen Spaß. Sie bezieht sich

auf die begangene Missetat, so daß das Kind einen Zusammenhang zwischen der Strafe und seinem Fehlverhalten erkennen kann.

Der Einsatz logischer Konsequenzen birgt viele Vorteile. Hier sind einige:

- Logische Konsequenzen öffnen dem Kind die Augen für die Spielregeln in einer Gemeinschaft.
- Sie vermindern den Machtkampf zwischen Eltern und Kindern und sind deshalb bei eigenwilligen Kindern besonders hilfreich.
- Sie nehmen Eltern das Schimpfen ab, denn das Fehlverhalten kann ohne viele Worte korrigiert werden.

"Drei Eigenschaften sollten die logischen Konsequenzen haben, wenn Sie sicher sein wollen, daß sie wirklich logisch sind: die Konsequenz aus einem Geschehen muß als folgerichtig erkennbar sein, sie darf weder das Kind noch den Erwachsenen bloßstellen oder kränken, muß also rücksichtsvoll sein, und schließlich muß sie in einem angemessenen Verhältnis zu dem vorausgegangenen Vorfall stehen."

Absprache im Familienrat

Diese Methode ist bei Kindern ab fünf Jahren am effektivsten. Sind sie bereits im Schulalter, können einige der Konsequenzen gemeinsam beraten werden (siehe FAMILIENRAT). Sie sagen zum Beispiel: "Hört mal, Kinder, daß ich jeden Tag durch die Zimmer gehe und eure Schmutzwäsche einsammle, halte ich nicht für richtig. Können wir nicht zu der Abmachung kommen, daß jeder sein Zeug selbst an der Waschmaschine abliefert?" - "Warum nicht", sagen die Kinder. Dann holen Sie weiter aus: "Aber was schlagt ihr vor, wenn sich jemand nicht an diese Regelung hält?" Die Kinder werden ganz schreckliche Strafen nennen, die Sie dann erst auf ein vernünftiges Maß reduzieren müssen.

Kinder empfinden solche Absprachen als sehr gerecht und fühlen sich bewußt in einen Lernprozeß hineingenommen. Denn in der Regel wollen sie ihren Eltern ja gar nicht das Leben schwermachen, es ist einfach ihre Trägheit und Vergeßlichkeit.

Ein weiterer Vorteil für uns Eltern liegt darin, daß das Eintreffen oder Nichteintreffen der Konsequenzen letztlich die persönliche Angelegenheit des Kindes ist und nichts mit persönlicher Wertschätzung oder Ablehnung zu tun hat. Es ist nicht Vatis Rache, sondern eine vorher getroffene Vereinbarung, an die sich alle halten wollen. So können der Frieden und die Harmonie in der Familie aufrechterhalten werden, auch wenn hin und wieder Konsequenzen „erlitten" werden müssen.

Kein „Dir zeig' ich's!"

Manche Eltern gebrauchen logische Konsequenzen als eine Methode, Kindern heimzuzahlen, was sie getan haben. Doch hier handelt es sich nicht mehr um eine logische Konsequenz, sondern um eine Strafmaßnahme.

Wenn die Konsequenz nicht offensichtlich ist und in keinem Zusammenhang mit der Untat steht, ist sie auch nicht logisch und damit unangebracht. Wenn Sie erst lange grübeln müssen, wie eine Konsequenz aussehen könnte, dann kann sie so offensichtlich nicht sein, und Sie haben schon ein Indiz dafür, daß es eher eine Strafe ist. Beim Aufstellen logischer Konsequenzen geht es nicht darum, den Kindern etwas heimzuzahlen, sondern darum, eine Lösung zu finden, die in Zukunft weiterhilft.

Eine Kunst, die erlernt werden muß

Logische Konsequenzen richtig einzusetzen, ist allerdings eine Kunst, die zunächst einmal erlernt werden muß. Diese Mühe müssen Sie sich machen! Wir haben viele Ehegespräche damit verbracht, die „Untaten" der Kinder aufzulisten und ihnen jeweils „logische Konsequenzen" zuzuordnen, die weder zu leicht noch zu hart sind. Denn es gelingt höchst selten, sich spontan eine gerechte Konsequenz einfallen zu lassen, vor allem, wenn man sich verständlicherweise über ein Verhalten aufregt und ärgert.

> ***Zum Nachdenken und Notieren***
> Schreiben Sie eine Liste mit allen frustrierenden Problemen, die Sie zur Zeit mit Ihren Kindern erleben.

_____

_____

_____

_____

Gehen Sie die einzelnen Punkte noch einmal durch, und entscheiden Sie, bei welchen Ihnen eine logische beziehungsweise eine natürliche Konsequenz passend erscheint. Machen Sie jeweils ein „L" oder ein „N" an den Rand.

Nehmen Sie sich vor, bei den Problemen, die durch „natürliche Konsequenzen" zu lösen sind, künftig Ihren Mund zu halten, nicht mehr zu schimpfen, Ihrem Kind nicht aus der Patsche zu helfen und den Dingen ihren Lauf zu lassen.

Denken Sie in Ruhe über mögliche Konsequenzen für die Probleme nach, die mit einem „L" versehen sind. Notieren Sie sie, und klopfen Sie sie mit Ihrem Ehepartner oder einer vertrauten Person auf eventuelle Schwächen und Härten ab. Dann stellen Sie sie Ihrem Kind vor für den Fall, daß es sich künftig nicht an die Familienregeln halten wird.

Bei ständig wiederkehrenden Problemen überlegen Sie, ob Sie sie nicht in eine „Wochenliste" aufnehmen sollten (siehe WOCHENPLÄNE).

Auferlegte Konsequenzen

Was tun bei einem massiven Vertrauensmißbrauch, wie Lügen und Stehlen, oder einem auffälligen Verhalten, wie Aggressivität, Geschwisterrivalität, Respektlosigkeit und Ungehorsam?

Bei diesen Dingen kommt man nicht allein mit Liebe, Verständnis, Reden und logischen Konsequenzen zum Ziel.

Wenn Sie in Ihrer Familie damit zu kämpfen haben, sollten Sie zunächst Ihr ganzes „Familienhaus" noch einmal durchdenken: vom Fundament der bedingungslosen Liebe bis hin zum Dach der Konsequenz. In dieser Art Fehlverhalten liegt ganz bestimmt eine Botschaft an Sie, denn auch Sie werden Ihr Verhalten dem Kind gegenüber ändern müssen!

Solche Verhaltensweisen können auch in einer harmonischen Familie vorkommen, einfach aus dem Grund, weil das Kind sich sagt: „Ich will meinen eigenen Weg gehen!", oder weil es in einer Clique mitgezogen wird. Bei Vertrauensbruch beziehungsweise auffälligem Verhalten können Sie auf eine der folgenden Maßnahmen zurückgreifen:

Verzicht auf bestimmte Privilegien

Bei Ihnen ist dicke Luft. Ihr Zehnjähriger hat sich über die abgesprochene Zeit hinaus in der Nachbarschaft herumgetrieben, rückt nicht mit der Sprache heraus und gibt sich uneinsichtig und bockig. Aber nach den Schularbeiten will er, als ob nichts gewesen wäre, durch die Tür nach draußen schlüpfen. „Hoppla hopp", sagen Sie, „so einfach kannst du dir das nicht machen. Bevor wir uns nicht ausgesprochen haben, bleibst du schön zu Hause."

Das wäre ein typisches Beispiel für Privilegienverlust: Was für das Kind sonst selbstverständlich ist, wird ihm vorenthalten - nicht als plumpe Strafe, sondern um es zum Nachdenken und zur Einsicht zu führen.

> *„Wenn bei Grenzübertritten gar nicht passiert oder inkonsequenterweise n gelegentlich, lernen Kinder etwas Falsches, nämlich daß die Grenze g nicht so wichtig ist, und sie sind da gezwungen, noch weiter zu gehen, bis dann hoffentlich irgend etwas geschieht, das ihr normatives Schwimmen durch Halt ersetzt."* (5)

Hilfeleistungen

Hiermit sind Wiedergutmachungen oder Zusatzarbeiten gemeint. Hat ein Kind etwas zerstört oder Ihnen gestohlen, ist es ratsam, dies von ihm wieder abarbeiten zu lassen. Wenn der Wert zu hoch ist, natürlich nur teilweise.

Hat der kleine Bruder seiner Schwester die Schokolade „weggefuttert", zaubert ein gequältes „'tschuldigung" die Tafel auch nicht wieder herbei. Die Schwester leidet unter dem Verlust. Also können Sie ihm die Möglichkeit geben, durch eine Zusatzarbeit – die Zimmer durchsaugen, den Sandkasten gründlich aufräumen, Papier oder Flaschen zum Container bringen – zwei Mark zu verdienen, um die Schokolade zu ersetzen. Der Junge erfährt dadurch, daß alle Dinge einen gewissen Wert besitzen, und kann durch die Wiedergutmachung sein Gewissen ent-

lasten. Der vergossene Schweiß wird ihn hoffentlich daran erinnern, das nächste Mal die Finger vom Eigentum anderer zu lassen.

Eine Auszeit im eigenen Zimmer

Um alle Mißverständnisse auszuräumen: Damit ist kein dumpfes „Vor-sich-hin-Brüten" im finsteren Kartoffelkeller gemeint, sondern eine Zeit allein im eigenen Zimmer (oder Schlafzimmer der Eltern) mit möglichst langweiligen Spielsachen und der Aufforderung, über die Krisensituation gründlich nachzudenken.

Eine Auszeit im Zimmer bietet sich für sehr temperamentvolle Kinder und bei Problemen im zwischenmenschlichen Bereich an, zum Beispiel bei gemeinem Geschwisterstreit, bei Bockigkeit, bei hartnäckigem Lügen. Bei einem Vorschulkind kann eine halbe Stunde genügen, bei einem älteren können durchaus ein bis zwei Stunden angebracht sein. Im letzten Drittel der Zeit sollten Sie sich zu ihm setzen. In der Regel werden Sie ein einsichtiges, gesprächsbereites Kind vorfinden, und Sie können zusammen beraten, wie Sie künftig besser miteinander auskommen können.

Schläge als Erziehungsmittel?

Schläge als Erziehungsmittel sind gegenwärtig verpönt und werden kurzerhand mit Kindesmißhandlung gleichgesetzt. Wenn Eltern zornig und unbeherrscht auf ihre Kinder einschlagen, ist die Grenze zu einer Mißhandlung in der Tat hauchdünn oder bereits überschritten.

Unser größtes Bemühen ist, Eltern eine ausgewogene Einstellung zur Lenkung und Disziplinierung von Kindern mitzugeben. Nicht nur Schläge, alle Disziplinierungsmaßnahmen – selbst logische Konsequenzen – können überzogen werden und dem Selbstwertgefühl eines Kindes schaden.

Andererseits beobachten wir, daß viele Eltern den Zornausbrüchen, der Respektlosigkeit und dem Ungehorsam ihrer Kinder aus Verunsicherung hilflos gegenüberstehen.

Wenn Sie bereits im Vorschulalter bei Respektlosigkeit und Auflehnung ruhig und bestimmt einen kräftigen Klaps auf das Hinterteil ankündigen und auch geben, wenn das Kind Ihr „Versprechen" herausfordert, werden Sie in den kommenden Jahren selten auf diese ungeliebte Disziplinierungsmaßnahme zurückgreifen müssen. Schläge als Erziehungsmittel werden immer die Ausnahme bleiben müssen, höchstens einige wenige Male im Jahr. Werden sie zur „Routinehandlung", stimmt etwas im gesamten „Familienhaus" nicht, und es sollte grundlegend restauriert werden!

Dieses Thema ist nach wie vor ein heißes Eisen. Darum sagen wir Eltern: Wenn Sie befürchten, sich nicht beherrschen zu können, dann schlagen Sie Ihr Kind niemals, weichen Sie lieber auf eine der anderen genannten Disziplinierungsmöglichkeiten aus.

> *„Wir brauchen dringend die Wiederentdeckung der Grenze in der Pädagogik, wenn Gewaltphänomene in unserer Gesellschaft nicht eskalieren sollen. Leider wird dabei nur in Extremen diskutiert; der täglich brutal schlagende Vater wird dem Laissez-faire-Führungsstil gegenübergestellt. Daß es zwischen der schlimmen Willensbrechung des Kindes durch unangemessene Gewalt und dem Immer-Gewährenlassen eine reiche Palette von gemäßigten aber notwendigen Nuancen gibt, wird dabei oft vernachlässigt."* (6)

VON DER VORSCHULE BIS ZUR VORPUBERTÄT

Hilfe, mein Kind lügt!

Verärgert und aufgelöst gehen Sie aus dem Kinderzimmer. Zurück bleibt ein Kind, das mit verkniffenem Gesicht zwischen seinen Spielsachen hockt und sich weigert, mit Ihnen zu reden. Es hat Sie glattweg angelogen und ist einfach nicht bereit, die Wahrheit einzugestehen.

Warum lügen Kinder?

Versuchen Sie zunächst zu verstehen, warum es zu der Lüge kam und welches Motiv dahintersteckt.

- Kinder lügen aus Angst vor Strafe. Laut Umfragen unter Kindern soll dies das Hauptmotiv sein. Wenn Eltern bei kindlichen Verfehlungen zu hart reagieren, flüchten sich Kinder in Lügen, um einer Bestrafung zu entgehen.
- Sie lügen, weil sie sich schämen und ihre Eltern nicht enttäuschen wollen oder weil sie zu stolz sind, Fehler einzugestehen.
Die Entsprechung dazu sind Eltern, die zu hohe Erwartungen stellen und ihren Kindern keine Fehler zugestehen.
- Kinder sagen die Unwahrheit, weil sie sich einen Freiraum vor der elterlichen Aufsicht schaffen wollen.
Hier müssen sich die Eltern fragen, ob sie mehr Freiheit und Eigenständigkeit gewähren sollten, weil sie eventuell zu enge Grenzen setzen.
- Lügen kann zum Sport werden.
Wer schlau lügt und sich nicht erwischen läßt, wird oft von den Mitschülern bewundert.
- Kinder lügen, um wichtiger und glanzvoller zu erscheinen.
„Im Urlaub sind wir nach Teneriffa geflogen ...", obwohl Sie doch nur bei der Tante an der Ostsee waren.
- Manche Kinder lügen, weil sie ein geringes Selbstwertgefühl besitzen oder um andere Defizite zu kompensieren.
- Manchmal sind Lügen ein Schutz vor unerträglichem Schmerz.
In Krisensituationen, zum Beispiel nach einer Scheidung, lügen Kinder häufig und versuchen auf diese Weise, ihre Wunschvorstellungen auszudrücken. Sexuell mißbrauchte Kinder leugnen die Vorfälle, weil die Erinnerungen zu schmerzhaft sind. Lügen sind deshalb häufig ein Hilferuf, den Eltern und Erzieher nicht überhören dürfen!
- Kinder lügen, weil sie im geistlichen Spannungsfeld zwischen Gut und Böse stehen.
So umschreibt es die Bibel: „Denn das Gute, das ich will, übe ich nicht aus, sondern das Böse, das ich nicht will, das tue ich" (Römer 7, 19).

Hartnäckige Leugner

Wenn Ihr Kind bewußt die Wahrheit verschweigt, müssen Sie sich aufrichtig fragen: „Warum leugnet es nur so hartnäckig? Spielt meine Haltung dabei etwa auch eine Rolle?" Gehen Sie unbedingt die oben genannte Liste möglicher Ursachen für Lügen noch einmal durch, denn wenn Sie das Motiv erkannt haben, können Sie wesentlich gerechter und einfühlsamer reagieren.

Es ist doch ein großer Unterschied, ob ein Kind seinen Eltern eine schlechte Klassenarbeit verschweigt, weil es zu faul zum Lernen war oder weil es einfach keine bessere Zensur zuwege bringen kann.

Sprechen und verhalten Sie sich so, daß das Kind ehrlich sein kann - das heißt, nicht demütigend, angstmachend oder unbeherrscht. Viele Kinder schweigen verbissen oder flüchten sich in eine Kette von Lügen, weil sie sich vor harten Strafen fürchten oder die Unbeherrschtheit ihrer Eltern zu oft zu spüren bekommen haben.

Nach einem freiwilligen Eingeständnis und aufrichtiger Reue sollte eine Konsequenz immer wesentlich leichter aussehen oder sogar wegfallen, als wenn uneinsichtig geleugnet wird. Einige unserer Jungs – wir haben vier in enger Altersfolge – stellten im Grundschulalter sehr viel an, und Eberhard mußte immer wieder besonnen die Regeln klarstellen: „Hört mal, jeder macht mal etwas verkehrt, auch Papa. Das gehört im Leben zum Lernen dazu und ist noch nicht das schlimmste. Aber dieses Lügen! Wenn du dich zu deiner Tat stellst und von dir aus zu mir kommst, um es einzugestehen, dann wirst du einen ganz anderen Vater erleben, als wenn ich dich wie ein Kriminalkommissar nach vielem Leugnen entlarven muß."-

Glücklicherweise haben unsere Wildfänge das verstanden. Wie oft stand einer von ihnen mit hängenden Ohren am Gartentor und wartete sehnsüchtig auf Eberhard: „Du, Papa, mir ist da was passiert ..." „Mein Junge, gut, daß du von selbst gekommen bist, erzähl mal ..."

Wissen Sie, wie Eberhard zumute war? Trotz des angerichteten Schadens war er glücklich, daß das Gewissen des Übeltäters funktionierte, und er dankte Gott für die Aufrichtigkeit seines Sohnes. Denn Schuld einzugestehen, sie wieder gutmachen zu wollen, und Aufrichtigkeit gehören zu den größten Tugenden eines menschlichen Lebens.

Ein Scherbenhaufen

Einem Kind muß aber auch die Tragweite eines Vertrauensbruches deutlich werden: Fast immer ist lügen schlimmer als die Missetat, die verheimlicht werden soll. Meist geht dabei mehr kaputt, nämlich das kostbare Vertrauen der Eltern.

Ein Vater illustrierte seinem Sohn, der ihn belogen hatte, einmal folgendermaßen, wie schwer verlorengegangenes Vertrauen wiederhergestellt werden kann: Er nahm eine Tasse und ließ sie auf die Küchenfliesen fallen. Entgeistert starrte der Junge auf die Scherben.

„Mit dem Vertrauen ist es wie mit dieser Tasse", meinte sein Vater. „Nun ist sie zerbrochen. Versuche einmal, diese Teile wieder aneinanderzufügen. Dann wirst du verstehen, wie wichtig es ist, Vertrauen zu pflegen und nicht zu brechen."

Das Sprichwort „Wer einmal lügt, dem glaubt man nicht, auch wenn er mal die Wahrheit spricht", entspricht leider den Alltagserfahrungen. Das zerstörerische Mißtrauen, das an den Eltern nagt und es ihnen so schwer macht, ihrem Kind wieder zu vertrauen, bleibt. Aber Lügen dürfen niemals das Ende des Vertrauens bedeuten, es muß immer wieder ein neuer Anfang möglich sein, sonst fühlt sich ein Kind dauerhaft als Versager. Neues Vertrauen wird es dagegen bestärken, künftig ehrlicher zu bleiben.

Oft genug mußten wir unsere Last im Gebet bei Gott abladen, um unserem Kind eine neue Chance geben zu können – so wie unser himmlischer Vater uns auch stets einen Neuanfang gewährt, wenn wir ihn um Vergebung bitten.

> *Zum Nachdenken und Notieren*
> Es trifft Eltern immer schwer, wenn Kinder lügen. Welche der oben genannten Gründe treffen auf Ihr Kind zu?

Welche Rolle spielt Ihre Haltung dabei?

Wenn Kinder stehlen

Eltern sind zu Recht betroffen, wenn sie ein Kind beim Diebstahl erwischen – ob es die Süßigkeiten der Geschwister sind, Geld aus der Haushaltskasse oder gar Gegenstände aus einem Geschäft.

Wie beim Lügen müssen Sie versuchen zu verstehen, warum es zu dem Diebstahl kam und welches Motiv dahintersteht. Da jedes Kind anders und jede Situation wieder neu ist, gibt es keine einfachen Antworten. Bitte lassen Sie sich nicht von Angst oder Ablehnung übermannen. Strafe und Liebesentzug allein werden das Problem nicht lösen. Ihr Kind braucht Wegweisung und Hilfe.

Dies sind mögliche Ursachen:

- *Ein Ausrutscher.*
  Für nicht wenige Kinder ist Diebstahl ein Ausrutscher, und sie lernen daraus, sich die Finger künftig nicht zu verbrennen. Normalerweise müssen Eltern erst alarmiert sein, wenn es öfter vorkommt, das Kind keine Einsicht zeigt und sich verschließt. Beim ersten Mal sehr verachtend und hart zu reagieren, kann die Sache nur verschlimmern.
- *Ein Defizit an Liebe und Verständnis.*
  Das muß man vermuten, wenn ein Kind vorwiegend Süßigkeiten stiehlt.
- *Ein Bedürfnis nach Anerkennung und Geltung.*
  Wenn ein Kind Geschenke oder gestohlene Süßigkeiten an Spiel- oder Schulkameraden verteilt, versucht es möglicherweise, sich dadurch Anerkennung, oder Freundschaft zu erkaufen.
- *Der Wunsch, „mithalten" zu können.*
  Kinder, die von ihren Eltern finanziell kurzgehalten werden, geraten beim Umgang mit verschwenderischen Kameraden leicht in Versuchung, ihren Lebensstil illegal anzuheben.
- *Verwöhnung oder mangelnde Selbstkontrolle.*
  Ein Kind, das daran gewöhnt ist, alles zu bekommen, wird, wenn sein Wunsch nicht sofort erfüllt wird, schneller etwas stehlen als ein Kind, das Selbstbeherrschung und Verzicht gelernt hat.
- *Gruppendruck.*
  Mancher, der wirklich ehrlich bleiben wollte, kann so stark auf die Anerkennung Gleichaltriger angewiesen sein, daß er bei Streifzügen durch die Schrebergärten oder bei Kaufhausdiebstählen mitmacht, nur um nicht als Außenseiter verachtet zu werden.
- *Das geistliche Spannungsfeld zwischen Gut und Böse.*
  Nicht immer müssen Sie die Gründe bei sich oder anderen suchen. Ein Kind kann sich selbst bei vorbildlichen Eltern und gutem Umfeld für das Böse entscheiden – einfach, weil in jedem Menschen ein Hang zur Sünde steckt.

Was auch die Ursache sein mag, lassen Sie sich nicht zu unüberlegten Handlungen und Beschuldigungen hinreißen. Vermeiden Sie jede Bloßstellung vor anderen, und achten Sie die Würde des Kindes. Nur wenn Sie besonnen bleiben, können Sie seine wahren Motive erfahren.

Eine Strategie

Im Laufe der Jahre haben wir uns aus einschlägigen Erfahrungen folgende Gedankenschritte eingeprägt:

- Ruhe bewahren!
  Das gelingt oft erst, wenn man einige Minuten innehält, sich mit seinem Ehepartner oder einem guten Freund berät und betet.
- Das Kind trotz aller Betroffenheit wissen lassen, daß Sie es lieben und ihm helfen wollen!
  Nehmen Sie es jetzt erst recht in den Arm. Es wird sich sehr verloren vorkommen.
- Achten Sie seine Würde, und hüten Sie sich vor entwürdigenden Beschimpfungen!
  Kein Verhör in Gegenwart von Geschwistern oder Freunden.
- Geben Sie dem Kind Gelegenheit, seine Gefühle und Gedanken offen auszusprechen!
- Beten Sie, daß der Heilige Geist das Kind zur Buße führt und Ihnen Ihre eigenen Fehler zeigt!
  Denken Sie daran: In jedem Fehlverhalten Ihres Kindes steckt auch eine Botschaft an Sie.
- Achten Sie auf angemessene Wiedergutmachung!
  Das heißt: gestohlene Dinge zurückgeben, zerstörte Gegenstände bezahlen und sich entschuldigen. Bieten Sie Ihren Beistand und Ihre Hilfe für diesen schweren Gang an. In Ausnahmefällen kann eine Wiedergutmachung auch anonym erfolgen.

In vielen Fällen wird diese Strategie – besonnen angewandt – ausreichen. Bei einem besonders uneinsichtigen Kind ist es eventuell angemessen, seine Freiheit eine Zeitlang einzuschränken, die Kontrolle zu verstärken oder es zu Extra-Aufgaben heranzuziehen (siehe AUFERLEGTE KONSEQUENZEN).

Aber bitte bedenken Sie: Mit einem solchen Maßnahmenkatalog können bestenfalls schlechte Verhaltensweisen unterbunden, aber niemals psychische Mangelsituationen geheilt werden.

Schuldige Eltern

Manche Eltern erkennen sehr wohl, daß sie in der Vergangenheit eine Menge falsch gemacht haben und ihr Kind unter einem psychischen Defizit leidet, aber deshalb können sie ja nicht nachsichtig sein und tatenlos zuschauen.

Sie müssen die vorgeschlagene Strategie trotzdem maßvoll befolgen, aber gleichzeitig sollte ein Heilungsprozeß in der Familie einsetzen. Das kann ein langer Weg werden, und viele betroffene Eltern, die ja selbst irgendwie verletzt sind und ihrerseits Liebe, Verständnis und Anerkennung brauchen, sind damit zunächst überfordert.

Eine liebevolle christliche Gemeinschaft, beispielsweise in Form eines Hauskreises und einer guten Kinderarbeit mit einem verständnisvollen Leiter, sowie eine persönliche Beziehung zu Jesus Christus, um zuallererst von ihm Liebe, Verständnis und Anerkennung zu empfangen, ist in unseren Augen die beste Therapie für Eltern und Kind. Damit kann der „Teufelskreis" durchbrochen und eine Familie auf ein neues Fundament gestellt werden. Bitte scheuen Sie sich nicht, seelsorgerliche Hilfe in Anspruch zu nehmen und eine Erziehungsberatung aufzusuchen!

> **Zum Nachdenken und Notieren**
> Wenn Ihr Kind stiehlt, welche der genannten Gründe treffen zu, und wie können Sie angemessen reagieren?
>

Den Willen lenken ...

Sie kennen sicherlich auch den Spruch Ihrer Eltern- und Großelterngeneration: „Der Wille des Kindes muß gebrochen werden ..." So etwas geschieht bei einer harten, überstrengen Disziplinierung und kann der Eigenständigkeit sowie dem Selbstwertgefühl des Kindes enorm schaden.

Einem realistischen Menschenbild (siehe MENSCHENBILD) entsprechend möchten Sie den Willen Ihres Kindes lenken und es schulen, lebenstüchtige Entscheidungen zu treffen, und zugleich das Selbstwertgefühl des Kindes aufbauen. Diese Aufgabe erfordert viel Einfühlungsvermögen in das Wesen Ihres Kindes und erzieherisches „Fingerspitzengefühl"!

Das Ziel aller Disziplinierung ist, das Kind Selbstdisziplin und den konstruktiven Einsatz seiner Willenskraft zu lehren! Lassen Sie Ihr Kind bei Leichtsinn und Oberflächlichkeit durch „natürliche Folgen" lernen; wenn es Familienregeln nicht einhält, durch „logische Konsequenzen", und nur bei Vertrauensmißbrauch und Auflehnung sollten Sie zu „auferlegten Konsequenzen" greifen.

Viele Eltern machen den Fehler, bei Ungeschicklichkeit oder einem Versehen des Kindes ungeduldig und genervt zu reagieren und es zu hart zu bestrafen, anstatt barmherzig zu sein und es geduldig zu schulen.

Wenn Sie disziplinieren, richten Sie Ihre Worte und Aktionen lediglich gegen das Verhalten des Kindes, aber nicht gegen seinen Selbstwert! Durch verbale Attacken, Bloßstellungen, Drohungen oder Liebesentzug wird das Selbstwertgefühl schnell angegriffen, mißachtet, und die Seele des Menschen leidet Schaden.

Sagen Sie zum Beispiel: „Mein Schatz, ich habe dich viel zu lieb, als daß ich das jetzt dulden kann ...", und schicken Sie Ihr Kind so in sein Zimmer, wird es sehr deutlich für sich unterscheiden können, daß dies kein Angriff auf seine Persönlichkeit ist, sondern der Versuch, seinen Willen zu lenken.

Nicht im Zorn!

James Dobson, nach dem am weitesten verbreiteten Erziehungsfehler gefragt, antwortete: *„Meiner Meinung nach ist es der unangemessene Einsatz von Zorn in dem Versuch, die Kinder zu kontrollieren. Es gibt keine uneffektivere Methode, Menschen (jeden Alters) zu beeinflussen, als durch Gereiztheit und Zorn. Disziplinierende Maßnahmen beeinflussen das Verhalten; Zorn*

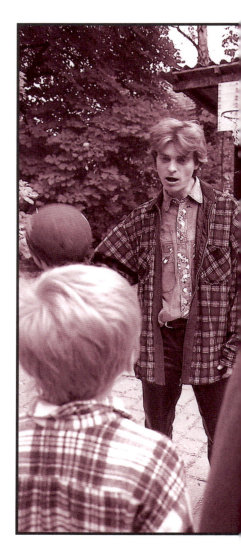

Den Willen lenken

schafft das nicht. Ich bin von der Tatsache überzeugt, daß Ärger von Erwachsenen nichts anderes als Respektlosigkeit in den Köpfen der Kinder erzeugt." (7)

Es gehört zum Familienalltag, daß Eltern über ihre Kinder manchmal fürchterlich frustriert und verärgert sind (und umgekehrt!). Wir wissen nicht, wie Sie Unbeherrschtheit und Zorn im Griff haben, auf jeden Fall kann man lernen, Ärger so zu beherrschen, daß Kinder nicht darunter leiden müssen.

Zunächst möchten wir Ihnen beschreiben, wie Sie mit aufsteigendem Zorn *nicht* umgehen sollten:

- Verdrängen Sie Ihren Zorn nicht! Wird er angestaut, explodieren Sie irgendwann oder sind ständig gereizt.
- Lassen Sie Ihrem Zorn aber nicht einfach freien Lauf! Das kann zwar im Moment befreiend für Sie sein, aber Ihr Kind hat meistens schwer daran zu „schlucken". Worte können genauso schmerzen wie Schläge, denn sie verletzen die Seele!

Was können Sie also tun, um Ihren Zorn in den Griff zu bekommen?

- Gestehen Sie sich Ihren Zorn ein! Geben Sie ruhig zu, daß Sie verletzt und wütend sind. Aber greifen Sie Ihr Kind nicht an! „Ich-Botschaften" wie: „Ich bin auf hundertachtzig und muß mal allein sein!" sind besser als „Du-Botschaften" wie: „Du machst mich noch verrückt!"
- Legen Sie erstmal eine Pause ein, wenn Sie merken, daß der Zorn Sie zu übermannen droht! Es gibt einen Punkt, an dem er Sie beherrschen will. Hier müssen Sie sich entscheiden innezuhalten, sonst reden und handeln Sie unkontrolliert! Warten Sie lieber, bis Ihr Zorn wieder verraucht ist!
- In welchen Situationen geraten Sie immer wieder außer sich? Versuchen Sie einmal, diese von vornherein zu vermeiden oder zu entschärfen. Vielleicht sollten Sie einmal „ausreißen", um Abstand zu gewinnen und neu aufzutanken.
- Beten Sie für die Schwierigkeiten, die Ihre Gefühle Ihnen bereiten. Sprechen Sie Ihre Situation Gott gegenüber offen aus, und bitten Sie ihn um Hilfe. Lernen Sie passende Bibelstellen auswendig, zum Beispiel Epheser 4, 26+31; Kolosser 3, 8+21 oder Sprüche 15, 18, und setzen Sie diese Verse in die Tat um.

Zum Schluß: Wenn Ihnen im Zorn doch etwas herausrutscht, bitten Sie Ihr Kind oder Ihren Ehepartner um Vergebung. Manchmal ist es auch gut und nötig, gemeinsam zu beten und Gott zu bitten, die entstandene seelische Verletzung zu heilen.

Zum Nachdenken und Notieren
Wie gut haben Sie Unbeherrschtheit und Zorn im Griff? Welche der oben genannten Tips erscheinen Ihnen hilfreich und wollen Sie umsetzen?

_____
_____
_____
_____
_____
_____

Gibt es den „idealen" Elterntyp?

Es gibt die unterschiedlichsten Beschreibungen elterlicher Erziehungsstile. Frühere Forschungen haben zwischen autoritärer und antiautoritärer beziehungsweise permissiver Elternschaft unterschieden. Jüngere Studien (8) arbeiten lieber mit Begriffen wie „kontrollieren/lenken" im Gegensatz zu „unterstützen/ermutigen".

„Kontrollieren/lenken" bedeutet, ein Kind zu einem erwünschten Verhalten zu bringen; „unterstützen/ ermutigen" beschreibt, wie sich das Kind in der Gegenwart der Eltern wohl fühlt und wie sehr es sich als Persönlichkeit angenommen weiß.

Diese beiden Beziehungsebenen können sich unterschiedlich intensiv auswirken, so daß man zumindest theoretisch vier Stile von Elternschaft unterscheiden kann:

	Unterstützen/Ermutigen	
Kontrollieren/Lenken	hoch ← → niedrig	
hoch	autoritäts-bezogen	autoritär
niedrig	nachlässig	vernach-lässigend

Vernachlässigende Elternschaft

Dieser Stil läßt sich am leichtesten kritisieren, da die Kinder hier offensichtlich zu kurz kommen. Bei wenig Unterstützung und Kontrolle kann der Zusammenhalt zwischen Eltern und Kindern auch nur schwach sein.

Viele moderne Haushalte spiegeln dieses Bild wider: Neben ihrem Beruf engagieren sich die Eltern stark in kulturellen, politischen oder kirchlichen Aktivitäten. Die Kinder haben ihr „Zuhause" bei der Tagesmutter, in der Ganztagsschule, vor dem Fernseher und ihrem „Game Boy". Man trifft sich nur noch am Kühlschrank oder vor verschlossener Badezimmertür.

Manche vertreten diesen Stil aus persönlicher Überzeugung: „Ich will meine Ruhe haben und lasse sie auch meinen Kindern", argumentieren sie. Warum moralische Werte weitergeben oder gar Grenzen setzen? Das Kind soll alles für sich allein herausfinden. Was hier als Freiheit deklariert wird, entpuppt sich schließlich als Vernachlässigung. Dieser Erziehungsstil wird von der sogenannten „Anti-Pädagogik" vertreten.

Autoritäre Elternschaft

Bei wenig Unterstützung beziehungsweise Ermutigung und viel Kontrolle spricht man von autoritärer Elternschaft. Diese ist das andere Extrem der klassischen Erziehungsstile.

Eltern, die ihre Kinder auf diese Art und Weise erziehen, erwarten von ihnen respektvolles und gehorsames Verhalten. Dies ist zwar grundsätzlich zu begrüßen; wo aber Herzlichkeit, Offenheit, Vertrautheit und Wärme fehlen, werden Kinder entweder zu Anpassern oder Rebellen erzogen, die vielleicht ihr ganzes Leben lang mit den Verlusten ihrer Kindheit Probleme haben werden.

Nachlässige Elternschaft

Wenn Sie noch einmal auf das Schaubild blicken, werden Sie erkennen, daß es bei „nachlässiger Elternschaft" wenig Lenkung beziehungsweise Kontrolle gibt, aber viel Ermutigung und Unterstützung.

Dieser Stil beruht auf der Annahme, daß jedes Neugeborene einen guten Kern in sich trägt und deshalb nur gepflegt und mit Liebe gefördert werden muß, damit es sich zu einer glücklichen Persönlichkeit entwickelt. Die antiautoritäre Erziehungsbewegung der 60er Jahre hatte sich diesen Idealen verschrieben und übt damit bis heute einen nachhaltigen Einfluß aus. Der Glaube an das Gute der menschlichen Natur führt zu der Annahme, daß es ausreicht, dem Kind eine angenehme Umwelt zu bieten, in der es sich möglichst frei von Frustrationen und traumatischen Erfahrungen entfalten kann. Einengungen oder Regeln behindern demzufolge diesen Prozeß.

Diese Erzieher berücksichtigen jedoch nicht, daß Kinder selbstsüchtig und beherrschend sein können und elterliche Leitung benötigen, um Werte und rück-sichtsvolle Verhaltensweisen zu lernen.

Autoritätsbezogene Elternschaft

Dieser Erziehungsstil vereinigt Unterstützung und Ermutigung mit Lenkung und Kontrolle. Er versteht es, die Vorteile der nachlässigen und der autoritären Erziehung zu kombinieren. Wie zu erwarten, untermauern Studien, daß sich Kinder aus solchen Familien sozial am besten verhalten und ein gesundes Selbstwertgefühl haben.

Diese Eltern bemühen sich, ihren Kindern emotionale Geborgenheit und Wärme zu geben und ihre Fähigkeiten zu fördern. Sie nehmen sich Zeit für Geselligkeit und Diskussionen und gewähren ihnen individuelle Freiheit. Sie setzen aber auch Grenzen und disziplinieren, wenn es notwendig erscheint.

Elterliche Kontrolle kann allerdings effektive und ineffektive Formen annehmen. Blinden Gehorsam ohne Widerworte zu fordern, ist fehl am Platz, ebenso Liebesentzug, um ein bestimmtes Verhalten zu erreichen. Dies sind Formen „aufzwingender" Kontrolle. Eine „erklärende" Kontrolle scheint die effektivste Form zu sein: Eltern, die diese Art der Erziehung verfolgen, begründen, warum sie etwas erwarten, hören sich auch eventuelle Einwände Ihres Kindes an und appellieren an die Einsicht des Kindes. Wenn sie es für richtig erachten, setzen sie sich aber auch trotz des Protestes des Kindes durch.

Zum Nachdenken und Notieren

Wenn Sie an die Familie denken, in der Sie aufgewachsen sind, in welchem Kästchen des Schaubildes müßten Sie ein Kreuz machen, um den Erziehungsstil Ihrer Eltern zu beschreiben?

Und wo müßten Sie ein Kreuz machen, um Ihren eigenen Erziehungsstil zu beschreiben?

Autorität

Die Teenagerjahre

Um es gleich zu sagen: Die Kapitel über Erziehungsmaßnahmen an Teenagern werden kurz sein, weil die Möglichkeiten zum Erziehen von Kindern dieses Alters nur noch begrenzt sind. Die vertrauten Maßnahmen, die bei jüngeren Kindern wirken, funktionieren jetzt nicht mehr. Trotzdem können Sie noch Einfluß ausüben und die Richtung weisen, ohne einen Machtkampf auszulösen.

Ein älterer Teenager kann Dinge besser durchdenken und durchsprechen als ein jüngeres Kind. Obwohl er unabhängig sein will, wird er sich dennoch anhören, was Sie meinen und warum Sie so denken. Wenn Sie Freunde bleiben und Sie sich in gewinnender und ruhiger Weise mitteilen können, ohne diktatorisch zu wirken, werden Sie ein offenes Ohr vorfinden.

Worauf beruht Ihre Autorität?

Jetzt zeigt sich deutlich, worauf Ihre Autorität beruht: auf Dominanz, Macht oder gegenseitiger Achtung.

Die erste Form – wir nennen sie „Macht-Autorität" – baut auf äußere Kontrolle und Furcht vor Strafe. Mit zunehmendem Alter des Kindes nehmen jedoch sowohl die Kontrollmöglichkeiten der Eltern als auch die Angst der Kinder vor Strafe ab. Studien über „autoritäre" Eltern fanden heraus, daß sie zwar kurzzeitige Anpassung erreichen, aber langfristig Rebellion nach sich ziehen. Solche Eltern beharren darauf: „Solange du zu Hause lebst, tust du, was wir sagen." Und die Teenager schweigen verbissen oder kontern lautstark: „Na wartet, wenn ich erst einmal achtzehn bin ..."

Die effektivste Form der Erziehung ist die „Beziehungs-Autorität"! Sie stärkt das Selbstwertgefühl und führt zu eigenverantwortlichem Leben. Das Kind gehorcht nicht mehr aus Furcht, sondern weil es seine Eltern achtet und liebt! Und Sie möchten doch, daß Ihr Kind sich aus Wertschätzung und Liebe einordnet, und nicht nur solange Sie die Macht in der Hand halten, oder?

Der Schlüssel Ihrer Autorität darf nicht allein größere Macht und äußere Kontrolle sein. In der Teenager-Erziehung erleiden Sie damit unweigerlich Schiffbruch, oder Sie ziehen einen Duckmäuser heran. Ihre Autorität sollte auf gegenseitiger Achtung und der „inneren Eigenkontrolle" des Kindes beruhen.

Deswegen sind die vorangegangenen Kapitel von großer Bedeutung: Sie zeigen Ihnen den Weg, wie Sie „Beziehungs-Autorität" aufbauen und erhalten können!

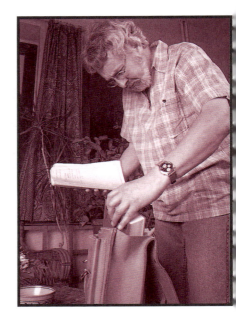

DIE TEENAGERJAHRE

„Zur Erziehung gehören Autoritäten, also Vor- und Leitbilder. Kinder brauchen Autorität für ihre störungsfreie Entwicklung, für den Aufbau eines stimmigen Weltbildes, mit dem sie sich erst so orientieren können, daß sie nicht ständig und überall zu ihrem Schaden anecken. Die Autorität ereignet sich nämlich in ihnen, sie ist ihre Zustimmung zu Vorbildern, zu Normen und Werten, zu Forderungen an sie, zu Grenzsetzungen, zu Deutlichkeit, zu Konsequenz und zu der Bereitschaft, es auch mit ihnen über ihre Krisen hinweg auszuhalten." (1)

In dieses Spannungsfeld werden Sie immer wieder geraten, und oft werden Sie sich fragen: „Wovor sollte ich mein Kind bewahren, und worin muß es eigene Erfahrungen machen?"

Ihre Reaktion hängt dabei von Ihrer eigenen Persönlichkeit ab: Sind Sie eher ängstlich, sehen Sie überall Bedrohungen und Gefahren, oder sind Sie ein gelassener Mensch mit gesundem Gottvertrauen? Nur gut, wenn sich Ehepartner ergänzen! Manchmal möchte man sein Kind, das ja noch „so unerfahren" ist, am liebsten in einen goldenen Käfig einsperren. Gleichzeitig weiß man aber, daß ein Mensch durch negative Erfahrungen oft schneller lernt, vernünftige Entscheidungen zu treffen. Also: Geben Sie Ihr Kind frei, und lassen Sie es seine eigenen Erfahrungen machen, solange es nicht ernsthaft in Gefahr gerät.

Zum Nachdenken und Notieren
Wenn Sie Ihren Familienalltag durchdenken: Ist er mehr von „Macht-Autorität" oder von „Beziehungs-Autorität" gekennzeichnet? Wie werden Sie Ihre „Beziehungs-Autorität" konkret verstärken?

Haben Sie den Mut, einen klaren Weg zu weisen!

Obwohl Ihr Teenager jetzt eigenständiger ist und Sie vielleicht Angst vor möglichen Machtkämpfen haben, sind Sie nach wie vor dafür verantwortlich, in entscheidenden Punkten einen klaren Weg zu weisen. Tun Sie es fest und fair!

Gerade weil ein Kind in der Pubertät durch die hormonellen und sozialen Einflüsse (siehe HORMONELLE UMSTELLUNGEN) in seinen Entscheidungen häufig hin und her gerissen ist, braucht es weiterhin Regeln und auch Konsequenzen, wenn Absprachen nicht eingehalten werden.

Was für Ihr Kind gefährlich ist, hängt stark von seiner Persönlichkeit und individuellen Verführbarkeit ab. In manchen Situationen müssen Sie Fingerspitzengefühl dafür entwickeln, was Sie dulden können und was Sie verbieten müssen.

Keine Machtkämpfe bei „Grauzonen"!

Bei den Aktivitäten Ihres Teenagers werden Sie häufig auf „Grauzonen" stoßen, d. h. auf Bereiche, in denen Sie keine direkten Gegenargumente haben, bei denen Sie sich aber einfach unwohl fühlen und sich Sorgen machen. Wir haben herausgefunden, daß es günstiger und für das Kind lehrreicher ist, in solchen Fällen keinen Machtkampf zu entfachen, sondern ihm lediglich mitzuteilen, wie man darüber denkt, und ihm dann selbst die Entscheidung zu überlassen.

Einer unserer Teenager wollte sich mit Klassenkameraden einen Film im Kino ansehen. Wir fühlten uns unwohl dabei, weil er zu viele mystische Szenen und New-Age-Gedanken enthielt. Eberhard erklärte unsere Einwände und Bedenken, sagte dann aber großzügig: „Wir meinen, daß du dir den Film nicht anschauen solltest. Aber du kannst selbst entscheiden, was du machen willst ..."

Er ging davon aus, daß das Mädchen nach dieser großartigen Information selbstverständlich zu Hause bleiben würde. Und was tat sie? Sie ging ins Kino. Da mußten wir erst einmal tüchtig schlucken. An Teenager-Erziehung muß man sich einfach erst gewöhnen, und auch daran, daß sich die Teenies manchmal gegen unseren Rat entscheiden.

Als wir diese Situation noch einmal durchdachten, merkten wir, daß wir uns genau richtig verhalten hatten. Der Film war nicht so schlimm, daß man ihn hätte strikt verbieten müssen. Wenn wir ihn verboten hätten, wäre sie vielleicht heimlich gegangen. So waren wir zumindest sicher, daß sie die Gefahren und Schwachpunkte des Filmes kannte und darauf achten würde, was ihr Vater dazu gesagt hatte. Dadurch konnte sie den Film kritischer betrachten und war den gefährlichen Szenen nicht passiv ausgesetzt.

Auf ähnlich knifflige Situationen werden Sie in den Teenagerjahren Ihrer Kinder häufig stoßen. Sie müssen entscheiden, wann Sie absolut hart bleiben sollten und wann Sie bereit sein müssen, ihnen Entscheidungsfreiheit einzuräumen oder eventuell zu verhandeln.

Bei solchen Meinungsverschiedenheiten haben Sie zwei Möglichkeiten:

1. Sie können etwas strikt verbieten, ohne sich die Argumente Ihres Teenies anzuhören.
2. Sie können Ihre Bedenken und Ihr Mißfallen aber auch begründen, sich die Argumente des Kindes anhören und ihm dann den Freiraum gewähren, selbst zu entscheiden, was es für richtig hält.

Die erste Möglichkeit kann eine Kraftprobe entfachen und Unaufrichtigkeit und Heimlichtuerei nach sich ziehen.

Die zweite Möglichkeit ist besser: Sie begründen Ihre Bedenken und achten aufmerksam auf die Argumente Ihres Teenagers. Lassen Sie ihn die Vor- und Nachteile seiner Entscheidung aufzählen. Damit helfen Sie ihm, sein eigenes Urteil zu bilden. Und dann geben Sie ihm Entscheidungsfreiheit. So können Sie Ihr Kind besser anleiten, eigenverantwortliche und vernünftige Entscheidungen zu treffen.

Eine bewährte Taktik

Mit folgender Taktik haben wir sehr gute Erfahrungen gemacht:

- Geben Sie viel Entscheidungsfreiheit und Entfaltungsmöglichkeiten in den sogenannten „ungefährlichen" Bereichen.
- Stecken Sie aber rechtzeitig die Grenzen ab, wenn die gesunde Persönlichkeitsentwicklung bedroht ist.

Mit anderen Worten: Unterscheiden Sie zwischen Haupt- und Nebenschauplätzen! Wenn Sie bei Nebensächlichkeiten wie Kleidung, Frisur und unaufgeräumten Zimmern kämpfen, als ginge es um Ihr Leben, haben

DIE TEENAGERJAHRE

Sie nicht mehr genügend Munition für ernste Kämpfe.

Mischen Sie sich bei Modefragen, Taschengeld, Hobbys und Freizeitgestaltung so wenig wie möglich ein. Seien Sie großzügig, wenn es um Mitarbeit in der Kirchengemeinde geht, und schauen Sie beim Besuch christlicher Veranstaltungen nicht so genau auf die Uhr. Sie wissen ja, daß Ihr Kind in guten Händen ist. In diesen Bereichen sollte ein Teenager seine Freiheit so richtig auskosten und sich erwachsen fühlen können! Hüten Sie sich vor zuviel besorgten Bemerkungen, Gängelei und Nörgelei. Das kann einen Teenager auf die Palme bringen! Behandeln Sie ihn wie einen erwachsenen Freund. Dann werden nämlich gelegentliche Neins in wirklich bedenklichen Situationen eher akzeptiert.

Legen Sie aber Verbote fest, und erläutern Sie sie, bevor Ihr Kind sich in etwas verstrickt. Zum Beispiel:

- Keine okkulte Musik in unserem Haus (siehe MUSIK).
- Discobesuch erst ab einem bestimmten Alter.

Ist Ihr Kind erst einmal vom „Disco-Fieber" oder von Techno-Musik gepackt, ist es meistens zu spät für ein vernünftiges Gespräch. Natürlich sind Art und Ausmaß von Verboten vom Alter und der Persönlichkeit des Kindes abhängig. Einem Sechzehnjährigen werden Sie mehr Freiheiten gewähren müssen als einem Zwölfjährigen.

Folgenden Zusammenhang dürfen Eltern nie übersehen: Ein Teenager kann sich auf alle möglichen Einschränkungen einstellen, solange seine Würde geachtet wird und er sich aufrichtig geliebt weiß. Teenager lehnen sich selten gegen nachvollziehbare Einschränkungen auf, sondern meistens gegen unverständliche Verbote und Entscheidungen, an denen sie nicht beteiligt werden, und gegen willkürliche Autorität. Wenn Sie bereit sind, mit Ihren Kindern über die Regeln zu diskutieren, ihre Einwände anzuhören und auch einzubeziehen, werden diese wahrscheinlich nicht rebellieren. Auch wenn sie Ihre Entscheidungen nicht immer gut finden werden, spüren sie doch, daß Sie sich Gedanken machen und fair bleiben wollen.

> *Zum Nachdenken und Notieren*
> Wo haben Sie „Nebenschauplätze" zu „Hauptschauplätzen" gemacht? Wie können Sie die Situation schleunigst wieder entschärfen?

_____

_____

Kennen Sie das „Sandwich-Nein"? Es besteht aus drei Teilen: Brot - Belag - Brot:

- Bestätigen Sie, daß Sie wirklich verstanden haben, was Ihr Teenager meint,
- sprechen Sie Ihr „Nein", und
- begründen Sie Ihre Entscheidung.

Wenn Ihr Kind keine Ruhe gibt und immer wieder bohrt und bettelt, setzen Sie die „Die-Platte-hat-einen-Sprung-Technik" ein: Wiederholen Sie Ihre Begründung immer wieder, aber ohne lauter zu werden.

Das „Streitgespräch"

In einer Familie lebt man eng zusammen. Da kommt es ganz unweigerlich zu Meinungsverschiedenheiten. Streit und gegenseitige Verletzungen sind daher nahezu unvermeidlich. Nur muß man lernen, unterschiedliche Standpunkte fair auszutragen und sich immer wieder zu versöhnen.

Menschen unterscheiden sich sehr in der Art und Intensität, in der sie mit Meinungsverschiedenheiten und Ärger umgehen. Zunächst einmal trägt jeder Konflikte so aus, wie er es von seinem Elternhaus her gewohnt ist. Wenn man nicht dazulernen will und sich einfach gehenläßt, kann sich ein erbärmliches „Streitmuster" entwickeln.

Wie Ihre Kinder Enttäuschung oder Wut äußern und wie sie Konflikte lösen, wird zu einem großen Teil von Ihrem Vorbild geprägt.

Streitregeln einführen!

Welche „Streitregeln" haben Sie mit Ihrem Ehepartner erarbeitet? Diese Regeln werden Sie unbewußt auch auf Ihre Kinder übertragen.

Die folgenden Richtlinien sind bestimmt mehr als einen Versuch wert:

- Gehen Sie Auseinandersetzungen nicht durch Schweigen aus dem Weg.
- Seien Sie kein Gefühlsstaudamm, der vielleicht irgendwann einmal bricht und eine Katastrophe verursacht.
- Wählen Sie den richtigen Ort und die richtige Zeit, um einen Konflikt anzusprechen.
- Greifen Sie das Problem an, nicht Ihren Gesprächspartner.
- Bleiben Sie beim Thema.
- Versehen Sie Ihre Kritik mit Lösungsvorschlägen.
- Vermeiden Sie Äußerungen wie „nie" und „immer".
- Kritisieren Sie, ohne ironisch zu werden.
- Gestehen Sie Fehler ein, und reiben Sie es dem anderen nicht unter die Nase, wenn Sie im Recht sind.

Mit Kritik, Ärger und Enttäuschungen konstruktiv umzugehen, ist eine der schwierigsten Lektionen im Reifungsprozeß eines Menschen. Viele Erwachsene schaffen dies nicht, wie kann man es dann von Kindern erwarten?

Kinder werden ihre Wut auf unreife Art ausdrücken, wenn sie nicht lernen, sie gezielt zu lenken. Eltern müssen ihren Kindern vorleben, wie man als reifer Mensch damit umgeht, und sie Schritt für Schritt darin schulen.

Die genannten „Streitregeln" können Sie auch Ihren Kindern erklären und mit ihnen gemeinsam anwenden. Je älter Ihre Kinder werden, desto besser können sie diese Regeln verstandesmäßig nachvollziehen und umsetzen.

Wut und Ärger in den Griff bekommen!

Aber wie können Sie Ihrem Kind helfen, mit seiner Wut umzugehen?

Erwarten Sie nicht, daß es seinen Ärger runterschluckt. Es soll sagen dürfen, daß es wütend ist. Helfen Sie ihm, die richtigen

Ausdrücke zu finden. „Mist" oder „Scheibenkleister" sind besser als der fäkalienbehaftete Kraftausdruck „Sch...".

Je nach Temperament wird es sich auch abreagieren müssen (siehe GEFÜHLE). Für uns ist allerdings die Grenze erreicht, wenn gebrüllt, um sich geschlagen oder mit Gegenständen geworfen wird. Dies sind keine konstruktiven Lösungen, denn der Ärger richtet sich gegen jeden, der zufällig in der Nähe ist, und geht an der Ursache vorbei. Eine Runde mit dem Fahrrad zu drehen oder für sich allein im Zimmer laut Musik zu hören, ist wesentlich besser.

eingestehen und sich entschuldigen, machen Sie es Ihren Kindern leichter, eigene Fehler zu erkennen und selbst um Vergebung zu bitten. Diese Aufrichtigkeit beseitigt Barrieren und fördert die Offenheit untereinander.

Kinder wollen keine perfekten Eltern, sondern aufrichtige! Deren persönliche Makken bekommen sie ohnehin schnell mit. Wie lächerlich, sie leugnen zu wollen. Aber wie ermutigend, wenn Kinder den Lernprozeß ihrer Eltern miterleben und spüren können, wie Mama und Papa sich zum Positiven verändern. Das ermutigt sie, genauso aus Fehlern zu lernen.

Ihr Kind soll auch an Ihnen Kritik äußern dürfen. Wie es das macht, wird stark davon abhängen, wie Sie es ihm vorleben. „Wie man in den Wald hineinruft, so schallt es heraus", sagt ein Sprichwort sehr treffend. Wenn Sie sich respektvoll und wertschätzend verhalten, können Sie das von Ihrem Kind ebenso erwarten.

Denken Sie bitte nicht, es sei unter Ihrer Würde, Fehler einzugestehen, Forderungen zurückzunehmen oder sich zu entschuldigen. Die Sorge, dadurch die Achtung der Kinder zu verlieren, ist unbegründet. Das Gegenteil trifft zu: Dadurch, daß Sie Fehler

Zum Nachdenken und Notieren
Notieren Sie sich drei Streitregeln, die Sie sofort selbst anwenden und Ihren Kindern erklären wollen:

_____
_____
_____
_____
_____

Auftaugespräche

DIE TEENAGERJAHRE

Das „Auftaugespräch"

Aber was tun, wenn Sie sich alle Mühe geben und das Kind trotzdem nicht mit Ihnen reden will?

Zunächst müssen Sie sich bewußt machen, daß jedes Kind anders ist. Manche sind von sich aus stiller und verschlossener, andere sind jederzeit bereit mitzuteilen, was in ihnen vorgeht. Hüten Sie sich vor Vergleichen, und akzeptieren Sie jedes Kind so, wie es ist. Bei einem „Plappermäulchen" brauchen Sie keine besondere Strategie, aber bei einem „stillen Wasser" kommen Sie nicht ohne aus.

Wenn Sie in Ihrer Familie ein Kind haben, das sich von Ihnen zurückzieht, überlegen Sie, wie Sie auf dieses Kind wirken. Warum igelt es sich ein? Haben Sie das Kind eventuell durch ironische Bemerkungen, Besserwisserei oder Nörgelei verletzt? Fühlt es sich durch Ihre Fürsorge erdrückt? Manches Kind „flieht" vor den Eltern, nur um seine Ruhe zu haben.

Verletzen Sie auf keinen Fall die Privatsphäre des Kindes! Einige mißtrauische Eltern verhalten sich wie Detektive, wenn ein Kind nicht redet oder etwas verheimlicht. Dann werden Schubladen durchwühlt, Tagebücher und Briefe gelesen oder Telefongespräche mitgehört. Ein solches Verhalten bringt einen Teenager zu Recht in Rage und kann die Kommunikation völlig blockieren. Wir sind entsetzt, wie viele Eltern solche Methoden anwenden. Sie brauchen sich nicht zu wundern, wenn ihre heranwachsenden Kinder sich ihnen nicht mehr anvertrauen. Zwingen Sie es nicht zum Reden! Wir verstehen die Verzweiflung von Eltern schweigsamer Kinder, aber „in ihrer Seele herumzustochern" macht die Sache noch schlimmer.

Hier sind einige Punkte, die Sie beherzigen sollten:

- Bewahren Sie Geduld! Wenn die Verschlossenheit temperamentsbedingt ist, akzeptieren Sie diesen Persönlichkeitstyp, anstatt ihn umerziehen zu wollen. Gerade wenn Sie selbst sehr aufgeschlossen sind, wird es Ihnen nicht leichtfallen, mit einem verschlossenen Menschen umzugehen. Vielleicht wittern Sie häufig Probleme, die gar nicht existieren. Während der Pubertät sind schweigsame Phasen nicht ungewöhnlich, sie sind ein Zeichen wachsender Eigenständigkeit. Eltern müssen dies respektieren – auch wenn es schmerzhaft ist, davorzustehen und zu beobachten, wie das Kind seelisch leidet. Selbst wenn es einen konkreten Grund dafür gibt, können Sie mit Aufgeschlossenheit und aufrichtiger Liebe mehr erreichen als mit Druck.
- Bleiben Sie gesprächsbereit, und bieten Sie sich immer wieder an! Schlagen Sie nicht mit gleicher Waffe zurück: „Wenn du nicht reden willst, schweige ich auch!" Drücken Sie Ihr Interesse an den Aktivitäten des Kindes aus, ohne selbst viele direkte Fragen zu stellen. Sprechen Sie über leichte Themen, plaudern Sie über ihre Erlebnisse und Gefühle. So ermutigen Sie Ihr Kind, es Ihnen gleichzutun. Schaffen Sie eine Atmosphäre, in der es sich geschätzt und angenommen weiß, und nutzen Sie geschickt jede sich bietende gute Gelegenheit, etwas gemeinsam zu unternehmen.
- Bleiben Sie aufrichtig und versöhnungsbereit! Wenn Sie Ihr Kind verletzt haben, machen Sie den ersten Schritt: „Kann es sein, daß ich dir gestern weh getan habe? Es tut mir leid! Können wir noch einmal darüber sprechen?" Hören Sie gut zu, und achten Sie darauf, wie es empfindet und denkt, um sich künftig besser darauf einstellen zu können.
- Gibt es ein anderes Problem, konfrontieren Sie das Kind liebevoll damit. Vielleicht mit den Worten: „Ich habe den Eindruck, daß dich etwas quält und du mir gegenüber verschlossen bist. Sag mir, wenn ich dir helfen kann." Vielleicht können Sie die Mauern niederreißen, indem Sie Ihre Anteilnahme ausdrücken.
- Es mag sein, daß Ihr Kind sich lieber einem Dritten anvertraut, möglicherweise einem Verwandten, dem Jugendgruppenleiter, dem Pastor oder einem anderen Erwachsenen. Reagieren Sie dann nicht vorwurfsvoll oder gar verletzt, sondern seien Sie dankbar, daß es überhaupt aus sich herausgeht. In Phasen der Schweigsamkeit sind wir für solche Helfer von Herzen dankbar gewesen und durften anderen auch selbst oft genug in dieser Weise helfen.

> ### *Zum Nachdenken und Notieren*
> Wenn Sie ein verschlossenes Kind haben, fragen Sie sich, warum es sich zurückzieht, und überlegen Sie, welche der „Auftau-Tips" Sie anwenden können:

Das „Krisengespräch"

„Auftaugespräche", über die wir im vorangegangenen Kapitel gesprochen haben, sind eine Herausforderung im Familienalltag und verlangen großes Einfühlungsvermögen. Ähnlich verhält es sich mit „Krisengesprächen".

Stellen Sie sich vor, Ihrer Tochter ist es gelungen, ihre Klassenarbeiten fast ein Vierteljahr lang vor Ihnen zu verheimlichen. Plötzlich kommt es heraus, und Sie sehen nur Fünfen und Sechsen! Oder Sie entdecken im Zimmer Ihres Sohnes ein schlüpfriges Erotikheft, bei dem Ihnen schon beim Anblick des Titelblattes übel wird. Oder ein Fünfzigmarkschein ist verschwunden, der gestern abend mit Sicherheit noch in der Schublade gelegen hat.

Solche Situationen sind echte Krisen. Wie soll man sich jetzt verhalten, wie mit dem Kind sprechen, damit es wieder zur Einsicht kommt?

Falls Sie solche Gespräche noch nicht kennen, kommen sie sicherlich auf Sie zu. Also wappnen Sie sich rechtzeitig! Claudia und ich mußten in der Vergangenheit einige führen und haben Schritt für Schritt folgende Taktik entwickelt:

1. Beten und beraten Sie miteinander, wie Sie auf das Kind eingehen und mit ihm sprechen sollten!

Nur gut, wenn einem der Ehepartner oder ein anderer verständiger Mensch zur Seite stehen kann. Man sollte jemanden haben, dem man sein aufgewühltes Herz ausschütten kann: alle Enttäuschungen, Ängste und Verletzungen.

2. Behalten Sie die Nerven, und bezwingen Sie jede gefühlsmäßige Überreaktion!

Unbeherrschtheit und übermäßige Härte erschweren ein Gespräch, und das Kind verschließt sich. Bei dramatischen Situationen fällt es schwer, Ruhe zu bewahren! Doch wenn Sie sich im Gebet und mit einem anderen Menschen aussprechen können, fällt es Ihnen bestimmt leichter. Das wird Sie davor bewahren, Ihre gesamte Erregung unkontrolliert auf das Kind abzuladen. Lassen Sie ruhig ein wenig Zeit verstreichen. Bei Vorfällen wie in unseren Beispielen dürfen Sie ruhig ein paar Stunden oder einen Tag vergehen lassen. Das hilft Ihnen, einen klaren Kopf zu bewahren und die richtigen Worte zu finden und entsprechende Konsequenzen zu ziehen.

Auch wir können uns schnell aufregen, doch diese Strategie hat uns geholfen, unseren Kindern beherrscht gegenüberzutreten: Gebet, Aussprache mit einem verständnisvollen Menschen, etwas Zeit verstreichen lassen.

3. Wählen Sie einen günstigen Zeitpunkt für das Gespräch!

Wie schon gesagt, kann es hilfreich für alle Beteiligten sein, etwas Zeit verstreichen zu lassen. Das darf aber nicht dazu führen, das Kind tagelang schmoren und bangen zu lassen, bis Sie sich endlich zu einer Aussprache bequemen.

Reden Sie erst, wenn Sie beherrscht reagieren können und eine Strategie haben – und zwar unter Ausschluß der „Öffentlichkeit"! Es ist eine Mißachtung der Würde des Kindes, wenn es vor Geschwistern, seinen Freunden oder anderen Personen zusammengestaucht wird.

Sorgen Sie dafür, daß Sie in dieser Zeit nicht durch Telefonanrufe (Ton abstellen oder Stecker rausziehen) oder Geschwister, die ständig dazwischenplatzen, gestört werden. Bei einem älteren Kind ist ein ruhiger Abend möglicherweise am günstigsten.

4. Geben Sie dem Kind Gelegenheit, seine Situation darzustellen!

Überschütten Sie es nicht gleich mit Vorwürfen, sondern bitten Sie es, sich als erstes zu äußern. Ihre Absicht ist doch, Ihr Kind zu verstehen und ihm zu helfen, oder nicht? Wenn Sie gleich loslegen, kann es sein, daß es den Kopf einzieht und Sie nichts über seine Empfindungen und Beweggründe erfahren.

DIE TEENAGERJAHRE

Ein Beispiel aus unserer Familie: Claudia hatte bei einer unserer Töchter einen schlüpfrigen Groschenroman gefunden. Sie war ganz aufgelöst. Wir beteten und berieten, wie wir damit umgehen sollten. In unserer Betroffenheit warteten wir einen Tag ab, dann saß Eberhard mit unserer Tochter in seinem Büro. Sie half ihm, Briefe zu versenden.

Eberhard bemerkte lediglich: „Du, das war ja ein ganz schöner Mist, den du dir da zum Lesen besorgt hast." Kein Vorwurf, keine weiteren Fragen.

„Weißt du, Papa, das habe ich mir auch gedacht. Ich bin so froh, daß Mama das Heft entdeckt hat. Ich weiß, daß es nicht gut für meine Seele ist, und will es nicht wieder tun."

Eberhard war verblüfft. Mit dieser Einsicht hatte er nicht gerechnet. Wie wäre das Gespräch wohl verlaufen, wenn er aufgebracht in ihr Zimmer gestürmt wäre und losgewettert hätte, ohne sie zu Wort kommen zu lassen? Hätten wir dann ihre Herzenshaltung auch so gut kennengelernt?

5. *Bemühen Sie sich, das Kind zu verstehen, vor allem seine Gefühle und Beweggründe!*

Wenn Sie so vorgehen, haben Sie tatsächlich große Chancen, hinter die Kulissen zu schauen und die Empfindungen und Motive Ihres Kindes zu erfahren. Dabei erkennen Sie eventuell auch, wo Sie selbst sich schuldig gemacht haben. In jedem Fehlverhalten von Kindern steckt auch eine Botschaft an die Eltern!

Einmal wurde Eberhard vom Supermarkt angerufen und gebeten, unseren elfjährigen Sohn abzuholen; er war beim Stehlen erwischt worden. Eberhards Gefühle werden Sie sicher nachempfinden können. Aber er beherrschte sich und bat den Jungen, ihm alles aus seiner Sicht zu erzählen. Erst jetzt erfuhr Eberhard, daß unser Sohn von einer „Schulmafia" schon monatelang unter Druck gesetzt und schließlich gezwungen wurde, für sie etwas zu „beschaffen". Er hatte sich einfach nicht getraut, uns das zu sagen. Wie tat uns der arme Kerl leid!

6. *Erst danach sollten Sie über mögliche Konsequenzen nachdenken!*

Wenn das Kind einsichtig ist und aufrichtig Buße tut oder etwas so Unglaubliches im Spiel ist wie eine „Schulmafia", wird die Konsequenz garantiert anders ausfallen, als wenn das Kind verstockt leugnet und schließlich doch überführt wird.

Regeln in der Familie

Wenn Sie Teenager nach den Streitthemen zu Hause fragen, zählen sie gewöhnlich folgende Punkte auf:

- Ordnung im Zimmer
- Fernsehbenutzung
- Musik hören
- Telefonieren
- Zensuren
- Kleidung
- Freundschaften
- Geldverwaltung
- Mitarbeit in der Familie
- Ausgehzeiten
- Schlafengehen

Jede Familie muß miteinander sprechen (siehe FAMILIENRAT) und eine Lösung finden, wie sie mit diesen Punkten umgehen will, sonst wird es ständig Unstimmigkeiten geben.

Beharren Sie nicht auf Regeln, die vor Jahren getroffen wurden. Ihr Kind ist älter geworden, Sie können ihm mehr zutrauen, und es braucht weniger Kontrolle.

Es wäre schade, wenn Sie sich wegen Nebensächlichkeiten ständig in die Haare geraten und damit das Familienklima vergiften würden. Hüten Sie sich vor Prinzipienreiterei und davor, auf eingefahrenen Gleisen weiterzumachen. Das ist das letzte, was Teenager vertragen. Schulen Sie sich statt dessen in Humor und Großzügigkeit!

Zu einigen der eben genannten Punkte haben wir bereits in anderen Kapiteln Stellung genommen (siehe ORDNUNGHALTEN, SCHULE, GELDVERWALTUNG, SCHLAFVERHALTEN, MITHELFEN).

Hier noch einige Gedanken zu den anderen Streitthemen:

1. Musik

Wenn man nicht aufpaßt, kann ein Teenager den Großteil seiner Freizeit mit Musik und Fernsehen verbringen. Gerade das pubertierende Kind ist aufgrund seiner hormonbedingten Trägheitsphasen versucht, sich auszustrecken und zu konsumieren. Wir sind uns wahrscheinlich einig, daß unkontrollierter Medienkonsum für ein Kind in dieser wichtigen Entwicklungsphase nicht gut ist und daher gesteuert werden muß.

Über welche Regelungen können Sie mit Ihrem Teenager verhandeln?

Bei Musik, die Okkultismus, Satansanbetung, sexuelle Erregung und Gewalt verherrlicht, würden wir hart bleiben. Wir würden diese Musik in unserem Haus verbieten und es geistlich begründen: „Diese Musik wendet sich gegen Gott und seine Ordnungen. Genauso wie Gottes Geist eine Atmosphäre des Friedens verbreitet und Einfluß ausübt, ist auch diese Musik nicht wertfrei, sondern übt einen persönlichkeitszerstörenden Einfluß aus."

Natürlich wäre es das beste, Sie müßten nicht mit harten Verboten kommen, sondern Ihr Kind würde von vornherein einen Bogen um diese Art von Musik machen. Das ist auch möglich, wenn Sie gut informiert sind und es verstehen, mit Ihrem Teenie sachlich darüber zu argumentieren. Wenn ein Kind über die zerstörerischen Zusammenhänge Bescheid weiß, fällt es ihm leichter, darauf zu verzichten, als wenn man ihm lediglich sagt: „In unserem Haus gibt es dieses Teufelszeug nicht!"

Treffen Sie ein Lautstärkeabkommen. Es ist rücksichtslos, wenn Eltern und Geschwister die Musik durch die Wände mithören müssen. Ein guter Kopfhörer kann eine Lösung sein. Aber Vorsicht – bei intensivem, lauten Hören wird das Gehör dauerhaft geschädigt.

2. Fernsehen

Verhandeln Sie über Fernsehregeln, natürlich unter Berücksichtigung Ihrer bisherigen Gepflogenheiten. Ist der Kasten ohnehin den ganzen Tag an, und Sie konsumieren selbst unkritisch jede Sendung, wird es nicht viel zu verhandeln geben. Für Teenager ist es schwer einzusehen, daß sie nicht so häufig und genau das sehen dürfen, was Erwachsene sich anschauen. Drücken Sie den Sendeknopf, wird sich Ihr Teenager unweigerlich neben Sie setzen. Jetzt zu sagen: „Du, äh, das ist noch nichts für dich ...", wird bei dem Jugendlichen berechtigte Verwunderung hervorrufen: „Hmm, warum schaut sich Papa etwas an, das für mich nichts sein soll?" Sie sehen, bei Fernsehregeln kommt es zuerst auf Ihr Vorbild an. In manchen Familien muß mehr darüber gesprochen werden, in anderen weniger. Manche Teenager sind so beschäftigt, daß sie nur hin und wieder an eine Fernsehsendung denken. Andere würden ständig vor der Glotze sitzen, wenn sie nur die Möglichkeit hätten – und gerade für diese Kinder brauchen Sie Regeln (siehe FERNSEHEN).

3. Telefon

Die Telefongebühren können in unerschwingliche Höhen steigen, wenn Sie dafür keine Absprache finden. Viele Teenager haben kein Empfinden für Zeit und Kosten, wenn sie erst einmal den Hörer in der Hand halten. Je nach Notwendigkeit kann man vernünftige Abmachungen treffen. Bei uns müssen Ferngespräche auf jeden Fall angemeldet werden, und dann entscheiden wir, ob es nicht doch ein Brief tut. Ein Telefon mit eingebauter Gebührenanzeige kann helfen, dem Teenager zu signalisieren, wann die Zeit überschritten wird.

4. Ausgehzeiten

Hier kann es zu harten Verhandlungen kommen. Bei Veranstaltungen und Aktivitäten, von denen wir wissen, daß sie unseren Jugendlichen guttun und sie positiv beeinflussen, sind wir großzügig.

Samstag abends nach der Jugendstunde mit guten Freunden zum Beispiel noch ein Eis essen zu gehen, ist für einen Teenager ein erhebendes Gefühl. Wenn Sie sichergehen können, daß jemand ihn hinterher mit dem Auto zu Hause abliefert, können Sie doch einigermaßen beruhigt sein. Jetzt stur auf „Zehn Uhr und keine Minute später!" zu pochen, wäre kurzsichtig. Tun Sie das lieber, wenn Ihr Kind auf eine Party eingeladen wird, bei der Sie sich nicht sicher sind, was sich dort abspielt. In diesem Fall würde Eberhard sogar „großzügig" anbieten, es abzuholen, um gleichzeitig zu schauen, was dort vorgeht.

> ### Zum Nachdenken und Notieren
> Nehmen Sie sich die oben genannte Liste mit den typischen Streitthemen, und versuchen Sie, in einem Familienrat Lösungen zu finden. Welche Standpunkte wollen Sie vertreten?

Und wenn Absprachen nicht eingehalten werden?

Alle Heranwachsenden setzen sich gelegentlich über Absprachen hinweg. Wie sollten Eltern dann reagieren?

Auch ältere Kinder brauchen noch Konsequenz und Disziplin! Gerade in der von Identitätskrisen und Gruppendruck geprägten Teenagerzeit brauchen sie feste Grenzen und Sicherheit, doch jetzt kann man mit ihnen vernünftiger reden als mit jüngeren Kindern. Und wenn Eltern beherrscht und höflich bleiben, reagiert ein Teenager garantiert einsichtiger als bei Geschrei.

- Explodieren Sie nicht! Geben Sie Ihrem Kind zuerst die Möglichkeit, sich zu äußern, wenn eine Absprache nicht eingehalten wurde. Gehen Sie solange von seinem guten Willen aus, bis das Gegenteil bewiesen ist. Das schont Ihre Nerven!

- Strafe ist nicht die einzige Antwort! Hat sich Ihr Teenager einen Patzer erlaubt – vielleicht sein Geld mit einer blöden Anschaffung zu schnell ausgegeben oder einen Termin durch Bummelei verpaßt –, kann es das beste sein, sich herauszuhalten und ihn die „natürlichen Folgen" selbst ausbaden zu lassen. Gerade wenn es ihm peinlich ist, ist es günstiger, zu schweigen und darauf zu hoffen, daß er aus dieser Situation gelernt hat.

- Eine andere Möglichkeit ist, einfach zu sagen: „Ich bin enttäuscht und möchte nicht, daß das noch einmal passiert!" Nehmen wir an, Ihr Kind hat sich nicht an seine Arbeitszeit gehalten, oder es ist nach der Schule durch die Stadt gebummelt, ohne Bescheid zu sagen, und Sie haben sich Riesensorgen gemacht. Für einen Teenager, der eine gute Beziehung zu seinen Eltern hat und sie nicht enttäuschen möchte, reicht ein „Rüffel" aus, um solche Fehler künftig zu vermeiden. Einen Heranwachsenden, der mit seinen Eltern ohnehin auf Kriegsfuß steht, bekümmert eine solche Bemerkung allerdings kaum.

- Viertens könnten Sie Ihren Teenager fragen, welche Konsequenz er selbst für angemessen hält (siehe LOGISCHE KONSEQUENZEN). Sieht das Kind seinen Fehler ein, wird es sich meistens härter bestrafen wollen, als die Eltern es tun würden.

Ein Abkommen aushandeln!

Wenn Sie sehen, daß das Fehlverhalten kein Ausrutscher war, sondern bereits zu einer schlechten Gewohnheit oder sogar gefährlich für die Zukunft des Heranwachsenden wird, müssen Sie handeln!

Erklären Sie Ihrem Kind, worüber Sie sich Sorgen machen und warum Sie dieses Verhalten nicht dulden können. Handeln Sie ein Abkommen aus. Schließen Sie einen Vertrag über Schlafens- und Ausgehzeiten, Freundschaften etc. ab, und legen Sie entsprechende Konsequenzen fest, wenn er nicht eingehalten wird. Aber welche Konsequenzen?

Das einzige, was Ihnen noch bleibt, ist die Einschränkung von Freiheit und Privilegien. Das betrifft seine Freizeitbeschäftigungen und Ausgehzeiten, sein Taschengeld und seine Mitarbeit in der Familie. Beschreiben Sie noch einmal die Grundregeln: „Wir möchten dir helfen, deinen Weg in die Unabhängigkeit erfolgreich zu gehen. Es wird keine Schläge und Drohungen mehr geben und, soweit wir uns beherrschen können, kein Geschrei. Wenn Disziplinierung sein muß, wird sie deine Freiheit und deine Privilegien betreffen. Wir werden uns bemühen, das fair und standhaft durchzuführen. Du wirst immer Gelegenheit bekommen, dich dazu zu äußern, und wir werden dir zuhören."

DIE TEENAGERJAHRE

Dies wirkt allerdings nur, wenn Ihre Beziehung gut ist (siehe AUTORITÄT). Bei einem verletzten, rebellierenden Teenager rufen diese Maßnahmen nur noch größere Verachtung hervor. Daran sehen Sie noch einmal, wie umsichtig in dieser Altersgruppe vorgegangen werden muß und wie sehr sich Familienatmosphäre und das Bemühen um gute Beziehungen auszahlen.

Schläge sind unserer Meinung nach kein angemessenes Erziehungsmittel in den Teenagerjahren - auch nicht in ganz schwierigen Situationen. Für ein pubertierendes Kind sind sie zu erniedrigend. Bedenken Sie, daß Sie es mit einem angehenden jungen Erwachsenen zu tun haben!

Zum Nachdenken und Notieren
Was Konsequenzen bei einem Teenager betrifft, haben Sie jetzt sicherlich erkannt, daß Sie nicht viel in der Hand haben und daß Sie möglichst beherrscht und gerecht reagieren müssen. Bereiten Sie sich jetzt schon auf einen möglichen Konflikt vor. Wie wollen Sie Ihrem Teenager entgegentreten?

Der „schwierige" Teenager

Wir haben bereits auf großangelegte empirische Untersuchungen hingewiesen, die aussagen, daß die Teenagerjahre oft viel ruhiger und stabiler verlaufen, als bisher angenommen wurde (siehe PUBERTÄT). Manche Teenager erleben während dieser Zeit zwar eine turbulente Phase mit Auflehnung und waghalsigen Experimenten, lernen jedoch zunehmend, die neuen Lebensaufgaben zu bewältigen - insbesondere, wenn Eltern sich besonnen und klug verhalten.

20 Prozent aller Teenager bereiten sich und ihrer Umwelt dennoch große Probleme.

Was sind das eigentlich, „schwierige" Teenager?

Es sind Heranwachsende, die unter Minderwertigkeitskomplexen leiden, mit Selbstmordgedanken spielen und depressiv sind.

Andere schlagen wild um sich, werden kriminell, greifen zu Alkohol und Drogen. Wieder andere flüchten in die verschiedenen Formen von Mager- und Eßsucht.

Zeigt Ihr Kind eine oder mehrere dieser Verhaltensweisen, stehen Ihnen wahrscheinlich schwere Zeiten bevor. Bewahren Sie einen kühlen Kopf, und analysieren Sie die Situation. Bemühen Sie sich herauszufinden,

- wogegen Ihr Teenager rebelliert,
- in welchem Ausmaß Sie dazu beigetragen haben,
- welche anderen Einflüsse vorliegen.

Es ist wahrscheinlich nicht ratsam, diese Aufgabe ohne Hilfe zu bewältigen. Scheuen Sie sich deshalb nicht, fachliche Beratung zu suchen, besonders wenn es sich um Drogenprobleme oder ein gestörtes Eßverhalten handelt. Gute Kinder- oder Hausärzte haben Adressen erfahrener Fachleute, die Ihnen konkret helfen können. Oft stellen sie für ihre Patienten auch den ersten Kontakt her. Auf jeden Fall brauchen Sie verständnisvolle Freunde mit gesundem Menschenverstand, die Ihnen bei der Beurteilung der Situation helfen und mit Ihnen beten.

Einen seelisch verletzten oder rebellierenden Teenager hart zu disziplinieren, klappt einfach nicht. Geschrei oder gar Schläge machen alles nur schlimmer. Selbst unsere Ratschläge in den vorherigen Kapiteln werden kaum Wirkung zeigen, weil das Fundament von Wertschätzung und Achtung fehlt. Sie werden sich wahrscheinlich absolut hilflos fühlen, weil Sie nichts in den Händen haben und Ihre Beziehung an einem seidenen Faden hängt.

Strafe löst das Problem nicht! Warum? Weil Sie damit nur die Symptome angreifen und nicht an die Ursache des falschen Verhaltens herankommen.

Wogegen rebelliert der Teenager?

Manchmal ist Rebellion nicht gegen die Eltern persönlich gerichtet, sondern gegen bestimmte Regeln und Werte. Wenn Eltern einem Heranwachsenden ihren eigenen Lebensstil aufzwingen oder zu streng sind, lehnt er sich dagegen zu Recht auf. Bleiben beide Seiten uneinsichtig, entsteht ein Teufelskreis: Die Eltern bestehen auf Gehorsam ohne Widerspruch, das Kind lehnt sich dagegen auf. Die Eltern spüren die Unwilligkeit und reagieren noch strenger. In seiner Hilflosigkeit spielt das Kind erst recht verrückt ...

Dies ist der Typ Eltern, der seine Autorität auf Macht und Dominanz aufbaut (siehe AUTORITÄT, STILE DER ELTERNSCHAFT). Zu viele Eltern, die es eigentlich gut mit ihren Kindern meinen und sie liebhaben, bauen auf dieses falsche Verständnis von Autorität und erleiden damit spätestens in den Teenagerjahren Schiffbruch. Warum distanzieren sich sonst so viele Jugendliche in ihrer Pubertät von ihren Elternhäusern?

In anderen Familien sind die Eltern eher unzuverlässig und unbeständig. Es gibt praktisch kaum Regeln, die Eltern sind selten da und die Kinder sich selbst überlassen. Was dann als „Rebellion" bezeichnet wird, ist eigentlich ein Austesten der Grenzen: Was ist erlaubt? Wie weit kann ich gehen? Wann werden mich meine Eltern stoppen und sich um mich kümmern?

Wenn Eltern aufrichtig zugeben, daß sie Fehler gemacht haben, können sie diesen Teufelskreis durchbrechen. Das Kind kann so verblüfft sein, nicht als allein Schuldiger dazustehen, daß es bereit ist, wieder mit seinen Eltern zu sprechen und über Familienregeln zu verhandeln.

Dies muß sehr behutsam geschehen. Schließlich wollen zwei „verletzte Krieger" Frieden schließen. Sie müssen seine im Kampf erworbene Freiheit und den entsprechenden Lebensstil zunächst einmal stehenlassen und Ihrem Heranwachsenden als ebenbürtigem Gesprächspartner begegnen. Fangen Sie gleich wieder an, um Frisur, Kleidung und Freizeitgestaltung zu kämpfen, wird sich der alte schmerzliche Zustand schnell wieder einstellen.

Eigentlich geht es doch darum, gegenseitige Wertschätzung wiederherzustellen, wachsende Eigenständigkeit zu gewähren und in den verbleibenden Jahren des Zusammenlebens Freunde zu bleiben.

In solch einer kritischen Situation werden Sie einige Kapitel dieses Buches zunächst einmal „vergessen" können, zum Beispiel „DIE EIGENSTÄNDIGKEIT SCHULEN", „PERSÖNLICHE PFLEGE" oder „ORDNUNGHALTEN", und sich um so stärker an die Ratschläge anderer Kapitel zu halten, zum Beispiel „EINEN TEENAGER WIRKLICH VERSTEHEN", „DAS SELBSTWERTGEFÜHL STÄRKEN" und „IM GESPRÄCH BLEIBEN".

Zum Nachdenken und Notieren
Wenn Sie einen „schwierigen" Teenager in Ihrer Familie haben, versuchen Sie die Situation mit den folgenden drei Fragen zu analysieren:

- Wogegen rebelliert der Teenager?
  _____
  _____

- In welchem Ausmaß habe ich dazu beigetragen?
  _____
  _____

- Welche anderen Einflüsse gibt es?
  _____
  _____

DIE TEENAGERJAHRE

Unberechtigte Schuld

Berechtigte und unberechtigte Schuld

Es gibt Eltern, die sich ganz allein die Schuld am Fehlverhalten ihres Heranwachsenden geben. Unablässig fragen sie sich: „Was haben wir nur falsch gemacht ...?"

Sie fühlen sich als totale Versager, quälen sich ständig mit Selbstvorwürfen und verlieren den Blick und die Kraft für ihre jüngeren Kinder.

Haben Sie sich in diesem „Schuldturm" wiedergefunden? Dann befreien Sie sich möglichst schnell, indem Sie unbedingt zwischen „berechtigter" und „unberechtigter" Schuld unterscheiden lernen! Stellen Sie sich der berechtigten Schuld und bereinigen Sie sie - aber lassen Sie sich das Leben nicht noch zusätzlich von unberechtigter Schuld schwermachen.

Wir möchten mit zwei „Erziehungslügen" aufräumen, die in den Köpfen vieler Eltern herumspuken.

1. Eltern üben den größten oder gar einzigen Einfluß auf ihre Kinder aus.
2. Eltern tragen alle Verantwortung für mißratene Kinder.

Setzen Sie sich realistische Erziehungsziele! Sie könnten sonst schwer enttäuscht werden und Ihr Leben zerstören, weil sich Ihre Träume nicht erfüllen. Es gibt keine Garantie dafür, daß Kinder keine eigenwilligen Wege gehen oder rebellieren!

Viele Eltern und Erzieher gehen von folgender Philosophie aus: Eine rundum günstige Kindheitsgeschichte wird logischerweise eine harmonische, ausgeglichene und lebenstüchtige Persönlichkeit hervorbringen. Christen fügen noch hinzu: ... und auch einen gläubigen Menschen schaffen.

Dem müssen wir energisch widersprechen. Erziehung ist keine „Einbahnstraße"! Die Persönlichkeitsstruktur eines Kindes wird

DIE TEENAGERJAHRE

Unberechtigte Schuld

nicht allein durch Eltern und Umwelteinflüsse festgelegt.

Die Ansichten der Vertreter der Lerntheorien des Behaviorismus und der Traumatheorie der Psychoanalyse gehen zwar in diese Richtung, die Wissenschaftler übersehen dabei jedoch, daß das Kind einen eigenen Willen hat und selbst eine ganz aktive Rolle in seiner Entwicklung spielt. Es steht ständig in Interaktion (Wechselbeziehung) zu seinen Eltern und den Umwelteinflüssen. Die gesamte Kindheit hindurch beeinflussen sich kindliches und elterliches Verhalten und Umwelteinflüsse gegenseitig.

Sie wissen es doch selbst: Sie sind nicht der einzige, der den Lebensweg Ihres Teenagers beeinflußt. Je älter er wird, desto geringer wird Ihr Einfluß ohnehin, denn verstärkt wirken nun die Ansichten anderer und seine eigenen Entscheidungen auf sein Leben ein.

Allerdings sollten Sie aufrichtig dazu stehen, wo Sie wirklich Schuld trifft: Ihre Unbeherrschtheit, Ungerechtigkeit, Kontrolle, Härte, Vernachlässigung ...

Mit folgenden Schritten können Sie wieder Frieden finden:

- Gehen Sie dem Problem auf den Grund;
- tun Sie aufrichtig Buße;
- suchen Sie Vergebung, und sprechen Sie sie aus;
- vergeben Sie sich vor allem selbst!

Geben Sie die ständige Selbstverdammnis auf! Es hat keinen praktischen Nutzen, weiterhin zerknirscht und niedergeschlagen zu sein!

Jetzt muß ein Heilungsprozeß beginnen, und je zuversichtlicher Sie sind, desto besser wird er gelingen. Außerdem brauchen Ihre jüngeren Kinder Sie! Bei ihnen können Sie alte Fehler vermeiden und manches wiedergutmachen. Und auch Ihre Ehe könnte nach so viel Kummer bestimmt ein bißchen mehr Pflege gebrauchen ...

Also, nichts wie ran!

Die Kleinkindjahre

Literaturhinweise

1. Rita Kohnstamm, *Praktische Kinderpsychologie*, Hans Huber, Bern 1987, S. 40.
2. Stella Chess / Alexander Thomas, *Know your Child*, Basic Books, Inc., New York 1989, S. 32.
3. Ebd.
4. Ebd.
5. Ebd.
6. *Unsere Kinder, Eine Broschüre für Eltern mit Kindern von 2 bis 6 Jahren*, S. 26, (kostenlos erhältlich bei der Bundeszentrale für gesundheitliche Aufklärung, Postfach 91052, 51071 Köln).
7. Reinhold Ruthe, *Elternbuch*, R. Brockhaus Verlag, Wuppertal 1986, S. 122.
8. Helma Thielscher-Noll, *Das Elternseminar*, Hänssler Ratgeber, Neuhausen 1994, S. 113.
9. Jane Nelsen u. a., *Der große Erziehungsberater*, dtv, München 1995, S. 232.
10. Rita Kohnstamm, a. a. O., S. 137 - 140.
11. *Unsere Kinder*, a. a. O., S. 58.
12. Helma Thielscher-Noll, a. a. O., S. 145.
13. *Unsere Kinder*, a. a. O., S. 58.

Wenn Sie mehr wissen wollen

Claudia Mühlan, *Bleib ruhig, Mama! Tips zur Kleinkinderziehung*, Verlag Schulte & Gerth, Asslar, 11. Aufl. 1995.

Mühlan-Video: *Hart, aber Herzlich! Liebevoll und konsequent erziehen*, Verlag Schulte & Gerth, Asslar 1996.

Temperamentstypen

Eberhard Mühlan, *Warum gleich in die Luft gehen? Verschiedene Temperamente in der Familie*, Verlag Schulte & Gerth, Asslar, 4. Aufl. 1995.

Florence Littauer, *Einfach typisch! Die vier Temperamente unter der Lupe*, Verlag Schulte & Gerth, Asslar, 5. Aufl. 1996.

Von der Vorschule bis zur Vorpubertät

Literaturhinweise

1. Peter Struck, *Die Kunst der Erziehung*, Wissenschaftliche Buchgesellschaft, Darmstadt 1996, S. 144.
2. Stella Chess / Alexander Thomas, *Know your Child*, Basic Books, Inc., New York 1989.
3. Jane Nelsen u. a., *Der große Erziehungsberater*, dtv 1995, S. 20.
4. Ebd., S. 21.
5. Peter Struck, a. a. O., S. 270.
6. Ebd., S. 143.
7. James Dobson, *Der christliche Familienratgeber*, Verlag Projektion J, Wiesbaden 1990, S. 103.
8. Jack und Judith Balswick, *The Family - a christian perspective on the contemporary home*, Baker Book House, Michigan 1989, S. 95.

Wenn Sie mehr wissen wollen

Claudia u. Eberhard Mühlan, *Is' was, Mama? Kindererziehung von der Vorschule bis zur Vorpubertät*, Verlag Schulte & Gerth. Asslar, 7. Aufl. 1996.

Mühlan-Video: *Hart, aber Herzlich! Liebevoll und konsequent erziehen*, Verlag Schulte & Gerth, Asslar 1996.

Eberhard Mühlan, *Warum gleich in die Luft gehen? Verschiedene Temperamente in der Familie*, Verlag Schulte & Gerth, Asslar, 4. Aufl. 1995.

Eberhard Mühlan, *Reif für die Insel, Was tun, wenn Kinder aufmüpfig, chaotisch und unehrlich sind?*, Verlag Schulte & Gerth, Asslar 2. Auflage 1995.

James Dobson, *Unsere Kinder sind unmöglich*, Editions Trobisch, Kehl, überarb. 1994.

James Dobson, *Das eigenwillige Kind*, Editions Trobisch, Kehl 1984.

DIE TEENAGERJAHRE

Literaturhinweise

1. Peter Struck, *Die Kunst der Erziehung*, Wissenschaftliche Buchgesellschaft Darmstadt 1996, S. 269.

Wenn Sie mehr wissen wollen

Claudia und Eberhard Mühlan, *Vergiß es, Mama! Tips für (angehende) Teenager-Eltern*, Schulte & Gerth, Asslar, 5. Aufl. 1996.

James Dobson, *Das Anti-Frust-Buch für Eltern*, Editions Trobisch, Kehl/Rhein 1993.

Neil Clark Warren, *Wohin mit der Wut im Bauch? Vom Umgang mit Ärger, Frust und Agressionen*, Verlag Schulte & Gerth, Asslar, 2. Aufl. 1995.

Kommunikation

Eberhard Mühlan, *Mama, Papa hat gesagt...! Kommunikation mit Kindern*, Verlag Schulte & Gerth, Asslar, 4. Aufl. 1994.

Mühlan-Video: *Reden und reden lassen, Kommunikation in der Familie kann man lernen*, Verlag Schulte & Gerth, Asslar 1996.

Musikszene

Ulrich Bäumer, *Wir wollen nur deine Seele, Rockszene und Okkultismus: Daten – Fakten - Hintergründe*, Christliche Literaturverbreitung e.V., 9. Aufl. 1992.

Michael Buschmann, *Rock im Rückwärtsgang, Manipulation durch „backward masking"*, Verlag Schulte & Gerth, Asslar, 9. Aufl. 1993.

Der schwierige Teenager

Arterburn/Burns, *Die Drogenfalle, Wie schützen wir unsere Kinder vor Alkohol und Drogen*, Verlag Schulte & Gerth, Asslar.

B. und G. Passantino, *Auf Teufel komm raus? Wie schützen wir unsere Kinder vor Satanismus, Hexerei und dem Okkulten?*, Verlag Schulte & Gerth, Asslar 1992.

Dorette Constam, *Befreiung aus dem Hungerturm*, Blaukreuz-Verlag, Bern, 2. Aufl. 1993.

Joy P. Gage, *Wenn Kinder rebellieren. Wie weit geht die Verantwortung der Eltern?*, Hänssler

Stichwörter

Alleinerziehende	42 f., 100	**G**arten	56 f., 185
Aufklärung	32 f., 120 ff.	Gastvater	98 ff.
„Auftaugespräche"	266 f.	Geduld	222
Augenkontakt	50 f.	Gefühle	74 ff., 136
Ausgehzeiten	271	Geldverwaltung	214 f.
Autonomie-Insel	36, 38 f., 42 f.	Gelegenheiten, passende	53, 92 f.
Autorität	260 f.	Geschlechtsreife	120 ff.
		Geschwisterkonstellationen	58 ff.
Babyneid	24 f.	Geschwisterstreit	68 f.
Babys, wo kommen sie her?	32 f.	Gewaltlosigkeit	24, 84 f.
Babys, beschäftigen	14	Gleichaltrige	20 f., 128
Begleiter, ständiger	14 f., 150	Gott, Kleinkindern erzählen	26 f.
Bekleidungsetat	214 f.	Gott, siehe Weltbild	
Belohnungen	176 f	Grenzen setzen	28 f., 79
Benimmregeln	186 f.	Gruppendruck	128 ff., 134 f.
Bewegung	204		
Beziehungs-Insel	36 f., 40 f., 43	**H**ausaufgaben	192 f.
		Hobbys	195
Checkliste, Pubertät	122 f.	Höflichkeit	21, 28 f.
		Humor	42 f., 220
Disziplinieren	242 f.	Hygiene	204 f.
Ehe	112 ff., 142 f.	**I**deen, zündende	45, 54 f.
Ehe-TÜV	140 ff.	Identitätsfindung	126 f.
Eifersucht	69		
Eigenständigkeit	132 f., 204 f.	**K**ind,	
Ein-Kind-Familie	66 f.	...das langsam zu erwärmende	224 ff.
Einzelkind	66 f.	...das einfach zu handhabende	224 f.
Elternschaft, Stile der	256 f.	...das schwierig zu handhabende	224 ff.
Ermutigung	174 f.	...das älteste	58 f.
Ernährung	188 f., 205	...das jüngste	62 f.
Erschöpfungsdepressionen	36 f.	...das mittlere	60 f.
Erstgeborene	58 f.	Kindergarten	60 f.
Erziehungsstrategie	232 f	Kommunikation	14, 88 ff.
Erziehungsziele	148 f, 168 f., 202	Kommunikation erhalten	92 f., 136 f.
		Kommunikation lernen	90 f.
		Kommunikationstypen	88 f.
Familienatmosphäre	44 f., 93	Konsequenzen, auferlegte	248 f.
Familienerbe	80	Konsequenzen, logische	233, 246 f.
Familienrat	180 f., 246	Konsequenzen, natürliche	244 f.
Familienregeln	68 f., 178 f., 270 f.	Körperkontakt	10, 50 f.
		Kreativität	213
Fernsehen	86 f.	Krisengespräche	268 f.
Freiheitsdrang	230 f	Kunst	55
Freizeit	48, 194 f., 208 f.	Kuscheln	22 f.

STICHWÖRTER

Langeweile	208 f.
Laufen lernen	20
Lernen, spielend	152
Lernprozesse	20 f.
Lob	222
Lügen	236 f., 250 f.
Machtspiel	230 f.
Mahlzeiten	53 f., 156 f., 186 f.
Menschenbild	240 f.
Mißbrauch, sexueller	34 f.
Miterzieher	46 f.
Mithelfen	184 f., 187
Musik	55
Mutter und Sohn	108 f.
Mutter und Tochter	110 f.
Mutterrolle	106 f.
Nachhilfe	211
Nerven, starke	220 f.
Normen	94
Ordnung halten	182 f., 212 f.
Pflege, persönliche	204 f.
Pubertät	116 ff.
Regelübertretungen	272 f.
Sauberkeitserziehung	158 f.
Schimpfworte	28 f.
Schlafengehen	154 f., 190 f.
Schlafenszeiten	190 f., 206 f.
Schlafgewohnheiten	18 f.
Schlafprobleme	18 f., 155, 190 f.
Schlafverhalten	206 f.
Schmusen	22 f.
Schuld, unberechtigte	276 f.
Schule	165, 192 f., 210 f.
Schulreife	164 f.
Selbstverdiener	215
Selbstwertgefühl	70 ff., 102 ff.
Sexualität	40, 105, 112 ff.
Sexualität, Kinderfragen zur	30 ff.
Spaß	52
Spiel	20 f., 152 f., 194 f.
Spielstörungen	151
Sprechen lernen	20, 22
Stärken und Schwächen	170 f.
Stehlen	236 f., 252 f.
Strafe	236 f.
Streitgespräche	264 f.
Streß	216 f.
Suchtvorbeugung	82 f.
Taschengeld	196 ff., 214 f.
Teenagerliebe	124 f.
Telefon	271
Temperamentstypen	224 ff.
Tiere	56 f.
Tischmanieren	156 f, 186
Trotz	234 f
Umgebung, kindgerechte	15, 17 f.
Umstellung, hormonelle	118 f.
Umwelteinflüsse	224
Unabhängigkeit	132 f.
Unsicherheit	16 f.
Urgeborgenheit	10 f.
Urvertrauen	12
Vaterrolle	12 f., 96 ff.
Vater und Sohn	102 f.
Vater und Tochter	104 f.
Verkehrserziehung	166 f.
Verwöhnen	16
Vorbild	96, 102 ff., 172 f.
Weltbild	94 f.
Werte	94, 138
Wirtschaftsgeld	198 f., 214 f.
Wochenpläne, Vorpubertät	177, 200 f.
Wochenlisten, Vorschuljahre	160 f.
Wut	234 f.
Zeiteinteilung	45 ff.
Zuwendung	22 f., 45, 50 ff.
Zwei-Kind-Familie	64 f.

Name:

	Montag	Dienstag	Mittwoch	Donnerstag	Freitag	Samstag	Sonntag
Ich habe mich gewaschen und Zähne geputzt							
Ich habe meine Spielecke aufgeräumt							
Ich habe meine Sachen in die Wäscheliste getan							
Ich habe mein Essen ohne Ermahnung aufgegessen							
Ich habe fast gar nicht genuckelt							

Ich hab's geschafft!

Name: _____ (50 Punkte)

_____ = 1 Punkt
_____ = 1 Punkt
_____ = 1 Punkt

Meine Belohnung:

_____
_____
_____

JuHu

				49	50				
			45	46	47	48			
			41	42	43	44			
			37	38	39	40			
1	2	3	4	33	34	35	36	13	14	15	16
5	6	7	8	29	30	31	32	17	18	19	20
9	10	11	12	25	26	27	28	21	22	23	24

Mein Wochenplan

Name:

Ich habe mein Zimmer aufgeräumt								
Meine Wäsche ist eingeräumt								
Ich bin pünktlich schlafen gegangen								
Die Katze ist versorgt								
Die Blumen sind gegossen						MI SA		
Ich habe meine Arbeitszeit eingehalten							FR